A CORRUPÇÃO DA
INTELIGÊNCIA

FLÁVIO GORDON

A CORRUPÇÃO DA
INTELIGÊNCIA
INTELECTUAIS E PODER NO BRASIL

16ª edição

EDITORA RECORD
RIO DE JANEIRO • SÃO PAULO
2023

CIP-BRASIL. CATALOGAÇÃO NA PUBLICAÇÃO
SINDICATO NACIONAL DOS EDITORES DE LIVROS, RJ

Gordon, Flávio

G671c A corrupção da inteligência: intelectuais e poder no Brasil / Flávio Gordon. –
16ª ed. 16ª ed. – Rio de Janeiro: Record, 2023.

ISBN: 978-85-01-11082-4

1. Brasil – Política e governo. 2. Análise do discurso – Aspectos políticos –
Brasil. 3. Sociologia política. 4. Poder (Ciências sociais). I. Título.

CDD: 320.014
17-41293   CDU: 32

Copyright © Flávio Gordon, 2017

Todos os direitos reservados. Proibida a reprodução, armazenamento ou transmissão de
partes deste livro, através de quaisquer meios, sem prévia autorização por escrito.

Texto revisado segundo o novo Acordo Ortográfico da Língua Portuguesa.

Direitos exclusivos desta edição reservados pela
EDITORA RECORD LTDA.
Rua Argentina, 171 – Rio de Janeiro, RJ – 20921-380 – Tel.: (21) 2585-2000.

Impresso no Brasil

ISBN 978-85-01-11082-4

Seja um leitor preferencial Record.
Cadastre-se em www.record.com.br e receba informações
sobre nossos lançamentos e nossas promoções.

Atendimento e venda direta ao leitor:
sac@record.com.br

Para Fernanda.

*"Quero saber quem sequestrou a inteligência brasileira.
Quero o meu país de volta."*

Bruno Tolentino, *Veja*, 20 de março de 1996

"De súbito, o chão se abrira: pelas mãos de Pessanha, o público era
convidado a mergulhar num abismo de inconsciência, na treva
sem fim de um definitivo adeus à inteligência."

Olavo de Carvalho, *O jardim das aflições*

"Que a história política conseguisse ter um papel em minha própria vida
continuava a me desconcertar, e a me repugnar um pouco. Contudo, eu
percebia claramente, e fazia anos, que a distância crescente, agora abissal,
entre a população e os que falavam em seu nome, políticos e jornalistas,
devia necessariamente levar a algo caótico, violento e imprevisível."

Michel Houellebecq, *Submissão*

"Ai, pobre pátria!
Mal ousa conhecer-se. Nem podemos
Chamar-lhe mãe, que é, antes, sepultura;
Onde ninguém se vê sorrir, exceto
Quem não sabe o que faz..."

William Shakespeare, *Macbeth*, ato IV, cena III

Sumário

Apresentação: Encontro com a verdade   11

Introdução   17

PARTE I — A VIDA NA PROVÍNCIA

1. Mentalidades afins   61
2. A longa marcha sobre as instituições   75
3. O mal-estar dos intelectuais   93
4. Gramsci no Brasil   101
5. Dom Quixote e Sancho Pança   117
6. Imaginação moral, imaginação idílica, imaginação diabólica   133

PARTE II — 1968: O ANO QUE NUNCA TERMINA

1. Uma história muito mal contada   159
2. Comunismo e consciência: *o momento Kronstadt*   187
3. A doutrina Golbery e a hegemonia cultural da esquerda   221
4. Aplausos com uma só mão: e a URSS?   263

*Conclusão: O homem que arrastava tijolos com o pênis, a mulher-
-cachorro e outras histórias fabulosas da universidade brasileira*   317

Agradecimentos   361

Apresentação
Encontro com a verdade

Rodrigo Gurgel

Intelectuais sérios conhecem algumas das características fundamentais do marxismo: a pretensão de não só explicar o mundo em sua completude, mas reconstruí-lo por meio da revolução total, isto é, a destruição da ordem, das estruturas governamentais aos costumes mais arraigados da população; o maquiavelismo absoluto, para o qual toda prática é sempre oportuna e está previamente justificada se servir, de forma tática ou estratégica, à conquista do poder, ou seja, dispensa-se, por princípio, qualquer preocupação ética; para desagregar, confundir e, se possível, estabelecer o caos, vociferar contra tudo, apontando interesses escusos e irreveláveis mesmo quando não existem, de maneira que restem apenas os próprios marxistas como exemplos de honestidade.

Se tais deletérias particularidades só constassem de embolorados e esquecidos manuais, escritos, entre o final do século XIX e início do XX, em russo ou alemão, o leitor poderia sorrir, até mesmo com menosprezo, desviar sua atenção e recolocar este volume na prateleira. Mas nosso problema, grave problema, é que neste exato momento, em universidades, colégios, editoras e redações, há profissionais pensando e agindo de acordo com essas premissas — e difundindo-as como se representassem a verdade e o caminho para se construir uma sociedade perfeita.

Este é o primeiro motivo que faz de *A corrupção da inteligência*, de Flávio Gordon, um livro fundamental. Ao longo de suas páginas, o leitor descobrirá os antecedentes do processo que, no Brasil, perverteu a produção artística e intelectual, abrindo às ideias marxistas todos os setores da vida: das rodas de samba à Academia Brasileira de Letras, dos sindicatos às universidades, das associações de bairro ao Palácio do Planalto, dos terreiros de umbanda à CNBB — uma teia de controle ideológico que abarca a programação televisiva, as políticas editoriais, a escola de nossos filhos, a filosofia e a teologia, a produção literária e os comentaristas, aparentemente isentos, das rádios, da Web, dos jornais.

Mas Gordon, doutor em Antropologia pela UFRJ, não se restringe às origens do problema. Não. Ele tem perfeita consciência daquilo que amplos setores da intelectualidade nacional preferem esquecer: os escândalos e as crises institucionais que hoje vivemos são "a expressão, na política, da hegemonia que a esquerda conquistou na cultura". E mais: representam "a tentativa de transpor essa hegemonia para o interior do Estado". Esquerda, aliás, que não se resume ao PT, como podem pensar os apressados, mas inclui a social-democracia tucana, "primeira fase de um mesmo projeto hegemônico de esquerda" — corresponsabilidade que Gordon, numa irônica alusão ao romance *Os demônios*, de Dostoievski, assim resume: "O PSDB é Vierkhovienski pai; o PT é Vierkhovienski filho." Pacto, nem sempre silencioso, que nos trouxe até a crise recente e nos legou "a expressão mais acabada de um estado de degeneração cultural": Luís Inácio Lula da Silva. Com ele e seus partidários estivemos a poucos passos do que Eric Voegelin, filósofo caro a Flávio Gordon, definiu como o "despotismo de uma elite espiritualmente corrupta", única realidade a que o marxismo conduz — verdade comprovada pela história. Mas, apesar de não termos chegado ao governo despótico, estamos no seu vestíbulo, obrigados, ainda citando Voegelin, a nos defender constantemente dos marxistas, "pessoas que sabem que suas opiniões não podem se sustentar diante de uma análise crítica e, por isso, proíbem que as premissas dos seus dogmas sejam analisadas". Não por outro motivo Voegelin acusa Marx — na crítica implacável do ensaio *Ciência, política e gnosticismo* — de ser um "vigarista intelectual".

De todos os setores corrompidos pela ideologia marxista, o jornalismo e a universidade são os mais visíveis. Em ambos pretende-se destruir a coerência, minar a lucidez e, repetindo o que os esquerdistas fazem na política, "eliminar o dissenso e a heterogeneidade", como bem sintetiza Gordon.

Na universidade, principalmente nos cursos de ciências humanas — sob a influência não só de Marx, mas de seus discípulos, Gramsci e Marcuse — imperam, segundo as palavras de Flávio Gordon, "tribalização e animosidade"; a "riquíssima história cultural brasileira" está reduzida a "uma autobiografia da nossa esquerda política"; sob o predomínio da "confusão" e da "ausência de parâmetros", a linguagem "já não serve para referir a realidade, senão apenas para manifestar intenções subjetivas e induzir respostas emocionais". Há significativo número de professores exercitando a "avidez imoral" de utilizar aquele espaço de pesquisa e estudo "como meio de autoafirmação político-ideológica". Textos e aulas estão impregnados do jargão hermético sob o qual se refugiam os medíocres — e esses iluminados mestres não se cansam de moldar a consciência dos alunos por meio de orientações capciosas.

Referendando o que Gordon denuncia, certa aluna relatou-me, há poucos meses, estas prescrições recebidas de sua orientadora no mestrado: deve-se substituir o termo "homem" por "ser humano", a fim de demonstrar solidariedade à causa feminista; não é admissível o uso da palavra "raciocínio", pois ela remete a "um pensamento frio, cartesiano, que rejeita sensibilidades distintas"; para não se opor ao necessário relativismo, o adjetivo "natural" também precisa ser descartado, uma vez que "supõe a existência de alguma forma de normalidade" — o que, para o marxismo, é inaceitável; a expressão "creio que" deve ser igualmente esquecida, pois refere-se à "cosmovisão judaico-cristã", um "estágio cultural praticamente superado". Pior que tal controle linguístico, só mesmo o testemunho — tão cômico quanto dramático — de outra aluna, matriculada no curso de Letras: um professor, logo na primeira aula, defendeu, emocionado, a urgência de se estudar "a territorialidade da folha A4".

Mais que relatos humorísticos, esses absurdos obedecem ao que Olavo de Carvalho — outro filósofo caro a Flávio Gordon — não cansa de apontar: o controle esquerdista do imaginário, a perfeita hegemonia cultural, começa sempre na esfera linguística. "A esquerda sabe que, antes de tudo, é necessário sedimentar a linguagem numa camisa de força; mudar a acepção das palavras; impedir que as figuras de linguagem sejam analisadas, imantando-as com um apelo emocional direto e contundente", afirma Olavo.

No que se refere ao jornalismo, Gordon repete análise perfeita, salientando como sua linguagem tornou-se "enviesada e hesitante; nada pode ser dito sem medo de ofender ou violar alguma norma do moralismo progressista, com toda a sua seletividade e duplo padrão de julgamento". E acrescenta: "A diferença entre realidade e versão desaparece sob o uso abusivo do discurso indireto: 'segundo fulano', 'sicrano alega que', 'na opinião de beltrano' — pouco importando, nesse jornalismo declaratório, se o que dizem fulano, sicrano e beltrano é verdade ou mentira." Gordon salienta "o esquematismo interpretativo estereotipado", que simplifica a realidade transformando-a na "expressão do conflito essencial entre 'oprimidos' e 'opressores' definidos aprioristicamente e de modo estanque". Assim como na universidade, "palavras e expressões são suprimidas, estranhos eufemismos criados, a sintaxe corrompe-se". Eric Voegelin está certo: os marxistas especializam-se em "esconder seu não pensamento com jogos de palavras".

Diagnosticado o problema, o que restaria às mentes obscurecidas pelo marxismo? Estariam condenadas a vagar sem rumo, balbuciando palavras de ordem leninistas? Restaria aos jovens apenas a opção da agenda marcusiana, ou seja, o que Gordon chama, com acerto, de "luta pelos direitos do baixo-ventre"? Não conseguiriam ultrapassar o "estágio puramente libidinal do desenvolvimento ortogenético humano"? Estariam obrigados a repetir em praça pública, até a velhice, diante de seus filhos e netos, as novíssimas formas de protesto, que "se resumem a vômito, cuspe, excreção, defecação, inserções anais e vaginais"? Ou seguirão, na maturidade, o comportamento de seus professores, que se submetem a universidades transformadas, de acordo com a síntese perfeita de Flávio Gordon, em "ambientes totalitários", nos quais todos estão obrigados a "tratar o ridículo com reverência"?

Muitos estão fadados a passar o resto da vida de forma obtusa, agindo como obstinados revolucionários, cegos para a realidade, ou tentando desesperadamente, sem saber como, libertar-se das viseiras que lhes foram impostas. Só poucos viverão seu "momento Kronstadt", conceito que Gordon vai buscar no jornalista Louis Fischer, "fenômeno de natureza individual, exclusiva e eminentemente subjetiva; uma espécie de epifania moral, até religiosa". Trata-se da "decisão moral de passar de um estado passivo de ex-comunismo a um anticomunismo atuante, que já não tolera arrependimentos silenciosos, ambíguos e meramente pró-forma". Mas Flávio Gordon alerta: o momento Kronstadt, vivido por inúmeros esquerdistas, "nunca surge como resultado de uma análise fria e racional sobre os malogros daquela religião política [o comunismo]. Ao contrário, ele é produto de uma árdua reflexão moral e do penoso exercício de uma consciência humana levada a seus limites. Almas distraídas e superficiais são incapazes desse tipo de autoexame".

Incansável em seus recuos no tempo para explicar o presente, incansável ao compulsar ampla bibliografia, incansável na tarefa de encontrar a história real, escondida sob a história que a esquerda pretende escrever sozinha, Flávio Gordon é movido, também, pela certeza de que "a proximidade entre o PT e as massas populares — e, de forma mais geral, entre a esquerda e o povo brasileiro — não passou de uma construção *mitopoiética* por parte da *intelligentsia*, tendo sido demasiado efêmera em sua aparente concretização histórica". Tal agradável ironia só reafirma uma certeza: a de que não podemos nos render a essa "força coletiva de homogeneização das consciências".

Não deve nos surpreender que tenhamos esperado vinte anos para ter em mãos a mais corajosa obra antimarxista depois de *O imbecil coletivo*. Na verdade, em meio às miragens ideológicas com que tentam nos iludir, *A corrupção da inteligência* não é um milagre, mas consequência amadurecida do trabalho de Olavo de Carvalho, que rompeu publicamente, nas últimas décadas, com os moldes do discurso esquerdista, tornando possível o renascimento de uma opinião pública antirrevolucionária. Mérito, aliás, que Flávio Gordon, com exemplar honestidade intelectual, não cansa de reconhecer.

Este livro, contudo, não se resume à tarefa de apontar erros e crimes alheios. Gordon também empreende sua anamnese, no melhor estilo voegeliano, em busca dos vícios ideológicos que nos contaminam. O alerta de Eric Voegelin, de que "ninguém está obrigado a participar da crise espiritual de uma sociedade; ao contrário, todos estão obrigados a evitar a loucura e viver sua vida em ordem", repercute a cada página. Gordon mostra-se verdadeiro intelectual: pronto a criticar os valores e a cultura de sua época, as escolhas e os modos de viver e pensar de seus contemporâneos, mas também pronto a questionar-se. Ele transcende a ordem imediata das coisas e busca a verdade que nasce do diálogo — a que todo intelectual deveria se sentir obrigado — com o conhecimento universal, a inteligência, e não apenas com a ideologia que este ou aquele partido defende. Ele investiga o passado, próximo ou distante, sem escamotear os erros que a esquerda costuma transmudar em acertos. É por essas razões que o leitor não encontrará aqui as fórmulas prontas ou a repetitiva verborreia que hoje inunda e sufoca nossa cultura. Gordon está em busca de verdadeiras respostas — para si próprio e para a sociedade —, aquelas que independem da ideologia dominante, dos lugares-comuns das panelinhas e dos modismos acadêmicos (perdoem-me a relativa tautologia). Este é o encontro pessoal de Flávio Gordon com a verdade — e pode ser também o seu, caro leitor.

São Paulo, maio de 2017

Introdução

Nos meus tempos de escola, a língua portuguesa era, em geral, a única disciplina que trazia o meu pensamento errante de volta à sala de aula. Por exemplo, lembro-me perfeitamente de um dia em que, estando eu, qual um Tom Sawyer, concentrado no zum-zum-zum de uma abelha que me provocava pela fresta da janela, ouvi de relance a professora mencionar qualquer coisa sobre as funções da linguagem. E, sabe-se lá por que, gostei das funções da linguagem. Com a referencial (ou denotativa), mantive sempre uma atitude reverencial. Parecia-me, entre todas, a mais séria — a mim, então pequeno idiota da objetividade. A conativa afigurava-se-me como antipática, porém útil. Misturava gostosamente a emotiva com a poética — na minha cabeça, eram as responsáveis por embelezar a língua —, divertindo-me, por outra, com os exemplos habituais da fática (*olá, ei!, certo, alô!*).

Mas nada podiam aquelas contra o apelo que a função metalinguística exercia sobre o meu imaginário. Era, de longe, a minha preferida; a que eu identificava de imediato, a que mais caía nas provas. O meu fascínio, todavia, não se explicava apenas por razões de ordem prática. A metalinguagem era para mim algo como um objeto enigmático e precioso. Interessava-me sobremaneira seu dom de cruzar as fronteiras entre sujeito e objeto, termo e função, referente e código. No domínio da língua, era ela o equivalente daquelas figuras paradoxais retratadas por Escher, a exemplo da faixa de Möbius. Qual esta, a metalinguagem sugeria-me uma dimensão extra, impremeditada, virtual e transcendente à sua figura atual. Eu ousava ver nela, como que em estado latente, uma espécie de vórtex ou buraco negro. Mas, enfim, tudo isso talvez fosse apenas mais um atalho seguido por meu pensamento, de hábito errante, como o leitor já está informado.

Reminiscências à parte, e de volta à terra firme, o fato é que, sendo este o meu primeiro livro, não devo perder a chance de começá-lo de maneira metalinguística, a saber: destacando a importância de um bom começo de livro. Com efeito, quase toda obra-prima da literatura universal brinda-nos, já nas primeiras linhas, com uma clara amostra de sua excelência. Um grande livro costuma exibir nos parágrafos iniciais, seu abre-alas, um vislumbre condensado da trama, do ambiente, dos protagonistas e, sobretudo, do espírito da obra. A regra vale principalmente para livros de ficção, para romances, novelas e contos, mas a literatura de não ficção faz por bem seguir-lhes o modelo.

Algumas de minhas aberturas literárias favoritas são as clássicas de *Dom Quixote* ("N'algum lugar da Mancha, de cujo nome não quero lembrar-me...") e *A metamorfose* ("Quando, certa manhã, Gregor Samsa acordou de sonhos intranquilos, encontrou-se em sua cama metamorfoseado num inseto monstruoso"). Meu pai, por exemplo, gosta muito do início de *David Copperfield*, de Dickens ("Serei eu o herói da minha própria história ou qualquer outro tomará esse lugar? É o que estas páginas vão fazer saber ao leitor. Para começar pelo princípio, direi, pois, que nasci numa sexta-feira, à meia-noite..."). O de *Cem anos de solidão* não faria feio na lista ("Muitos anos depois, diante do pelotão de fuzilamento, o Coronel Aureliano Buendía havia de recordar aquela tarde remota em que seu pai o levou para conhecer o gelo."). Outra pérola, raramente comentada, mas para mim não menos impactante, é a abertura de *Sob o sol de Satã*, de Georges Bernanos, cujo primeiro e parte do segundo parágrafos peço licença ao leitor para citar na íntegra:

> É a hora vesperal, a amada hora de P. J. Toulet. Dissolve-se o horizonte; aos últimos raios do sol, uma grande nuvem branca, cor de marfim, paira no céu crepuscular e do zênite ao solo: a solidão imensa, gelada, cheia dum silêncio líquido... É a hora do poeta que destilava a vida em seu coração para extrair-lhe a essência secreta, perfumada, envenenada. O turbilhão humano com mil braços e mil bocas já se agita na sombra; o bulevar fervilha e deslumbra... e ele, recostado à mesa de mármore, olha a noite subir, como um lírio.
>
> Nesse momento começa a história de Germana Malorthy, da vila de Terninques, em Artois...

Pois bem. Lembrando dessas e de outras memoráveis aberturas, o autor deste livro, intimidado, por pouco não sai correndo e desiste de começá-lo. O que o salvou do trágico destino de um livro sem começo, e portanto sem meio e sem fim, foi uma ideia que depois pareceu óbvia, uma providencial ideia que lhe ocorreu quando — *eureka!* — tomava banho numa tarde de domingo. Ela surgiu na forma de uma pergunta: por que assumir sozinho a responsabilidade de iniciar o livro se eu podia transferi-la para um especialista no assunto, um gênio literário que, ademais, era uma fonte direta de inspiração para a presente obra?

Eis que decidi socorrer-me de Karl Kraus, grande dramaturgo e poeta austríaco, sujeito que, qual os autores acima citados, também sabia bem como começar um livro. Portanto, nada melhor do que iniciar este aqui, que trata de um fenômeno de degradação cultural e linguística, com as primeiras linhas de *Os últimos dias da humanidade*, texto teatral que o satirista dedicou ao mesmo assunto, tendo por contexto a situação da Alemanha às vésperas da Primeira Guerra Mundial. Ei-las:

> Os diálogos mais inverossímeis aqui travados foram pronunciados nessa exata forma; as mais cruéis fantasias são citações. Frases cuja absurdidade se inscreveu indelevelmente no ouvido ganham a dimensão da música da vida. O documento é uma personagem; relatos ganham vida como figuras humanas, figuras morrem como editoriais; o artigo de jornal recebeu uma boca, que o recita em forma de monólogo; os clichês erguem-se sobre duas pernas — houve seres humanos que ficaram só com uma. Há cadências a vociferar com estrondo pelo tempo afora, engrossando até se tornarem no coro de um rito blasfemo. Gente que viveu abaixo da humanidade e que sobreviveu a esta surge — enquanto agente e porta-voz de um presente que não tem carne, mas tem sangue, que não tem sangue, mas tem tinta — reduzida a espectros e a marionetes e traduzida na fórmula de sua ativa insubstancialidade. Carrancas e lêmures, máscaras do Carnaval trágico, têm nomes autênticos, porque é assim que tem de ser e porque, justamente, nesta temporalidade governada pelo acaso nada acontece por acaso.

Dispensado, pois, da abertura, sinto-me livre para ir direto ao ponto. O livro que o leitor tem em mãos versa sobre um estado similar de confusão e descarrilamento cultural, que parece igualmente prenunciar (se é que já não enseja) uma grande calamidade social. Também nele, o leitor irá encontrar "os diálogos mais inverossímeis" transcritos em sua forma exata. Também nele, "as mais cruéis fantasias são citações", e as frases mais absurdas "ganham a dimensão da música da vida". O seu tema é uma forma de corrupção que — ao contrário daquela com a qual os brasileiros estamos mais que habituados, praticada sobremaneira pela classe política e noticiada diariamente nos jornais — é pouco discutida, ou talvez sequer notada. Quando a ela se alude, tangencialmente, tratam-na de maneira tão abstrata e impessoal que nos resta a impressão de estarmos lidando com uma fatalidade histórica ou golpe do destino. Não se a discute de maneira franca e responsável porque os seus agentes são, precisamente, os que detêm o monopólio do discurso público. São eles quem, regra geral, têm os meios e a legitimidade social para analisar, debater e, por fim, denunciar os problemas brasileiros. São eles os que, entre outros assuntos, falam (ou, quando lhes é conveniente, calam) sobre a corrupção ortodoxa, a que afeta os cofres públicos e os nossos bolsos.

Os agentes da corrupção de que trata este livro não são políticos ou empresários, mas *intelectuais*. São, ao mesmo tempo, os corruptos, os corruptores e, paradoxalmente, as primeiras vítimas do fenômeno. O objeto de sua corrupção não é material ou financeiro, mas espiritual. Ao contrário da corrupção político-econômica, essa corrupção não traz benefícios (senão apenas ilusórios) para o corrupto, mas, ao contrário, corrói aquilo que ele tem de mais precioso: a sua inteligência, a sua razão, a sua consciência moral. A partir daí, o dano causado pela corrupção em questão alastra-se avassaladoramente, de maneira ondulatória, debilitando a cultura como um todo. Diferente da outra — cujos efeitos podem ser revertidos, as perdas, recuperadas, e os responsáveis, condenados —, essa corrupção produz estragos duradouros e, muitas vezes, irreversíveis. Aliás, foi ela que, entre outros males, deu origem a um clima de opinião e a uma legitimidade cultural sem os quais o partido que governou o Brasil por treze anos — e ainda achando pouco — não teria conseguido institucionalizar a outra, fazendo dela, mais que um meio de enriquecimento ilícito, um instrumento para solapar as bases da democracia, tendo em vista um poder cada vez mais absoluto e ilimitado. Também ao contrário da outra, a corrupção que aqui nos interessa não é criminalizável, porque não diz respeito a algo que os atores simplesmente fazem, mas a algo que eles vieram a se tornar, algo que eles *são* e, em grande parte dos casos, não conseguem deixar de ser. Trata-se de uma corrupção que envolve o intelecto e a personalidade — uma *corrupção da inteligência*.

Em termos de escopo histórico, este livro lida especialmente com o período conhecido como "Nova República" brasileira, que se seguiu ao fim da ditadura militar. Do ponto de vista de uma histórica intelectual, esse período é, em larga medida, um produto da *imaginação* dos intelectuais esquerdistas da geração 1960,[1] assim como o regime militar fora obra de tecnocratas positivistas de décadas anteriores. Nos últimos 25 anos, sobretudo, assistimos a uma disputa entre duas forças políticas renascidas diretamente da derrota da *intelligentsia* de esquerda para os militares, duas forças que, desde então, vêm travando uma disputa intestina pela (ao mesmo tempo que reforçam a) hegemonia político-cultural de esquerda no país: o PSDB e o PT — girondinos e jacobinos, mencheviques e bolcheviques, "inimigos-irmãos", como se dizia da divisão entre socialistas e comunistas no interior da esquerda europeia.[2] Que os dois partidos neorrepublicanos brasileiros passem todo o tempo *acusando* um ao outro de ser "de direita", num notável (e, para o observador externo, patético) campeonato de esquerdismo puro, não deixa de ser parte de uma longa tradição, que teve na rivalidade entre Stalin

---

[1] Nesse sentido, a Nova República pode ser compreendida como uma "comunidade imaginada", cuja fundação mitopoética foi toda elaborada em oposição ao período anterior, o regime militar, este sombrio "Antigo Regime" identificado como grande obstáculo aos novos tempos que, enfim, chegavam com sua esplendorosa luminosidade. Esta, ao menos, era a moral da fábula. Sobre o conceito de "comunidade imaginada", ver ANDERSON, B. *Nação e consciência nacional*. São Paulo: Ática, 1989. pp. 14-15.

[2] Ver WINOCK, M. "La culture politique des socialistes." Em: Serge Berstein. *Les cultures politiques en France*. Paris: Éditions du Seuil, 1999.

e Trotski a sua expressão mais dramática, quando o primeiro pôs fim à disputa com o irretorquível argumento da picareta.[3]

O PT, em especial, é o primeiro partido de nossa história a encarnar a noção gramsciana de "intelectual coletivo". Dizendo-se dos trabalhadores, ele é, por excelência, o *partido dos intelectuais*.[4] Portanto, estes últimos são personagens cruciais para a compreensão da história brasileira da última década e meia, em que o seu partido passou a deter o poder de Estado, quando já detinha em larga medida o poder da cultura, a capacidade de moldar o imaginário coletivo, impor narrativas e definir os termos do debate público. O Mensalão e o Petrolão foram a expressão, na política, da hegemonia que a esquerda conquistara na cultura. Foram a tentativa de transpor essa hegemonia para o interior do Estado.

É por tudo isso que a *intelligentsia* esquerdista, de hábito tão ruidosa, recolheu-se num silêncio sepulcral em relação aos escândalos, só rompido, vez ou outra, para denúncias sobre uma pretensa trama da "direita" contra o "governo popular". A esquerda brasileira sabia — mesmo que de maneira intuitiva — que o vexame político, no fundo, respingava sobre ela. Fora ela a autora da narrativa que tornara tudo aquilo possível. Fora ela a responsável por erguer um ídolo de pés de barro diante de uma sociedade desconfiada. Portanto, quando as entranhas da quimera lulopetista foram expostas, restou à esquerda assumir o seu papel histórico favorito: o antifascismo. Assim, em lugar de um *mea culpa*, o que vimos

---

[3] Esse "argumento" parece ser ainda admirado por alguns stalinistas defensores do regime lulopetista. Em 29 de março de 2016, por exemplo, Breno Altman, intelectual orgânico do PT e diretor do site governista Opera Mundi, publicou o seguinte comentário em seu Facebook: "AINDA SOBRE A ENTREVISTA DE LUCIANA GENRO (sic). Segundo um amigo constrangido de se pronunciar em público, o tratamento que deveria ser aplicado a casos como o de Luciana Genro teria sido muito bem definido em 1940." A ultraesquerdista Luciana Genro, do PSol, fizera então críticas ao PT. Em resposta, e pela boca de um seu amigo imaginário, Altman recomendava que a ela fosse dispensado o tratamento "muito bem definido em 1940". Se o leitor não se recorda, 1940 foi justamente o ano do assassinato de Trotski a mando de Stalin. Compreende-se, assim, qual tratamento Altman desejaria poder reservar a Luciana Genro pelo crime de haver criticado o PT, ainda que dentro do campo esquerdista.

[4] Se FHC foi o primeiro intelectual marxista individual a assumir a presidência do país, Lula foi a primeira encarnação do intelectual coletivo. Que aquele tenha preparado o terreno para este não é obra do acaso, mas a realização de um projeto político-ideológico afim. Quando, em meio a uma das mais graves crises políticas de nossa história recente, com o PT se decompondo a olhos vistos, FHC insistia em salvaguardar as figuras de Lula e Dilma, era aquele projeto que, em última análise, ele estava tentando proteger.

foi uma simulação coletiva de resistência democrática, uma encenação patética em que os estereótipos de eras remotas regressavam ao palco, incluindo o grito de guerra *"No pasarán!"*, que os comunistas espanhóis bradavam contra Franco nos anos 1930. Mas eis que, indiferentes ao sentimentalismo nostálgico de sua classe falante, a sociedade brasileira e a Operação Lava Jato fizeram o que devia ser feito: passaram.

A eleição de Lula em 2002, proclamava a intelectualidade de esquerda em prosa e verso, era "o encontro do Brasil consigo mesmo", ou seja, a concretização de uma tão aguardada (e por anos frustrada) vitória das forças populares sobre as centenárias elites encasteladas no poder. Aquilo que a revolução não lograra conquistar por meio das armas vinha, finalmente, pelas vias democráticas e burguesas convencionais. E assim, confiando na garantia dada pela *intelligentsia* nacional, o país inteiro celebrou a sua "festa da democracia", uma democracia teoricamente madura, saudável e alvissareira, capaz de conduzir um humilde operário nordestino ao centro do poder.

O que à época ninguém notou — e quem notou fez ouvidos moucos — foi uma breve, mas significativa, observação feita pelo protagonista da festa, que destoava de todo aquele clima de orgulho cívico. No dia 2 de outubro de 2002, seis dias antes do primeiro turno das eleições presidenciais no Brasil, o jornal francês *Le Monde* trazia uma matéria sobre o senhor Luiz Inácio Lula da Silva. Intitulada "A esquerda brasileira às raias do poder", a reportagem fazia uma retrospectiva da biografia do candidato do PT e de suas derrotas eleitorais anteriores, a fim de dimensionar o momento de expectativa e ansiedade vivido pela esquerda tupiniquim. A certa altura da reportagem, lia-se o seguinte:

> Em privado, Lula, aos 58 anos de idade, confessa em alto e bom som que a eleição é uma "*farsa*" [a matéria coloca aspas de citação e itálico, indicando tratar-se de termo do próprio Lula] pela qual é preciso passar a fim de se chegar ao poder. Donde, entre outras inovações dificilmente digeríveis pelos radicais do partido, sua decisão de confiar a organização de sua campanha ao guru nacional do marketing político, Duda Mendonça.[5]

---

[5] SEVILLA, Jean-Jacques. "La gauche brésilienne aux marches du pouvoir." *Le Monde*, 2 de outubro de 2002.

A eleição é uma *farsa*. A eleição é uma *farsa*... Que sentido profundo tem hoje essa declaração, depois de mensalões, petrolões e demais mecanismos de corrupção montados por Lula e seus companheiros para se manter indefinidamente no poder, mandando às favas princípios básicos da democracia, tais como a separação e a independência entre os poderes. Enquanto todos os convidados da festa, embriagados com o vinho de segunda que nos foi servido, celebrávamos a solidez de nossas instituições democráticas e o abandono do radicalismo revolucionário por parte da esquerda nacional, o dono da festa, sorvendo com apetite de novo-rico seus Romanée-Conti safra 1997, confessava a um jornal do Velho Mundo o tradicional desprezo comunista/revolucionário pela ordem "burguesa", entendida apenas como um *meio* para a tomada do poder.

Em todo esse desencontro de humores e objetivos, esse abismo, por quase todos ignorado, entre as perspectivas de um país crédulo e as de um líder político maquiavélico, onde estavam os intelectuais brasileiros responsáveis por explicar ao público os fatos da política? Será que todos haviam desaprendido a ler francês? Ou calavam por cumplicidade com aquela nova tenebrosa transação (para citar um de seus famosos expoentes)? Como foi possível que tal declaração, feita às vésperas de uma eleição presidencial, não repercutisse em nossa imprensa? Ao que parece, a "festa da democracia" era mesmo a *pauta* e, como sabe quem conhece minimamente a prática jornalística contemporânea, nenhum fato novo ou imprevisto deve alterar a pauta.[6]

A eleição é uma *farsa*... Meu Deus, o homem disse tudo o que iria fazer! Confessou o desprezo pela lei e ordem vigentes, antecipou todos os esquemas futuros. E, num surto de distração coletiva, o país inteiro aquiesceu. Os poucos conterrâneos que ousaram desconfiar da unanimidade triunfante foram olhados de soslaio, com desdém ou

---

[6] Um exemplo engraçadíssimo dessa inflexibilidade da pauta jornalística ocorreu durante a cobertura do Carnaval de 2015. No meio da Sapucaí, um repórter da Rede Globo pergunta a um senhor: "Está todo mundo feliz de estar aqui no desfile?" A resposta não é a esperada: "Não estou, não, meu filho." Mas, condicionado pela pauta, qual seja a de retratar o clima típico de euforia do período, o repórter permanece impávido, ignorando totalmente a fala do entrevistado e respondendo por ele: "Sim, está todo mundo feliz!" A cena pode ser vista no YouTube: <https://www.youtube.com/watch?v=32Y9aQs9mVs>. Acesso em 10 abr. 2017.

escândalo, como uma turba de famintos a invadir um jantar grã-fino. Era o início de um tempo — por demais duradouro — em que criticar o então candidato da esquerda era visto, no mínimo, como um gesto deselegante e, no máximo, como expressão de preconceito de classe e de região.

De fato, o Brasil do PT parece ter se encontrado consigo mesmo, mas com aqueles seus aspectos mais arcaicos e nocivos, numa odiosa mistura entre coronelismo patrimonialista, agora elevado a um novo patamar, e mentalidade revolucionária, que tudo justifica em nome de um bem maior, usualmente compactado num slogan de fácil digestão (no caso brasileiro, o *combate à miséria*). As sinecuras multiplicaram-se e erigiram-se em cláusula pétrea do novo regime, incluindo aquela — para nós, a mais interessante — que Edmundo Campos Coelho há muito chamou de "sinecura acadêmica", e cujo sentido aqui ampliaremos para abarcar o campo mais geral da cultura e da vida intelectual para além dos limites da academia.

O regime lulopetista já foi abordado sob variadas perspectivas, socio-lógicas, políticas e econômicas. Mas são raros os trabalhos que o enca-raram como resultado, mais ou menos imprevisto, das *ideias* de nossos bem-pensantes. Essa negligência não deixa de ser curiosa se lembrarmos a lição de Napoleão Bonaparte, segundo a qual são os homens de *ima-ginação*, antes que os líderes políticos ou militares, quem determinam em última análise o rumo dos acontecimentos. É sintomático que a lição tenha vindo, não de um homem de letras, mas, justamente, de um líder político e militar, sujeito para o qual o próprio poder não causava desconforto algum. Ocorre que, entre os três grandes tipos existentes de poder, que, seguindo a clássica *hipótese trifuncional* proposta por Georges Dumézil para os povos indo-europeus, poderíamos glosar como *poder político-militar* (o poder dos nobres e guerreiros), *poder econômico* (o poder dos produtores e comerciantes) e *poder ideológico-cultural* (o poder dos sacerdotes, clérigos e intelectuais), este último costuma ser o menos enfatizado na compreensão de nossa história recente. E não é difícil imaginar o motivo.

Acostumados a se ver como críticos ou denunciadores do poder — com o qual mantêm a relação complexa, para não dizer ambígua, que caracteriza a conjunção entre *política* e *cultura*[7] —, os intelectuais experimentam um notável mal-estar ao ter de lidar com o poder que eles próprios detêm. Sendo eles, intelectuais, os encarregados de interpretar o país, é natural que se esquivem da incômoda condição de ser, ao mesmo tempo, sujeito e objeto de análise. Quando sói de conquistarem representação entre os detentores dos outros dois tipos de poder, o político e o econômico, o panorama torna-se ainda mais obscuro. Assim, era quase inevitável que presenciássemos o triste espetáculo protagonizado por intelectuais brasileiros nesta década e meia de regime lulopetista: para uns, a opção escancarada pelas mais cínicas racionalizações do poder; para outros, um ensurdecedor silêncio de cumplicidade em face dele. Raras vezes a corrupção da inteligência mostrou-se tão gritante, sendo ao mesmo tempo tão ignorada.

Inteligência deve ser entendida aqui em dois sentidos. Por um lado, o termo designa a classe falante brasileira, os intelectuais como grupo particular dentro do conjunto da sociedade, aproximando-se do conceito russo de *intelligentsia*. Por outro, ele diz respeito genericamente à capacidade humana de inteligir e, mais especificamente, ao uso que o intelectual, *qua* indivíduo, faz dessa capacidade, que inclui o discernimento moral.[8] Temos, portanto, um emprego intencionalmente ambíguo da palavra "inteligência", que neste livro significa tanto uma *função* social quanto um *atributo* individual.

Resta-me agora assumir que, na qualidade de intelectual brasileiro, eu mesmo não poderia ser um narrador onisciente, exterior e alheio a esta história. A minha crítica à corrupção da inteligência no Brasil não

---

[7] Sobre o assunto, ver: BOBBIO, Norberto. *Os intelectuais e o poder: dúvidas e opções dos homens de cultura na sociedade contemporânea*. São Paulo: Editora Unesp, 1997. O autor descreve bem o espírito perpetuamente indignado do intelectual contemporâneo: "Não sei se em outras épocas históricas os intelectuais assinaram tantos manifestos como nesses últimos vinte anos. O manifesto acabou por se tornar, ironicamente, aos olhos de muitos, a forma típica de protesto dos intelectuais, do mesmo modo que a greve é a forma típica do protesto operário" (p. 57).

[8] Nesse sentido, e com todo o respeito, estou deliberadamente reunindo qualidades que o filósofo Alfred N. Whitehead fez questão de distinguir: "Inteligência é a rapidez com que se apreende as coisas e que se distingue de outra habilidade, a qual se verifica na capacidade de agir com sabedoria sobre o que foi apreendido." WHITEHEAD, Alfred. "December 15, 1939." In: *Dialogues of Alfred North Whitehead as Recorded by Lucien Price*. Boston, Little: Brown and Company, 1954. p. 135.

se dirige apenas a terceiros. Em larga medida, ela é uma autocrítica, pois tive minha cota de corrupção intelectual, da qual, como muitos, fui tanto vítima quanto autor e replicador. Ela não foi pouca, certamente deixou sequelas, e não pode ser lançada sobre o colo de outrem. É de minha total e intransferível responsabilidade. Este livro, portanto, é também um esforço de anamnese, uma tentativa de reconstituir os caminhos que levaram a minha própria inteligência, como parte de um processo cultural mais amplo, a se corromper. Mas com isso, ele não deixa de ser um testemunho dos meus esforços pessoais em busca da inteligência perdida, de não mais submetê-la a exigências e conveniências outras além das que impõe a sua própria natureza: liberdade, autonomia e amor pela verdade. No fim das contas, como disse celebremente Ortega y Gasset: "Eu sou eu e minhas circunstâncias, e se não salvo a elas, não me salvo a mim."

* * *

Este livro é produto da leitura de alguns clássicos sobre a relação entre vida intelectual e poder político, a começar pelo magistral *Hitler e os alemães*, de Eric Voegelin, livro que reúne o conjunto de preleções que, no verão de 1964, o filósofo proferiu na Universidade de Munique, e cujo objetivo era explicar aos seus jovens alunos — que não haviam vivido a experiência do nazismo —, como fora possível a chegada de uma figura como Hitler ao poder na Alemanha; ou, em outras palavras, o que houvera de corrompido na sociedade alemã da época para que tivesse se permitido representar por aquele homem e seus asseclas.

Hitler e os alemães lida menos com o nacional-socialismo em si mesmo do que com a relação entre este e a sociedade alemã, sobretudo sua elite cultural, que o autor qualifica tecnicamente de "ralé".[9] Sempre

---

[9] "Não temos de lidar com o nacional-socialismo e seus crimes hediondos, nem com as atrocidades, nem com a exumação do passado, nem com a justa indignação das vítimas — esses são todos fenômenos situados na continuidade e causalidade da História; nosso problema, porém, é a condição espiritual de uma sociedade em que o nacional-socialismo pôde chegar ao poder. Então, o problema não são os nacional-socialistas, mas os alemães, entre os quais personalidades do tipo nacional-socialista podem tornar-se socialmente representativas e podem funcionar como representantes, como políticos, como chanceleres do Reich etc." VOEGELIN, Eric. *Hitler e os alemães*. São Paulo: É Realizações, 2007. p. 106.

ancorado no que chamou de "princípio antropológico", o axioma platônico segundo o qual "a sociedade (*pólis*) é o homem escrito em letras maiúsculas",[10] o filósofo desmantela as explicações recorrentes que apelam ao caráter pretensamente excepcional (demasiado carismático, brilhante ou maligno) da personalidade de Hitler, enfatizando, ao contrário, sua *representatividade* social. Nem gênio nem demônio, Hitler unia uma inteligência pragmática a uma perfeita *estupidez moral* — no sentido de prevenção provinciana contra valores universais e, mediante apelos imanentistas e apocalípticos à "raça" e à "nação", uma recusa obstinada do senso de transcendência (e, logo, segundo Voegelin, da própria estrutura da realidade). A estupidez moral era um traço que o *Führer* partilhava com o alemão médio dos anos 1930.

O principal alvo da crítica de Voegelin não são Hitler e os fanáticos nacional-socialistas, por quem o autor nutria um desprezo visceral.[11] O filósofo tem em mente, antes, aqueles alemães comuns, até decentes, e sobretudo os intelectualmente superiores, que, por um sem-número de ações e omissões, permitiram aquele estado de coisas, atualizando a célebre máxima de Edmund Burke: "Tudo o que é preciso para o triunfo do mal é que nada façam os homens de bem." O objeto de Voegelin, em

---

[10] Ver: *A república* (368 c-d).

[11] Desprezo que o fez brigar com parte da família, incluindo seu pai e sua irmã Klara Hartl, a quem Voegelin, então recém-chegado aos EUA, dirigiu estas duras palavras em carta de 16 de agosto de 1939: "Querida Clara, é muito gentil de sua parte ter querido me escrever, mas poupe-me de seus truques nazistas. Você deveria saber que não sou estúpido para cair neles. Entre nós, não há uma diferença de opinião — como você pretende fingir —, mas assassinato, roubo, pilhagem. Não aja como se fosse decente demais para mencionar tais coisas: é um truque nazista manjado. Evitam-se assuntos desagradáveis, mas roubam-se das pessoas até a sua última peça de roupa, e se as espancam até a morte caso não cedam de bom grado [...] Eu admito que a minha descrição foi VIRULENTA (sic). Essa é a reação mínima ao tratamento revoltante que recebi nas mãos de seu bando de delinquentes em marrom. Ou você pretende negar que, em violação ao meu contrato, eu tenha sido demitido sem salário e sem motivo? Ou que se me tenham negado a pensão à qual eu tenho direito? Ou até mesmo que eu esteja na América? Ou que eu tenha escapado graças a um grande esforço, e que você tenha usado a insígnia do partido quando veio me ver? Você nega que essa desgraça de pai exiba uma foto do bando de delinquentes sobre a sua mesa, e que tenha ficado tolamente satisfeito ao ver o seu filho ser roubado por eles?" VOEGELIN, Eric. *Selected Correspondence, 1924-1949*. In: *The Collected Works of Eric Voegelin*, vol. 29. Columbia & London: University of Missouri Press, 2009. pp. 223-224.

suma, é investigar aquilo que Hermann Broch chamou de "a culpa dos inocentes", *a misteriosa cumplicidade no mal daqueles que não parecem ser maus*.[12] Resta dizer que essa cumplicidade não pode ser encarada como uma fatalidade do destino ou produto de condicionantes históricos e culturais, uma vez que, em meio àquele contexto de corrupção política e institucional, houve muitos alemães ilustres — um Thomas Mann, um Karl Kraus, o próprio Voegelin, os heroicos irmãos Scholl, entre outros — que tomaram a *decisão moral* de resistir ao projeto nazista.

Rogo à paciência do leitor para me alongar um pouco mais sobre esse aspecto já nesta introdução, isso porque as questões levantadas por Voegelin e outros intelectuais europeus para o contexto alemão dos anos 1930 podem servir de paralelo para a compreensão da ascensão do lulopetismo ao poder no Brasil.[13] Como foi possível? Quais segmentos sociais agiram ou deixaram de agir para que um tipo como Lula — sujeito sem caráter ou princípios, tal como reconhecido até mesmo por alguns de seus ex-companheiros de partido — ganhasse estatuto de grande estadista e símbolo pátrio?

Ocorreu no Brasil fenômeno curiosamente parecido com o que, em seu livro sobre [Adolf] Eichmann, também Hannah Arendt descreveu para a Alemanha nazista:[14] praticamente não houve instituição brasileira (aí incluídas a Igreja e as Forças Armadas) que, por ação ou omissão, não tenha colaborado com o projeto lulopetista de poder, a despeito das recor-

---

[12] "Nenhum deles é diretamente 'culpado' pela catástrofe de Hitler [...] No entanto, foi precisamente de tal estado de mente e alma que o nazismo obteve suas energias. Pois a indiferença política é indiferença ética, portanto intimamente relacionada com a perversão ética [...] Esta culpa inocente sobe até esferas metafísicas e mágicas e desce até a escuridão do reino do instinto." Ver: BROCH, Hermann. *The Guiltless*. Londres: Quartet Books, 1990. p. 289.

[13] Antes que algum crítico apressadinho venha me acusar de estar apelando ao argumento *ad Hitlerum*, equiparando o lulopetismo ao nazismo, cabe logo esclarecer. Afora no sentido muito genérico de que ambos podem ser entendidos como seitas políticas, pelas quais seus membros colocam a lealdade ao partido acima de quaisquer outros valores e considerações de ordem moral e legal, individual ou coletiva, é claro que o nazismo e o lulopetismo são diferentes. Mas o que sugiro aqui não é o estabelecimento de uma relação entre os termos tomados em si mesmos, mas de uma *correlação*, ou comparação entre relações: a relação da sociedade alemã com o nazismo e a relação da sociedade brasileira com o lulopetismo. Não estou afirmando que A *é igual* a B, senão que A *está para* X *assim como* B está para Y.

[14] Ver: ARENDT, Hannah. *Eichmann in Jerusalem: A Report on the Banality of Evil*. Nova York: Penguin, 1994. p. 18.

rentes demonstrações de sectarismo e mentalidade totalitária por parte dos altos quadros do Partido dos Trabalhadores. Logo, é perfeitamente compreensível e justificada a descrença generalizada que os brasileiros exibimos hoje em face das instituições, e não apenas as do Estado.[15] A crise de representatividade é ampla, geral e irrestrita, e a população parece haver notado, no mínimo intuitivamente, a existência de um pacto firmado nas altas esferas, um pacto sinistro entre as nossas "elites" política (governo, base aliada e até mesmo setores da dita oposição), econômica (bancos e empreiteiras) e cultural (*intelligentsia*, imprensa, show business) para a manutenção do *status quo*. Tanto na Alemanha como no Brasil, a corrupção político-institucional foi precedida e possibilitada pela corrupção da inteligência. Como escreveu algures a romancista Doris Lessing: "Os amantes da autoridade, não importa o quão cruel, estarão sempre entre nós."[16]

Devo confessar que só um resquício de pudor foi o que me impediu de dar a este livro o título de "Lula e os Brasileiros", pois que a análise de Voegelin sobre a mistificação em torno de Hitler cai como uma luva para compreendermos a construção social do *mito Lula*. Antes de tudo, há que se fazer com o "filho do Brasil" aquilo que o filósofo fez com o *führer*: negar peremptoriamente a sua excepcionalidade. Não havia nada de enigmático, misterioso ou grandioso em Hitler. Como já foi dito, ele não era um gênio da política, sequer um gênio do mal.

---

[15] Por exemplo, uma pesquisa CNT/MDA de outubro de 2015 revelou que, numa lista de instituições em que o brasileiro confia, a mídia aparece apenas em quinto lugar, com menos de 5% dos votos, pouco à frente do governo. Resumo dos dados disponível em: <http://www.cnt.org.br/Imagens%20CNT/PDFs%20CNT/Pesquisa%202015/Resumo%20Resultados%20CNTMDA%20129.pdf>. Acesso em dez. 2016.

[16] A frase de Lessing poderia servir de legenda a um dos episódios mais constrangedores da história do jornalismo nacional, ocorrido em 7 de janeiro de 2016. Depois de um café da manhã com a presidente da República, e na contramão do famoso dito de Millôr Fernandes ("Jornalismo é oposição. O resto é armazém de secos e molhados"), um grupo formado por alguns dos principais jornalistas de política do país decidiu tirar uma *selfie* com a entrevistada. Sorridentes, servis, palacianos e como que alheios aos problemas brasileiros, bem como aos elevadíssimos índices de rejeição popular ao governo, os jornalistas pareciam deslumbrados ao lado da presidente. Ver: "Após café da manhã com jornalistas, Dilma Rousseff faz selfie." *Globo News/G1*, 7 de janeiro de 2016. Disponível em: <http://g1.globo.com/globo-news/globo-news-em-pauta/videos/v/apos-cafe-da-manha-com-jornalistas--dilma-rousseff-faz-selfie/4724226/>. Acesso em 13 abr. 2017.

Assim também, não há nada na personalidade de Lula, nem mesmo os seus superestimados carisma e facilidade de comunicação com o povo, que explique por si só o seu triunfo político. Ao contrário daquilo que até os seus críticos têm o hábito de afirmar, Lula não é e nunca foi um político particularmente brilhante. Ardiloso, isso sim, e malandro, seu sucesso deveu-se muito mais aos seus vícios — a sua mais completa amoralidade, por exemplo[17] — que às suas virtudes.

Diferente de outras figuras ilustres da política que se destacaram por suas personalidades marcantes, espontâneas e originais (um Churchill, um Reagan, um Lacerda, até mesmo um Brizola), Lula nunca foi capaz de se expressar sem recorrer a um maçante arsenal de clichês e frases feitas, quer de origem popular, quer de origem acadêmica, tais como os trejeitos e maneirismos assimilados junto aos intelectuais do partido. Ademais, ele partilha com Hitler um traço de personalidade que os distingue de quase todos os grandes líderes políticos e militares da história: uma autopiedade histriônica e sentimentaloide, nada compatível com a têmpera de um grande estadista.[18]

Portanto, Hitler e Lula não impressionaram por terem sido excepcionais, mas *representativos*. Isso precisa ficar claro. Cada um em seu contexto, ambos foram a encarnação perfeita daquilo que Ortega y Gasset denominou "homem-massa". Foram dois homens medíocres, ambos

---

[17] Como neste vídeo em que Lula, entre companheiros, exibe pornograficamente o seu caráter, confessando ter mentido sobre dados e estatísticas apenas para prejudicar o governo do qual, a época, era opositor: <https://www.youtube.com/watch?v=M5bOtqmvJHE>. Acesso em 19 abr. 2017.

[18] Em seu livro *Ponerologia: psicopatas no poder*, o psiquiatra polonês Andrzej M. Łobaczewski analisa a presença de diversas psicopatologias na geração de anomia social e no surgimento de regimes políticos totalitários conduzidos por líderes psicopatas. Um dos nomes citados como exemplo bem documentado da influência de uma personalidade caracteropática numa escala macrossocial é o de Guilherme II, último imperador alemão. Alguns traços de seu caráter, notadamente o seu complexo de inferioridade, lembram os de Hitler e Lula: "Ele desenvolveu uma personalidade com características infantis e com controle insuficiente sobre as suas emoções, e também um modo de certa forma paranoico de pensar, que facilmente o fazia colocar de lado o cerne de alguns assuntos importantes no processo de esquivar-se dos problemas. Poses militaristas e um uniforme de general foram uma *compensação para os seus sentimentos de inferioridade* e efetivamente ocultaram suas desvantagens" [grifos meus]. Ver: ŁOBACZEWSKI, Andrzej M. *Ponerologia: psicopatas no poder*. Campinas: Vide Editorial, 2014. Capítulo 4.

sofrendo do que poderíamos chamar de *síndrome de Raskolnikov*: a formação de uma autoimagem distorcida, exacerbada, sentimentaloide, movida por um orgulho doentio e pela crença totalmente irreal na própria grandeza. Não por acaso, Hitler e Lula reivindicaram para si, *mutatis mutandis*, aquele "direito ao crime" tão bem descrito por Dostoievski.[19]

Nada me ocorre sobre Lula — pode-se parafrasear o que disse Karl Kraus de Hitler no conhecido início de *A terceira noite de Walpurgis*. O que nele ressalta, antes que qualquer laivo de singularidade, é precisamente o oposto: a sua acachapante banalidade. Lula é pura forma sem substância. A atração outrora exercida por ele sobre tantos brasileiros — e hoje em dia apenas sobre um pequeno círculo de lambe-botas composto de membros das elites política, econômica e intelectual — deveu-se muito mais à desqualificação do público (carente de modelos) do que aos dons do orador. Estes, em contraste com os de sua sucessora, podem até nem parecer tão ruins assim, pois decerto não há grande vantagem na comparação com aquela diante de quem até mesmo um sujeito gago ou fanho passaria por um Cícero.

O fato é que, confundindo malícia com inteligência, tapinhas nas costas com gestos de benevolência, os brasileiros foram seduzidos — uns por carência material, outros por carência espiritual, outros ainda por oportunismo. Todos os brasileiros? Claro que não, porque há sempre espíritos fortes e imunes à "aura" que emana do poder, espíritos que não se deixam levar por essas imitações baratas da *kenosis* cristã, pelas quais, do alto de sua olímpica existência, o líder político parece "descer" até o povo.

Lembro-me de quando, certa feita, um conhecido meu, funcionário público em Brasília, contou-me haver presenciado um evento no qual Lula discursara. Maravilhado, dizia-me do quão espontâneo e carismático era o então presidente, que falava de improviso, entremeando causos e piadas, e envolvendo a todos (todos dentro de um ambiente controlado, claro está) com o seu charme e simpatia. Enquanto ouvia o relato, veio-me à mente esta passagem em que Voegelin desmascara

---

[19] Ninguém menos que o próprio Lula reconheceu essa sua identificação parcial com Hitler: "O Hitler, mesmo errado, tinha *aquilo que eu admiro num homem*, o fogo de se propor a fazer alguma coisa e tentar fazer" [grifos meus]. Luiz Inácio Lula da Silva, *Playboy*, julho de 1979.

impiedosamente a pretensa "aura" de Hitler, a cujos "olhos azuis profundos" vários analistas — mesmo os insuspeitos de devotar qualquer simpatia ao nacional-socialismo — atribuíam um magnetismo incontrolável. Escreve o filósofo:

> Então, a aura não é um poder objetivo, mas funciona seletivamente. Certas pessoas sucumbem a essa aura, outras, não. E a seletividade da aura de novo está em correspondência com a problemática que tratei da última vez, a fonte da autoridade: poder, razão e revelação.
>
> Quem reage apenas ao poder sucumbe à aura do poder de existência que irradia de Hitler. Quem, além disso, é uma personalidade de certo nível espiritual não sucumbe. Essa é a diferença. Então, pessoas comuns e vários outros grupos sociais sucumbem. Em todas as conferências e discursos de Hitler havia algumas mulheres nas primeiras fileiras que eram fãs extáticas e estavam sempre por ali. Eram chamadas pelos membros da SS — pessoas de uma disposição algo mais tosca — a "brigada de veia varicosa". Esses, então, eram os tipos de pessoas fascinadas por Hitler e sucumbiam à aura dos olhos azuis. Quando se leem discursos da líder da organização feminina nacional-socialista, onde ela elogia em ternos êxtases sexuais o homem que Deus enviou a elas, vê-se que esses são os tipos que sucumbem. Os outros, naturalmente, não.

Aquele conhecido meu sucumbira à "aura" de Lula.[20] E, como ele, muitos brasileiros, incluindo, em dado momento da vida, este que vos fala, que votou em Lula em 2002 e chegou a estar presente na posse em Brasília, naquele fatídico 1º de janeiro de 2003. Embora então eleitor e simpatizante do "primeiro presidente operário", o que vi ali naquele dia não deixou de me causar espanto, à época não elaborado e logo esquecido. As pessoas estavam histéricas, a imprensa como que extasiada e, espremidos na multidão, homens feitos, de barba na cara,

---

[20] Também Łobaczewski ajuda-nos a compreender esse ponto: "Tais 'caracteres stalinistas' traumatizam e *encantam* ativamente os outros. Sua influência faz com que seja excepcionalmente fácil contornar os controles do senso comum. Uma grande parte das pessoas tende a atribuir poderes especiais a tais indivíduos, com isso sucumbindo às suas crenças egotistas." Ver: ŁOBACZEWSKI, op. cit.

uns até em idade provecta, choravam feito menininhas num show dos Beatles. Histeria, delírio, projeção: ali já estava claro que o homenzinho de Garanhuns não podia corresponder à imagem que dele faziam. E, botando tudo na balança, há que se reconhecer que pelo menos essa culpa não lhe cabe. Descontando todo o cinismo e a propaganda, o sujeito foi sempre um livro aberto para quem o quisesse ler.[21] Nada em suas disposições individuais serve para explicar por que uma grande parcela da sociedade — aí incluída a *intelligentsia* praticamente inteira — optou por projetar em tal miserável criatura as suas fantasias públicas e privadas.[22]

Desde que surgiu no cenário público no final da década de 1970, Lula foi provavelmente o líder político mais endeusado e paparicado do planeta. Sobre ele já foram ditas as coisas mais espantosas: que, quando fala, o "mundo se ilumina e tudo se esclarece"; que é a única pessoa que o Super-Homem gostaria de conhecer em viagem ao Brasil; que é "o maior líder da história do país". Até um homem de intelecto superior como Raymundo Faoro manifestou certa vez o desejo de ver Lula ingressar na Academia Brasileira de Letras.

Um verdadeiro espanto! Que nos leva a indagar: qual fenômeno é esse capaz de motivar um grande intelectual da velha guarda a mergulhar de cabeça na "segunda realidade",[23] a ponto de querer enfiar goela abaixo da instituição responsável por honrar as letras nacionais um sujeito confessada e orgulhosamente iletrado? Que obscuras paixões serão

---

[21] "Quero desmascarar toda a trapaça do álibi: que, é claro, à época, não se podia ainda saber. Podia-se, caso se fosse inteligente o bastante. Quem fosse estúpido e tivesse sofrido perda da realidade, naturalmente, não podia saber." VOEGELIN, op. cit. p. 123.

[22] "Isso significa que todos entre a elite alemã estavam envolvidos na criminalidade e na estupidez do regime nacional-socialista e estão carregados com esse envolvimento até hoje; pois essas pessoas ainda estão vivas e não querem admitir que o que aconteceu foi criminoso e louco, porque, então, eles também teriam de admitir que eles próprios são criminosos e loucos." Ibid. p. 111.

[23] O termo "segunda realidade" foi criado por Robert Musil no romance *O homem sem qualidades*, sendo mais tarde desenvolvido por Heimito von Doderer em *Os demônios* (não confundir com a obra homônima de Dostoievski, embora a esta aquela faça referência). Em Voegelin, o termo refere-se àquela realidade criada pelo homem de mentalidade ideológica, que, em sua revolta metafísica (*sensu* Camus), passa a tomá-la como mais real que a realidade ordinária, a "primeira realidade".

essas — políticas, ideológicas, milenaristas — responsáveis pelo autor-rebaixamento de algumas de nossas melhores inteligências? Não estaria na soma de centenas dessas atitudes à primeira vista sem consequência, nessas pequenas amostras de corrupção espiritual e concessão intelectual, a raiz cultural profunda de mensalões e petrolões?

Ora, desde fins do século XVIII, e numa escala progressiva, os intelectuais têm encarnado o papel de guias espirituais no Ocidente secularizado. Por uma série de razões que não nos interessa no momento, eles tornaram-se aquilo que o saudoso René Girard chamava de *modelo*. Já em seu primeiro livro, *Mentira romântica, verdade romanesca*, publicado em 1961, o pensador francês formulou a teoria do desejo mimético, sua grande assinatura teórica. Analisando alguns clássicos da literatura universal — notadamente de Cervantes, Flaubert, Stendhal, Dostoievski e Proust —, ele identificou uma estrutura comum subjacente a todos eles. O homem não deseja algo ou alguém de forma autônoma, numa relação imediata e diádica entre um *sujeito* desejante e um *objeto* de desejo, diz-nos Girard. Em vez disso, o desejo possui uma estrutura triangular: se desejamos um determinado objeto é porque ele é desejado ou possuído por outrem, que se torna, assim, o modelo para o nosso desejo. Desejando e rejeitando, o modelo nos *indica* o que é desejável e rejeitável. O modelo, ou *mediador*, pode ser de tipo externo — quando não está situado no mesmo plano do sujeito e, portanto, não pode rivalizar com ele em torno do objeto desejado (por exemplo, Amadís de Gaula em relação a Dom Quixote, na obra-prima de Cervantes) — ou *interno* — quando está próximo o suficiente do sujeito, tornando-se um rival.

Um homem como Raymundo Faoro é, na sociedade brasileira, um modelo poderoso para os nossos desejos e repulsas políticos, como de resto todos os intelectuais que se dirigem ao público. Quando Faoro e outros acadêmicos (mais ou menos gabaritados, não importa) emitem um tal juízo sobre Lula, eles o estão *indicando* como objeto desejável. Isso tem um efeito altamente contagioso sobre os desejos alheios, sobretudo os de jornalistas, críticos, artistas, cineastas, publicitários e outros difusores de ideias, que habitam, por assim dizer, uma zona de influência acadêmica, mantendo com os *scholars* propriamente ditos uma relação de *mediação interna*.[24] É fato que, entre um trabalhador braçal e um Faoro, talvez haja mais distância do que entre Quixote — digo, Alonso Quijano — e Amadís. Contudo, por meio daqueles profissionais da mediação, as ideias e opiniões provenientes do gabinete acabam chegando até o povão, depois de coadas na peneira da indústria cultural de massa. Sem o funcionamento desse mecanismo, Luiz Inácio Lula da Silva jamais teria se tornado um líder popular (e populista) de alcance nacional. Sem ele, jamais haveríamos conquistado este inglório pioneirismo na história das nações: o de ser governado por uma mulher com dificuldades nítidas de raciocínio e expressão, incapaz de articular uma sentença com sujeito e predicado.[25]

---

[24] Na teoria girardiana, a "mediação interna" é a grande responsável por gerar os conflitos humanos, uma vez que, no limite, faz desaparecer o interesse pelo objeto e a assimetria inicial entre os sujeitos, restando apenas a relação mimética entre sujeitos-modelos que rivalizam entre si, tornando-se mais e mais indistintos ao longo do processo. É na mediação interna que constataremos a presença da inveja, da rivalidade, do ciúme, da adulação, da ira, da paixão, e de todas as demais pulsões derivadas da proximidade. Exemplar da mediação interna é uma antiga entrevista concedida pela filósofa uspiana Marilena Chauí ao apresentador Jô Soares, por ocasião do lançamento de *A nervura do real*, livro que a autora dedicara ao pensamento de Spinoza. Outrora disponibilizada no YouTube, infelizmente a entrevista não está mais acessível. Tudo nela é significativo: os gestos, feitos ou apenas insinuados, bem como os reprimidos; os olhares, os ritos faciais, a postura corporal, o sentido e a forma das palavras ditas. Destaca-se sobretudo a postura assumidamente "fascinada" do entrevistador, que, logo no início, e em forma de gracejo (do tipo que, todavia, parece trair sentimentos inconfessáveis), deixa-nos entrever os elementos inerentes à mediação interna. Tendo nas mãos o volumoso livro, que ademais se fazia acompanhar de um anexo de notas explicativas, Jô Soares dizia-se "humilhado", não, é claro, por seu conteúdo (que nem ele nem — desconfio — ninguém leu), mas por seu *tamanho*. Para o apresentador, o tamanho do livro era, evidentemente, um símbolo de status intelectual, que ele *deseja* e *inveja*. Naquela situação, a professora da USP era o seu *modelo*, uma mediadora interna bem diante do seu nariz. Extraindo-se-lhe a forma abstrata e arquetípica, aquela cena particular ilustra perfeitamente bem o que acabo de dizer sobre a relação entre acadêmicos e jornalistas, respectivamente produtores e difusores de ideias. Imagine o leitor quantas centenas de Chauís não estão "fascinando" e "humilhando" — entenda-se, *servindo de modelo para* — outros centenas e milhares de Jôs Soares espalhados pelo país. Isso o ajudará a compreender o mecanismo pelo qual os *desejos* dos acadêmicos (mais que suas ideias, sublinhe-se) vêm se transformando em cultura brasileira.

[25] Coube ao jornalista Celso Arnaldo Araújo redigir a gramática do bizarro idioleto de Dilma Rousseff, que seria até muito engraçado caso não tivesse força de lei. Ver: ARNALDO, Celso. *Dilmês: o idioma da mulher sapiens*. Rio de Janeiro: Record, 2015.

"O nacional-socialismo é, na verdade, precedido por uma sociedade em que ele chegou ao poder", escreve Voegelin.[26] Obviamente, o mesmo vale para o lulopetismo. Tal como Hitler na Alemanha, o fenômeno Lula é a expressão mais acabada de um estado de degeneração cultural. É impossível avaliar o real carisma do homem, uma vez que este foi sempre exercido num contexto sociocultural corrompido e sem parâmetros, ora entre miseráveis, ora entre puxa-sacos. A sociedade brasileira se mostrou, por um longo período, por demais fragilizada e suscetível aos charmes de um sedutor de bordel. É, portanto, ela — e não ele — quem deve atrair a nossa atenção.

O que levou Lula ao poder não foram as suas qualidades intrínsecas e particulares, mas a sua vulgaridade mesma, com a qual os brasileiros se identificaram — uma identificação, pode-se dizer, *por baixo*. "Se um tipo desses conseguiu tanto poder e dinheiro, eu também consigo" — esse o sentimento que, durante um tempo, sedimentou o vínculo entre Lula e as camadas mais pobres da sociedade brasileira. Vínculo frágil e inconstante, pois que a inconstância, sabemos desde os Evangelhos, é da natureza mesma das massas populares. Dito e feito: rejeitado por mais de 60% do eleitorado, hoje o ex-presidente já começa a ser popularmente reconhecido por ladrão (tal como sugere o sucesso do "Pixuleco", o boneco inflável que retrata o ex-presidente com uniforme de presidiário, e que, a despeito do bloqueio midiático sofrido, caiu nas graças do público).[27]

---

[26] VOEGELIN, op. cit. p. 106.

[27] Um dos eventos mais emblemáticos da distância entre os anseios da população e os da imprensa deu-se quando o telejornal local da Rede Globo de São Paulo, apresentado em um bonito estúdio panorâmico, foi exibido a cortinas fechadas no dia 28 de agosto de 2015. O objetivo era esconder o (e se esconder do) "Pixuleco", que manifestantes antigoverno haviam erguido na ponte estaiada da cidade, pano de fundo habitual do telejornal. A data já é histórica: no dia em que um símbolo da luta do país pelo fim da corrupção e da impunidade dos poderosos foi erguido na nossa maior metrópole, a principal emissora brasileira, temendo indispor-se com o governo, mandou fechar a cortininha. Não surpreende que, de acordo com pesquisas recentes, como vimos em nota anterior, menos de 5% dos brasileiros confiem na imprensa. Naquele mesmo dia, horas mais tarde, milicianos do PT fantasiados de estudantes furariam o boneco com uma faca, completando o serviço de neutralização iniciado pela TV Globo (a mesma que, ironicamente, eles acusam de ser antigovernista). Meses depois, como que para fechar o ciclo infernal de ocultação da realidade, manifestantes antigoverno acampados pacificamente em Brasília foram furados com agulhas e palitos por milicianos do regime, recrutados especialmente para a ocasião pelo deputado petista Sibá Machado. Tendo ocultado o "Pixuleco", a TV Globo, evidentemente, também ocultou do público essas agressões.

O único laço sólido de Lula foi aquele mantido desde sempre com os intelectuais progressistas de elite, que projetaram nele a utopia *kitsch* do líder proletário que faria a revolução brasileira, redimindo, de passagem, a sua (deles) má consciência e a culpa de classe.[28] E são eles, intelectuais progressistas de elite, que, alheios ao colapso geral, continuam sustentando o ídolo.[29] Mediante apelo a uma pretensa autoridade científica que, tendo em vista a natureza do objeto sobre o qual pretende incidir, não pode deixar de parecer cômica a quem observe de fora, muitos de nossos medalhões acadêmicos, protagonistas desta ópera bufa, apostam as fichas e a própria dignidade no fetiche do líder popular das massas, a

---

[28] Em estudo publicado no ano 2000, André Singer, intelectual orgânico do PT, mostrou que, enquanto o povão se identificava com a direita e com a manutenção da ordem, eram especialmente a classe média e a classe média alta, com maior nível de escolaridade, que formavam o eleitorado da esquerda e do PT em especial. Isso foi assim até os dois primeiros mandatos de Lula, sobretudo o segundo, quando as políticas assistencialistas e paternalistas conseguiram promover a adesão das massas populares ao PT. Mas essa adesão foi excepcional, e hoje, combalido, o partido retorna às suas dimensões originais, contando apenas com a sua base de sempre: a classe média universitária. Ver: SINGER, André. *Esquerda e direita no eleitorado brasileiro*. São Paulo: Edusp, 2000.

[29] Para que o leitor faça ideia do grau de corrupção moral da intelectualidade brasileira de esquerda, basta notar que, em meio ao escândalo do triplex no Guarujá e do sítio de Lula em Atibaia (pagos por empreiteiras envolvidas no assalto à Petrobras), aproximadamente 120 intelectuais brasileiros reuniram-se com o então investigado para elaborar uma estratégia de desqualificação da Polícia Federal e dos promotores da Lava Jato. O evento — que escapa do campo das ideias para adentrar o terreno policial — não foi noticiado na grande imprensa, mas saiu no blog de um dos participantes, velho intelectual orgânico do PT: "Realizou-se na noite de sexta-feira, dia 26, rico e estimulante encontro de intelectuais cariocas convocados por Roberto Amaral para um diálogo com o presidente Lula, que se apresentou em boa forma física, alegre e muito comunicativo. Entre os presentes à reunião, aproximadamente 120 intelectuais entre artistas, escritores, professores e pesquisadores universitários, cineastas, economistas e advogados, contavam-se destacadas personalidades da nossa cultura, como Sílvio Tendler, Sérgio Ricardo, Osmar Prado, Modesto da Silveira, Rosa Cardoso, Jacob Palis, Otávio Velho, Luiz Pinguelli Rosa, Wanderley de Souza, Luiz Manuel Fernandes, Theotonio dos Santos, o ex-ministro José Gomes Temporão, Fernando Peregrino, Jesus Chediack e Geraldo Sarno. Alguns fizeram uso da palavra, entre eles Aderbal Freire-Filho, Isabel Lustosa, Eny Moreira, Luiz Carlos Barreto, Pedro Celestino, Vivaldo Barbosa, Tico Santa Cruz, Emir Sader e Arthur José Poerner. Estiveram presentes, ainda, dirigentes do Instituto Lula, como os ex-ministros Luiz Dulci e Paulo Vannuchi, e o escritor e jornalista Fernando Morais." Note-se o sentido elástico, precisamente gramsciano, de intelectual, que abarca desde acadêmicos badalados a cantores de rock. Ver: "O encontro de Lula com intelectuais." *Roberto Amaral: pensarBrasil*, 1 de março de 2016. Disponível em: <http://ramaral.org/?p=13191>. Acesso em 13 abr. 2017.

despeito da dura realidade revelada pela Lava Jato: o homem por trás do ídolo não passa de um lobista a serviço de megaempreiteiras cobertas de lama dos pés à cabeça. *Ecce homo!*

Fora da segunda realidade em que vive a *intelligentsia* brasileira, Lula é apenas o brasileiro medíocre,[30] culturalmente típico, um estereótipo ambulante como aqueles tipos falastrões dos comerciais de cerveja: nos melhores momentos, é capaz de mover mundos e fundos para ajudar os amigos (mas, ressalte-se, *apenas* os amigos!);[31] nos piores, de se comportar como o Palhares de Nelson Rodrigues, o cafajeste que, ao cruzar com a jovem cunhada no corredor, tasca-lhe um beijo no cangote.[32] A transformação desse homem numa espécie de guia genial dos povos é o fenômeno cultural que requer explicação, explicação essa que jamais poderia residir no indivíduo Lula *per se*. Eis a grande lição voegeliniana a que este livro busca ser fiel.

Outra obra de inspiração fundamental aqui é *A traição dos intelectuais*, escrito por Julien Benda em 1927, como num prenúncio dos horrores que ideias equivocadas e estúpidas infligiriam ao restante do século. O alvo específico de Benda eram os intelectuais franceses de sua época,

---

[30] Entendido esse termo na acepção que lhe deu José Ingenieros: "O homem medíocre é uma *sombra projetada pela sociedade*; é, por essência, imitativo, e está perfeitamente adaptado para viver em rebanho, refletindo rotinas, preconceitos e dogmatismos reconhecidamente úteis para a domesticidade." Ver: INGENIEROS, José. *O homem medíocre*. 2a. ed. São Paulo: Ícone Editora, 2012.

[31] "Se amardes os que vos amam, que galardão tereis? Não fazem os publicanos também o mesmo? E, se saudardes unicamente os vossos irmãos, que fazeis de mais? Não fazem os gentios também assim?" (Mateus 5:46-47).

[32] Não se sabe se Lula já assediou alguma cunhada, mas este caso por ele mesmo narrado em entrevista à revista *Playboy* dá pistas sobre a índole do homem: "Foi engraçado. Eu saía da casa de uma namorada à meia-noite e pegava um táxi na pracinha de São Bernardo. Era o táxi de um velho. Um dia, não sei por que, contei a ele que eu era viúvo. Então ele me contou que tinha uma nora muito bonita, e que *o filho tinha sido assassinado três meses depois do casamento*. Ele continuava muito revoltado com a morte do filho e me contou que a nora não ia mais casar. Como eu tinha contado minha história para ele, de vez em quando pegava o táxi *e ele desabafava, falava do filho*. E às vezes também falava da nora. *Eu pensava:* 'Qualquer dia eu vou papar a nora desse velho...' Nessa época, a Marisa apareceu no sindicato. Ela foi procurar um atestado de dependência econômica para internar o irmão. Eu tinha dito ao Luisinho, que trabalhava comigo no sindicato, *que me avisasse sempre que aparecesse uma viuvinha bonitinha*. Quando a Marisa apareceu, ele foi me chamar" [grifos meus]. Lula, entrevista à revista *Playboy*, julho de 1979.

que teriam sacrificado sua vocação essencial — qual seja, a de cultivar os valores universais do bem, do belo, do justo e do verdadeiro, encarnados na figura histórica de Sócrates[33] — no altar das mais baixas paixões políticas e ideológicas, tanto à direita (a "paixão de nação", como a de Charles Maurras e sua *Ação francesa*) quanto à esquerda (a "paixão de classe", como a dos marxistas). Benda certamente não era ingênuo ao ponto de supor terem havido, em qualquer época, intelectuais totalmente alheios a questões políticas e pragmáticas. Tampouco sugeria que, na qualidade de cidadãos, eles devessem fazê-lo. A "traição" de que fala diz respeito a como, gradualmente, e chegando ao paroxismo no século XX, os intelectuais europeus passaram a ver no engajamento político-ideológico a *essência* da vida intelectual. A partir dali, a busca desinteressada por verdades de alcance universal passou a ser vista com suspeita e cinismo, e os intelectuais passaram a ter Cálicles,[34] em lugar de Sócrates, por modelo.

De novo, se não propriamente a modéstia, foi no mínimo um certo senso do ridículo que livrou este autor de publicar o livro que o leitor tem em mãos com o título "A traição dos intelectuais à brasileira" — que, de resto, descreveria bastante bem a sua intenção, se não o seu resultado. Pois o fato é que continuamos — os brasileiros, talvez ainda mais — atolados naquele que o autor francês chamou de "o século da organização intelectual dos ódios políticos", o longo e persistente século XX.

Conterrâneos de Benda, também Raymond Aron, Jean-François Revel e Alain Besançon são referências teóricas importantes. Cada um à sua maneira, os três autores forçaram a *intelligentsia* europeia da segunda

---

[33] O retrato ideal que Benda faz do intelectual como guardião do eterno coincide com o que o poeta T.S. Eliot descreveu num ensaio sobre literatura e política: "Deveria sempre haver alguns poucos escritores preocupados em penetrar no âmago da questão, em tentar alcançar a verdade e anunciá-la, sem muita esperança, sem ambições de alterar a direção imediata das coisas e sem ficar deprimidos ou derrotados quando nada parecer dar resultado."

[34] Personagem do diálogo *Górgias*, de Platão, o sofista Cálicles desprezava a devoção socrática à filosofia, sobretudo sua investigação quanto à natureza da justiça. Contrapondo-se ao filósofo, Cálicles afirma que o sucesso de uma empreitada já lhe confere, em si mesmo, um valor moral, sendo a força, em última instância, o fundamento da justiça. Benda toma Cálicles como o patriarca dos "novos intelectuais", para quem a política gera a moralidade. E observa, mordaz: "Com a diferença de que ele [Cálicles] revoltava os pensadores importantes da época." Ver: BENDA, Julien. *A traição dos intelectuais*. São Paulo: Peixoto Neto, 2007. p. 153.

metade do século XX (a francesa em particular) a um confronto com as consequências de suas ideias e tomadas políticas de posição.

De Aron, interessam-nos principalmente os insights de *O ópio dos intelectuais* (1955), livro que trata do marxismo e seus derivados como a religião secular (ou política) dos intelectuais progressistas.[35] A tese reforça a associação funcional sugerida por Benda — e pressuposta no uso deliberadamente ambíguo que este faz do termo "*clercs*" ("clérigos"), traduzido em português por "intelectuais" — entre intelectuais e sacerdotes, aqueles passando a desempenhar a função outrora reservada a estes (qual seja, a de intérpretes da realidade) numa Europa cada vez mais secularizada. Tal como Benda, Aron investiga como os "clérigos" modernos passaram a ser embaixadores das paixões terrenas — cada vez mais baixas e sectárias, diga-se — e não, como seus antepassados, de valores transcendentes e verdades universais.

De Revel, buscamos inspiração em seu importantíssimo (e, sintomaticamente, quase desconhecido no ambiente acadêmico brasileiro) *A grande parada: ensaio acerca da sobrevivência da utopia socialista*. O autor mostra que, ao contrário do que quer crer o senso comum, a queda do Muro de Berlim e o colapso da URSS não significaram o abandono da utopia socialista, mas, antes pelo contrário, a sua depuração ideológica e seu ulterior renascimento sob mil e uma novas formas, algumas das quais formalmente contraditórias com as premissas dogmáticas originais. Fazendo-se de morto para assaltar o coveiro, por assim dizer, o socialismo logrou sobreviver mediante um artifício de propaganda que é o alvo principal da crítica de Revel: a cisão absoluta entre as suas

---

[35] Na França, autores como Jules Monnerot (*Sociologia do comunismo*, 1949) e Albert Camus (*O homem revoltado*, 1951) já haviam abordado o marxismo e outras vertentes do pensamento socialista sob a ótica de uma fenomenologia religiosa, mas foi o livro de Aron o mais bem-sucedido em destrinchar a ambição da *intelligentsia* progressista europeia de imanentizar e, por assim dizer, *terrestrializar* a escatologia cristã, produzindo o que o escritor romeno Emil Cioran chamou certa feita de "metafísica para macacos". Aron, Monnerot e Camus, por sua vez, inspiraram-se todos na abordagem de Alexis de Tocqueville sobre a Revolução Francesa. No clássico *O antigo regime e a revolução*, Tocqueville já antecipara a intuição fundamental, que só no século XX daria azo a uma abordagem teórica consolidada de que a mentalidade revolucionária moderna constituiu-se como uma sorte de *rival religiosa do cristianismo*. Tratarei do tema de maneira mais pormenorizada.

dimensões "real" e "utópica", a primeira interpretada como simples distorção (ou traição) acidental da segunda. Pairando altaneira no mundo das ideias puras (para desespero de Marx em sua tumba), a utopia socialista pôde, assim, seguir sendo oferecida viçosa e sem máculas qual uma vestal romana. Não serviram para maldizê-la os frutos históricos (trágicos, como se sabe) de seu bento ventre. Este é o tema central de *A grande parada*.

De Besançon, ficamos com *A infelicidade do século*, obra que destrincha os danos físicos, mas sobretudo espirituais, causados pelas duas grandes ideologias de massa do século XX: comunismo e nazismo. O autor chama atenção para a diferença no tratamento histórico dado a esses dois "gêmeos heterozigotos" (expressão tirada de Pierre Chaunu), ambos totalitários, ambos milenaristas e ambos genocidas, mas que, não obstante, tiveram destinos muito díspares junto à opinião pública mundial do pós-guerra: o nazismo, com razão, sendo cada vez mais lembrado e execrado com o passar do tempo; o comunismo, ao contrário, beneficiando-se de uma certa amnésia histórica acerca de seus crimes (e não apenas por parte de seus adeptos mais renitentes, sublinha o autor, mas, curiosamente, também por parte de seus inimigos e até de suas vítimas). E, todavia, no que toca especificamente ao que vamos chamando de corrupção da inteligência (que o autor glosa como "destruição moral"), há que se concordar com a conclusão de Besançon: o comunismo consegue ser pior que o nazismo, pois, ao contrário deste, soube como ninguém tingir o seu mal específico com as cores do bem; disfarçar a amoralidade (ou nova moralidade) revolucionária sob o vocabulário da moral "burguesa" ordinária (justiça, igualdade, liberdade etc.); parasitar e perverter o senso de caridade e o amor ao próximo. É assim, aliás, que sobrevive até hoje: induzindo as boas almas a transigir com o mal, conquanto esteja ele a serviço do fim revolucionário, o *summum bonum* da sociedade perfeita — aquela em que, segundo os profetas, o homem será livre para "caçar de manhã, pescar na parte da tarde, cuidar do gado ao anoitecer, fazer crítica após as refeições".[36]

---

[36] MARX, Karl & ENGELS, Friedrich. *A ideologia alemã*. São Paulo: Martins Fontes, 2001. p. 28.

No universo anglófono, são muitas as obras a haver tratado do assunto, o que dificulta uma seleção representativa o bastante. Apenas entre as que li, destaco em primeiro lugar *O fechamento da mente americana*, o clássico do filósofo classicista Allan Bloom publicado em 1987, cujo subtítulo já nos coloca no cerne da questão: "como a educação superior traiu a democracia e empobreceu as almas dos estudantes contemporâneos". Com décadas de atraso, um legítimo *scholar* norte-americano reagia à devastação cultural promovida pela "nova esquerda" dos anos 1960, denunciando sobretudo o rebaixamento do currículo universitário, que praticamente abandonara a leitura e o estudo dos clássicos (Homero e Platão, por exemplo) em favor de nulidades intelectuais, conquanto politicamente corretíssimas (uma Rigoberta Menchú, um Frantz Fanon), modismos teóricos (estudos gays, estudos negros, estudos femininos, estudos inca-venusianos etc.) e elementos de cultura pop. Enquanto os revolucionários de ocasião, infiltrados nas instituições de cultura e de ensino, formavam soldados para a guerra cultural contra os pilares da civilização judaico-cristã, Bloom, com seu olhar de professor, escreveu um livro devotado a restaurar nos alunos a carapuça intelectual e moral necessária para a manutenção de uma consciência autônoma, livre de paixões políticas e, em especial, imune a todo aliciamento ideológico. O alerta bloomiano quanto ao empobrecimento da alma dos estudantes americanos tem relação com o tema da redução da *imaginação moral*, conceito de Edmund Burke que estará o tempo todo presente ao longo destas páginas.

Em 1990, o crítico Roger Kimball — editor da revista literária *The New Criterion* e autor da introdução a uma das edições americanas de *A traição dos intelectuais* — deu continuidade ao esforço de Bloom, publicando *Radicais nas universidades*, mais um diagnóstico detalhado da politização esquerdista da vida intelectual nos EUA. No ano seguinte, um livro de Dinesh D'Souza viria se somar àquela bibliografia crítica: *Educação antiliberal [Illiberal Education]*, uma análise do aumento exponencial da influência das assim chamadas "políticas de identidade" dentro dos campi americanos, tendo como resultado, ao contrário do que pregavam seus apóstolos, um clima generalizado de intolerância intelectual e ausência de debate, clima do qual os atuais *safe spaces*[37] — "espaços seguros" destinados a proteger alunos mais sensíveis da exposição a ideias divergentes — são o maior exemplo.

Os intelectuais, do historiador britânico Paul Johnson, é obra de referência sobre a ascendência dos intelectuais sobre as sociedades ocidentais a partir do século XVIII, a começar por Jean-Jacques Rousseau, uma espécie de pai do intelectual público contemporâneo. Analisando vida e obra de importantes nomes do pensamento de esquerda, Johnson revela as profundas contradições entre discurso e prática em homens que, por vezes muito dedicados a guiar a humanidade a esse ou aquele paraíso terreno (a ponto de Robespierre haver chamado Rousseau de "professor da humanidade"), revelavam-se incapazes de pôr ordem na própria existência.

Muitos críticos — quase todos de esquerda — acusaram Johnson de praticar *argumentum ad hominem*. Trata-se, a meu ver, de uma má leitura, já que os autores analisados no livro foram notórios moralistas e pedagogos sociais, cada um deles, a seu modo, acreditando ter a receita de um mundo perfeito; cada qual tomando as sociedades humanas por matéria plástica, dócil ao "toque" de suas ideias. Em vista disso, a revelação dos seus vícios de caráter ou de juízo — demasiado humanos, em certos casos (Tolstoi, Wilson, Russell); quase diabólicos, em outros (Rousseau, Marx, Sartre) — tem uma importância teórica fundamental, pois que a vida levada por aqueles homens de inteligência acima da média constituiu um desmentido cabal (um *exemplum in contrarium*) de seus sistemas de pensamento. Estes, altamente sofisticados, racionais e internamente coerentes, só tinham o defeito de estar descolados da realidade vivida. Os ensaios biobibliográficos de Johnson parecem, portanto, confirmar o *insight* de G. K. Chesterton em *Ortodoxia*: "O louco não é o homem que perdeu a razão, mas o homem que perdeu tudo *exceto a razão*".[38]

Um livro que cumpre mais ou menos a mesma função, mas com maior acurácia crítica, é *Pensadores da nova esquerda*, do filósofo Roger Scruton.

---

[37] Ver: SHULEVITZ, Judith. "In College and Hiding from Scary Ideas." *New York Times*, 21 de março de 2015. Disponível em: <http://www.nytimes.com/2015/03/22/opinion/sunday/judith-shulevitz-hiding-from-scary-ideas.html?_r=0>. Acesso em 13 abr. 2017.

[38] Também em *Hereges*, Chesterton faz referência especial a autores como Bernard Shaw, "cuja filosofia é muito sólida, muito coerente, e muito errada".

Nele, o autor examina com rigor de entomologista as ideias de alguns dos principais intelectuais que, nos anos 1960 e 1970, buscaram revitalizar o discurso de esquerda (marxista ou não), relativamente abalado pela revelação dos horrores stalinistas. Tais pensadores — gente como E. P. Thompson, Michel Foucault, Antonio Gramsci, György Lukács, Louis Althusser, Jean-Paul Sartre, entre outros — foram objeto de verdadeira adoração no mundo culto do Ocidente de então, e Scruton busca levantar o véu que os protegeu contra a exposição de aspectos nada alvissareiros de seu pensamento. Afinal, sob o pretexto de uma condenação generalizada do poder, esses intelectuais acabaram por condenar unilateralmente as democracias liberais, enquanto demonstravam uma tolerância verdadeiramente abjeta para com regimes e práticas totalitários periféricos e terceiro-mundistas. Foram também eles os grandes responsáveis por fazer da cultura, em lugar da política ou da economia, o campo de batalha privilegiado para as disputas ideológicas desde então. Mais que o capitalismo, era a própria civilização ocidental que aqueles autores pretendiam dissolver no banho ácido de sua crítica. "Quem nos salva da civilização ocidental?", eis a célebre pergunta de Lukács que serviria de símbolo condensado da Nova Esquerda.[39]

Para uma análise específica dos mecanismos pelos quais os intelectuais vêm aumentando sua influência sobre a administração da coisa pública, assim como das consequências desse processo, socorremo-nos de *Os intelectuais e a sociedade*, do economista americano Thomas Sowell. Em vez de se debruçar sobre esse ou aquele pensador específico, o autor procede a uma investigação sistemática sobre a natureza e o papel dos intelectuais, enquanto grupo social, nas sociedades democráticas contemporâneas. Mais precisamente, trata-se de compreender os incentivos e as restrições sociais que afetam a atuação pública dos *intelectuais*, entendidos aí como uma categoria ocupacional, composta de pessoas (escritores, acadêmicos, críticos, jornalistas, ativistas sociais, adidos políticos etc.) cujo mister é lidar, de um modo ou de outro, com a criação e a circulação de ideias. Portanto, resta claro que, para Sowell,

---

[39] LUKÁCS, György. *A teoria do romance: um ensaio histórico-filosófico sobre as formas da grande épica*. São Paulo: Duas Cidades/Editora 34, 2000. pp. 7-8.

o termo "intelectual" nada tem de valorativo. Em sua acepção, a mesma deste livro, um sujeito perfeitamente imbecil pode ser um intelectual, ao passo que uma inteligência superior — um brilhante neurocirurgião, um grande matemático, um empresário bem-sucedido — não se enquadra necessariamente no conceito.

Não posso deixar de mencionar, já nesta introdução, uma obra extraordinária de Theodore Dalrymple, pseudônimo do psiquiatra britânico Anthony Daniels. Refiro-me ao seu *A vida na sarjeta: o ciclo vicioso da miséria moral*, uma investigação empírica sobre a má influência das ideias e dos valores da *intelligentsia* progressista — relativismo moral, sexo livre, anticristianismo etc. — sobre pessoas de baixa renda na Inglaterra. Tendo exercido a psiquiatria em países africanos, em meio a contingentes populacionais literalmente miseráveis, e depois em regiões empobrecidas da Inglaterra, onde também atuou dentro de uma penitenciária, Dalrymple constatou que as condições de degradação em que viviam os ingleses de classe baixa — ao contrário do que ocorria com os pobres na África — tinham raízes muito mais espirituais (psíquicas e morais) que materiais. Entorpecidas por um Estado-babá (ou de "bem-estar social", como preferem seus entusiastas) que lhes provê um relativo conforto material (mas nunca os meios requeridos à sua autonomia!), e sobretudo por um discurso de esquerda que as leva a negar a sua própria responsabilidade individual (quem não prefere culpar o sistema ou o vizinho por seus malogros?), aquelas pessoas tornaram-se psiquicamente frágeis, letárgicas, entregando-se a toda sorte de vícios e comportamentos degradantes. Nascendo em famílias já desestruturadas, assimilam desde cedo, através da mídia e do *show business*, a visão fatalista de que sua condição de vida é determinada por causas socioeconômicas estruturais e genéricas — quer seja o sistema capitalista, o governo, o racismo, o imperialismo ou a ganância dos ricos.

Eis o que o autor chama de "ciclo da miséria moral", que leva milhares e milhares de almas a uma existência passiva, vazia de sentido, guiada apenas pela satisfação imediata de seus desejos e paixões mais elementares. Uma existência socialmente corrosiva, enfim. *A vida na sarjeta* é especialmente relevante para nós, brasileiros, reféns de uma cultura intelectual filomarxista que encara as questões sociais de uma perspectiva exclusiva e rasteiramente materialista, como se todos os nossos problemas — em especial os relativos às populações de baixa renda — se resumissem a falta de dinheiro.

Last but not least, inspiramo-nos obviamente no livro de referência sobre o tema no Brasil, livro sem o qual este nosso aqui — bem como tantos outros recém-lançados no país e que buscam escapar dos estreitos limites teóricos e existenciais há décadas impostos por nossa esquerda cultural — simplesmente não existiria. Falo, é claro, de *O imbecil coletivo: atualidades inculturais brasileiras,* de Olavo de Carvalho, que, na sequência de *A nova era e a revolução cultural* (1994) e *O jardim das aflições* (1995), encerra a trilogia que o autor dedicou à compreensão das mazelas culturais e intelectuais brasileiras. Lançado em 1996, *O imbecil* foi saudado como grande acontecimento cultural por intelectuais da velha guarda (incluindo os que divergiam politicamente do autor), nomes como J. O. Meira Penna, Paulo Francis, Herberto Sales, Ângelo Monteiro, Jorge Amado, Carlos Heitor Cony, Bruno Tolentino, entre outros. No entanto, ele também provocou um verdadeiro surto de pânico na arraia-miúda do *establishment* intelectual de esquerda, até então intocável e protegido qual um vaso de cristal. A razão é simples.

Durante os anos em que tiveram muitas de suas liberdades criativas cerceadas pela ditadura militar (que, como mostrarei, e ao contrário do que se imagina, foi ainda menos tolerante com a intelectualidade de direita do que com a de esquerda), os membros daquele *establishment* não cessaram de prometer um renascimento cultural para quando caísse o regime de força. "Amanhã vai ser outro dia", pareciam entoar em coro todos os "corações de estudante" — aquela parcela da sociedade mais afetada pela ditadura, não apenas física, mas sobretudo espiritualmente. Ocorre que, uma vez recuperada a democracia, o que se seguiu em termos culturais foi tão decepcionante quanto a sequência final de *A primeira noite de um homem,* o maior anticlímax da história do cinema, na qual os apaixonados Benjamin Braddock (Dustin Hoffman) e Elaine Robinson (Katharine Ross), após um espetacular gesto de rebeldia contra tudo e todos, tomam um ônibus rumo ao nada, deparando-se em seguida com a questão incômoda: e agora? Imaginando que o Brasil da redemocratização fosse uma pessoa a contemplar o futuro junto aos seus intelectuais

— a partir dali os novos organizadores da cultura —, ele teria no olhar a mesma expressão de Elaine na cena derradeira.[40]

Ali onde se esperava a volta da livre circulação de ideias e do debate cultural, o que se viu foi a solidificação de um discurso único. Se o país ansiava por pluralidade de pensamento, o que tivemos foi uma pseudo-diversidade no seio de uma mesma visão de mundo. Incensados por, em tese, haver enfrentado a ditadura que os vitimou, muitos intelectuais (compreendendo o termo já naquele sentido ampliado que lhe conferiu Antonio Gramsci, como mostrarei na parte I deste livro) valeram-se disso para continuar dando respaldo ético a ditaduras ideologicamente afins e novas formas de totalitarismo. Quem havia sido perseguido, sentia-se agora no direito de perseguir, lançando mão de um lamentável corpo-rativismo e das mais torpes estratégias de difamação contra todo aquele que, em não sendo de esquerda, passou a ser maliciosamente associado ao regime caído, segundo um maniqueísmo que viria fatalmente a empo-brecer a imaginação moral e o horizonte intelectual das gerações futuras. Finda a ditadura, a nossa *intelligentsia* passou, sem gradações, de uma depressão paralisante a um excitado ressentimento, como explica Olavo num dos capítulos do livro:

> Ofendidos pela ditadura, os intelectuais brasileiros tiveram uma reação desproporcional e mórbida. Não conseguindo derrubar o governo, interiorizaram a revolta, puseram-se a derrubar a família, a moral, a gramática, a personalidade humana, os sentimentos, o respeito pela civilização, tudo aquilo que adorna e enobrece a vida, para disseminar em seu lugar um espírito de revolta nietzschiana e de cinismo nelsonrodriguesco. Há duas décadas eles vêm submetendo o público brasileiro a um estupro psicológico, sempre em nome, é claro, do combate à ditadura. Mesmo depois de extinta, a ditadura ainda é o pretexto legitimador de todas as baixezas.

---

[40] Como Olavo destaca no livro, o fenômeno se torna mais evidente quando se contrasta a esterilidade cultural do pós-regime militar (1985-2016) com o notável florescimento que se seguiu à ditadura Vargas (1945-1964), quando os intelectuais, que haviam sido tão ou mais perseguidos que os seus sucessores, optaram, ao contrário destes, pela abertura da alma antes que pelo ressentimento.

Para a intelectualidade esquerdista brasileira, a ditadura cumpria a mesma função que os bárbaros no famoso poema de Kaváfis: "Sem os bárbaros, o que será de nós? / Ah! eles eram uma solução". Resta notar que, quando Olavo fez aquele diagnóstico, a parcela mais radical da geração 1968 ainda não havia tomado o poder de Estado, o que só viria a ocorrer em 2002, com a eleição de Lula. Dali em diante, aquele *modus operandi* foi consagrado e difundido, culminando, entre outras coisas, no esquema oficial de concessão irrefreada de bolsas-ditadura a "companheiros" de viagem (a versão atualizada dos "camaradas").[41] Como também não pensar no conteúdo do parágrafo citado quando lembramos, por exemplo, da cena em que José Genoíno, ao ser questionado por um repórter sobre sua condenação no mensalão, não hesita em chamá-lo de "torturador moderno"?[42] Com efeito, Olavo tinha e continua tendo razão: "Mesmo depois de extinta, a ditadura ainda é o pretexto legitimador de todas as baixezas".

Naquele momento, ele foi o único intelectual da geração capaz de pôr o dedo na ferida e perturbar o clima de *Pax Romana* que havia infestado o terreno das ideias. E a reação padronizada que provocou entre os nossos bem-pensantes terminou por comprovar cabalmente a sua tese. "Seu discurso é de direita", começou o comunista Leandro Konder, dispensando-se de explicar, por supor autoevidente, por que a mera catalogação ideológica do autor, na hipótese de ser verdadeira, haveria de depor contra a qualidade do livro. "É de direita", rosnou em seguida o petista Emir Sader. "É um filósofo autointitulado", arriscou André Luiz Barros. "Não é nem homem", baixou de vez o nível Muniz Sodré. Consagrava-se, assim, o procedimento que os críticos esquerdistas seguiriam fielmente dali em diante, ironicamente antecipado no "formulário-padrão para a redação de críticas a *O imbecil coletivo*" que Olavo anexara ao livro, em piada a que seus detratores não cessaram

---

[41] Millôr Fernandes recusou o benefício e fulminou o esquema com esta frase imortal: "Não era ideologia, era investimento."

[42] Ver: "Na Câmara, Genoíno chama repórter de 'torturador moderno'." *G1*, 2 jan. 2013. Disponível em: <http://g1.globo.com/politica/noticia/2013/01/na-camara-genoino-chama--reporter-de-torturador-moderno.html>. Acesso em 13 abr. 2017.

de conferir valor literal:[43] silêncio absoluto em relação às ideias, ataques furibundos (e sempre coletivos!) contra a pessoa do autor.

Ocorre que a *intelligentsia* de esquerda não contava com dois fatores. Em primeiro lugar, com a tenacidade de espírito do filósofo, um autêntico e orgulhoso *outsider*, alheio ao ciclo de rivalidades miméticas que organizavam a vida cultural brasileira de então. A cada gesto de maledicência proveniente de seus críticos, ele respondia com rigor lógico implacável, aliado a um humor e uma autoironia que dissolviam facilmente a carranca de fingida autodignidade dos Sodrés, Saders e similares. Quanto mais reagiam a um pensamento previamente imunizado contra as suas estratégias de intimidação, mais expostos ficavam os nossos bem-pensantes progressistas, que então só puderam concluir: "É melhor não mexer com o homem." Desde então, foi adotada como recurso último a estratégia do silêncio, conforme decreto expedido pelo jornalista Milton Temer, ex-membro do PCB: "O Olavo de Carvalho não é para ser discutido." Dito e feito, aos poucos Olavo foi perdendo espaços nos grandes veículos brasileiros de comunicação, até um ponto em que optou por autoexílio nos EUA. Ali, além de ministrar um curso on-line de filosofia, ele seguiu escrevendo profusamente, entre livros e artigos semanais no *Diário do Comércio*. Ali também, em 2006, criou seu programa de rádio, o *True Outspeak* ("sinceridade de fato"). Para a infelicidade da esquerda nacional, o filósofo negara-se a não existir.

Foi então que entrou em cena o segundo fator, este de caráter histórico, com o qual o exército antiolavista não contava: a internet e as redes sociais. Desde o lançamento de *O imbecil coletivo*, e apesar do subsequente silêncio midiático em torno de seu nome, Olavo jamais deixou de ser lido, quase sempre às escondidas, por brasileiros de dentro e de fora da academia, inclusive seus críticos. Conhecer o seu pensamento tornou-se uma atividade quase clandestina, que trazia riscos de linchamento moral para os pretendentes. Mas, como sói acontecer nesses casos, tudo o que a interdição fez foi intensificar o vício. "Proibido é mais gostoso" — pareciam dizer os seus leitores e ouvintes, que, no mercado negro da cultura, manejavam os con-

---

[43] A literalização de piadas, aliás, é tema central deste livro, pois que veio a ser uma das características mais bizarras de nossa presente realidade (in)cultural.

ceitos por ele criados e os autores por ele citados como se fossem drogas de efeito inverso: em lugar de entorpecer a razão, despertavam-na. Foi através da internet que seus leitores e alunos — hoje chamados pejorativamente de "olavetes" — começaram paulatinamente a se encontrar e tomar ciência de seu número. De repente, aquele nome banido do mercado oficial de ideias começava a aparecer com uma preocupante recorrência em sites, blogs e redes sociais, revelando um descompasso brutal entre a perspectiva dos ditos "formadores de opinião", para quem Olavo era *persona non grata*, e a dos consumidores de opinião.

O sinal mais evidente da demanda reprimida pelas ideias do filósofo deu-se recentemente, quando do lançamento de *O mínimo que você precisa saber para não ser um idiota* (Record, 2013), coletânea de artigos escritos por ele entre 1997 e 2013, impecavelmente organizada por Felipe Moura Brasil, escritor e colunista da revista *Veja*. Num país de poucos leitores, o livro foi um fenômeno de popularidade, com 150 mil exemplares vendidos, cifra que, durante semanas, lhe rendeu a primeira posição em todos os rankings nacionais. Nada mau para um calhamaço com textos de filosofia e análise política, certo? A classe falante brasileira não achou, e autor e organizador mal foram mencionados nos grandes órgãos de imprensa. A alienação de nossos intelectuais ultrapassara todos os limites e restara patente para quem tivesse olhos de ver. A lei do silêncio não fora revogada.

O sucesso de *O mínimo* coroou o processo iniciado com *O imbecil*. A despeito de todo o mecanismo de silenciamento — a tática Milton Temer —, a hegemonia cultural de esquerda começara a estilhaçar em 1996, e o processo era irreversível.[44] Portanto, o que tentarei fazer aqui,

---

[44] A *intelligentsia* esquerdista acusou o golpe. Um de seus representantes, o professor da USP Vladimir Safatle, pôs-se a refletir sobre o escandaloso acontecimento. Depois de décadas falando sozinha, a esquerda agora teria que dividir espaços — ó, que horror! — com um ou outro liberal ou conservador. "Pela primeira vez em décadas a esquerda é minoritária no campo cultural", escreve Safatle. "Há de se compreender como chegamos a esse ponto, já que este artigo é apenas um tateamento provisório." Com efeito, vários outros eventos foram dedicados à compreensão daquele fenômeno tão estranho a intelectuais acostumados ao solilóquio. Destacou-se um seminário na USP acerca da temível "ascensão conservadora". Nele, um punhado de acadêmicos atarantados — uma Marilena Chauí descabelada, um exausto André Singer, o próprio Safatle, entre outros — tentavam bolar soluções urgentes para o problema, incapazes de notar que a tal "ascensão conservadora" é, na verdade, a ascensão do pluralismo democrático que eles no fundo desprezam.

honrando o esforço do Olavo — por meio de quem, aliás, conheci muito dos autores aqui citados que me haviam sido sonegados durante minha formação acadêmica, e com quem, sobretudo, aprendi a importância de adquirir aquilo que eu chamaria de *altivez intelectual* — é contribuir com a minha pedrinha para aumentar o craquelado daquela vidraça opaca, permitindo, assim, a entrada de luz — uma nova restiazinha que seja — para nos guiar nestes tempos culturalmente obscuros. Passados vinte anos desde o lançamento de *O imbecil coletivo*, o Brasil tem hoje de colher os frutos podres plantados pela *intelligentsia* de então: uma taxa de mais de 50% de analfabetismo funcional entre universitários; a politização e ideologização dos currículos escolares; o obtuso sectarismo de estudantes que, sem saber escrever ou somar, foram educados para "mudar o mundo"; e, sobretudo, a manutenção no poder de uma seita política que parasita o país em benefício próprio.

Devo advertir, portanto, a exemplo de Thomas Sowell, que embora este livro fale sobre os intelectuais, ele não foi escrito *para os intelectuais*. Muito menos, então, para aqueles intelectuais descritos n'*O imbecil coletivo*, que já deram inúmeras provas de sua recusa a todo diálogo racional. A geração intelectual de 1968 já monopolizou demais o debate público brasileiro, impondo-nos suas manias e obsessões como panaceias e bloqueando o florescimento de novas gerações de intelectuais verdadeiros, no sentido de Benda, discípulos de Sócrates antes que de Cálicles. Os espíritos mais elevados e generosos daquela geração — penso num Millôr Fernandes, num Ferreira Gullar, num Fernando Gabeira — compreenderam que o seu tempo passou, ou, melhor dizendo, que a herança cultural daquele período tornou-se pesada e sufocante demais para o Brasil de hoje. É urgente um reencontro da intelectualidade brasileira com o seu povo. A missão daquela já não pode ser, como no passado, e sob o pretexto da conscientização política, transformar e subverter radicalmente o código de valores deste, mas, ao contrário, garantir-lhe a devida expressão simbólica. Para isso, será preciso resgatar antigas vozes abafadas pela ruidosa e intranquila geração 1968, bem como saudar, não a mandioca, mas as boas-novas.[45] Afinal, há algo de muito errado quando

---

[45] Das quais a Editora Record, aliás, tem sido uma das principais portadoras, lançando talentosos autores novos, meus colegas de casa e de geração, tais como Bruno Garschagen, autor de *Pare de acreditar no governo*, Flávio Morgenstern, autor de *Por trás da máscara*, e Martim Vasques da Cunha, autor de *A poeira da glória*, todos lançados em 2015.

a classe falante de um país só consegue dar ouvidos a militantes políticos e "movimentos sociais" — ou seja, ao "povo" organizado —, permanecendo surda à sinfonia cotidiana do cidadão comum.

* * *

Talvez seja escusado (ou, pior, inútil) dizer, mas este livro não pretende ofender ninguém em especial e muito menos uma categoria inteira de pessoas. Mas tampouco pecará por autocensura e temor de ferir suscetibilidades. Como já vai longe o tempo dos duelos pela honra, se alguém por acaso sentir-se mortalmente ofendido, recomendo que me devolva a ofensa e desopile o fígado. Prometo não guardar rancor. E prometo também que, a seu modo, o livro visa a um bem comum. Trata-se aqui, entre outras coisas, de uma crítica à pobreza e à superficialidade do debate público no país. Estamos hoje acostumados a uma linguagem tão diplomática e asséptica — tão, em resumo, carente de estilo — que toda palavra certeira ou expressão assertiva é confundida com agressividade. A linguagem corrente quedou refém de um ambiente cultural infestado de suscetibilidade patológica. Nesse contexto, é natural que afirmações mais contundentes sejam tomadas por ofensas. Mas há uma infinidade de casos em que aparentes ofensas são, em verdade, *conceitos descritivos*. O uso que, inspirado em Robert Musil, Eric Voegelin faz do conceito de "estupidez" no já citado *Hitler e os alemães* é um belo exemplo.

Seria, por exemplo, mera afetação de equilíbrio abster-se de chamar o projeto nacional-socialista de monstruoso por medo de estar emitindo um juízo meramente subjetivo ou emocional acerca da realidade, quando, de fato, *ser monstruoso* é um *dado moral objetivo* daquele fenômeno.[46] Teríamos aí, em vocabulário kantiano, um juízo de tipo *analítico*, no qual o predicado faz parte da essência do sujeito. À objeção

---

[46] Como escreveu o historiador britânico Tony Judt: "Na busca por explicar algo intrinsecamente repulsivo, ao que o leitor provavelmente responderá com asco, o historiador não deve se furtar à responsabilidade de ser acurado, mas tampouco ceder a uma pretensa obrigação de neutralidade." Ver: JUDT, Tony. *Past Imperfect: French Intellectuals, 1944-1956*. Berkeley, Los Angeles & Oxford: University of California Press, 1992. p. 8.

"ah, mas os nazistas não achavam", a resposta não poderia ser outra nem mais simples: *eles estavam errados!* Não notá-lo é ceder à falácia positivista de encarar fenômenos humanos — históricos, políticos e sociais — como se fossem eventos do mundo natural. É, em última análise, colocar o *método* científico (importado diretamente das ciências naturais) à frente do *objeto*, terminando assim por desnaturá-lo. Seria evidentemente insano fazer um juízo moral sobre o comportamento da luz ou o movimento dos corpos celestes. Mas os fenômenos humanos são de outra ordem, dado que o analista e o objeto de análise partilham de um mesmo estatuto ontológico: a condição humana. Daí que, ao contrário dos fenômenos naturais, e por serem os homens dotados de livre-arbítrio, as ações humanas sejam passíveis de juízos de valor (mais ou menos objetivos). "Diante do desumano", escreveu George Steiner subscrevendo Alexander Soljenitsin, "muitas vezes a razão [e o crítico referia-se precisamente à razão positivista] é um agente fraco, até risível."[47]

O modelo positivista implica que toda relação de conhecimento está baseada na separação metodológica prévia entre um sujeito observador e um objeto observado externo a ele. Resta, mais uma vez, que isso funciona bem no domínio das ciências naturais, em que sujeito e objeto são de naturezas distintas. No campo das antropologias, ao contrário, a relação de conhecimento não se dá por separação entre sujeitos e objetos externos uns aos outros, mas por *participação* mútua numa mesma ordem do ser. Nesse caso, o conhecimento do outro é inseparável do autoconhecimento, e a subjetividade do conhecedor, antes que obstáculo ao conhecido, é a condição mesma para alcançá-lo.

É lamentável, contudo, que aquele vício positivista tenha nos legado um sentido pueril de "objetividade", que terminou por devastar a prosa não ficcional contemporânea. Tem sido muito comum, em qualquer manual ou cursinho ordinário de redação, o estímulo irrefletido à adoção de um mesmo arsenal de regras padronizadas: "evite adjetivos", "use apenas a forma denotativa", "prime pela impessoalidade" etc. Consagrou-se

---

[47] Ver: STEINER, George. *Tigres no espelho e outros textos da revista New Yorker.* São Paulo: Globo, 2012. Capítulo "De Profundis (sobre o gulag de Soljenitsin)".

assim a ideia de uma linguagem sem sujeito, como que extraída pronta da natureza — uma linguagem só de objetos. Nas últimas duas décadas, sobretudo, esse adestramento literário para concursos, por assim dizer, acabou transcendendo seu domínio original e vazando para a linguagem pública (especialmente jornalística) de maneira geral. Somando-se a essa impessoalidade e falta de estilo o abuso de eufemismos e clichês politicamente corretos, o resultado foi aquilo que os franceses chamam de "*langue de bois*" (língua de pau), uma linguagem rígida e seca, destinada a ocultar mais que informar, desdizer mais que dizer, insinuar sem assumir.

No interior da academia, a situação chega a ser pior, e o debate intelectual, ainda menos viável. Ali, o confronto aberto de ideias e argumentos foi definitivamente substituído por conversinhas de corredor e fofocas de botequim. Um tribalismo generalizado transformou o ambiente universitário numa praça de guerra entre as mais diferentes facções ideológicas, praça na qual, ao contrário da *ágora* grega, o diálogo tornou-se impossível, já que cada facção fala a sua *novilíngua* particular. Alheios ao desastre da balcanização nos campi, os medalhões acadêmicos, esses homens tão gentis, convivem numa espécie de paz silenciosa, fundada sobre normas de etiqueta tacitamente admitidas. Celebrando a imaginária excelência e a pseudocivilidade do universo da pós-graduação, e unidos em comovente espírito de corpo, eles se entregam à gloriosa batalha por um pontinho a mais na avaliação da Capes. Nos bastidores, todavia, o que se vê é briga de foice no escuro, todos falando mal de todos, quase nunca de ideias, mas de posicionamentos políticos e condutas pessoais. Não há debates públicos que não sejam ações entre amigos. As defesas de tese são, em geral, jogos de cartas marcadas. Não há crítica, apenas ausência de contato. As patrulhas intelectuais, as admissões e reprovações, o *index librorum prohibitorum*, os consensos e os códigos não escritos são acordados nos convescotes, entre baseados, taças de vinho e projeções de filmes etnográficos. O boicote e o desterro são o destino dos impenitentes. A linguagem, por sua vez, consegue ser mais grotesca ali dentro do que fora, feita quase que exclusivamente de maneirismos padronizados e pedantes tecnicismos. As eventuais tentativas de lirismo acadêmico — e as há! — são ainda mais deprimentes.[48]

Em face de toda essa realidade, eu devo desde já advertir aos leitores mais sensíveis e habituados a confundir nossa língua de pau com rigor e civilidade: neste livro, "o gato subiu no telhado" será sempre substituído por *o gato morreu*. Cada boi receberá um nome próprio. "Malfeitos" serão chamados de *corrupção*. "Sujeitos não substanciais que tendem a se manifestar como pura potência disruptiva e negativa"[49] de *terroristas*... Numa época em que se optou pela linguagem do Humpty Dumpty, e por mais escandaloso que possa parecer, prefiro recuar 2.500 anos até Confúcio: "A sabedoria começa quando damos às coisas os nomes certos." Se fosse, afinal, para seguir as regras e os modismos correntes no atual debate público brasileiro — e não, como é o caso, subvertê-los —, eu nem teria começado a escrever este livro.

---

[48] Elas são especialmente frequentes nas áreas de pedagogia e educação, muito influenciadas pelo sentimentalismo marxista de Paulo Freire, por vezes expresso num pesado vocabulário pós-estruturalista. O trecho a seguir, extraído de um artigo acadêmico, é muito representativo. Sugiro ao leitor munir-se de uma seringa de insulina: "Vinha de um episteme desencantado, do qual o econômico e o social tinham que dar conta, e se não davam a ele sua relevância, relevante ele não era. Sim ou não eram as possibilidades de resposta. A razão fechava-se no uno, sem a possibilidade de um talvez. O oficial, o institucional e o patente eram visíveis e considerados. O invisível, subterraneamente latente, oficioso e instituinte não aparecia. Faltava captar a relação entre luz e sombra. Negavam-se o crepuscular, o imaginal e a percepção do 'religar'. Deparei então com o afeto, com a complexidade, com a diversidade, a alteridade, e a ambivalência. Uma 'razão aberta' encandesceu-se diante de meus olhos, amparando-me ante um universo de todas as possibilidades. Mergulhei. Reencantei-me e hoje estou aqui. Não falo por todos, falo apenas pelo meu sentir. Não faço generalizações. O que relato está territorializado no seio de identidades microgrupais. Vivem o momento de seus epistemas. Sentem, agem e pensam de modo único. Constroem suas cotidianidades tal qual a lógica própria que lhes rege o existir."

[49] Essa é a definição de "terrorista" dada por um acadêmico brasileiro. Ver: "Invenção do terror que emancipa." *Estadão*, 10 jan. 2009. Disponível em: <http://cultura.estadao. com.br/noticias/artes,invencao-do-terror-que-emancipa,305355>. Acesso em 13 abr. 2017. Curiosamente, a mesma expressão — "pura potência" — foi usada por outra acadêmica brasileira (e à época secretária no Ministério da Cultura do PT) para qualificar bandidos que, em setembro de 2015, promoveram arrastões nas ruas da zona sul do Rio de Janeiro. Ver: "Estranhos no Paraíso." *Revista Fórum*, 21 set. 2015. Disponível em: <http://www. revistaforum.com.br/blog/2015/09/estranhos-no-paraiso/>. Acesso em 13 abr. 2017. Estranho caso de impotência existencial crônica dos nossos intelectuais *enragés*, que parecem enxergar no crime e no terror cometidos por outrem o *frisson* que não encontram em suas vidas de classe média "burguesa".

O que vou fazer aqui é descrever as coisas diretamente como as vejo, sem dar bola a conveniências de forma ou regras de etiqueta. Em dada ocasião, quando lhe disseram que sua teoria da gravitação era mais longa e desajeitada que a de Newton, Einstein respondeu: "Se queres descrever a verdade, deixes a elegância ao alfaiate." Uma boa lição, infelizmente ignorada no Brasil, onde uma mentira elegante vale mais que uma verdade malcomportada.[50] Para além do que impõem os limites do bom senso e da boa educação doméstica, penso que o dever último do intelectual é a honestidade de dizer o que precisa ser dito da maneira mais franca possível. E imagino que o leitor deste livro não espere por menos. Assim procedendo, além de cumprir um dever intelectual, satisfaço também uma motivação de caráter íntimo. Depois de anos autoescravizado pelos falsos rigores do formalismo acadêmico, sinto-me livre hoje para escrever como bem entendo. Agradeço ao editor e aos leitores por assinarem a minha carta de alforria.

---

[50] A sociedade brasileira contemporânea foi contaminada por um estado generalizado de histeria. Uma sociedade histérica, como explica Łobaczewski, é aquela que "considera qualquer percepção de uma verdade desconfortável como um sinal de grosseria e falta de educação".

PARTE I

A vida na província

"Longe do centro onde brilham os grandes espíritos, onde o ar é carregado de pensamentos, onde tudo se renova, a instrução envelhece, o gosto se corrompe como uma água estagnada. Por falta de exercício, as paixões encolhem ampliando as coisas mínimas. Aí mora a razão da avareza e dos mexericos que empesteiam a vida na província."

Honoré de Balzac, *Ilusões perdidas*

1. Mentalidades afins

Antes de mais nada, é preciso esclarecer o leitor quanto ao sentido que a palavra "intelectuais" tem neste livro, que a exibe logo no subtítulo. Adaptado do russo *intelligentsia*, o termo é de origem francesa (*intelectuelles*), tendo surgido no contexto do famoso Caso Dreyfus, que polarizou a França em fins do século XIX. Com intenções pejorativas, foi usado pelos antidreyfusards para atacar os defensores do oficial judeu, vítima de antissemitismo e condenado injustamente por alta traição. O alvo do ataque eram escritores tais como Émile Zola, Charles Péguy, Marcel Proust, Anatole France, entre outros, que assinaram artigos e manifestos — com destaque para o célebre *J'Accuse*, de Zola — denunciando a perseguição a Dreyfus. Na ocasião, assim se expressou um antidreyfusard:

> A interferência desse novelista [Zola] em uma questão de justiça militar não me parece menos impertinente do que, digamos, a intervenção de um capitão de polícia em um problema de sintaxe ou versificação... Quanto a essa petição que anda circulando entre os *Intelectuais!*, o mero fato que se tenha criado essa palavra, *Intelectuais*, para designar, como se formassem uma aristocracia, indivíduos que vivem em laboratórios e bibliotecas, configura uma das mais ridículas excentricidades de nossa época.[1]

---

[1] Ferdinand Brunetière. Citado por BROMBERT, Victor. *The Intellectual Hero: Studies in the French Novel, 1880-1955*. New York: Lippincott, 1961. p. 23.

O Caso Dreyfus foi um marco de engajamento coletivo dos assim chamados "intelectuais" em causas políticas e sociais. A causa em questão era, evidentemente, justa. Mas, com a virada do século, aquele engajamento foi se revelando cada vez mais problemático e moralmente suspeito. Não foram poucos os intelectuais que, ao longo de todo o século XX, e já também neste nosso século, defenderam ideias absurdas e adotaram posturas infames, incluindo a simpatia tácita, e até mesmo o apoio aberto, a bandidos, tiranos e ditadores da pior espécie. Por outro lado, demonstraram uma raiva cega e injustificável por pessoas inocentes, mas agrupadas artificialmente em categorias tidas por culpadas no tribunal da história, e condenadas implacavelmente por intelectuais que se imaginam juízes. Como escreveu o cientista político americano Mark Lilla:

> Professores distintos, poetas talentosos e jornalistas influentes reuniram suas habilidades a fim de convencer, a todos os seus ouvintes e admiradores, que os tiranos modernos eram libertadores e que seus crimes hediondos eram nobres, bastava vê-los na perspectiva correta. Quem quer que se dedique a escrever, honestamente, sobre a história intelectual do século XX na Europa tem que ter estômago forte.
>
> Mas ele precisará de algo mais. Precisará superar seu nojo para que comece a ponderar sobre as causas desse intrigante e estranho fenômeno.[2]

Dado que o autor deste livro tem estômago de avestruz, lidarei aqui com o engajamento intelectual à brasileira, que vem corrompendo a nossa cultura e a nossa educação. O estado catastrófico de nossas universidades, por exemplo, que se tornaram verdadeiros hospícios, quando não antros de criminalidade,[3] explica-se em larga medida por ideias equivocadas

---

[2] LILLA, Mark. *The Reckless Mind: Intellectuals in Politics*. New York: New York Review of Books, 2001. p. 198.

[3] É o caso, por exemplo, da Faculdade de Filosofia e Ciências Humanas (Fafich) da UFMG. Ver: "Faculdade de Filosofia e Ciências Humanas da UFMG vira boca de fumo." *Estado de Minas*, 27 mar. 2015. Disponível em: <http://www.em.com.br/app/noticia/gerais/2015/03/27/interna_gerais,631781/trafico-ocupa-ufmg.shtml>. Acesso em 13 abr. 2017. "Aulas podem ser suspensas em alguns cursos da UFMG por medo da violência e do tráfico." *Estado de Minas*, 27 mar. 2015. Disponível em: <http://www.em.com.br/app/noticia/gerais/2015/03/27/interna_gerais,631796/medo-tem-vaga-no-campus.shtml>. Acesso em 13 abr. 2017.

avançadas por intelectuais tupiniquins. Estes, com a consciência limpa de quem nada tivesse a ver com o problema, costumam ocultar-se por detrás de uma postura perpetuamente acusatória, e repetem os mesmos velhos erros, parecendo ignorar que, como no título de um livro do filósofo norte-americano Richard M. Weaver,[4] as ideias têm consequências. No nosso caso, terríveis consequências.

Embora eu vá tratar aqui, entre outros, de membros da academia, de professores e estudantes universitários das assim chamadas "humanidades", não pretendo proceder a uma análise de seus trabalhos propriamente acadêmicos (que, no Brasil, vão desde estudos bem-feitos sobre temas cada vez mais circunscritos a verdadeiras porcarias dignas de semiletrados com diploma), salvo no caso em que estes tenham alcançado alguma relevância fora dos muros das universidades, circulando no mercado geral de ideias e sendo repercutidos por formadores de opinião.

O intelectual abordado aqui é o "intelectual público" de Russell Jacoby,[5] uma classe de pessoas que ele considerava em via de extinção nos Estados Unidos do pós-guerra. Cumpre notar, entretanto, que o conceito ganha uma importante inflexão quando passamos do contexto original explorado pelo autor à situação brasileira de hoje.

Jacoby lamentava a gradativa substituição dos intelectuais públicos de outrora (romancistas, artistas, críticos, cronistas, jornalistas etc.), que se dirigiam a um público vasto, relativamente bem-educado e letrado, por professores universitários cada vez mais encapsulados dentro da academia, dialogando quase que exclusivamente com seus pares, e adotando um jargão que, de tão especializado, tornou-se perturbadoramente distante da linguagem literária e culta comum. Se os antigos intelectuais dominavam o vernáculo e escreviam *para o* público, os novos "teorizavam" *sobre o* público numa língua estranha. A sua prosa era "árida", critica Jacoby.

---

[4] WEAVER, Richard. *Ideas Have Consequences.* Chicago & London: The University of Chicago Press, 1948.
[5] JACOBY, Russell. *Os últimos intelectuais: a cultura americana na era da academia.* São Paulo: Trajetória Cultural: Edusp, 1990.

No Brasil, deu-se um processo análogo, mas com algumas peculiaridades significativas que é preciso sublinhar. Por meio da emergência daquilo que, referindo-se a um ensaio de Ortega y Gasset, Otto Maria Carpeaux chamou de "proletariado intelectual",[6] os professores universitários, mesmo aqueles cujo pensamento não poderia ser mais irrelevante ou excêntrico, passaram a exercer grande influência sobre os profissionais de imprensa (eles próprios membros daquele proletariado), sobretudo a partir do final da década de 1960, quando se desenvolveu nosso sistema universitário e foram criadas nossas pós--graduações. Sendo assim, quanto mais alheios aos interesses, gostos e preocupações do brasileiro médio, e quanto mais enfurnados em seus próprios valores, maneirismos e vocabulário, maior foi sendo o espaço que aqueles intelectuais passaram a ocupar no debate público nacional. Nossos intelectuais tornaram-se tanto mais públicos quanto mais insulares.[7] Foram tomados mais e mais como *modelos* no instante mesmo em que apequenavam. Em relação à sua prosa, basta consultar Lima Barreto para saber que o problema vem de longa data: "Quanto mais incompreensível é ela, mais admirado é o escritor que a escreve, por todos que não lhe entenderam o escrito." Como se vê, o tempo parece não passar em Bruzundanga.

Criou-se assim um verdadeiro hiato entre a nossa "classe falante" — na expressão do sociólogo francês Pierre Bourdieu — e os demais brasileiros, hiato esse que, hoje, se converteu num abismo intransponível. A crise de representatividade de que hoje tanto se fala, referindo-se tão

---

[6] Ver: CARPEAUX, Otto Maria. "A Ideia de Universidade e as Ideias das Classes Médias." In: Olavo de Carvalho (org.). *Otto Maria Carpeaux: Ensaios Reunidos, 1942-1978, vol. I.* Rio de Janeiro: Topbooks/UniverCidade, 1999.

[7] Uma boa análise desse processo de encastelamento acadêmico foi escrita pelo diplomata Paulo Roberto de Almeida, que observou: "[D]epois de ter se beneficiado — e beneficiado a sociedade — com a construção de um sistema universitário relativamente completo, e aparentemente eficiente, com a formação de recursos humanos de melhor qualidade que aqueles previamente existentes, a universidade brasileira deu início a um processo de introversão autossustentada, o que a levou a se isolar da sociedade e a desenvolver comportamentos entrópicos e autistas." ALMEIDA, Paulo Roberto de. "A ignorância letrada: ensaio sobre a mediocrização do ambiente acadêmico." *Revista Espaço Acadêmico*, nº 111, agosto de 2010. p. 123.

somente às instituições do Estado e à política partidária, é tão ou mais grave na arena da cultura. Os nossos formadores de opinião têm baixíssima representatividade social, e a opinião pública hodierna é a opinião de uma pequena elite cultural detentora do monopólio sobre os meios de expressão e a circulação de ideias. Tal monopólio só muito recentemente vem sendo desafiado, e este livro pretende contribuir abertamente para tanto, mediante análise dos mecanismos pelos quais se impôs uma acachapante hegemonia cultural dos bem-pensantes.

A cientista política Elisabeth Noelle-Neumann explica muito bem um daqueles mecanismos por meio do conceito de "espiral do silêncio".[8] Ao estudar processos eleitorais ocorridos em seu país de origem, a Alemanha, Noelle-Neumann chegou a conclusões interessantes a respeito da formação de consensos mais ou menos duradouros na opinião pública.

É muito conhecida a tirada de Winston Churchill segundo a qual não existiria opinião pública, apenas opinião publicada. Com base em uma pesquisa sistemática e metodologicamente sólida, Noelle-Neumann decidiu extrair as devidas implicações da anedota. A autora nota que a opinião pública *média* (palavra derivada do latim *medium*, donde "media", em inglês; "mídia", em português; "médias", em francês etc.) não corresponde necessariamente às ideias e aos valores da maioria da população de um país. No Brasil, por exemplo, resta claríssimo que aquela média está totalmente descolada do grosso da população, cujos valores tendem a ser conservadores, religiosos e tradicionalmente moralistas. A média da opinião pública brasileira é formada, ao contrário, por uma elite cultural altamente secularizada (quando não abertamente antirreligiosa), progressista e antitradicionalista. Essa elite tem, decerto, o seu próprio moralismo — o politicamente correto. Isso explica o aparente paradoxo de um grupo de pessoas que, gostando de se autorrepresentar como aliadas dos pobres e dos necessitados, nutrem, não obstante, um mal disfarçado desprezo pelos valores destes, que, no fundo, julgam

---

[8] NOELLE-NEUMANN, Elisabeth. *The Spiral of Silence: Public Opinion, our Social Skin.* Chicago & New York: University of Chicago Press, 1993.

"ignorantes", "atrasados" e "reacionários".[9] Exibem elas aquele misto de encantamento romântico e feroz desprezo que Voltaire e outros filósofos do Iluminismo francês traíam pelos membros do Terceiro Estado, a quem chamavam de *la canaille* ("a gentalha", "o populacho").[10]

Como se obtém o poder de determinar a média da opinião pública? É simples. Basta que a classe falante cole naqueles que destoam de seus valores rótulos tais como "fanáticos", "extremistas", "ultrarreligiosos", "reacionários" ou "polêmicos", fazendo com que pareçam portar uma visão parcial e radical do mundo, alheia à racionalidade padrão da opinião pública. Assim, a excêntrica visão de mundo de uma casta social minoritária acaba fazendo as vezes da normalidade sadia, ao passo que

---

[9] Como observou Christopher Lasch, tendo em mente os Estados Unidos da década de 1990, sobre o fenômeno por ele chamado de *a rebelião das elites*: "Não é só o fato de que as massas tenham perdido o interesse pela revolução; seus instintos políticos são declaradamente mais conservadores do que os de seus autodesignados porta-vozes e pseudolibertadores. São a classe trabalhadora e a classe média baixa, afinal de contas, que apoiam as restrições ao aborto, apegam-se ao modelo familiar de pai e mãe como fonte de estabilidade em um mundo turbulento, resistem às experiências com 'estilos de vida alternativos' e guardam profundas reservas sobre ações afirmativas e outras aventuras da engenharia social em larga escala." Ver: LASCH, Christopher. *A Rebelião das Elites e A Traição da Democracia*. Rio de Janeiro: Ediouro, 1995. pp. 39-40. Mais recentemente, depois de eventos como o *Brexit* e a ascensão de Donald Trump nos EUA, um jornalista membro do *Council of Foreign Relations* — o principal *think tank* americano — propôs abertamente uma rebelião das elites "progressistas" contra a massa ignara. Ver: TRAUB, James. "It's Time for the Elites to Rise Up Against the Ignorant Masses". *Foreign Policy*, 28 de junho de 2016. Disponível em: <http://foreignpolicy.com/2016/06/28/its-time-for-the-elites-to-rise-up-against-ignorant-masses-trump-2016--brexit/?utm_content=buffer0e848&utm_medium=social&utm_source=facebook.com&utm_campaign=buffer>. Acesso em 13 abr. 2017.

[10] Ver o caso exemplar da colunista Eliane Brum, uma espécie de "namoradinha" dos autoproclamados progressistas, que escreve longos textos em defesa do povo "pobre e negro" das periferias contra a cruel "elite branca" dos bairros chiques. Ela tem uma alma boa, justa e caridosa, mas fica um tantinho irritada quando o povo — com tamanha ingratidão e reacionarismo — emite opiniões das quais ela discorda, como no caso da proposta de redução da maioridade penal de 18 para 16 anos, apoiada por mais de 90% dos brasileiros. Comentando sobre o tema, Eliane Brum não se conteve: "Diante do Congresso mais conservador desde a redemocratização [...] há uma possibilidade considerável de que [a redução da maioridade penal] seja aprovada. E então o parlamento e o povo baterão com um só coração. Podre, mas uníssono." Ver: BRUM, Eliane. "Para Brasília, só com passaporte." *El País*, 30 mar. 2015. Disponível em: <http://brasil.elpais.com/brasil/2015/03/30/opinion/1427726614_598600.html>. Acesso em 13 abr. 2017.

os valores da maioria são ridicularizados e desprezados como aberrações patológicas, fruto de mentalidades pouco esclarecidas.[11]

Fazendo uma analogia com o conceito de *marcação*, tal como utilizado na linguística estrutural, pode-se dizer que a nossa classe falante representa a sua própria visão de mundo — incluindo aí suas preferências políticas, culturais, estéticas etc. — como *não marcada* (ou seja, "padrão" e "neutra"), enquanto seriam *marcadas* ("específicas" e "parciais") as visões de mundo alheias. No livro em que faz uma cerrada demonstração do viés esquerdista da grande mídia americana, o veterano repórter da CBS Bernard Goldberg descreveu muito bem esse mecanismo:

> Foi em Nova York que, pela primeira vez, me dei conta de algumas coisas que me desagradavam. Por exemplo, nós identificávamos explicitamente os conservadores nas matérias, mas, por alguma razão inexplicável, não nos preocupávamos em identificar os esquerdistas [...] Quando fazemos uma matéria sobre Hollywood, não raro identificamos certos atores, Tom Selleck ou Bruce Willis, por exemplo, como conservadores. Mas Barbra Streisand ou Rob Reiner, não importa o quanto estejam engajados na política esquerdista e democrata, são somente Barbra Streisand e Rob Reiner.[12]

O mesmo viés esquerdista está presente na imprensa brasileira, e se expressa naquele e em outros usos do mecanismo da "marcação". É por meio deles que nossos jornalistas são capazes de transmitir certos posicionamentos ideológicos e emitir certos juízos políticos, de maneira discreta e

---

[11] O deputado e militante LGBT Jean Wyllys, do PSol, disse certa vez com todas as letras: "A gente não pode deixar na mão de uma sociedade que não é bem informada determinados temas." E então citou algumas opiniões que desaprovava — tais como as favoráveis à redução da maioridade penal — como exemplos escandalosos do eventual resultado de um plebiscito popular. Disponível no YouTube em <https://www.youtube.com/watch?v=cwljb6p4uv8>. Nessa fala, fica claro que, para o deputado, estar bem informado é pensar como ele. É até compreensível para alguém que se vê da seguinte maneira: "Os livros, o conhecimento, *me livraram dos destinos imperfeitos* e me colocaram *numa posição de transformar o mundo para melhor.*" Disponível em <https://www.youtube.com/watch?v=Sq_9gLuPEk0> (ver a partir dos 1'08" de vídeo). Acesso em 13 abr. 2017.

[12] GOLDBERG, Bernard. *Parcialidade: Como a imprensa distorce as notícias.* São Paulo: Editora Peixoto Neto, 2009. pp. 66-67.

implícita, no próprio corpo do noticiário e sobretudo nas chamadas das matérias. Percebe-se claramente a operação de uma lógica politicamente correta segundo a qual há algumas categorias de pessoas que merecem o estatuto de vítimas preferenciais e, por isso, são expressamente mencionadas enquanto tais. Destarte, *negros*, *gays*, *palestinos* e *muçulmanos* quando vítimas de violência são sempre referidos enquanto tais, sendo essas suas características acidentais (de cor, orientação sexual e identidade religiosa) tidas por determinantes para o fato noticiado, mesmo que não o sejam. Já nos casos em que as vítimas são, digamos, *cristãos* ou *judeus* (categorias sem "pedigree" politicamente correto), e mesmo quando a violência de que foram alvo tem uma natureza claramente discriminatória, nossa imprensa não costuma ver razões para *marcá-las*.

"Dois morrem a facadas na Cidade Velha de Jerusalém" — eis como um grande jornal brasileiro noticia, por exemplo, um ataque terrorista palestino contra vítimas judias.[13] Estas últimas não são qualificadas, ou "marcadas", nem tampouco os seus assassinos. *Dois morrem*... Dois o quê? O editor da matéria julgou dispensável informar.[14]

O mesmo se passa com cristãos vítimas de perseguição religiosa. "Boko Haram mata quase oitenta *pessoas* no nordeste da Nigéria"[15] ou "Ataque do Boko Haram mata nove *pessoas* na Nigéria".[16] Nesses casos, opta-se pelo genérico em detrimento do específico, e a condição particular que condenou tais "pessoas" à morte — qual seja, o fato de serem *cristãs* —

---

[13] Ver: "Dois morrem a facadas na cidade Velha de Jerusalém." *G1*, 3 out. 2015. Disponível em: <http://g1.globo.com/mundo/noticia/2015/10/confrontos-deixam-israelenses-e--palestinos-feridos.html>. Acesso em 13 abr. 2017.

[14] Compare-se com a maneira pela qual, um dia depois, o mesmo jornal noticiou o desdobramento do caso: "Polícia *israelense* proíbe *palestinos* de acessar Cidade Velha de Jerusalém." Aqui, os atores já são expressamente qualificados, e a polícia israelense está na posição de agente e os palestinos, na de paciente. Ver: "Polícia israelense proíbe palestinos de acessar Cidade Velha de Jerusalém." *G1*, 4 out. 2015. Disponível em: <http://g1.globo.com/mundo/noticia/2015/10/policia-israelense-proibe-palestinos-de-acessar-cidade-velha-de-jerusalem.html>. Acesso em 13 abr. 2017.

[15] Ver: "Boko Haram mata quase 80 pessoas no nordeste da Nigéria." *G1*, 31 ago. 2015. Disponível em: <http://g1.globo.com/mundo/noticia/2015/08/boko-haram-mata-quase-80--pessoas-no-nordeste-da-nigeria.html>. Acesso em 13 abr. 2017.

[16] Ver: "Ataque do Boko Haram mata nove pessoas na Nigéria." *G1*, 6 ago. 2015. Disponível em: <http://g1.globo.com/mundo/noticia/2015/08/ataque-do-boko-haram-mata-nove--pessoas-na-nigeria.html>. Acesso em 13 abr. 2017.

não é digna de menção. Talvez não seja mero acaso que, ao contrário do que acontece, por exemplo, em relação aos devotos do Islã, nossos jornalistas não empreguem nenhum termo específico para a perseguição religiosa sofrida por cristãos ao redor do mundo, um termo equivalente à tão falada *islamofobia*. Inexistente no vocabulário midiático cotidiano, portanto, tudo se passa como se aquela perseguição não existisse no mundo real, ao passo que a "islamofobia", de tão repetida por uma classe falante escandalizada, adquire a aparência de calamidade.[17]

Comecei a reparar nos diversos usos midiáticos da "marcação" por ocasião do debate nacional sobre a aprovação do uso terapêutico de células-tronco embrionárias humanas. Era impressionante. Nos meios de comunicação, sempre que se fazia referência aos defensores da aprovação das pesquisas com células-tronco, evitava-se o uso de adjetivos. Já aos opositores do projeto eram empregados, com espantosa frequência, os adjetivos "fervorosos", "fundamentalistas", "militantes", "ultraconservadores", entre outros de igual teor. Sem entrar no mérito do debate, um observador de fora que lesse a cobertura jornalística seria levado a uma conclusão inescapável: quem se opõe à pesquisa com células-tronco embrionárias há de ser um prosélito apaixonado, que só fala em causa própria e que, portanto, deve estar errado. É mais seguro ficar com o outro lado, com a média, com os valores universais da "ciência". O simbolismo subjacente à abordagem midiática foi o da famigerada *guerra* entre a ciência e a religião, a razão e a fé. Essa mitologia, elaborada no século XIX por intelectuais como John William Draper e Andrew Dickson White (pelo que chegou a ficar conhecida, no campo da história da ciência, como *teoria Draper-White* ou *teoria do conflito*), não é levada a sério por nenhum historiador ou filósofo da ciência contemporâneos. No entanto, é tida por verdade inquestionável entre os nossos formadores de opinião, destarte impregnando-se profundamente no senso comum.

---

[17] O pavor de ser considerado islamofóbico é de tal magnitude dentro das redações dos grandes jornais do Ocidente que um portal como a BBC conseguiu produzir um primor de inversão politicamente correta do vocabulário. "Migrante sírio morre em explosão na Alemanha [*Syrian migrant dies in German blast*]" — foi assim que o jornal inglês noticiou o atentado cometido por um homem-bomba sírio na cidade de Ansbach, na Alemanha, em julho de 2016. A Reuters não ficou atrás e quase nos deixa com pena do terrorista sírio: "Sírio *que teve pedido de asilo negado* é morto em explosão na Alemanha [*Syrian man denied asylum killed in German blast*]."

Um componente essencial da *espiral do silêncio* é o natural temor humano de isolamento em relação ao aconchego da opinião média. Apresentar um ponto de vista, ou mesmo informação, que escape ao nível médio de conhecimento produz em quem o faz a curiosa sensação de ser um alienígena. Em festas, bares, casa de amigos, o sujeito que não opina conforme a média arrisca gerar constrangimentos e ser tratado com desconfiança. Com isso, opiniões ainda que numericamente majoritárias — mas incapazes de ocupar o "centro" da indústria de formação de opinião — vão pouco a pouco silenciando, recolhendo-se a meios de expressão privados e desconectados uns dos outros. O que antes talvez fizesse parte da cultura geral passa agora a encerrar-se num gueto, numa subcultura.

Na sociedade brasileira contemporânea, tomada por lamentável suscetibilidade, há ainda um agravante. Se você fornece uma nova informação a uma pessoa formalmente educada, mas informada tão somente pela grande imprensa, ou lhe recomenda leituras indispensáveis à compreensão de um dado assunto, ela ficará profundamente ofendida. Logo, além de ser considerado um alienígena, você também será tido por arrogante, tentando ganhar a discussão na base do "argumento de autoridade". O respeito à opinião, a qualquer opinião, mesmo às mais subjetivas e arbitrárias, converteu-se em mandamento sacrossanto. A possibilidade de hierarquizar opiniões, cotejando-as com algum fundamento na experiência real, tornou-se suspeita. Reina entre nós o mais completo subjetivismo.

Já na década de 1940, Gustavo Corção, um de nossos maiores escritores, descrevia o fenômeno, que só se agravou com o passar dos anos, atingindo hoje o seu paroxismo:

> A opinião é uma atitude que o sujeito toma diante do objeto sem que o objeto importe. Não se mede pelo objeto, não tem proporção com ele. Precisa do objeto para sair do sujeito e voltar ao sujeito. Ter razão importa sem que o objeto importe. Tanto faz um quadro de Portinari, a existência de Deus ou o horário dos bondes de Catumbi [...]
>
> Podemos então localizar a ponta da raiz, o fibrilo nervoso onde mora o princípio de uma opinião. Eliminadas as outras partes de

nosso interior, sobra aquela que é mais irritável, mas ferida, aquela que vive a esbarrar na limitação incômoda dos objetos: a vontade.

A opinião é segregada pela vontade; não vem do conhecimento, mas de um apetite. O mecanismo da opinião pode ser descrito como uma interposição da vontade entre a inteligência e o objeto. A justa proporção com o objeto fica prejudicada, só podendo existir quando a inteligência está em livre confronto com o objeto, isto é, na contemplação.

Gostaria de tornar bem clara a imensa gravidade desse problema e a importância vital do restabelecimento, na estrutura de nossa pessoa, desse respeito pelo objeto, dessa abertura para fora pela qual tanto a inteligência como a vontade, a boa vontade, aspiram à suma objetividade. O grande desvio do pensamento moderno tem origem nessa inversão interior, pela qual a vontade se arroga um direito de conquista onde somente à inteligência cabe o primado. Todos nós, mais ou menos europeus, estamos impregnados de idealismo filosófico até a medula dos ossos, estamos convencidos que nossa dignidade mais alta reside nesse subjetivismo obstinado que tenta reduzir todas as coisas do céu e da terra a meia dúzia de opiniões. Muita gente pensa que isso é grandeza e marca de caráter e que a personalidade humana se define por esse fechamento diante dos objetos e se engrandece por essa deformação interior. Diante dos objetos mais simples, o homem liberal, que agasalha suas opiniões, que desconfia de tudo que não seja o morno recôncavo de sua interioridade, cai em guarda numa posição crispada; a vontade mete-se de permeio entre a porta dos sentidos e a inteligência, e como seu caminho é mais curto, ou porque seja ela mais ágil, sua sugestão chega antes do conceito e gera o preconceito. A inteligência perde a liberdade e a vontade então convence o sujeito que ele é um livre-pensador.

É nessa questão nevrálgica da liberdade que a vontade mais se excita, e, no diálogo interior, clama que lhe pertence exclusivamente a decisão nessa matéria. Como na vida exterior vive sendo ofendida, esbarrando, chocando-se, atritando-se, a vontade procura se desforrar e voltar-se para dentro. Volta-se contra o próprio sujeito, enrola-se no cerne nobre da pessoa e morde a inteligência. A liberdade psicológica e voluntariosa, nascida no conflito com as objetividades, substitui a liberdade ontológica que tem raiz na adequação entre a inteligência e o ser. O primado da inteligência é usurpado, e então, em vez do reto juízo, nasce a opinião.[18]

---

[18] CORÇÃO, Gustavo. *A descoberta do Outro*. Rio de Janeiro: Agir, 1952. 4ª edição. pp. 65-67.

Num tal ambiente cultural anárquico e voluntarioso, as pessoas dotadas de verdadeiro conhecimento, e que poderiam contribuir com informações que escapem à opinião média, tendem a reprimir sua posição, com medo de, primeiro, passar-se por excêntricas, e, ato contínuo, por pedantes. Assim é que a *espiral do silêncio* avança sem resistências. Opiniões mal fundamentadas e autoindulgentes propagam-se, enquanto avaliações corretas acabam soterradas sob uma avalanche de ressentimento e ignorância orgulhosa. Nas palavras da autora do conceito:

> Hoje já é possível provar que, mesmo quando sabem claramente que algo está errado, as pessoas mantêm-se em silêncio se a opinião pública (opiniões e comportamentos que podem ser exibidos em público sem o medo do isolamento), e, portanto, o consenso sobre o que constitui o bom gosto e a opinião moralmente adequada, estiver contra elas.[19]

Convém sublinhar que o "consenso sobre o que constitui o bom gosto e a opinião moralmente adequada" pode ser perfeitamente fictício. O essencial é que ele *apareça* aos olhos de todos como consenso. Impondo-se gradual e quase que invisivelmente, esse aparente consenso, fundado em nada além do que o medo do isolamento social, abre brecha para mudanças sociais importantes. Um exemplo comezinho, colhido entre centenas de rotinas midiáticas semelhantes, e representativo graças à sua banalidade mesma, ajudará o leitor a visualizar como a coisa funciona na prática.

Em 12 de dezembro de 2014, o site F5, caderno de entretenimento da versão digital do jornal *Folha de S.Paulo*, e que trata especialmente de celebridades televisivas, fez uma matéria sobre a participação da jornalista Rachel Sheherazade, do SBT, no programa de auditório de Raul Gil. Em determinado trecho, o autor da matéria comenta: "Entre outras declarações *polêmicas*, Sheherazade disse também ser contra o aborto e a legalização da maconha..." [grifo meu].

---

[19] NOELLE-NEUMANN, op. cit. p. X.

Numa descrição jornalística minimamente objetiva, não faria sentido qualificar de "polêmicas" as opiniões da jornalista acerca do aborto e da legalização da maconha. De acordo com recente pesquisa do Ibope, amplamente noticiada pela imprensa,[20] nada menos que 80% dos brasileiros têm a mesma opinião de Rachel Sheherazade. Ocorre que o autor da matéria habita um meio cultural em que tal opinião não costuma ser vista com bons olhos, pois é tida por conservadora. É provável que ele nem tenha se dado conta do que escreveu. Pode ser até que, no foro íntimo, ele próprio seja contrário ao aborto e à legalização da maconha. Mas, tendo o ambiente de trabalho como seu ecossistema, o sujeito, tal qual o peixe que não vê a água em que vive, não fez mais que ecoar (ou "borbulhar") a opinião dominante entre seus pares, representando-a como majoritária (e, por assim dizer, normal ou senso comum), ao passo que a de Sheherazade seria desviante e excêntrica — em suma, "polêmica". Trata-se, é claro, de uma absoluta inversão da realidade, o tipo de inversão costumeiramente observada na imprensa nacional, que padece daquilo que Rolf Kuntz chamou de "autofagia jornalística":[21] o hábito de só escrever nos jornais aquilo que se lê nos jornais, num perpétuo e claustrofóbico ouroboros (des)informativo. *Asinum asinus fricat* ("o asno afaga o asno"), como ensina o velho provérbio latino.

O problema da autofagia jornalística também se observa, entre outros países, nos Estados Unidos da América. Ocorre que lá tudo indica haver um considerável nível de consciência acerca dele. Em agosto de 2012, por exemplo, o jornalista Arthur S. Brisbane, ombudsman do *The New York Times* entre 2010 e 2012, publicou o seu último artigo à frente da coluna. Intitulado "Sucesso e risco nas transformações do *Times*", o texto fazia uma análise das mudanças impostas pela revolução digital à imprensa tradicional, e apontava alguns pecados por esta cometidos, como a falta de transparência, de humildade e, sobretudo, de diversidade cultural e política dentro das redações. Nas palavras de Brisbane:

---

[20] "Ibope: Quase 80% são contra legalizar maconha e aborto." *Estadão/Política*, 4 de setembro de 2014. Disponível em: <http://politica.estadao.com.br/noticias/geral,ibope-quase-80--sao-contra-legalizar-maconha-e-aborto,1554665>. Acesso em 13 abr. 2017.

[21] Ver: CARVALHO, Olavo de. "Credibilidade Zero". *Diário do Comércio*, 14 de agosto de 2012.

Eu também notava, há dois anos [em sua coluna de estreia], que assumi as funções de ombudsman acreditando "não haver conspirações", e que a produção do *Times* era por demais vasta e complexa para ser ditada por algum indivíduo ou cabala ao estilo Mágico de Oz. Ainda acredito nisso, mas também percebo que o formigueiro na Oitava Avenida [onde está localizada a sede do jornal nova-iorquino] é fortemente moldado por uma *cultura de mentalidades afins*[22] — um fenômeno que acredito ser mais facilmente percebido de fora do que de dentro.

Quando o *Times* cobre uma campanha presidencial [era época da disputa que culminou na reeleição de Barack Obama], noto que os principais editores e repórteres mostram-se disciplinados em promover equilíbrio e isenção, sendo usualmente bem-sucedidos. Através dos muitos departamentos do jornal, entretanto, tantos são os que compartilham uma espécie de *progressismo político e cultural* — por falta de melhor termo —, que essa visão de mundo virtualmente transborda para dentro do noticiário.

Como resultado, processos tais como o movimento Occupy e o casamento gay parecem quase irromper dentro do *Times*, superestimados e mal dimensionados, *mais como causas do que como objetos de notícia* [grifos meus].[23]

O provincianismo cultural das classes falantes, em especial dos jornalistas, não é, portanto, privilégio brasileiro. O que parece ser nossa marca distintiva é a total ausência por aqui de sinais que indiquem a mais mínima percepção da existência do problema. Nas atuais circunstâncias, seria mais razoável esperar pela volta de dom Sebastião de Alcácer-Quibir que por uma autocrítica equivalente à do ombudsman do *The New York Times*.

---

[22] No original: "a culture of like minds."
[23] BRISBANE, Arthur S. "Success and Risk as The Times Transforms." *The New York Times*, 25 ago. 2012. Disponível em: <http://www.nytimes.com/2012/08/26/opinion/sunday/success-and-risk-as-the-times-transforms.html?_r=2>. Acesso em 13 abr. 2017.

2. A longa marcha sobre as instituições

O leitor pode estar se perguntando por que venho falando tanto de jornalistas numa obra que se pretende ser sobre intelectuais brasileiros. Seriam os jornalistas intelectuais? O que, a propósito, é um intelectual? Há algum critério seguro para reconhecê-lo?

É claro que tenho uma resposta própria para essas perguntas, assim como toda uma concepção do que seja um intelectual. E imagino que você, leitor, tendo gasto o seu suado dinheiro para comprar um exemplar deste livro (pelo que lhe sou eternamente grato), tenha interesse em conhecê-las. Prometo não frustrá-lo. Mas, antes disso, é preciso lidar com aquilo que genericamente se entende por intelectual no Brasil de hoje. Nesse sentido, repito Julien Benda, dizendo que o nosso tema "não é o intelectual enquanto ele o é, mas enquanto é tido por sê-lo e age no mundo em razão dessa insígnia".[1] Como sói começar de algum lugar, tomemos a concepção sui generis de intelectual avançada por um sujeito muito influente sobre a *intelligentsia* nacional, um dos responsáveis pela atual acepção do termo no discurso público brasileiro. Refiro-me ao marxista italiano Antonio Gramsci, de cujas ideias passo agora a um breve exame.[2]

---

[1] Ver: BENDA, Julien. *A Traição dos Intelectuais.* São Paulo: Peixoto Neto, 2007. p. 148.

[2] Da infinidade de obras existentes sobre o pensamento de Gramsci, algumas das que me serviram de referência aqui foram: AGGIO, Alberto (org.). *Gramsci: a vitalidade de um pensamento.* São Paulo: Fundação Editora da Unesp, 1998; COUTINHO, Carlos Nelson. *Gramsci: um estudo sobre seu pensamento político.* Rio de Janeiro: Civilização Brasileira, 1999; COUTINHO, Sérgio A. Avellar. *A revolução gramscista no Ocidente.* São Paulo: Editora Ombro a Ombro, 2002; FONTANA, Benedetto. *Hegemony and power: on the relation between Gramsci and Machiavelli.* Minneapolis & London: University of Minnesota Press, 1993; JOLL, James. *As ideias de Gramsci.* São Paulo: Cultrix, 1977; MACCHIOCCHI, Maria

A importância de Gramsci reside no fato de haver promovido uma guinada fundamental, tanto na teoria marxista quanto no método de ação política da esquerda mundial. Esta, esmagada sob o peso da brutalidade soviética, da qual tantos e notáveis esquerdistas foram cúmplices, viu em Gramsci uma boia em mar revolto, a encarnação de um jeito alegadamente mais leve e menos violento de continuar sendo revolucionário.

A forma com que Gramsci começou a ser celebrado pela esquerda, sobretudo a partir dos anos 1960, tem mesmo um quê do alívio do náufrago quando em terra firme. Seu pensamento era uma promessa de recomeço, a chance de resgatar o sonho comunista do pesadelo soviético. E, para preservar o *ideal* comunista, até o materialista mais ferrenho torna-se idealista, passando a afirmar o que antes negava, a saber: uma distinção absoluta entre teoria e *práxis,* entre a utopia imaculada e o assim chamado "socialismo real". O sociólogo marxista Michael Löwy não teve a sem-cerimônia de afirmar recentemente que "agora é que a história do socialismo está começando"?[3] Como observou agudamente Alain Besançon: "Cada experiência comunista é recomeçada na inocência".[4]

A grande contribuição de Gramsci foi ter percebido que, dada a complexidade do desenvolvimento capitalista no mundo ocidental à sua época, o modelo marxista-leninista ortodoxo de tomada violenta do poder mediante um golpe de Estado, seguida do estabelecimento de uma "ditadura do proletariado" conduzida com mão de ferro por uma vanguarda revolucionária, tornara-se inadequado. As condições do Ocidente — com o capitalismo bem mais desenvolvido, assim como suas superestruturas políticas — eram muito diversas das da Rússia (Oriente) em 1917 e exigiam

---

Antonietta. *A favor de Gramsci.* Rio de Janeiro: Paz e Terra, 1976; MORTON, Adam David. *Unravelling Gramsci: Hegemony and Passive Revolution in the Global Political Economy.* London & Ann Arbor: Pluto Press, 2007; SIMIONATTO, Ivete. *Gramsci: sua teoria, incidência no Brasil, influência no Serviço Social.* Florianópolis: Editora da UFSC & São Paulo: Cortez Editora, 1999.

[3] Ver: "Michael Löwy, cientista social: 'Agora é que a história do socialismo está começando'." *O Globo*, 3 out. 2014. Disponível em: <http://oglobo.globo.com/sociedade/conte-algo-que-nao-sei/michael-lowy-cientista-social-agora-que-historia-do-socialismo-esta-comecando-14121271>. Acesso em 13 abr. 2017.

[4] BESANÇON, Alain. *Le Malheur du Siècle: sur le communisme, le nazisme e l'unicité de la Shoah.* Paris: Fayard, 1998. p. 73.

do partido revolucionário uma tática mais sofisticada e de longo prazo que aquela adotada pelos bolcheviques liderados por Lenin. Utilizando uma metáfora de estratégia militar, Gramsci afirmou a necessidade de substituir uma "guerra de movimento" por uma "guerra de posição".

Ele elaborou uma filosofia da história segundo a qual, ao longo do tempo, a luta revolucionária oscilava entre fases "ativas" e "passivas". A revolução bolchevique fora um exemplo de revolução ativa, mas o novo contexto histórico requeria uma "revolução passiva" — um dos tantos conceitos gramscianos a se tornar moda entre intelectuais e militantes marxistas com a publicação póstuma de seus famosos "Cadernos do cárcere", editados na Itália a partir de 1948, onze anos após a sua morte.

A grande diferença entre o Ocidente e o Oriente (no sentido gramsciano desses termos) estava na relação entre Estado (ou "sociedade política", na terminologia do autor) e sociedade civil. Enquanto, na Rússia, o Estado era primordial, sendo a sociedade civil débil e fragmentária, haveria no Ocidente uma relação mais equilibrada entre as duas esferas, gozando a sociedade civil de maior autonomia em face do Estado. Em tal contexto, a revolução haveria de ser conduzida por meio de pequenas e quase imperceptíveis rupturas, que se acumulariam lenta e gradativamente. Esse paciente processo de penetração na sociedade civil Gramsci chamou de "hegemonia".

No vocabulário gramsciano, a *hegemonia* se distingue do *controle*. Este refere-se ao "domínio" do aparelho de Estado; aquela, à "direção" intelectual e moral da sociedade civil. Como, nas complexas sociedades capitalistas, o exercício contínuo da coerção — e, pois, da violência — é difícil e altamente custoso, faz-se necessário que uma classe ou um grupo político que se pretendam dominantes consigam difundir seus valores entre outras classes e grupos políticos, a fim de que estes aceitem viver sob domínio. Ou, antes, que estejam sob domínio sem nem mesmo se dar conta disso. Tratava-se, em Gramsci, de um plano de implantação do comunismo por vias "democráticas", tendo a democracia aí um valor meramente estratégico.

Há, pois, uma transformação qualitativa quando se passa do controle à hegemonia, da guerra de movimento à guerra de posição. Essa transformação corresponde a um predomínio do *consenso* (e abro aqui parênteses para recordar ao leitor a explanação anterior acerca da "espiral do silêncio") sobre a *coerção*, embora ambos se articulem no processo de ascensão comunista ao poder. A hegemonia, o consenso cultural, deve anteceder a conquista do Estado e, de preferência, sobreviver a ela. A ideia é que, quando os partidos comunistas conseguissem, enfim, assumir o controle da sociedade política, já houvesse toda uma cultura pronta para recebê-los de maneira consensual.

Na União Soviética, a *nomenklatura* precisara aplicar doses extremas de violência para submeter um povo recalcitrante ao projeto comunista destinado a salvá-lo. Aquilo ocorrera, segundo Gramsci, porque as massas de trabalhadores apegavam-se a antigos valores, hábitos e gostos, em suma, a toda uma *cultura* conservadora, extremamente religiosa, que as impediam de desenvolver a requerida autoconsciência revolucionária.[5]

Com efeito, estava bastante claro, já em 1921, que uma grande parte dos trabalhadores russos opunha-se ao partido bolchevique. Karl Radek, discursando para cadetes do Exército, dissera-o com todas as letras:

> O Partido é a vanguarda politicamente consciente da classe trabalhadora. Estamos agora num momento em que os trabalhadores, no limite de sua resistência, recusam-se a seguir a vanguarda que os conduz à batalha e ao sacrifício [...] Devemos nos render aos clamores dos proletários que atingiram o limite de sua paciência, mas que *não compreendem seus reais interesses como nós compreendemos?* Seu estado mental é, no presente, francamente *reacionário*.[6]

---

[5] Gramsci buscava a solução de um problema que o próprio Lenin já havia identificado. Em sua extraordinária história da Revolução Russa, Orlando Figes escreve: "Reza a lenda que, em outubro de 1919, Lenin fez uma visita secreta ao laboratório do grande fisiologista I.P. Pavlov, querendo saber se as experiências sobre reflexos condicionados do cérebro ajudariam os bolcheviques a controlar o comportamento humano. 'Meu desejo é que as massas russas sigam o padrão comunista de pensamento e ação', explicou ele. 'Há individualismo demais, na Rússia, resquício do passado. O comunismo não tolera essas tendências perniciosas, que interferem em nossos planos. Precisamos aboli-las.' Pavlov mostrou-se chocado. Aparentemente, Lenin pedia que ele agisse com homens da mesma forma que agira com cães. 'O senhor gostaria que eu nivelasse a população da Rússia? Que fizesse todos se comportarem do mesmo modo?', perguntou. 'Exatamente', respondeu Lenin. 'O homem pode ser corrigido, fazendo-se dele o que se quiser.' Verídico ou não, o diálogo ilustra uma verdade: a meta final do sistema comunista era a transformação da natureza humana." Ver FIGES, Orlando. *A tragédia de um Povo: a Revolução Russa (1891-1924)*. Rio de Janeiro/São Paulo: Record, 1999. p. 900.

[6] Citado em CONQUEST, Robert. *The Great Terror: A Reassessment*. New York: Oxford University Press, 2008. p. 6.

Tendo em mente aquele histórico, cujo apogeu foi o Grande Terror stalinista (do qual, curiosamente, o próprio Radek acabou vítima), Gramsci pôs-se a conceber maneiras de contornar o arraigado "reacionarismo" das classes trabalhadoras. Sua conclusão foi simples: se, no terreno da subjetividade, as pessoas já sentissem, pensassem e agissem automaticamente *como* comunistas, haveria pouca ou nenhuma resistência quando da ulterior conquista do poder de Estado. Como no poema do stalinista Bertolt Brecht,[7] Gramsci decidiu que, se o povo não confiava no governo (ou no partido), restava a este dissolvê-lo. Nas democracias liberais, um povo insatisfeito tem a chance de mudar o governo. Nas sociedades concebidas por aqueles que Adam Smith chamou de "homens de sistema" (e Gramsci era definitivamente um deles), fica o governo, muda-se o povo.[8]

Para Gramsci, a hegemonia, enquanto *direção intelectual e moral*, exerce-se no terreno da cultura, das ideias, dos valores. Ela manifesta-se como capacidade de criar um consenso entre classes e grupos políticos diversos, sob a direção do partido comunista, configurando aquilo que

---

[7] "Após a insurreição de 17 de Junho /
O secretário da União dos Escritores /
Fez distribuir panfletos na Alameda Estaline / Afirmando que o povo/
Tinha deitado fora a confiança do governo / E que só poderia recuperá-la /
Por esforços redobrados /
Não seria mais fácil, /
Neste caso, para o governo /
Dissolver o povo /
E eleger outro?"
O poema *A solução* faz referência à rebelião de trabalhadores ocorrida em 1953 na Alemanha Oriental (RDA), brutalmente reprimida pelo governo stalinista do país. Diz-se habitualmente que Brecht estava ironizando a arrogância do regime, mas, de fato, o poema é menos irônico do que aparenta, uma vez que o autor se negou veementemente a condenar o regime. Na RDA, Brecht abandonou de vez o papel de intelectual independente para se tornar um funcionário do partido, a ponto de a filósofa Hannah Arendt sugerir que, ali, ele deixara de ser poeta. Ver: ARENDT, Hannah. *Men in Dark Times*. New York: Harcourt, Brace & World, Inc. 1968. p. 213.
[8] Foi exatamente o que sugeriu o comunista e ex-presidente uruguaio Pepe Mujica acerca da crise política brasileira: "[O]s defeitos não são do PT. São da sociedade brasileira." Ver: *Jornal do Brasil*, 27 de abril de 2016. Disponível em: <http://www.jb.com.br/pais/noticias/2016/04/27/defeitos-nao-sao-do-pt-sao-da-sociedade-brasileira-diz-mujica-sobre-crise-politica/>. Acesso em 17 abr. 2017.

o intelectual sardo, inspirando-se em Georges Sorel,[9] chamou de "bloco histórico" — no plano político, uma correlação de forças objetivas e subjetivas que, em dado momento, permite a tomada e a manutenção do poder; no plano teórico, um conceito que criticava a visão marxista tradicional de uma relação determinista entre estrutura (base econômica) e superestrutura (o universo dos valores e das instituições, da política e da cultura). No "bloco histórico", escreveu Gramsci, "as forças materiais são o conteúdo e as ideologias são a forma". Trata-se, porém, de uma distinção puramente didática, ele ressalva, "já que as forças materiais não seriam historicamente concebíveis sem forma e as ideologias seriam fantasias individuais sem as forças materiais".[10]

Para a formação do consenso, ou seja, para a discreta imposição dos valores da classe dirigente sobre o restante da sociedade, faz-se necessário o domínio de uma vasta rede de instituições culturais — as escolas, as universidades, as igrejas, os jornais, a esfera do *show business* — as quais Gramsci denominou "aparelhos privados de hegemonia". Como explica a escritora e ativista gramsciana Maria Antonietta Macciocchi:

> Esse sistema ideológico *envolve o cidadão por todos os lados*, integra-o desde a infância no universo escolar e mais tarde no da igreja, do exército, da justiça, da cultura, das diversões, e inclusive do sindicato, e assim até a morte, sem a menor trégua; *essa prisão de mil janelas* simboliza o reino de uma hegemonia, cuja força reside menos na coerção que no fato de que *suas grades são tanto mais eficazes quanto menos visíveis se tornam* [grifos meus].[11]

---

[9] Curiosamente, um outro admirador e discípulo de Sorel foi Benito Mussolini. Contrariando o senso comum, esse simples fato sugere ter havido, entre o fascismo e o comunismo, antes uma luta fratricida que um confronto entre contrários absolutos. Esta, aliás, é a tese de Anthony James Gregor, professor de ciência política em Berkley, e um dos principais estudiosos contemporâneos do fascismo e de suas relações com os regimes de inspiração marxista. Uma de suas obras mais importantes tem o significativo título "As faces de Janus". Ver: GREGOR, A. James. *The Faces of Janus: Marxism and Fascism in the Twentieth Century*. New Haven & London: Yale University Press, 2000.

[10] GRAMSCI, Antonio. *Concepção dialética da História*. Rio de Janeiro: Civilização Brasileira, 1981. 4ª edição. p. 63.

[11] MACCHIOCCHI, Maria Antonietta. *A favor de Gramsci*. Rio de Janeiro: Paz e Terra, 1976. p. 151.

Nas palavras do próprio Gramsci:

> O exercício "normal" da hegemonia, no terreno tornado clássico do regime parlamentar, caracteriza-se pela combinação de força e consenso, que se equilibram de modo variado, sem que a força suplante em muito o consenso, mas, ao contrário, tentando fazer com que a força pareça apoiada no consenso da maioria, expresso pelos chamados órgãos da opinião pública.[12]

Brotou desse conjunto de ideias uma célebre formulação que, embora atribuída a Gramsci, é da lavra de Rudi Dutschke, o líder estudantil alemão cuja tentativa de assassinato, no fatídico ano de 1968, foi um dos gatilhos para o surgimento do grupo terrorista Baader-Meinhof. "A longa marcha sobre as instituições" *Der lange Marsch durch die Institutionen*) — foi assim que Dutschke resumiu o conceito gramsciano de hegemonia.

A conquista da hegemonia requer uma intensa atuação de "organizadores" e "persuasores permanentes",[13] responsáveis pela reforma moral e intelectual da sociedade, e "toda relação de 'hegemonia' é necessariamente uma relação pedagógica".[14] Daí a importância que Gramsci conferiu aos "intelectuais", atribuindo à palavra um sentido assaz particular e, notadamente, ampliado.[15] Cabia-lhes a tarefa fundamental de *organizar* a cultura, ou seja, prepará-la para a chegada dos comunistas ao poder. O problema é que, para organizar uma cultura preexistente, era preciso antes *desorganizá-la*. Isso Gramsci não disse a ninguém. E seus herdeiros, tampouco, quiseram arcar com as consequências sociais daquela desorganização ativa e sistemática.

Como se sabe, Gramsci propôs uma distinção entre duas categorias de intelectuais: os "tradicionais" e os "orgânicos". Os primeiros seriam algo como fósseis vivos ou "sobrevivências", tal qual se dizia no vocabulário

---

[12] GRAMSCI, Antonio. *Cadernos do cárcere. Vol. 3*. Rio de Janeiro: Civilização Brasileira, 2002. p. 95.

[13] GRAMSCI, Antonio. *Os intelectuais e a organização da cultura*. Rio de Janeiro: Civilização Brasileira, 1982. 4ª edição. p. 8.

[14] GRAMSCI, 1981. p. 37.

[15] GRAMSCI, 1982, p. 11.

vitoriano do século XIX, de uma estrutura econômica e um modo de produção pretéritos. Embora subsistam no modo de produção subsequente, não foram criados a partir dele e não mantêm uma relação umbilical com qualquer uma das classes sociais vigentes, embora estas lutem para incorporá-los. Os *intelectuais tradicionais* definem-se, portanto, pela sua continuidade histórica, não pela função que exercem na presente estrutura social, que não foi responsável por fomentá-los. Os clérigos representavam, para Gramsci, o protótipo do intelectual tradicional. Outrora associados organicamente à aristocracia fundiária, sobreviveram ao ocaso da ordem feudal, restando anacrônicos e fora de lugar na sociedade capitalista emergente; resignados, pois, a optar pelo mais absoluto ostracismo ou pela adesão às novas classes paridas das revoluções burguesas.

Os *intelectuais orgânicos*, ao contrário, seriam um produto direto das classes e de sua posição respectiva no modo de produção. Em seu desenvolvimento, as classes criam os seus próprios intelectuais, que conferem a elas homogeneidade, organização e autoconsciência. Como ilustração do intelectual orgânico burguês, Gramsci comenta: "O empresário capitalista cria o técnico da indústria, o cientista da economia política, o organizador de uma nova cultura, de um novo direito etc. etc."[16] O intelectual orgânico seria, portanto, um especialista em determinada função parcial da atividade originária e definidora de sua classe (entendida sempre, convém lembrar, em referência à estrutura econômica).

É claro que, dos dois tipos de intelectual, Gramsci está mais interessado no segundo, pois caberá aos intelectuais orgânicos da classe trabalhadora a missão crucial de substituir uma pretensa hegemonia capitalista (conquistada, teoricamente, pela intelectualidade orgânica burguesa) por uma hegemonia comunista. Para o autor, ademais, a autoimagem que os intelectuais tradicionais fazem de si próprios é absolutamente ilusória. Que se considerem autônomos e independentes de interesses de classe revela apenas, nas palavras do revolucionário italiano, uma "utopia social". Os intelectuais não deveriam ser caracterizados com base em alguma atividade que lhes fosse intrínseca, mas, antes, pelo conjunto das relações sociais (de classe) em que essa atividade está inserida.

---

[16] Ibid. pp. 3-4.

Ao fim e ao cabo, o intelectual orgânico define-se tão somente pela defesa e promoção dos interesses e valores de sua classe. Nesse sentido, o conceito gramsciano de "intelectual" passa a incluir indivíduos de diversas profissões e atividades, mesmo as mais distantes — por vezes, até mesmo opostas — da ideia ortodoxa de atividade intelectual. Um ator, um cineasta, um publicitário, um jornalista, um comediante, um roqueiro, um *rapper*, um cantor de axé, um agitador profissional, uma *top model*, uma *drag queen*, um apresentador de programa de auditório, um padre progressista... No esquema gramsciano, todos esses são intelectuais orgânicos em potencial, conquanto trabalhem, sabendo ou não disso, em favor da hegemonia comunista. É por isso que o leitor brasileiro não deve se espantar quando, por aqui, o cantor da banda baiana Psirico diz que seu hit carnavalesco *Lepo lepo* é um "grito contra o capitalismo".[17] Talvez pareça piada, mas o cantor é um perfeito intelectual orgânico gramsciano. Evidentemente, nem ele nem seus fãs precisam conhecer a crítica de Marx ao capitalismo. Basta "saber" — e cantar e repetir — que o capitalismo é algo ruim.[18]

Conforme a clássica formulação de Gramsci: "Todos os homens são intelectuais, pode-se dizer, mas nem todos os homens desempenham a função de intelectuais".[19] Ocorre que desempenhar a função tradicional de

---

[17] Ver: "'Lepo Lepo é um grito contra o capitalismo', diz cantor do Psirico". *Caras,* 28 de fev. 2014. Disponível em: <http://caras.uol.com.br/carnaval/lepo-lepo-psirico-marcio-victor-grito-contra-capitalismo-forma-amor-musica-carnaval#.VwWT3xIrK_C>. Acesso em 30 de abr. de 2017.

[18] O caso evoca o exemplo utilizado por Václav Havel para explicar o seu conceito de "sistema pós-totalitário". Em *O poder dos sem poder,* o autor descreve um hipotético verdureiro que, em sua quitanda, em meio a cebolas e cenouras, mantinha uma placa com o slogan comunista *Trabalhadores do mundo, uni-vos!* "Por que ele faz isso?", questiona-se o autor. "O que ele tenta comunicar ao mundo? Estará genuinamente entusiasmado com a ideia de unidade entre os trabalhadores do mundo?" E Havel responde: "A placa foi entregue ao nosso quitandeiro juntamente com as cebolas e as cenouras. Ele colocou tudo aquilo na vitrine apenas porque era assim que se fazia há muito tempo, porque todo mundo o fazia, e porque é assim que tem de ser. Se ele se recusasse, poderia haver problemas. Ele poderia ser repreendido por não decorar a vitrine adequadamente; alguém poderia até mesmo acusá-lo de deslealdade. Ele o faz porque essas coisas devem ser feitas se se quer levar a vida em paz. Trata-se de um entre milhares de detalhes que lhe garantem uma vida relativamente tranquila, 'em harmonia com a sociedade'." Ver: HAVEL, Václav. *El Poder de los Sin Poder.* Madrid: Ediciones Encuentro, 1990. p. 21.

[19] GRAMSCI, 1982, p. 7.

intelectual (reduzida aí à ideia do intelectual como *profissão*) é prescindível para se alcançar a meta mais decisiva da estratégia gramsciana: a profunda transformação do *senso comum* da população. Escreve o italiano:

> [T]odo homem, fora de sua profissão, desenvolve uma atividade intelectual qualquer, ou seja, é um "filósofo", um artista, um homem de gosto, participa de uma concepção de mundo, possui uma linha consciente de conduta moral, contribui, assim, para manter ou modificar uma concepção de mundo, isto é, para promover novas maneiras de pensar.[20]

Na realidade, o guru da nova esquerda está menos interessado em novas maneiras de pensar do que em novas maneiras de *sentir*. Pois, em sua acepção, o senso comum é uma espécie de "filosofia dos não filósofos", um conjunto heteróclito de concepções de mundo, hábitos, reflexos, automatismos verbais, gostos e juízos morais entranhados na consciência do homem médio, absorvidos de maneira acrítica e inconsciente do ambiente social e cultural que o rodeia.

Para Gramsci, as religiões, em sua absorção popular, são responsáveis por fornecer os elementos principais do senso comum. A relação entre religião e senso comum seria, assim, muito mais íntima do que a estabelecida entre este e doutrinas filosóficas ou teorias políticas explicitamente apresentadas. A herança cultural cristã era, para o marxista italiano, o principal entrave ao avanço do comunismo. No contexto de outubro de 1917, por exemplo, restara evidente que o senso comum do povo russo era fortemente moldado pelos valores do cristianismo ortodoxo, que o predispunham a posturas conservadoras contra as quais a doutrina marxista-leninista era impotente. Sendo assim, a estratégia revolucionária gramsciana afirmava "a necessidade de novas crenças populares, isto é, de um novo senso comum e, portanto, de uma nova cultura e de uma nova filosofia, *que se enraízem na consciência popular* com a mesma solidez e imperatividade das crenças tradicionais".[21]

---

[20] Ibid. pp. 7-8.
[21] GRAMSCI, Antonio. *Cadernos do cárcere. Vol 1*. Rio de Janeiro: Civilização Brasileira, 1999. pp. 118-119.

O que se propunha era uma radical ruptura com o passado, mas uma ruptura que, em vez de proclamada abertamente sob a forma de doutrina política, deveria ocorrer, sorrateira, no domínio da psique humana. "As revoluções se fazem nos espíritos antes de passar para as coisas" — escrevera Albert Mathiez, historiador marxista da Revolução Francesa, uma lição que Gramsci seguiu à risca.

Naquele que, em solo brasileiro, talvez tenha sido o primeiro exame crítico da obra de Antonio Gramsci — depois de décadas de puro deslumbramento e tietagem —, o filósofo Olavo de Carvalho observa:

> Uma operação dessa envergadura transcende infinitamente o plano da mera pregação revolucionária e abrange mutações psicológicas de imensa profundidade, que não poderiam ser realizadas de improviso nem à plena luz do dia. O combate pela hegemonia requer uma pluralidade de canais de atuação informais e aparentemente desligados de toda política, através dos quais se possa ir injetando imperceptivelmente na mentalidade popular toda uma gama de novos sentimentos, de novas reações, de novas palavras, de novos hábitos, que aos poucos vá mudando de direção o eixo da conduta.
>
> Daí que Gramsci dê relativamente pouca importância à pregação revolucionária aberta, mas enfatize muito o valor da penetração camuflada e sutil. Para a revolução gramsciana vale menos um orador, um agitador notório, do que um jornalista discreto que, sem tomar posição explícita, vá delicadamente mudando o teor do noticiário, ou do que um cineasta cujos filmes, sem qualquer mensagem política ostensiva, afeiçoem o público a um novo imaginário, gerador de um novo senso comum. Jornalistas, cineastas, músicos, psicólogos, pedagogos infantis e conselheiros familiares representam uma tropa de elite do exército gramsciano. Sua atuação informal penetra fundo nas consciências, sem nenhum intuito político declarado, e deixa nelas as marcas de novos sentimentos, de novas reações, de novas atitudes morais que, no momento propício, se integrarão harmoniosamente na hegemonia comunista.[22]

---

[22] CARVALHO, Olavo de. *A nova era e a revolução cultural*. São Paulo: Vide Editorial, 2014. 4ª edição. p. 58.

A atuação dos intelectuais orgânicos da classe proletária em busca da hegemonia está intimamente ligada ao papel desempenhado pelo partido político, pois é ele quem cria o vínculo necessário entre os intelectuais e as massas, integrando-os no tal do "bloco histórico". Note-se que, em Gramsci, os intelectuais nunca são considerados individualmente, já que operam como engrenagens do partido — o "intelectual coletivo", na expressão de Palmiro Togliatti, companheiro de Gramsci, coordenador da primeira publicação dos *Cadernos do cárcere* e um dos fundadores do Partido Comunista Italiano. A principal missão do partido é a de reformar e homogeneizar o senso comum, de modo a torná-lo coerente com os respectivos interesses de classe. O partido seria, pois, uma espécie de encarnação daquilo que Jean-Jacques Rousseau chamou de *la volonté generale*, a "vontade geral".

Em Gramsci, portanto, as funções de intelectual e político se confundem. "Que todos os membros de um partido político devam ser considerados como intelectuais, eis uma afirmação que se pode prestar à ironia e à caricatura" — escreve Gramsci, apenas para concluir —, "contudo, se pensarmos bem, veremos que *nada é mais exato*" [grifos meus].[23]

Temos, então, uma proposta clara de *politização* total da vida intelectual e cultural, cujos efeitos nocivos no Brasil são objeto deste livro. A análise que Gramsci faz de Maquiavel nos *Cadernos do cárcere* não deixa margem para dúvidas. O marxista italiano tinha o ambicioso projeto de escrever um novo *O príncipe*, que serviria de modelo ou mito político para o século XX, tal qual o *Condottiere* maquiavélico fora para a Renascença. A diferença é que o novo Príncipe, o "moderno Príncipe" gramsciano, já não seria uma figura de carne e osso, como o antigo monarca absolutista, mas uma entidade coletiva — o partido político, convertido em critério e medida de todo juízo intelectual, moral ou estético. As palavras de Gramsci não poderiam ser mais explícitas:

> O moderno príncipe, desenvolvendo-se, *subverte todo o sistema de relações intelectuais e morais*, na medida em que o seu desenvolvimento significa de fato que cada ato é concebido como útil ou prejudicial, como virtuoso ou criminoso, mas *só na medida em que tem como*

---

[23] GRAMSCI, 1982. p. 15.

ponto de referência o próprio moderno Príncipe e serve para acentuar o seu poder, ou contrastá-lo. O Príncipe toma o lugar, nas consciências, da divindade ou do imperativo categórico, torna-se a base de um laicismo moderno e de uma laicização completa de toda a vida e de todas as relações de costume [grifos meus].[24]

À primeira vista, o projeto gramsciano pode parecer totalitário. À segunda, também. Mas numa terceira visada... também. Isso porque o projeto é mesmo totalitário.[25] A proposta de substituir Deus pelo partido, assim como a de uma laicização completa da vida social, enquadra-se perfeitamente no conceito de *religião política*, pelo qual muitos estudiosos, com destaque para Eric Voegelin[26] e Waldemar Gurian,[27] trataram de caracterizar os regimes totalitários da história moderna, notadamente o comunismo e o nazismo.[28] O cientista político Juan J. Linz resume o conceito nos seguintes termos:

> As religiões políticas buscam competir com as religiões existentes, assumir o seu lugar e, se possível, destruí-las. Elas são, do ponto de vista das religiões existentes, profundamente antirreligiosas, e, na medida em que rejeitam qualquer referência à transcendência e às tradições culturais religiosas, não constituem simplesmente uma outra religião, mas uma não religião, *parte integrante de um processo de secularização* [...] Elas apresentam-se como fundadas na ciência,

---

[24] GRAMSCI, Antonio. *Maquiavel, a política e o estado moderno.* Rio de Janeiro: Civilização Brasileira, 1988. 6ª edição. p. 9.

[25] "O materialismo histórico, por isso, terá ou poderá ter esta função não só totalitária como concepção do mundo, mas totalitária na medida em que atingirá toda a sociedade a partir de suas raízes mais profundas." GRAMSCI, 1999. p. 233.

[26] VOEGELIN, Eric. *The Political Religions.* Lewiston, New York: E. Mellen Press, 1938 [1986].

[27] GURIAN, Waldemar. "Totalitarianism as Political Religion." Em: Carl J. Friedrich (ed.). *Totalitarianism.* New York: Grosset & Dunlap, 1964. pp. 119-129.

[28] No Brasil, o tema foi abordado, entre outros, por Thales de Azevedo e José Osvaldo de Meira Penna. Este último comenta: "O século XX é um século eminentemente político. É um século que se assemelha aos séculos XVI e XVII, no sentido que é assolado por guerras de religião, salvo que as religiões que se enfrentam são 'religiões civis', 'religiões políticas' — em outras palavras, são ideologias." Ver: MEIRA PENNA, José Osvaldo. *A ideologia do século XX.* São Paulo: Editora Convívio, 1985. p. 1.

quer sejam o materialismo científico e a teoria marxista, quer sejam as teorias raciais da biologia [...] No caso do comunismo, a construção da religião política e a da secularização seguem de mãos dadas: a difusão do ateísmo cientificista, por um lado, e a *sacralização do partido e da ideologia*, por outro [...] A religião política implica a *destruição do dualismo entre religião e política*, a *fusão dos sentidos político e espiritual* na definição da autoridade [grifos meus].[29]

Apesar da mudança de método, o plano de Gramsci continua a perseguir o mesmo objetivo dos totalitarismos da primeira metade do século XX: a eliminação do dissenso e da heterogeneidade política com vistas à construção de um novo homem. Em lugar da repressão e do terror, Gramsci propõe a lavagem cerebral e o adestramento pavloviano da sociedade; em lugar dos *gulags* tradicionais, *gulags* do espírito; a coletivização, não das coisas e dos corpos, mas das consciências e das almas. Apesar da demagógica afirmação de que "todos são intelectuais", e de que os proletários produzem os seus próprios intelectuais orgânicos, toda a perspectiva gramsciana depende da separação prévia e constitutiva entre uma elite intelectual (da qual o próprio Gramsci seria o sumo sacerdote) e as massas — aquela ensinando, estas aprendendo.

Na realidade, a ideia de hegemonia como relação *pedagógica* tem menos a ver com *ensino* — no sentido de transmissão de conhecimentos e conteúdos objetivos delimitados — do que com *educação*. Esta última — significativamente preferida pelas políticas pedagógicas contemporâneas, que consideram o "ensino" coisa vetusta e ultrapassada — incide sobre as esferas da moral, dos gostos e dos valores e diz respeito à formação total da personalidade. Por isso, a educação só deveria dizer respeito a crianças, cabendo exclusivamente *aos pais e à família* o papel de educadores. Adultos podem ser instruídos e ensinados, jamais *educados*. E, no entanto, todo o projeto gramsciano propõe justamente isto: a educação de adultos, cabendo aos intelectuais o papel de educadores.

---

[29] LINZ, Juan J. "The religious use of politics and/or the political use of religion: Ersatz ideology versus ersatz religion." Em: Hans Maier [ed.]. *Totalitarianism and Political Religions: concepts for the comparison of dictatorships (vol. 1)*. London & New York: Routledge, 2004. p. 108.

Numa profunda reflexão sobre a crise educacional dos anos 1950, a filósofa Hannah Arendt aborda justamente o processo pelo qual, em suas palavras, a educação transformou-se em instrumento da política ao mesmo tempo que a própria atividade política foi concebida como uma forma de educação. Arendt aponta Jean-Jacques Rousseau como o patriarca dessa confusão entre política e educação. A partir de Rousseau — que, não por acaso, Robespierre qualificou certa vez de "professor da humanidade" —, a política vem assumindo ares cada vez mais pedagógicos. "Não se deve abandonar às luzes e aos preconceitos dos pais a educação de seus filhos" — escrevera o filósofo genebrino[30] — "pois ela importa ao Estado mais que aos pais. O Estado permanece, e a família perece."[31]

Em determinado trecho de seu artigo, Hannah Arendt parece descrever toda a estratégia gramsciana que venho examinando até aqui:

> O papel desempenhado pela educação em todas as utopias políticas, desde a Antiguidade até os nossos dias, mostra bem como pode parecer natural querer começar um mundo novo com aqueles que são novos por nascimento e por natureza. No que diz respeito à política há aqui, obviamente, uma grave incompreensão: em vez de um indivíduo se juntar aos seus semelhantes *assumindo o esforço de os persuadir e correndo o risco de falhar, opta por uma intervenção ditatorial, baseada na superioridade do adulto*, procurando produzir o novo como um *fait accompli*, quer dizer, como se o novo já existisse [grifos meus].[32]

---

[30] ROUSSEAU, Jean-Jacques. "Économie." Em: Diderot & D'Alambert (Eds.). *Encyclopédie, or Dictionnaire Raisonée des Sciences, des Arts et des Métiers par une Société des Gens de Lettres (Nouvelle Édition. Tome Onzième)*. Genève: Pellet Imprimeur-Libraire, 1777. p. 818.

[31] Uma tese semelhante foi apresentada por Lilina Zinoviev, precursora do ensino soviético, no Congresso de Ensino Público de 1918: "Devemos fazer da geração jovem uma geração de comunistas. As crianças, como cera, são muito maleáveis e devem ser moldadas como bons comunistas. Devemos resgatar os infantes da influência nociva da vida familiar. Devemos racionalizá-los. Desde os primeiros dias de sua existência, os pequenos devem ser postos sob a ascendência de escolas comunistas para aprenderem o ABC do comunismo... Obrigar as mães a entregar seus filhos ao Estado soviético — eis nossa tarefa." Citado por FIGES, op. cit. p. 912.

[32] ARENDT, Hannah. "The Crisis in Education." Em: *Between Past and Future: Six Exercises in Political Thought*. New York: The Viking Press, 1961. pp. 176-177.

A passagem sintetiza a relação entre a hegemonia, o papel dos intelectuais e o moderno Príncipe. O que Gramsci propõe como "reforma intelectual e moral", como criação de "um novo senso comum", não deve ser compreendido como uma tentativa de persuasão racional, que, como nota Arendt, corre sempre o risco de falhar. Trata-se, ao contrário, precisamente de uma *intervenção ditatorial*, ainda que discreta e aparentemente indolor. Gramsci subverte o sentido da palavra "consenso", pois este pressupõe um acordo entre partes plenamente cientes dos termos em disputa. Um consenso verdadeiro só pode ser buscado ativa e livremente, como resultado de uma decisão voluntária de compromisso entre posições divergentes que sejam, por princípio, claramente reconhecidas. No esquema gramsciano, ao contrário, o objetivo final jamais é a explicitação de divergências, mas a sua ocultação; jamais a autonomia da consciência individual, mas a submissão da inteligência às vontades do moderno príncipe, essa invasiva e desagradável criatura que, encarnando uma pretensa consciência coletiva, não se contenta em disputar o poder na esfera pública da política, pretendendo exercê-lo, sobretudo, no domínio íntimo e inviolável do espírito.

Continua Arendt:

> É por esta razão que, na Europa, a crença de que é necessário começar pelas crianças se se pretendem produzir novas condições tem sido monopólio principalmente dos *movimentos revolucionários com tendências tirânicas*, movimentos esses que, quando chegam ao poder, *retiram os filhos aos pais e, muito simplesmente, tratam de os endoutrinar. Ora, a educação não pode desempenhar nenhum papel na política porque na política se lida sempre com pessoas já educadas.* Aqueles que se propõem a educar adultos, o que realmente pretendem *é agir como seus guardiões e afastá-los da atividade política.* Como não é possível educar adultos, *a palavra "educação" tem uma ressonância perversa em política* — há uma pretensão de educação quando, afinal, o propósito real é a *coerção sem uso da força* [grifos meus].[33]

---

[33] Ibid. p. 177.

Coerção sem uso da força: eis uma boa definição do "consenso" gramsciano. A análise da filósofa alemã ajuda-nos a compreender um outro aspecto significativo desse pensamento. Como vimos, Gramsci estabelece uma separação conceitual entre Estado e sociedade civil — sendo aquele a província da coerção e esta, a do consenso. No entanto, é importante notar que o teórico da hegemonia utiliza a palavra "Estado" em dois registros distintos. No primeiro e mais restrito, Estado é sinônimo de "sociedade política" e diz respeito ao aparato burocrático-repressor (exército, polícia, administração, burocracia etc.), ou, na célebre formulação de Max Weber, ao "monopólio do uso da força". No segundo, o conceito de Estado é expandido, passando a designar o conjunto formado pela sociedade política (Estado no sentido restrito) *mais* a sociedade civil. Este segundo uso da palavra Estado, a filósofa francesa Christine Buci-Glucksmann chamou de "Estado ampliado", termo que acabou se consagrando.

O *Estado ampliado* encerra um poder virtualmente inabalável, dado que o exercício da coerção por parte da classe dominante estará ancorado numa hegemonia prévia. Aí, o Estado já não é apenas ente de força, mas também *educador*. Além de administrar a coisa pública, ele busca fomentar toda uma moral coletiva. Quanto mais o partido revolucionário consegue construir a hegemonia, impondo sua direção intelectual e moral sobre a sociedade civil, menos se faz necessário o uso do aparato coercitivo da sociedade política. No limite, uma vez conquistada a hegemonia plena, em que houvesse uma perfeita homogeneidade de valores e ideias, o Estado torna-se mais e mais dispensável, até, por fim, extinguir-se por completo. Essa é a versão gramsciana da utopia marxista do "fim do Estado".

Não foram poucos os que ficaram encantados com a nova formulação, considerando-a mais realista (uma "utopia concreta", no jargão do gramscianismo) que a de Marx. Enamorados da perspectiva do fim do Estado — que, em tese, seria absorvido pela sociedade civil —, quedaram desatentos para o fato de que, precisamente aí, a ambiguidade entre os dois sentidos da palavra revela-se providencial para a instituição de um poder tanto mais total quanto mais interiorizado. Em Gramsci, o pretenso fim do Estado não se dá por redução, mas, ao contrário, por hipertrofia. A sociedade civil que, teoricamente, deveria englobar o Estado (em sentido estrito), já terá sido devidamente "educada" (ou seja, subvertida e fagocitada) pelo partido-Príncipe, o soberano do *Estado ampliado*. Não haverá mais Estado porque *tudo será Estado*.

"Tudo no Estado, nada contra o Estado, nada fora do Estado" — esta fórmula resumiria assaz satisfatoriamente o conceito de "Estado ampliado", não houvesse Benito Mussolini se antecipado e a convertido em lema do fascismo, o mesmo fascismo que Gramsci tanto combateu. Temos aí uma bela ilustração, demasiado irônica neste caso, do que o antropólogo René Girard chamou de "rivalidade mimética": a progressiva indistinção entre antagonistas que desejam um mesmo objeto, tornando-o por isso mais e mais desejável. No caso específico, esse objeto é o poder total.[34]

Embora, desde os anos 1930, a propaganda soviética tenha sido bem-sucedida em pintar o fascismo como a grande *bête noir* do comunismo — daí a escandalosa surpresa do pacto Molotov-Ribbentrop de 1939 —, o fato é que ambos os movimentos foram desdobramentos históricos de uma mesma mentalidade revolucionária (e totalitária) de fundo gnóstico-milenarista.[35] Não por acaso que, nos anos 1920, ninguém menos que Lenin pôde dizer expressamente: "Em Itália, camaradas, só há um socialista com capacidade para guiar o povo para a revolução — Benito Mussolini."[36]

---

[34] "O socialismo fascista tem as suas raízes em sua própria tradição de fascismo como *movimento revolucionário* [...] No princípio, o regime mussoliniano foi percebido como uma reação socialista. Apenas com as instruções da Internacional Comunista de oposição estrita ao fascismo (segunda metade dos anos 1930), irá a equação fascismo = extrema direita tomar forma e instalar um 'padrão'. Assim, podemos ler num boletim de propaganda de um editor com inclinações comunistas, e portanto insuspeito de tendências fascistas, impresso em 1933 em Valência, que 'o fascismo tem uma relação íntima com as ideias de Sorel', enquanto reconhece que muitos dos antigos líderes socialistas italianos estão agora no lado fascista. Reflexão idêntica fez, naqueles anos, um então jovem comunista que escreveu sobre o fascismo, uma doutrina política, na qual viu, mais que um mero inimigo do comunismo, *um sério competidor na conquista do Estado e das massas proletárias*. Montero Díaz, que depois acabará por tornar-se um doutrinador fascista na Espanha, escreveu, citando outro comunista/fascista, Curzio Malaparte, que 'a tática seguida por Mussolini para tomar o Estado não poderia ter sido concebida senão por um marxista. Não podemos nunca esquecer de que a educação de Mussolini é marxista'." Ver: NORLING, Erik. *Fascismo Revolucionário*. Lisboa: Contra Corrente, 2013. pp. 67-68.

[35] Sobre as raízes gnósticas e milenaristas dos movimentos revolucionários da modernidade ver, respectivamente, VOEGELIN, Eric. *The New Science of Politics: an Introduction.* Chicago & London: The University of Chicago Press, 1987 [1952] e COHN, Norman. *The Pursuit of The Millennium.* New York: Oxford University Press, 1970 [1957].

[36] NORLING, op. cit. p. 8.

3. O mal-estar dos intelectuais

A tese central de Gramsci pode ser resumida à afirmação de uma relação inexorável entre cultura e poder. A cultura seria tanto produto quanto instrumento de poder, este sempre pensado em referência à luta de classes. Ao construir essa teoria-espantalho, atribuindo a uma pretensa hegemonia cultural burguesa — mais que ao controle sobre os meios de produção — as resistências ao projeto revolucionário, Gramsci forneceu aos comunistas o salvo-conduto de que precisavam para se lançar à missão de instrumentalizar toda atividade intelectual e artística.[1] É a tese da locupletação geral. Uma vez aceita a premissa de que a cultura trai sempre, e necessariamente, um projeto de poder — não há arte ou ciência "neutras", como costumam alegar os gramscianos —, a completa politização da vida cultural, conquanto feita em nome da "classe proletária", estará justificada.[2] Trata-se da boa e velha desculpa do "todo mundo faz", com a qual o leitor brasileiro certamente está familiarizado.

---

[1] Como explica Olavo de Carvalho: "Isso quer dizer que, mesmo ao falar de assuntos que estão aparentemente a léguas de qualquer luta pelo poder — as tragédias de Ésquilo, a arquitetura das catedrais ou a música de Mozart — o intelectual marxista (uso o termo *lato sensu*) está sempre investigando a mesma questão ou série de questões: quem está no poder, como chegou lá, como podemos tirá-lo de lá e ocupar o lugar dele?" Ver: CARVALHO, Olavo de. "Cretinices Gramscianas (I)." *Diário do Comércio*, 1 de junho de 2015. Disponível em: <http://dcomercio.com.br/categoria/opiniao/cretinices_gramscianas_i>. Acesso em 17 abr. 2017.

[2] Como notou Russell Kirk: "Ao mesmo tempo que escarnece das ideologias de todas as outras convicções, o marxista constrói, com astuciosa paciência, a própria ideologia". KIRK, Russell. *A política da prudência*. São Paulo: É Realizações, 2013. p. 92.

É claro que, como veremos ao longo deste livro, aquela premissa é, além de grosseira, inteiramente falsa. Mas ela não precisava ser mais do que isso para servir de afrodisíaco ideológico para intelectuais de esquerda no mundo todo, uma vez que fora legado a eles, intelectuais, o protagonismo e a vanguarda da revolução. Desviando o foco da base econômica para a superestrutura cultural, Gramsci conferiu-lhes poder, e isso recuperou a virilidade espiritual até dos mais combalidos e flácidos membros da *intelligentsia*.[3] Seriam eles os novos "engenheiros de almas" (assim Stalin chamava os escritores soviéticos) destinados a preparar o povo para a futura sociedade comunista. O que poderia haver de mais animador?

No capítulo dedicado a Antonio Gramsci em seu *Pensadores da nova esquerda*, o filósofo britânico Roger Scruton observa que a confusão entre capacidade intelectual e liderança política é uma tradição do pensamento socialista.[4] Segundo Scruton, Gramsci buscava uma solução para um dos paradoxos mais notáveis do marxismo: a curiosa combinação de uma teoria evolucionista da história, que minimizava a importância de lideranças político-partidárias — pois que a revolução seria um corolário necessário e quase "natural" do desenvolvimento das forças produtivas —, com uma prática revolucionária inteiramente dependente de lideranças carismáticas ("a vanguarda do proletariado") e do culto ao herói revolucionário.

O cânon do assim chamado "socialismo científico", encharcado até a medula com o típico deslumbramento positivista pelas ciências naturais, sempre exigiu que aquele herói fosse, além de um líder firme e obstinado, um intelectual (ou "cientista") da revolução, que contribuiria tanto para a prática quanto para a teoria socialista. Muitos líderes revolucionários e gurus da esquerda, mesmo aqueles cuja formação filosófica não poderia ser mais vulgar e deficiente, foram apresentados como intelectuais brilhantes. Nas antologias de grandes pensadores da história organizadas pela *intelligentsia* progressista, nomes como o de Lenin (cujo cérebro, dizia a mitologia soviética, revelava uma capacidade sobre-humana), Stalin, Mao Tsé-Tung,

---

[3] O comunista argentino José Aricó resumiu o sentimento geral entre os seus pares: "Gramsci foi o primeiro marxista que a partir da política e da reflexão política parecia falar para nós, os intelectuais." Ver ARICÓ, José. *La Cola del Diablo*. Buenos Aires: Puntosur, 1988. p. 23.
[4] SCRUTON, Roger. *Thinkers of the New Left*. London: Claridge Press, 1985.

Ho Chi Minh, Che Guevara, e do próprio Gramsci, costumam figurar ao lado dos de Platão, Aristóteles, São Tomás de Aquino, Descartes, Leibniz, Hegel ou Husserl, sem que ninguém aparente o mínimo constrangimento. Gramsci fez para os anos 1960, sugere Scruton, o que Lenin e Stalin haviam feito para os anos 1930 e 1940, a saber: convencer seus seguidores de que a correção teórica seguia *pari passu* a prática revolucionária.

Na qualidade de grandes teóricos e cientistas da sociedade, os intelectuais de esquerda estariam capacitados para comandar o processo revolucionário, e dirigir — ou conscientizar — as massas. Como observei há pouco, a sugestão gramsciana de que todos são "intelectuais" ou "filósofos" revela-se meramente retórica, uma vez que Gramsci distingue entre uma "filosofia espontânea", embutida na linguagem, na religião popular, no folclore, no senso comum, e uma "filosofia crítica", elaborada conscientemente pelo sujeito. Haveria entre elas, ressalva o nosso autor, uma diferença apenas de grau, não de natureza. Toda filosofia seria uma cosmovisão, apenas que a filosofia crítica, uma forma de torná-la mais unitária e coerente.

Contudo, aquela débil distinção, fruto de um conceito primário de filosofia, reduzida aí à organização lógica de uma cosmovisão, acaba por fundar um abismo existencial entre aqueles que filosofam sem saber (a quem o comunista sardo chama, por vezes, de "os simplórios") e aqueles que o fazem conscientemente (cujo modelo arquetípico seria, é claro, Gramsci ele mesmo). Esse abismo existencial entre os "simplórios" e os "intelectuais" é o grande drama de consciência destes últimos, constituindo-se, no fim das contas, no principal tema de seu discurso. Frequentemente, mesmo quando aparentam estar falando de objetos do mundo real, os intelectuais não estão mais que externando, sob a forma de elegantes e sofisticados edifícios retóricos, esse mal-estar subjetivo.[5]

No esquema gramsciano, a crítica — a relação entre a filosofia e o "senso comum" — deveria ser feita mediante a participação política. "Já que a ação *é sempre uma ação política*" — eis uma daquelas premissas que brotam

---

[5] "As ideologias destroem a linguagem, uma vez que, tendo perdido o contato com a realidade, o pensador ideológico passa a construir símbolos não mais para expressá-la, mas para expressar sua alienação em relação a ela." Ver: VOEGELIN, Eric. *Reflexões autobiográficas*. São Paulo: É Realizações, 2008. p. 39.

magicamente da pena de Gramsci, sem qualquer demonstração e sem que jamais seja questionada pelos seus enfeitiçados discípulos —, "não se pode dizer que a verdadeira filosofia de cada um se acha *inteiramente* contida na sua política?" E conclui o nosso autor: "É por isso, portanto, que não se pode destacar a filosofia da política; ao contrário, pode-se demonstrar que a escolha e a crítica de uma concepção do mundo são, também elas, fatos políticos."[6]

Para agir politicamente de maneira coerente com os seus interesses de classe, o homem da massa precisa da direção dos intelectuais. Toda a pedagogia política gramsciana consiste na ideia de que o homem da massa, o "simplório", possui uma filosofia embutida na sua atividade laboral, um conhecimento compacto do mundo, inerente ao ato de transformá-lo por meio do trabalho. Não teria esse homem, todavia, uma consciência teórica clara de sua ação. Frequentemente, aliás, ocorre que a sua consciência teórica esteja em contradição com a sua ação, vinculando-o, sem que ele o note, à classe que o domina e explora.

De acordo com Gramsci, uma compreensão crítica de si mesmo, que livrasse o proletário da adesão aos valores e hábitos burgueses, só poderia ocorrer no embate entre hegemonias políticas. A consciência política, a sensação de integrar uma força hegemônica, seria, portanto, o primeiro passo para a aquisição de autoconsciência, na qual teoria e prática se reconciliam. Sim, numa perfeita inversão da propedêutica socrático-platônica, em Gramsci a consciência política vem primeiro; a autoconsciência, depois. É aí que entram em ação o intelectual revolucionário e a sua *filosofia da práxis*:

> [A] filosofia da práxis não busca manter os "simplórios" na sua *filosofia primitiva do senso comum*, mas busca, ao contrário, *conduzi-los a uma concepção de vida superior*. Se ela afirma a exigência do *contato entre os intelectuais e os simplórios* não é para limitar a atividade científica e para manter uma unidade no nível inferior das massas, mas justamente para formar um *bloco intelectual-moral*, que torne politicamente possível um progresso intelectual de massa e não apenas de pequenos grupos intelectuais [grifos meus].[7]

---

[6] GRAMSCI, 1981. pp. 14-15.

[7] Ibid. p. 20.

Ao pretender conduzir os "simplórios" *a uma concepção de vida superior*, Gramsci parece morder a língua para não acrescentar: tal como a minha. Revela-se nesse trecho toda a ambiguidade que os intelectuais de esquerda costumam demonstrar para com aqueles que, em tese, pretendem defender e libertar. Como encaram os "simplórios", não como pessoas, mas como um problema social, ou como representantes de uma classe que é preciso emancipar, os intelectuais tendem a manter um incômodo distanciamento, mesmo a despeito de uma busca eventualmente honesta por empatia. Na tentativa desesperada de vencer a distância, descambam, não raro, para a condescendência.

As frequentes passagens em que Gramsci parece estar democratizando o conhecimento e questionando a posição de autoridade do intelectual erudito tradicional — passagens tais como "deve-se destruir o preconceito, muito difundido, de que a filosofia seja algo muito difícil", ou "o grande intelectual deve atirar-se na vida prática, democratizar-se, ser mais atual", ou ainda "é impossível pensar em um homem que não seja também filósofo, que não pense, já que o pensar é próprio do homem" (esta última de uma banalidade digna de nota, como se a filosofia se reduzisse à capacidade de "pensar", condição em que seria preciso concluir que até mesmo alguns animais ditos irracionais poderiam ser filósofos) — permitem-nos entrever um claro paternalismo condescendente. É como se o generoso intelectual se dispusesse a descer de sua torre de marfim (metáfora, aliás, muito utilizada para caricaturar o intelectual tradicional) e estender a mão aos "simplórios", resgatando-os de seu estado de alienação (essas bobagens de acreditar em Deus, nos santos da Igreja, no esforço pessoal, na família etc.) e conduzindo-os rumo à autoconsciência, que se reduz, ao fim e ao cabo, ao fortalecimento do moderno Príncipe. Para Gramsci, ser autônomo equivale a se tornar comunista. Eis o máximo a que a filosofia crítica pode almejar.

Mas tão logo esvai-se a retórica condescendente, a autoridade intelectual banida, tal qual o recalcado, retorna pela porta dos fundos:

> Autoconsciência crítica significa, histórica e politicamente, criação de uma elite de intelectuais: uma massa humana não se "distingue" e não se torna independente "por si" sem organizar-se (em sentido lato); e não existe organização sem intelectuais, isto é, sem organizadores e dirigentes...[8]

---

[8] Ibid. p. 21.

Como sempre, a linguagem ideológica de Gramsci busca atenuar essa distinção, apontando a complexidade do processo de formação dos intelectuais, que requereria toda uma "dialética intelectuais-massa" na qual o desenvolvimento dos intelectuais-organizadores se fizesse acompanhar de um movimento análogo da "massa dos simplórios". Por linguagem ideológica, refiro-me ao fenômeno diagnosticado por Eric Voegelin em uma fração considerável do pensamento político moderno e que marcaria um seu ineditismo em relação à antiguidade clássica: a "proibição de perguntar". Não se trata aí, diz Voegelin, de uma simples resistência à análise, coisa que, decerto, também existia no passado. Não estamos falando apenas de um apego passional a opiniões (*doxai*) em face de uma análise (*episteme*) que as contrarie. Como esclarece o filósofo alemão:

> Em vez disso, confrontamo-nos aqui com pessoas que sabem que, e por que, suas opiniões não podem resistir a uma análise crítica, e que, portanto, fazem da *proibição do exame de suas premissas* parte de seu dogma.[9]

Essa linguagem ideológica, sustentada sobre a proibição de perguntar, é um dos traços mais característicos do ambiente intelectual marxista e esquerdista de modo geral. Adeptos dessa tradição podem passar a vida inteira enfurnados nela, sem jamais chegar a ler críticas externas — que, posto serem abundantes e demolidoras, são por eles descartadas como mera reação "burguesa" ou má compreensão do dogma[10] —, que dirá lidar com elas de modo intelectualmente responsável. Comentando sobre Louis Althusser, representante protótipico da clausura conceitual

---

[9] VOEGELIN, Eric. *Science, Politics and Gnosticism: Two Essays by Eric Voegelin*. Wilmington & Delaware: ISI Books, 1968[2004]. p. 17.

[10] Uma frase comumente dita por marxistas é "Marx não é para principiantes", não raro referindo-se a autores que conhecem mais Marx do que eles próprios. Parece ser inconcebível aos marxistas a hipótese de que, mesmo conhecendo (ou, talvez, *porque* conhecendo) Marx, nem todos se convertam. É por isso que, como escreveu Mário Vieira de Mello: "O debate entre marxistas e não marxistas é coisa intelectualmente impossível pela simples razão de que os marxistas acreditam possuir uma nova estrutura de consciência que lhes garante o acesso a horizontes intelectuais que até então não haviam entrado no campo de visão do homem." Ver: VIEIRA DE MELLO, Mário. *Desenvolvimento e cultura: o problema do estetismo no Brasil*. 3ª edição. Brasília: Fundação Alexandre de Gusmão, 2009. p. 55.

em que jazem os marxistas, Scruton observa que todo o seu estilo conduz à crença de que os textos de Marx "possuem um caráter sacro, não podendo ser discutidos, e tampouco compreendidos, senão por aqueles que — por algum ato de fé — já aceitam as suas principais conclusões".[11]

Gramsci foi, inegavelmente, um dos mais hábeis técnicos em linguagem ideológica. Para mascarar o caráter tutelar, paternalista e autoritário de sua pedagogia política — uma noção que, em si mesma, como vimos com Hannah Arendt, já trai intenções ditatoriais —, ele joga com equivocações nas quais termos como "Estado", "intelectuais" e "filósofos" mudam de sentido de frase a frase, de parágrafo a parágrafo, nem sempre de maneira explícita e facilmente perceptível. As distinções conceituais primeiras (por exemplo, entre "filósofos espontâneos" e "filósofos especialistas") embotam-se e prestam-se a ambiguidades. Em vários momentos, ao toparmos com a palavra "intelectual", ficamos sem saber ao certo tratar-se do intelectual no sentido universal ("todos são intelectuais") ou no sentido específico ("mas nem todos desempenham a *função* de intelectual"). O mesmo se passa com "filósofo", que tanto pode ser o homem comum, que filosofa passivamente apenas por pensar, possuir uma linguagem e aderir a uma fé religiosa, ou o "profissional" especializado em filosofia — seja lá o que isso queira dizer, porque, afinal de contas, a profissão universitária de filósofo só surgiu no século XIX, e a filosofia foi fundada por Sócrates em 400 a.C. (Gramsci parece ignorar que alguns dos maiores filósofos da história não foram, nem homens que filosofavam sem saber — coisa, aliás, impossível, pois autocontraditória —, nem, tampouco, profissionais especializados).[12]

O fato é que o *hocus pocus* gramsciano "pegou" entre os intelectuais de esquerda a partir dos anos 1960. Como nota Scruton, o apelo da teoria política de Gramsci era evidente. Ela oferecia uma justificação ao intelectual de esquerda em sua ânsia de mudar o mundo. Em vez de

---

[11] SCRUTON, op. cit. p. 90. Como ilustração, Scruton cita esta frase inacreditável formulada pelo marxista franco-argelino: "Não é possível ler *O capital* adequadamente sem o auxílio da filosofia marxista, que deve ela mesma ser lida, e simultaneamente, no próprio *O capital*." Como escapar de tão invencível tautologia? É triste constatar a quantidade de vítimas de feitiços semânticos do tipo.

[12] Sobre a espantosa ignorância filosófica de Gramsci, ver: CARVALHO, Olavo de. *O anti-Gramsci* (partes I e II). Apostilas do Seminário de Filosofia, 18. 1999. Disponível em: <http://www.olavodecarvalho.org/apostilas/gramsci1.htm#1>. Acesso em 17 abr. 2017.

um imperativo histórico, a revolução dependia da *ação* empreendida por indivíduos heroicos. Mais do que isso, o intelectual gramsciano já não precisava submergir no cotidiano do proletariado, nem, muito menos, entregar-se aos sacrifícios revolucionários de outrora. Ao contrário, ele podia ceder aos confortos do gabinete e trabalhar pelo colapso da hegemonia burguesa sem, todavia, abrir mão de seus frutos. A estratégia gramsciana gozava ainda do charme e prestígio do antifascismo. E a filosofia da práxis, finalmente, prometia ao intelectual um poderoso narcótico psíquico para o drama de consciência antes referido, criando a ilusão de uma conciliação ideal entre o poder *sobre* as massas e a "união mística" *com* elas.[13]

Imagine o leitor o impacto que essa teoria exerceu sobre a *intelligentsia* de esquerda no Brasil, atormentada à época por um sem-número de debates internos, pelas repercussões das denúncias de Kruschev ao terror stalinista, pela aniquilação da luta armada, pela baixa adesão popular ao projeto socialista, pelo sentimento de humilhação pessoal diante da violenta interrupção que a ditadura militar impusera àquele projeto. Num clima de gradual abertura política, as ideias de Gramsci, assim como as de outros gurus da nova esquerda, foram a chance de extravasar uma revolta encruada, de fazer transbordar para a vida cultural os monstros e as dores de alma de toda uma geração de intelectuais traumatizados em uníssono. "Apesar de você, amanhã há de ser outro dia" — o verso de Chico Buarque simboliza bem o grito reprimido, carregado de ressentido lirismo, de uma gente que, tendo enfim a oportunidade, não cessou desde então de lançá-lo a plenos pulmões às gerações seguintes. E a cultura nacional converteu-se no divã de um processo coletivo de *ab-reação*, cujos efeitos até hoje se fazem sentir.

---

[13] SCRUTON, op. cit. p. 85.

4. Gramsci no Brasil

O ano de 1966 marca a primeira tradução brasileira dos escritos de Antonio Gramsci, embora o projeto já viesse sendo acalentado desde 1962, como indica a correspondência entre Ênio Silveira, editor-proprietário da Editora Civilização Brasileira, responsável pela edição em português, e Franco Ferri, diretor do Instituto Gramsci.[1] Antes disso, nas décadas de 1920, 30, 40 e 50, o nome do marxista italiano surgira apenas esporadicamente em terras brasileiras. Veiculadas inicialmente por exilados trotskistas, italianos e antifascistas, tais menções diziam mais respeito à condição carcerária de Gramsci sob o fascismo do que às suas ideias. É de 1935, por exemplo, a tradução do manifesto antifascista de Romain Rolland, intitulado *Os que morrem nas prisões de Mussolini*, no qual Gramsci era alcunhado de "o maior dos moribundos". Essa foi uma das primeiras referências a Gramsci a circular no Brasil.

A edição da Civilização Brasileira tinha por base a primeira publicação das *Cartas* e dos *Cadernos do cárcere* na Itália, iniciada em 1947 pela editora Einaudi, sob supervisão de Palmiro Togliatti. Na edição italiana, o material dos cadernos fora organizado em volumes temáticos, com títulos atribuídos livremente pelos editores: *O materialismo histórico e a filosofia de Benedetto Croce* (1948); *Os intelectuais e a organização da cultura* (1949); *O risorgimento* (1949); *Notas sobre Maquiavel, a política e o Estado moderno* (1949); *Literatura e vida nacional* (1950); e *Passado*

---

[1] Ver, sobre isso, o relato de Carlos Nelson Coutinho, integrante da primeira equipe de tradutores de Gramsci: COUTINHO, Carlos N. "Introdução." In: GRAMSCI, Antonio. *Cadernos do cárcere. Vol. 1.* Rio de Janeiro: Civilização Brasileira, 1999.

e presente (1951). A Civilização Brasileira seguiu esse modelo de organização, traduzindo, além das cartas, todos os volumes dos cadernos exceto *O risorgimento* e *Passado e presente*. Temendo a censura, os editores brasileiros optaram por alterar o título do primeiro volume para *Concepção dialética da história*, evitando assim explicitar o conceito de "materialismo histórico". A publicação do último volume deu-se em 1968, coincidindo com a promulgação do Ato Institucional nº 5, o famigerado AI-5.

Entre 1966 e 1968, portanto, os principais escritos de Antonio Gramsci já haviam sido traduzidos para o português e tornados acessíveis aos leitores brasileiros. A equipe de tradutores era formada por Luiz Mario Gazzaneo, Carlos Nelson Coutinho e Leandro Konder, todos eles, assim como o próprio Ênio Silveira, ligados ao Partido Comunista Brasileiro (PCB).

Naquele primeiro momento, as ideias de Gramsci repercutiram tão somente no interior de um restrito círculo de intelectuais e professores universitários de ciências sociais, sobretudo da USP.[2] Fernando Henrique Cardoso, por exemplo, num artigo publicado em *Le temps modernes*, a célebre revista fundada por Sartre e Simone de Beauvoir, foi um dos primeiros intelectuais brasileiros a fazer menção ao conceito gramsciano de hegemonia. Além dos tradutores e de Fernando Henrique, alguns nomes importantes para a incorporação de Gramsci ao pensamento social e político brasileiro foram os de Antonio Candido, Michael Löwy, Oliveiros S. Ferreira, Francisco Weffort, Luiz Werneck Vianna, Sergio Miceli, Octavio Ianni, Marilena Chauí, entre outros.

Àquela altura, as discussões sobre o pensamento de Gramsci mantiveram-se demasiado técnicas, girando em torno de minúcias teóricas acerca da "filosofia da práxis", da "dialética" e do "materialismo histórico". Somado à radicalização política após a decretação do AI-5, isso acabou dificultando a difusão da estratégia propriamente política e revolucionária do marxista italiano para fora da academia. De modo

---

[2] Entre as muitas obras que tratam da recepção das ideias de Gramsci no Brasil eu destacaria: SECCO, Lincoln. *Gramsci e o Brasil. Recepção e difusão de suas ideias.* São Paulo, Cortez, 2002.

geral, os partidos políticos de esquerda, tanto o PCB quanto aqueles que surgiam de suas dissidências internas, estavam ainda muito presos ao modelo ortodoxo, marxista-leninista, da Terceira Internacional (alvo, justamente, da reforma gramsciana). Ademais, os grupos que optaram pela luta armada à época tinham como modelos de ação o "foquismo" de Che Guevara e Régis Debray, por um lado, e a revolução camponesa maoista, por outro. Naquele contexto, o intrincado aparato conceitual de Gramsci não parecia ser de grande serventia para os objetivos imediatos da luta política da esquerda nacional.

Foi somente em meados da década de 1970 que as coisas começaram a mudar. Depois de aniquilada a luta armada, e com os primeiros sinais de um projeto de abertura política que fez surgir novos movimentos sociais e organizações da sociedade civil, o pensamento de Antonio Gramsci começa a ser reavaliado pela esquerda, transbordando da universidade para o campo político, e adquirindo um caráter mais utilitário (conquistando em termos de poder de ação o que eventualmente perdia em acuidade teórica). A partir de 1973, sinal dos tempos, o Comitê Central do PCB julgara estrategicamente interessante afirmar uma analogia entre a realidade italiana da década de 1930 e a situação brasileira de então. Dali em diante, conforme resolução emitida pelo comitê, o regime militar passaria a ser qualificado de "fascista", na clara intenção de retratar os opositores do regime, consequentemente, como "antifascistas". Numa tal reorientação, é claro que a persona de Antonio Gramsci emergia como um poderoso símbolo político. Naquele mesmo ano, algumas figuras de destaque dentro do partido começaram a empregar algum jargão gramsciano (nem sempre de maneira correta, diga-se de passagem). Cabe ressalvar, porém, que esse processo não foi nem um pouco unânime. Dentro do PCB, continuou havendo muita resistência à reforma gramsciana, sobretudo por parte da ala mais fiel a Luiz Carlos Prestes. Os conflitos daí resultantes terminaram por provocar o afastamento de muitos intelectuais e lideranças do partido, que se integraram às novas forças políticas então emergentes.

Em 1976, o tradutor Carlos Nelson Coutinho publicou um artigo sobre Gramsci em jornal de circulação nacional, indício de que o pensamento do marxista sardo começava a atingir um público mais amplo.

Dentro da própria academia, o interesse por Gramsci se intensificou e alcançou novas áreas, dando origem a uma verdadeira *gramscimania* que se estendeu pelas próximas décadas e resultou na publicação de um sem-número de trabalhos acadêmicos sobre o (ou com base no) autor. Foi também no final dos anos 1970, começando por iniciativa de Demerval Saviani na PUC de São Paulo, que o pensamento de Gramsci penetrou fundo em áreas tais como educação, pedagogia e serviço social. Para que o leitor faça ideia, só na década de 1990, aproximadamente um terço das dissertações ou teses no campo acadêmico-educacional citava o nome do autor dos *Cadernos do cárcere*.[3]

Foi na virada da década de 1970 para a de 1980 que se intensificou o processo de gramscianização da vida cultural e política brasileira. Antes de tudo, aquele foi o período da revogação do AI-5, ocorrida em 1979, evento que permitiu maior circulação de ideias e, por parte da esquerda, uma busca por vias formalmente democráticas de combater o capitalismo ianque e o regime que aqui o representava. (Essa, ao menos, era a crença de nossos socialistas, desatentos para o fato de que, à exceção de Castelo Branco, os demais presidentes militares foram, como eles próprios, ferozes estatólatras e terceiro-mundistas).

Morrendo o AI-5, nascia no ano seguinte o Partido dos Trabalhadores (PT). Graças a um longo processo de "guerra de posição", ele veio a se tornar a encarnação quase perfeita do moderno Príncipe preconizado por Antonio Gramsci, o teórico do aparelhamento.[4] O aparelhamento petista do Estado — que transformou os poderes Legislativo e parte do Judiciário, além de uma dezena de entidades de classe e organizações da sociedade civil (UNE, OAB, CNBB, entre outras), em meros órgãos do partido — foi precedido por um profundo aparelhamento da cultura. Formado originalmente por sindicalistas do ABC e padres progressistas ligados à Teologia da Libertação, o novo partido logo atraiu uma multidão

---

[3] Ver: NOSELLA, Paolo. *A escola de Gramsci*. Porto Alegre: Artes Médicas, 2004. p. 31.

[4] Num vídeo publicitário exibido em seu 3º Congresso Nacional, o PT alude abertamente a alguns dos temas gramscianos clássicos, tais como a busca pela hegemonia e a necessidade de "*mudar a sociedade* para chegar ao governo" (sic). O vídeo, intitulado "Socialismo Petista", está disponível no YouTube em <https://www.youtube.com/watch?v=OI8C-vKe6sw>. Acesso em 17 abr. 2017.

de intelectuais de esquerda, incluindo alguns daqueles gramscianos que, a exemplo de Carlos Nelson Coutinho e Marco Aurélio Nogueira, haviam rompido com o PCB. Coutinho e Francisco Weffort, entre outros gramscianos, chegaram a contribuir com textos para o volume programático que o PT apresentou na campanha presidencial de 1989.

Desde então, com o fim da ditadura e o início da assim chamada "Nova República", a intelectualidade de esquerda — que, como ainda veremos neste livro, mesmo durante o regime de exceção nunca deixara de ser hegemônica nas redações, nas universidades e no mercado editorial — passou a compor com o PT um perfeito *intelectual coletivo*, ocupando mais e mais espaço em todos os redutos de formação de opinião pública, e difundindo a cada oportunidade uma imagem edulcorada e mítica do partido e de seu principal líder, Luiz Inácio Lula da Silva. O PT virou o "partido da ética",[5] havendo nesse rótulo ecos da concepção gramsciana de "Estado ético"; Lula, um messias.

O caso de Marilena Chauí, professora de filosofia da USP e destacada intelectual orgânica do PT, é emblemático.[6] Sempre muito requisitada pela imprensa, e tendo inclusive ocupado cargos na administração petista, quando foi secretária municipal de cultura da cidade de São Paulo no mandato de Luíza Erundina, Chauí nunca deixou de propagar e defender as bandeiras do partido, confundindo recorrentemente, num típico cacoete gramsciano, os papéis de intelectual e de militante. Em 1999, por exemplo, com ar professoral de quem não estivesse fazendo proselitismo, senão enunciando uma verdade científica ignorada pelo público, ela explicou aos seus entrevistadores no programa *Roda Viva*,

---

[5] Sobre esse processo, ver: CARVALHO, Olavo de. *O jardim das aflições*. 2ª ed. revista. Rio de Janeiro: Topbooks, 1998. Capítulo 1.

[6] Não tenho a pretensão de discutir as credenciais acadêmicas de Marilena Chauí, mas não poderia deixar de mencionar um curioso lapso por ela cometido num de seus livros de popularização da filosofia, muito utilizado por estudantes do ensino médio. Em *Convite à filosofia* (São Paulo: Ática, 2000, p. 46), ela explica o mito da caverna de Platão nos seguintes termos: "Imaginemos uma caverna subterrânea onde, desde a infância, *geração após geração*, seres humanos estão aprisionados." E Platão, revirando-se no túmulo, tenta imaginar como é que os dois prisioneiros do seu mito, sendo do sexo masculino e restando acorrentados de pernas e pescoços, poderiam ter se reproduzido e dado origem a gerações de seres humanos. Convenhamos que, para uma filósofa tão badalada, equivocar-se quanto à alegoria mais famosa da história da filosofia não é coisa banal.

da TV Cultura: "Uma coisa [que] nunca foi posta em dúvida, à direita, à esquerda, pelo centro, nunca, é a honestidade de um governante petista e a maneira como ele trata a coisa pública efetivamente como uma coisa pública".[7]

É claro que a intelectual uspiana não tinha ainda como saber, mas a ironia histórica não nos passa despercebida. Quando então ela falava de uma inquestionável honestidade por parte de governantes petistas, já fazia dois anos que, em Santo André, na segunda gestão do prefeito Celso Daniel (que acabaria assassinado, assim como sete testemunhas, numa provável queima de arquivo), o partido cobrava propinas de empresas de ônibus para formar o seu caixa dois, num ensaio do que viria a ser o mensalão (que, ingênuos, acreditávamos à época ter sido o maior escândalo político da história do país. Isso, é claro, antes da Operação Lava Jato).

Retrospectivamente, com tudo o que hoje sabemos sobre o PT, a fala de Chauí se nos apresenta como hilariante. Mas o leitor precisa ater-se a um detalhe: num país de cultura profundamente estetista — como demonstrou Mário Vieira de Mello —, a forma de um discurso adquire importância crucial, não raro tornando irrelevante o seu conteúdo. O tom de solene convicção com que a professora Marilena Chauí e demais intelectuais orgânicos enunciam aquela e tantas outras apologias do partido costuma exercer grande efeito sobre profissionais de imprensa, para quem a palavra de um intelectual ou cientista — os famigerados "especialistas" dos nossos meios de comunicação — costuma ter o peso de um mandamento divino. *O que* se fala continua sendo bem menos importante que *quem* e *como* se fala, coisa há muito já demonstrada pela teoria machadiana do Medalhão.

Foi a mesma Marilena Chauí quem, em junho de 2003, caprichou na forma para declarar a jornalistas da *Folha de S.Paulo*: "Quando o Lula fala, o mundo se abre, se ilumina e se esclarece."[8] Inseguros ante a

---

[7] Disponível no YouTube em: <https://www.youtube.com/watch?v=hw90IwULjFI>. Acesso em 17 abr. 2017.

[8] Ver: "Opinião/Painel do leitor." *Folha de S.Paulo*, 13 de junho de 2003. Disponível em: <http://www1.folha.uol.com.br/fsp/opiniao/fz1306200311.htm>. Acesso em 17 abr. 2017.

contradição entre opiniões patentemente ridículas como essa e o tom de voz didático e cheio de imponência com que se as têm expressado, não foram poucos os jornalistas que, psiquicamente imobilizados, padecendo de uma espécie de *dissonância cognitiva*,[9] compraram a versão mítica do Moisés de Garanhuns e seu partido. Numa deprimente materialização da *boutade* de Groucho Marx ("Vocês vão acreditar nos seus próprios olhos ou em mim?"), escolheram a palavra de autoridade em detrimento do que viam os próprios olhos.

Assim, partindo inicialmente de acadêmicos que abusavam de sua autoridade intelectual para dar ares de ciência ao que era puro ativismo político-ideológico, uma visão hagiográfica do PT logo passou a ser assumida por jornalistas e artistas, transformados, ato contínuo, em intelectuais orgânicos do partido, e desfrutando daquela mesma aura de autoridade que envolvia os seus gurus universitários. Criou-se, então, um verdadeiro círculo de autobajulação e elogios em boca própria, em que o critério exclusivo de alta qualidade intelectual, artística e, sobretudo, moral, passou a ser a defesa dos valores de esquerda encarnados pelo partido-Príncipe. Exatamente como Gramsci postulara.

Anos depois, com o partido já instalado no governo federal, o cabotinismo dos intelectuais orgânicos atingiu o auge. O fato de que, por exemplo, o líder do MST João Pedro Stédile tenha recebido a medalha Tiradentes, que os organizadores da Flip (Festa Literária de Paraty) só convidem autores de esquerda, que o cientista político Luiz Alberto Moniz Bandeira tenha sido indicado para concorrer ao Nobel de Literatura em 2015, que, enfim, Chico Buarque tenha vencido o prêmio Jabuti em 2010, não se explicam pelos méritos respectivos dos laureados (que no caso são ou inexistentes, ou questionáveis). Explicam-se, isso sim, por sua condição de intelectuais orgânicos do PT e da esquerda em geral. Todos eles, e outros tantos, já se rebaixaram a ponto de servir de porta-vozes das teses mais farsescas e repetitivas do intelectual coletivo: com o PT, o Brasil começara a "falar grosso" com os EUA; com o PT, "os pobres passaram a andar de avião"; a "direita" (termo que inclui o PSDB, a classe

---

[9] Ver: FESTINGER, Leon. *Teoria da dissonância cognitiva*. Rio de Janeiro: Zahar Editores, 1975.

média — aquela que a professora Chauí *odeeeeeeeeeia* —, a Rede Globo, a revista *Veja*, o FMI, a CIA e outras *bêtes noires* do petismo) não admite os "avanços sociais" conquistados por Lula e Dilma; não se pode permitir a volta do neoliberalismo, das privatizações e da submissão do Brasil aos interesses estadunidenses (este o vocábulo da esquerda brasileira para "americanos").

Aqueles e outros slogans de igual teor escorrem bovinamente, sem quaisquer alterações, tanto da boca de ativistas subalternos quanto da boca de celebrados membros da nossa *intelligentsia* e do show business. Mesmo quando, por exemplo, um dos procuradores da Lava Jato afirmou publicamente que o petrolão nasceu na Casa Civil do governo Lula; quando réus delatores confessaram o uso de dinheiro de propina para campanhas eleitorais do partido; quando ficou evidenciada a "venda", durante o governo Lula, de uma medida provisória favorecendo montadoras de automóveis; quando o Tribunal de Contas da União (TCU) rejeitou por unanimidade as contas da presidente Dilma Rousseff, revelando um assombroso déficit atuarial de R$ 2,3 trilhões, os intelectuais orgânicos do partido insistiam na tese de que a rejeição ao PT expressava um "ódio de classe".

Temos, pois, um clima de opinião no qual o vetusto acadêmico indicado para concorrer ao Nobel diz exatamente as mesmas coisas (talvez com algum rococó academicista ao estilo "penteadeira de velha", como dizia o poeta Bruno Tolentino) que o humorista pseudointelectual badalado pela imprensa.[10] Este, por sua vez, tece pequenas variações sobre o tema que o *rapper* com pose de rebelde chapa branca elabora.[11] Com alguma variação de forma, o conteúdo da fala do *rapper* volta a aparecer no discurso do famoso apresentador de programa de entrevistas[12] e assim

---

[10] Um dia depois de o TCU haver revelado a fraude fiscal cometida pela presidente Dilma Rousseff, o humorista pseudointelectual concedeu uma entrevista ao site do MST — conhecido braço do Partido dos Trabalhadores — dizendo que "ódio ao PT é um ódio de classe". Disponível em: <http://www.mst.org.br/2015/10/08/gregorio-duvivier-muita-gente-morre--por-causa-do-conservadorismo.html>. Acesso em 30 abr. 2017.

[11] Disponível no YouTube em <https://www.youtube.com/watch?v=932I_Tt81Go>. Acesso em 17 abr. 2017.

[12] Disponível em <http://www.dailymotion.com/video/x2c93z4_jo-soares-defende-jose--dirceu-e-dilma-rousseff_tv>. Acesso em 17 abr. 2017.

sucessivamente. Por sua vez, todas essas figuras mimetizam de um jeito ou de outro o palavrório mais sectário e fanático do baixo clero do partido, que acaba adquirindo ares de respeitabilidade (e normalidade) por partir da boca de personalidades insuspeitas (ao menos, para o grande público) de partidarismo aberto.

Lembro ao leitor que, no auge ainda do julgamento do mensalão, um outro medalhão acadêmico, o cientista político Wanderley Guilherme dos Santos — agraciado à época com a presidência da Fundação Casa de Rui Barbosa —, declarou à revista governista *Carta Maior* ter medo de "quando juízes do STF pensam como taxistas" (estes últimos tidos pejorativamente por encarnação do conservadorismo) e alertou para o perigo de que o processo se convertesse num "julgamento de exceção" motivado por "preconceito contra os políticos populares".[13]

Quando, em março de 2016, a Operação Lava Jato e o Ministério Público Federal começavam a levantar um caminhão de provas irrefutáveis contra o ex-presidente Lula, confirmando-o como "mandante e beneficiário" de um dos maiores esquemas de corrupção do planeta, o mesmo Guilherme dos Santos resolveu *atacar frontalmente a justiça brasileira*, que, de maneira inédita em nossa história, chegara finalmente aos donos do poder. "É preciso dar um basta à Lava Jato",[14] disse o cientista social. Para o leitor ter a dimensão do que isso significa, imagine um intelectual prestigiado que, na Itália dos anos 1990, dissesse alto e bom som algo do tipo: "É preciso dar um basta à operação Mãos Limpas". Num país saudável, um sujeito desses teria sua carreira acadêmica enterrada para sempre. Mas, no Brasil, ele continuará pontificando sobre questões públicas, sendo ouvido com reverência por jornalistas, dando aulas para nossos filhos e netos.

---

[13] Ver: "Me preocupa quando juízes do STF pensam como taxistas." *Carta Maior*, 25 de setembro de 2012. Disponível em: <http://cartamaior.com.br/?/Editoria/Principios--Fundamentais/-Me-preocupa-quando-juizes-do-STF-pensam-como-taxistas-/40/25986>. Acesso em 17 abr. 2017.

[14] Ver: "Wanderley Guilherme: é hora de dar um basta à Lava-Jato." *Brasil247*, 5 de março de 2016. Disponível em: <http://www.brasil247.com/pt/247/brasil/219848/Wanderley--Guilherme-%C3%A9-hora-de-dar-um-basta-%C3%A0-Lava-Jato.htm >. Acesso em 17 abr. 2017.

Wanderley Guilherme dos Santos era mais um a sugerir não haver outra razão para repudiar o PT que não o elitismo de seus opositores, como se o partido realmente fosse, tal como alardeado por seu marqueteiro (preso condenado!), representante dos mais pobres (e não, como hoje se sabe, dos mais ricos). Ele e tantos outros intelectuais orgânicos realmente acreditam, ou fingem acreditar, que os opositores do regime estão inconformados por terem sido obrigados a ver "pobre andando de avião" — como versa a vulgata petista. Imbuídos da mitologia autoglorificadora da esquerda, sedimentada, sobretudo, no pós-regime militar, esses intelectuais veem-se como monopolistas da virtude e do amor ao próximo. Mesmo quando defendem o indefensável, e minimizam ou relativizam crimes de Estado cometidos pelo seu partido, acreditam fazê-lo em nome de um bem maior. E tudo o que conseguem ver nas atitudes e nos posicionamentos de seus adversários políticos é egoísmo e autointeresse. Jamais passou-lhes pela cabeça — do contrário toda a sua autoimagem de justiceiro social viria por terra — que os opositores do regime também se preocupassem com o país e com os brasileiros mais pobres, e que por isso mesmo denunciassem as práticas governamentais de assistencialismo barato e expansão de crédito, práticas essas que, em nome de uma "inclusão" meramente superficial e insustentável no longo prazo (pois que baseada no aumento do consumo e na dependência do Estado, jamais no incentivo ao crescimento e autonomia pessoais), só poderiam levar — como, de fato, levaram — à situação contemporânea de catástrofe econômica, com inflação alta, recessão e desemprego, afetando sobremaneira as camadas de baixa renda.

Escusado dizer também que Wanderley Guilherme dos Santos e seus companheiros ideológicos jamais disseram palavra sobre as inúmeras tentativas petistas de, essas sim, converter os julgamentos dos crimes do partido em "julgamentos de exceção", tentativas que incluíram métodos verdadeiramente mafiosos tais como chantagens, pressões e ameaças de morte, das quais não se viram livres nem mesmo o outrora presidente do STF, ministro Joaquim Barbosa (alvo também de ataques racistas),[15]

---

[15] "PF identifica um dos autores de ameaças de morte a Joaquim Barbosa." *Veja*, 10 de maio de 2014. Disponível em: <http://veja.abril.com.br/brasil/pf-identifica-um-dos-autores-de--ameacas-de-morte-a-joaquim-barbosa/>. Acesso em 17 abr. 2017.

e, mais tarde, o ministro João Augusto Nardes, relator do processo que, em outubro de 2015, rejeitou as contas do governo no TCU.[16]

Foi também por ocasião do julgamento do mensalão que outro intelectual orgânico do PT, o cineasta Luiz Carlos Barreto, amigo pessoal do réu José Dirceu e contumaz beneficiário de verbas públicas para os seus filmes, organizou um abaixo-assinado — pasmem! — "em defesa do Estado democrático" e "contra a politização do julgamento". O documento, de triste memória, foi assinado por personalidades como o arquiteto Oscar Niemeyer, a jornalista Hildegard Angel, o economista Luiz Carlos Bresser-Pereira, o sociólogo Emir Sader, os músicos Alceu Valença e Jorge Mautner, os atores José de Abreu e Paulo Betti, entre outros.[17] Tratava-se da mesma turma de *intelectuais orgânicos* do partido que, posteriormente, relevaria os crimes do petrolão e fincaria posição contra o impeachment da presidente Dilma Rousseff, um pedido que, embora apoiado por quase 70% dos brasileiros (sobretudo os de menor renda),[18] e estritamente ancorado na constituição federal, seria representado por aqueles intelectuais como um "golpe" promovido por "setores da elite" contra o "governo popular".

Mas o episódio mais espetacular daquele período, em que parte considerável da intelectualidade brasileira (sempre no sentido elástico de Gramsci) comportou-se como advogada de defesa dos réus e do partido governante, talvez tenha sido quando o cantor e ex-ministro

---

[16] "'Agora eu entendo por que o Joaquim Barbosa se aposentou', diz Nardes." *Folha de S.Paulo*, 7 de outubro de 2015. Disponível em: <http://www1.folha.uol.com.br/poder/2015/10/1691504-agora-eu-entendo-porque-o-joaquim-barbosa-se-aposentou-diz--nardes.shtml?cmpid=compfb>. Acesso em 17 abr. 2017.

[17] "Mensalão: Luiz Carlos Barreto comanda abaixo-assinado 'em defesa do Estado democrático'." *Rede Brasil Atual*, 24 de setembro de 2012. Disponível em: < http://www.redebrasilatual.com.br/politica/2012/09/mensalao-lc-barreto-comanda-abaixo-assinado--em-defesa-do-estado-democratico-de-direito>. Acesso em 17 abr. 2017.

[18] "Ibope: apoio ao impeachment é maior entre mais pobres, mulheres e jovens." *O Globo*, 28 de dezembro de 2015. Disponível em: <http://blogs.oglobo.globo.com/lauro-jardim/post/ibope-apoio-ao-impeachment-e-maior-entre-mais-pobres-mulheres-e-jovens.html>. Acesso em 17 abr. 2017.

Gilberto Gil, com aquela sua sintaxe tão pitoresca, vaticinou sobre o efervescente julgamento:

> Os tribunais estão certos e estão errados, igual a todo mundo. Os tribunais acertam, os tribunais erram, eu acerto, eu erro. A Justiça é certa, a Justiça é errada. Sempre. Você que quer saber? Eu não quero saber. Tudo é certo e errado... [19]

Impossível caricaturar uma situação que parece ter saído de um esquete do Chico Anysio. Gilberto Gil só faltou acrescentar: "Ou não." Aquela, caros leitores, é a viva voz do *intelectual coletivo à brasileira*, que oscilou entre o escapismo ("Você quer saber? Eu não quero saber. Tudo é certo e errado.") e o adesismo descarado. Note-se que os mesmíssimos argumentos foram e continuam sendo utilizados pela militância petista e pelos que viriam a ser condenados naquele processo: José Dirceu, Delúbio Soares, José Genoíno. Continuaram sendo repetidos durante o petrolão, a cada revelação da operação Lava Jato, e também por ocasião da reprovação das contas governamentais no TCU.

A conclusão definitiva, repetida da arraia-miúda até a cúpula da intelectualidade orgânica do partido, é que todo e qualquer julgamento dos crimes petistas terá sido essencialmente *político* (80% político, na excêntrica porcentagem de Lula), um processo no qual "a elite", mediante uma coisa chamada "criminalização da política", vingava-se do "governo popular". Com tal enfadonha arenga, renomadas figuras públicas, intelectuais, artistas e jornalistas, serviram de caixa de ressonância para as mais cínicas desculpas de condenados por corrupção e seus asseclas, numa tentativa de desmoralizar e desautorizar pessoas e instituições que lhes fizessem frente.

A lógica era simples: quem quer que não estivesse mancomunado com o projeto de poder total do Partido dos Trabalhadores tornava-se, de imediato, alvo da impressionante máquina difamatória do regime, sendo

---

[19] "Gilberto Gil diz que decisões do STF são 'certas e erradas'." *O Globo*, 16 de outubro de 2012. Disponível em: <http://oglobo.globo.com/brasil/gilberto-gil-diz-que-decisoes-do--stf-sao-certas-erradas-6422321>. Acesso em 17 abr. 2017.

tachado de "golpista", "fascista" e até mesmo "inimigo do país".[20] Como sói ocorrer com grupos reféns de uma imaginação política totalitária e revolucionária, o número de "golpistas" foi crescendo exponencialmente, à medida que se levantavam objeções, por menores que fossem, ao projeto de poder.

Em sua recusa da realidade, em seu apego obstinado ao vocabulário militante, em seu pânico de compreender a dimensão do mal resultante de suas escolhas políticas, parte considerável da *intelligentsia* pátria atingiu tamanho nível de abjeção moral, que a situação brasileira sob o lulopetismo chegou por vezes a lembrar os piores momentos da tragédia cultural soviética, como descrita, entre outros, por Alain Besançon:

> Todo um corpo especializado no falso produz falsos jornalistas, falsos historiadores, uma falsa literatura, uma falsa arte que finge refletir fotograficamente uma realidade fictícia. Uma falsa economia produz estatísticas imaginárias [...] Para que serve isso? Para provar que o socialismo não só é possível, mas que se constrói, se afirma, mais do que isso, que já está realizado: que existe uma sociedade nova, livre, autorregulamentada, em que crescem os "homens novos" que pensam e agem espontaneamente conforme os cânones da realidade-ficção. O instrumento mais poderoso do poder é a confecção de um novo

---

[20] Numa manifestação espantosa de seu espírito totalitário, o governo do PT, através da página oficial do Ministério da Defesa nas redes sociais, fez circular um cartaz com a seguinte pergunta, que não fica atrás de *Brasil: ame-o ou deixe-o*, o célebre slogan do regime militar: "De que lado você está?" Ilustrando o cartaz, duas fileiras de pessoas. Na parte superior, figuras públicas simpáticas ao regime — os atores Osmar Prado e Matheus Nachtergaele, o apresentador Jô Soares e o cantor Gilberto Gil (sempre ele!) — apareciam sob a rubrica "time da democracia". Na parte inferior, opositores do regime — os senadores Ronaldo Caiado e Aécio Neves, o deputado Carlos Sampaio, o músico Lobão — eram tachados de "o time contra o Brasil". Não era uma manifestação isolada de algum militante do partido. Tratava-se de uma publicação oficial do Ministério da Defesa, que, portanto, dividia abertamente o país entre "bons" e "maus" brasileiros, conforme a adesão ou não adesão ao projeto petista de poder. Bom brasileiro era quem, por exemplo, apoiasse (ou, no mínimo, calasse sobre) o enriquecimento ilícito de Lula e de seus filhos; mau brasileiro, quem o criticasse. Bom brasileiro era quem defendesse as "pedaladas fiscais"; mau brasileiro, quem as condenasse. Bom brasileiro, quem aprovasse o envio secreto de dinheiro do BNDES para ditaduras latino-americanas e africanas; mau brasileiro, se revoltasse contra isso. Bom brasileiro, quem desse cobertura aos desvios "necessários" em nome do bem; mau brasileiro, quem lançasse contra os crimes do regime aquilo que seus asseclas qualificavam como "discurso de ódio".

idioma em que as palavras assumem um sentido diferente do habitual. Sua elocução, seu vocabulário especial lhe dão o valor de uma linguagem litúrgica: ela denota a transcendência do socialismo. Ela assinala a onipotência do partido. Seu emprego pelo povo é a marca imediatamente visível de sua servidão.[21]

Cabe, porém, recordar o que antes foi dito sobre o método gramsciano: a defesa dos valores de esquerda não precisou ser feita necessariamente sob a forma de proselitismo partidário aberto, como nos casos de uma Marilena Chauí, de um Emir Sader, de um Leonardo Boff. Na maioria das vezes, o que se teve não foi propriamente doutrinação, já que raramente se apresentava alguma doutrina coerente e facilmente identificável. Tratou-se, antes e pelo contrário, da promoção de mudanças sutis e quase imperceptíveis no senso comum do público-alvo: inicialmente, a classe dos formadores de opinião, a mais suscetível ao canto de sereia dos medalhões acadêmicos, e, só muitos anos depois, por meio daquela, o restante da população, incluindo empresários, profissionais liberais, funcionários públicos e, por último, não sem grande dificuldade, os trabalhadores de baixa renda (mais conservadores e avessos à agenda dos autoproclamados "progressistas", como já tivemos oportunidade de notar).

Entre os formadores de opinião, a empreitada foi um completo sucesso. Mesmo para aqueles profissionais dos quais não se poderia dizer serem ou terem sido petistas, e aqueles cuja identificação partidária não se discerne com facilidade, a narrativa hegemônica dos intelectuais orgânicos vingou. E a tal ponto que, durante as eleições presidenciais de 1994, entrevistando o candidato Enéas Ferreira Carneiro no programa *Roda Viva*, o jornalista Fernando Mitre (atual diretor de jornalismo da Rede Bandeirantes) pôde dizer com toda a tranquilidade que Lula era "o maior líder da história do Brasil (sic)".[22]

A duvidosa caracterização veio em resposta à crítica que o entrevistado dirigira à classe política brasileira, composta, segundo ele, da

---

[21] BESANÇON, Alain. *Le Malheur du Siècle: sur le communisme, le nazisme et l'unicité de la Shoah*. Paris: Fayard, 1998. pp. 63-64.

[22] Disponível no YouTube em <https://www.youtube.com/watch?v=oOpAcq_eAXw>. Acesso em 17 abr. 2017.

"escória da sociedade", ou seja, de pessoas que em geral não haviam obtido sucesso profissional fora da política, aproximando-se desta apenas para tirar vantagem. Mitre questionava como era possível sustentar aquela opinião se estavam concorrendo Lula — descrito daquela maneira, digamos, hiperbólica — e Fernando Henrique Cardoso, a quem o jornalista qualificou de "brilhante intelectual em nível internacional".

Lula e FHC, o líder sindical e o intelectual marxista, eram os símbolos da "Nova República", os queridinhos da *intelligentsia*. Em verdade, o seu futuro antagonismo, de seus partidos e seus seguidores, nada mais significaria que um conflito em família, uma disputa por cargos e posições de influência no seio de um quadro de total hegemonia cultural esquerdista. Com a redemocratização, o campo político-ideológico brasileiro ficou restrito a um confronto entre socialismo e social-democracia, banindo-se para fora de seus muros, como coisa monstruosa e herança dos chamados "anos de chumbo", tudo o que escapasse àquele quadro meticulosamente pintado.

As opiniões expostas pelo candidato Enéas Carneiro no programa *Roda Viva* definitivamente não faziam parte do quadro, e deram azo a uma animada discussão sobre o preparo do então candidato Lula — que Enéas questionava e Mitre e demais membros da banca entrevistadora afirmavam, sob o argumento de que seria "um preconceito absurdo" (*sic*) reduzir a noção de preparo ao nível de escolaridade. O colunista da *Folha de S.Paulo* Clóvis Rossi, em particular, não conseguiu disfarçar o escândalo e a repulsa que lhe revolveram o semblante em face das palavras duras e francas manifestas por uma figura tida naquele ambiente por excêntrica, um autêntico peixe fora d'água. Era como se este houvesse exposto as próprias vergonhas a noviças de um convento. (Parece-me até ter visto Clóvis Rossi corar de indignação.)

Enéas Carneiro indagava-se como fora possível ter sido lançado a candidato, sob aplausos da classe falante, uma pessoa que nunca estudara e que se exprimia com tamanha dificuldade. Àquela altura, recorde-se, nenhum jornalista podia ignorar que, em 1981, em entrevista ao programa *Canal Livre*, Lula confessara não gostar e ter preguiça de ler (contrariando a sugestão dos próprios entrevistadores, ansiosos por dar a entender que Lula estaria mais estudado).[23] "Veja o senhor que para dirigir um avião" — prosseguiu Enéas — "exige-se um curso e um treinamento. Para dirigir uma escola, exige-se que a pessoa tenha um diploma. Para ser presidente da República não se exige nada?" Ao que Mitre respondeu de maneira formalista e evasiva: "Exige-se que seja um cidadão, que tenha legitimidade no seu poder, que tenha o apoio da sociedade..." Ou seja, entre as exigências para se candidatar à presidência da República, Mitre não incluía nenhuma que dependesse de méritos individuais e intransferíveis do candidato, senão apenas das circunstâncias e da conjunção de forças que o sustentavam, conjunção da qual, talvez o experiente jornalista não tenha notado, ele mesmo passava a fazer parte com aquela sua atitude. Eis a profecia autorrealizável de Fernando Mitre: um candidato à Presidência precisa de legitimidade, legitimidade essa que o próprio jornalista ajudava no ato a construir.

Fica claro que a blindagem à imagem do ex-presidente Lula — que o livrou, por exemplo, de tornar-se réu já no processo do mensalão — tem uma longa história. Ocorre que, caindo Lula e tudo aquilo que ele representava, arriscava desabar também a laje de ilusões autolisonjeiras sobre a qual a classe falante brasileira edificou o seu ganha-pão. Destarte, os pés de barro do ídolo precisavam vez ou outra de um retoque, e até mesmo alguns de seus adversários políticos (em especial os membros do alto tucanato) dedicaram-se com afinco à missão

---

[23] Disponível no YouTube em <https://www.youtube.com/watch?v=1IiSrlqAF6I>. Acesso em 17 abr. 2017.

5. Dom Quixote e Sancho Pança

A tese segundo a qual "as elites" demonstraram preconceito em relação à origem pobre e à baixa escolaridade do "primeiro presidente operário" — tese na qual, hoje em dia, só os petistas mais renitentes (um Juca Kfouri, um Luís Fernando Veríssimo, um Chico Buarque) ou de última hora (um Jô Soares) parecem acreditar — já foi outrora amplamente aceita e internalizada pela classe jornalística, que a ouvia da boca de acadêmicos-militantes.

Daqueles, nossa imprensa absorveu também mais que argumentos intelectuais em favor de tal ou qual partido, um marxismo cuja forma Nelson Rodrigues já diagnosticara como "difusa, volatilizada, atmosférica", uma visão de mundo em que se misturam elementos de ortodoxia doutrinária e as inovações do neomarxismo gramsciano-frankfurtiano (mais dedicado a solapar a tradição cultural clássica e judaico-cristã do que em acabar com a propriedade privada dos meios de produção), acrescidos de uma boa dose de pensamento *soixante-huitardista*, desconstrucionista e pragmatista. À tradicional luta de classes, somaram-se a luta de "gêneros" (mulheres *versus* homens), "sexualidades" (homossexuais *versus* heterossexuais) e "raças" (negros *versus* brancos, nordestinos *versus* paulistas etc.), além de mil e um desdobramentos destas, num processo de crescente tribalização e animosidade que, hoje, é marca indelével da vida cultural brasileira (sobretudo nas universidades, como veremos em mais detalhes em capítulos a seguir).

Se, como sentenciou Rui Barbosa, a degeneração de um povo e de uma nação começa pelo desvirtuamento da própria língua, é inevitável reconhecer estarmos atualmente em maus lençóis. Pois aquele marxismo atmosférico impregnou-se na linguagem do jornalismo contemporâneo, tornando-a enviesada e hesitante, em que nada pode ser dito sem medo de ofender ou violar alguma norma do moralismo progressista, com toda a sua seletividade e duplo padrão de julgamento. Palavras e expressões são suprimidas, estranhos eufemismos criados, a sintaxe corrompe-se. A diferença entre realidade e versão desaparece sob o uso abusivo do discurso indireto: "segundo fulano", "sicrano alega que", "na opinião de beltrano" — pouco importando, nesse jornalismo declaratório, se o que dizem fulano, sicrano e beltrano é verdade ou mentira. Dizer que dois mais dois somam quatro tem o mesmo peso, na atual prosa jornalística, do que afirmar que somam cinco. Ambas as afirmações seriam versões igualmente válidas, sem chance de hierarquização entre elas, numa paródia grotesca de isenção. O fetiche por representar o "outro lado", ou adotar um "meio-termo" (ainda que entre o verdadeiro e o falso, o certo e o errado), gera falsas equivalências e grosseiras omissões. O uso do qualificativo "suposto/suposta" permite lançar dúvidas ali onde não as há.

Se os jornalistas brasileiros de hoje precisassem cobrir a terrível *Noite dos cristais* de 1938, em que judeus alemães e austríacos sofreram uma série de violências perpetradas pelos nazistas, é muito provável que ela fosse noticiada mais ou menos assim: *Uma série de confrontos entre comerciantes judeus e opositores deixou mortos e feridos hoje em várias cidades da Alemanha. Os judeus denunciam que a ordem teria, supostamente, partido do governo nacional-socialista. O ministro de propaganda Joseph Goebbels nega as denúncias e acusa os judeus de mentirosos.* A matéria seria acompanhada de uma enquete: "Quem tem razão na *polêmica* entre judeus e o governo nazista? Vote." A editoria do jornal, de mãos lavadas, dormiria tranquila com a certeza de haver cumprido com o dever de isenção jornalística. E o público? Bem, o mínimo que se pode dizer é que formaria uma imagem um tanto inexata do ocorrido.[1]

---

[1] Para quem acha que exagero, basta ver como o jornal *O Globo* noticiou os primeiros sinais dos massacres perpetrados por salafistas no Egito contra a minoria de cristãos coptas: "Os salafistas têm ganhando mais terreno no Egito. Já os cristãos, a maioria coptas, representam 10% da população. Os *confrontos* entre eles têm se tornado cada vez mais comuns, principalmente no sul do país" [grifo meu]. "Egito vai reforçar a segurança em locais religiosos após confronto que deixou mortos e centenas de feridos." *O Globo*, 8 de maio de 2011. Disponível em: <http://oglobo.globo.com/mundo/egito-vai-reforcar-seguranca-em-locais-religiosos-apos-confronto-que-deixou-mortos-centenas-de-feridos-2773183#ixzz3ZkZe2w1z>. Acesso em 17 abr. 2017.

Dependendo da interpretação a que se quer induzir o leitor, ocorre também o contrário, que uma versão seja reproduzida sem atenuantes, como notícia objetiva, substituindo-se a função expressiva pela referencial. Nesse caso, a regra do "outro lado" vai para as cucuias. Essa modalidade específica de deformação da linguagem é muito comum em reportagens sobre políticos e demais figuras públicas, nacionais ou estrangeiros, que não sejam de esquerda. Conforme o princípio da "marcação" discutido no capítulo 1, suas falas e seus posicionamentos são invariavelmente caracterizados pelos prefixos *ultra* ("ultraconservadores") ou *extrema* ("de extrema direita"), a ponto de ficarmos sem saber, afinal, se nossos jornalistas acreditam haver algum conservador que não seja *ultra* e direita que não seja *extrema*.

Não é raro toparmos com construções do tipo "fulano, *tido por* ultraconservador..." ou "sicrano, *considerado* de extrema direita...", sem que se diga quem é que os "têm por" e os "considera" ultraconservador e de extrema direita.[2] Ora, definir alguém politicamente como "ultraconservador" ou "de extrema direita" sem sequer ouvir da pessoa a sua autodefinição é emitir ou reproduzir uma opinião, não atestar um fato; é empregar uma forma adjetiva, não substantiva. Mas a coisa é dita assim mesmo, de modo impessoal, como quem constatasse um fenômeno meteorológico, como quem dissesse "faz sol!". O leitor pode estar certo: sempre que topar com maneirismos jornalísticos do tipo "fulano, *tido por* ultraconservador...", saiba que eles mais revelam o posicionamento político do próprio jornalista (ou do veículo para o qual trabalha) que o da personalidade sobre a qual se fala. Trata-se de procedimento típico daquilo que o escritor e colunista Alexandre Borges, meu colega de editora, chamou jocosamente de "extrema imprensa".

A onda do politicamente correto (PC) — ou, se traduzido ao pé da letra, "correção política" (*political correctness*) — que corrompe a linguagem

---

[2] Ver, por exemplo, o título desta manchete do *Jornal Nacional*, da Rede Globo, sobre Ted Cruz, pré-candidato à presidência dos Estados Unidos: "Senador da oposição, *considerado ultraconservador*, é o primeiro político dos dois grandes partidos americanos a anunciar oficialmente pré-candidatura" [grifos meus]. Disponível em: <http://g1.globo.com/jornal-nacional/noticia/2015/03/ted-cruz-se-declara-pre-candidato-eleicao-para-presidente-dos-eua.html>. Acesso em 17 abr. 2017.

jornalística corrente apareceu nos Estados Unidos na virada das décadas de 1980 para 1990, logo se espalhando pelo mundo. A expressão surgiu com sentido derrogatório (ninguém se dizia "politicamente correto"), funcionando como um rótulo sintético para uma série de tendências radicais observadas, inicialmente, nos meios escolares e universitários norte-americanos já nos anos de 1960 e 1970, e que vinham na esteira do espírito da contracultura, com seus bem conhecidos "ismos" (multiculturalismo, feminismo, pós-modernismo, pós-estruturalismo etc.). Tratava-se, como observou o intelectual indo-americano Dinesh D'Souza, de uma verdadeira "revolução acadêmica".[3]

O pensamento PC combinava duas ideias básicas: do marxismo, como já foi dito, ele absorveu a ideia de que o mundo dividia-se em "classes" antagônicas (já não mais apenas duas e já não mais definidas em termos exclusivamente econômicos). Do pragmatismo e do desconstrucionismo, incorporou a noção de que não existe realidade para além da linguagem, com a consequente sugestão de que seria possível mudar a realidade (combater injustiças, por exemplo) por meio de uma *revolução semântica*:[4] era preciso que os "opressores", que até então haviam imposto à esfera da linguagem e da cultura os valores de sua classe/raça/gênero, fossem derrotados e substituídos pelos "oprimidos", que, para tanto, teriam necessariamente de impor novos padrões de fala e comportamento.

Assim surgiram as chamadas "políticas de identidade", segundo as quais as pessoas já não seriam classificadas como indivíduos, mas como representantes de determinada classe, raça, gênero ou tribo. A pergunta "quem é você?" já não seria respondida com "eu sou fulano de tal" e ponto, mas com "eu sou fulano de tal, afro-americano, do sexo masculino", ou "eu sou sicrana, latina, do sexo feminino e bissexual". Nas grades curriculares de escolas e universidades americanas, nasceram disciplinas

---

[3] Ver: D'SOUZA, Dinesh. *Illiberal Education: the politics of race and sex on campus*. New York: The Free Press, 1991. p. 2.

[4] Para sermos precisos, essa ideia surge com força já no chamado "século das luzes", como explica Irving Babbitt: "Quanto mais, na verdade, se estuda o século XVIII, mais evidente fica que todas as outras revoluções modernas foram precedidas, quase ao mesmo tempo, por uma revolução no dicionário." Ver: BABBITT, Irving. *Democracia e liderança*. Rio de Janeiro: TopBooks, 2003. p. 94.

organizadas conforme raça ou gênero — história afro-americana, literatura feminista, cultura LGBT —, ministradas como alternativa aos cursos tradicionais, considerados culturalmente colonialistas e tendenciosos em favor dos "opressores". As palavras precisavam mudar, pois traduziriam, em sua forma mesma, a supremacia do gênero/raça dominante. Algumas feministas radicais, lixando-se para a morfologia, chegaram a propor a substituição da palavra *history* por *herstory*: a história deixava de ser monopólio dele (o abominável macho, caucasiano e heterossexual) e passava a ser dela (a fêmea, de preferência não caucasiana e, evidentemente, lésbica).[5]

A histeria chegou a tal ponto nos *colleges* e campi universitários americanos, que a mais recente novidade ali é uma coisa chamada "espaços seguros" (*safe spaces*), ambientes nos quais os alunos, usualmente militantes feministas e progressistas em geral, podem se curar do "trauma" (sim, é essa a palavra utilizada) de haver sido expostos a opiniões divergentes.[6] São, por assim dizer, espaços psicologicamente seguros, que os usuários têm tentando multiplicar e expandir. Assim, por exemplo, um debate sobre a legalização do aborto, em que um dos participantes critique a ideia, pode ser interrompido ou previamente vetado caso alguma feminista alegue ter sido vítima de "microagressão", restando emocionalmente abalada por travar contato com tais argumentos "ofensivos".

A alguns observadores perspicazes, o potencial totalitário e corruptor do PC, já em sua origem, não passou despercebido. É o caso, por exemplo, da grande romancista britânica Doris Lessing, laureada com o Nobel de Literatura em 2007. Num ensaio intitulado *Censura*, ela observou:

---

[5] No Canadá, um professor foi perseguido por alunos ideólogos do gênero. Seu crime? Recusar-se a usar os pronomes "*ze*" e "*zir*" no lugar de "*she*" e "*he*". A resposta do professor às perseguições e ameaças de processo foi certeira: "Eu estudei o autoritarismo por um bom tempo — por quarenta anos — e ele começa nessa tentativa de as pessoas controlarem a ideologia e a língua dos outros. De maneira alguma vou usar palavras inventadas por pessoas que estão tentando fazer o mesmo — sem chance." Ver matéria da *BBC News*, em 4 de novembro de 2016: Disponível em: <http://www.bbc.com/news/world-us-canada--37875695?ocid=socialflow_twitter>. Acesso em 17 abr. 2017.

[6] Ver: SHULEVITZ, Judith. "In College and Hiding From Scary Ideas." The New York Times, 21 de março de 2015. Disponível em: <http://www.nytimes.com/2015/03/22/opinion/sunday/judith-shulevitz-hiding-from-scary-ideas.html?_r=0>. Acesso em 17 abr. 2017.

A mais poderosa tirania mental no que chamamos de mundo livre é o Politicamente Correto, que é tanto e imediatamente evidente, observado em toda parte, quanto invisível, qual um gás venenoso, pois suas influências estão frequentemente distantes da fonte originária, manifestando-se como uma intolerância generalizada.[7]

Para Lessing — autora de *O carnê dourado*, novela que, contra a sua vontade, converteu-se em ícone do feminismo —, o PC era uma herança cultural do comunismo soviético e de todo o seu sofisticado aparato técnico de lavagem cerebral e polícia de pensamento que os líderes comunistas utilizavam paralelamente a formas mais tradicionais e brutais de censura:

> A submissão ao novo credo não teria se dado tão rápida e profundamente se a rigidez comunista não houvesse, por toda parte, *permeado as classes letradas*, pois não era preciso ser um comunista para absorver o imperativo de controlar e limitar: as mentalidades já haviam sido amplamente expostas à ideia de que o livre-pensamento e as artes criativas deveriam submeter-se às altas autoridades da política.[8]

George Orwell, conterrâneo de Lessing e autor de célebre obra de denúncia aos métodos totalitários soviéticos, identificou um problema semelhante entre os jornalistas e formadores de opinião na Inglaterra do seu tempo, muitos deles simpáticos (ou, no mínimo, omissos) em relação ao que se passava na URSS. Destacando o papel que a decadência da linguagem pública — lá, como aqui, engessada por veladas adesões ideológicas e afetações de bom-mocismo PC — desempenhava na política, Orwell não poupou seus pares intelectuais de duras críticas. O quadro que ele descreve em "A liberdade de imprensa" (1945), prefácio original escrito para *A revolução dos bichos*, é-nos bastante familiar:

> O fato sinistro em relação à censura literária na Inglaterra é que ela é, em grande medida, *voluntária*. Ideias impopulares podem ser silenciadas, e fatos inconvenientes mantidos no escuro, *sem necessidade*

---

[7] Ver: Lessing, Doris *Time Bites: Views and Reviews*. New York & London: Harper Collins, 2004. p. 76.

[8] Ibid. p. 77.

de uma proibição oficial. Quem morou [por] muito tempo num país estrangeiro saberá de exemplos de notícias sensacionais — coisas que por seus próprios méritos ganhariam grandes manchetes — que ficaram de fora da imprensa britânica, não porque o governo interveio, *mas devido a um acordo tácito geral de que "não seria conveniente"* mencionar aquele fato em particular [grifos meus].[9]

Como, lendo isso, não lembrar o empenho da nossa imprensa em, primeiro, ocultar a existência do Foro de São Paulo, e depois, quando isso já não era possível, minimizar a sua importância ou simular haver sempre tocado no assunto? Como não pensar no silêncio (tão inexplicável quanto inútil em tempos de redes sociais) imposto feito um decreto sobre a figura de Olavo de Carvalho, escritor que durante duas décadas foi o único a abordar aquele tema, e cujo nome andou nas bocas e nos cartazes dos que saíram às ruas para protestar contra o regime lulopetista, sem que se publicasse uma linha sequer sobre ele nos grandes jornais, apesar de alguns de seus livros terem ocupado as primeiras posições nos rankings dos mais vendidos do país? Como compreender que a *ombudsman* de um grande jornal, secundada por uma badalada jornalista de economia, houvesse pedido a cabeça de um colega de profissão, tachando-o de "rotweiller" e "hidrófobo", apenas por não ser de esquerda? Por que é aceitável que se tente um linchamento moral do humorista que faz piadas com gays e outras ditas "minorias" e não se levante um senão contra o ex-participante de um *reality show*, hoje político e militante LGBT, que usa as redes sociais para acusar a Igreja Católica — e, logo, todos os católicos — de "nazista" e "assassina de mulheres"? Que senso corrompido de justiça é esse capaz de tomar uma piada por expressão de violência homofóbica enquanto ignora uma manifestação claríssima de preconceito e intolerância religiosa? A quantos rituais públicos de expiação e auto-humilhação não temos assistido, impostos sobre aqueles que, em algum momento, ousaram violar os códigos sacrossantos da moral politicamente correta?

---

[9] ORWELL, George. "A liberdade de imprensa." Em: *Como morrem os pobres e outros Ensaios*. São Paulo: Companhia das Letras, 1952. Versão Kindle: localização 3377.

Mas George Orwell vai além. Linhas adiante, o autor de *1984* parece descrever o debate público brasileiro contemporâneo:

> Em qualquer momento dado, há uma ortodoxia, *um corpo de ideias que se supõe que todas as pessoas bem-pensantes aceitarão sem questionar. Não é exatamente proibido dizer isso ou aquilo, mas é "impróprio" dizê-lo*, assim como na época vitoriana era "impróprio" mencionar calças na presença de uma senhora. *Quem desafia a ortodoxia dominante se vê silenciado com surpreendente eficácia.* Uma opinião genuinamente fora de moda quase nunca recebe uma atenção justa, seja na imprensa popular ou nos ditos periódicos cultos [...] A *intelligentsia* literária e científica, as próprias pessoas que deveriam ser os guardiões da liberdade, começam a desprezá-la, tanto na teoria como na prática [grifos meus].[10]

É triste constatar que, no intervalo de aproximadamente duas décadas, toda aquela "intolerância generalizada" e submissão à "ortodoxia dominante" penetraram fundo na cultura brasileira. Aqui, o noticiário e as opiniões têm sido plasmados por um esquematismo interpretativo estereotipado a não mais poder, em que a realidade é tida como expressão do conflito essencial entre "oprimidos" e "opressores" definidos aprioristicamente e de modo estanque. Algumas pessoas ou categorias de pessoas são sempre oprimidas, mesmo quando eventualmente oprimem; outras, sempre opressoras, mesmo quando vítimas de opressão. Os "negros" são necessariamente oprimidos, os "brancos", opressores. Gays e mulheres são oprimidos, héteros e homens, opressores. Palestinos, oprimidos; israelenses, opressores.

É claro que ninguém racionaliza a coisa nesses termos, e o esquema perpetua-se muito mais por hábito inconsciente do que por algum plano maquiavélico. Se o leitor perguntar a um jornalista brasileiro se ele nota o quanto sua percepção da realidade é enviesada, ele provavelmente negará com veemência, talvez até com certo ar de deboche. Mas não é difícil encontrar exemplos de quando a moldura interpretativa politicamente correta chega ao ponto de produzir inversões da realidade que, de tão

---

[10] Ibid. localização: 3377-3477.

absurdas, tornam-se cômicas, num dos sentidos que o filósofo Henri Bergson atribuiu ao conceito.

Em *O riso: ensaio sobre a significação do cômico*, Bergson[11] explica-nos que uma das causas do cômico é a presença de certa *rigidez mecânica* ali onde deveria haver maleabilidade atenta e flexibilidade viva de uma pessoa. Um sujeito que, a correr pela rua, tropeça e cai, provoca riso nos transeuntes porque, por falta de agilidade, por desvio ou teimosia do corpo, os músculos continuaram realizando o mesmo movimento quando as circunstâncias exigiam algo diferente. Imaginemos também um homem demasiado metódico, que se empenhasse em suas pequenas ocupações cotidianas com uma regularidade matemática. Caso algum gozador embaralhasse seus objetos pessoais, o resultado do contraste entre o comportamento habitual e a nova situação gerada pela broma nos provocaria riso: o pobre mete a pena no tinteiro e sai cola; acredita sentar numa cadeira sólida e se estatela no chão; tenta calçar os sapatos, mas os pés estão trocados. Sua situação é análoga ao do sujeito que cai na rua. A razão da comicidade é idêntica em ambos os casos: a incapacidade de se adaptar, em tempo, a um obstáculo imprevisto ou a uma alteração nas circunstâncias. Trata-se, em outro plano, da mesma comicidade que caracteriza o Dom Quixote de Cervantes, pois o nobre fidalgo, congelado na história, continuava a se portar como no tempo mítico dos cavaleiros andantes, sem atinar para a mudança de era e para a realidade em que viviam os seus contemporâneos.

Quando, por exemplo, o leitor brasileiro de jornais topa com uma chamada como esta, publicada no site G1 em 12 de setembro de 2014, ele está diante do cômico bergsoniano: "Mais um negro é morto pela polícia em NY." Lendo a reportagem, descobre-se que um homem negro esfaqueara um jovem judeu dentro de uma sinagoga no Brooklyn, em Nova York. Recusando-se a entregar a faca e lançando-se sobre os policiais, o agressor acabou baleado, vindo a falecer no hospital.

O conteúdo da matéria deixa claro que os policiais agiram, primeiro, em defesa da vítima esfaqueada e, em seguida, em legítima defesa da pró-

---

[11] BERGSON, Henri. *O riso: ensaio sobre a significação do cômico.* 2ª edição. Rio de Janeiro: Zahar, 1983.

pria vida. Mas a manchete (que é a única coisa que muita gente lê) promove uma clara *inversão entre vítima e agressor*, dando ênfase desnecessária ao componente racial que nada tinha a ver com o caso, e induzindo o leitor — mediante o uso do pronome indefinido "mais" — a concluir que a polícia de Nova York é useira e vezeira em matar negros por motivações racistas.[12] A manchete evocava outros casos que o jornalismo brasileiro, mimetizando a grande imprensa americana (porta-voz, por sua vez, do discurso vitimista dos setores mais radicais do movimento negro e da própria administração Barack Obama), tratou inequivocamente como racismo, quando, de fato, nada tinham a ver com a raça dos envolvidos. Um exemplo em especial merece ser citado.

Em fevereiro de 2012, houve na Flórida o caso do adolescente negro Trayvon Martin, morto pelo vigia George Zimmerman, de origem hispânica. Martin usava um capuz, o que despertou a suspeita de Zimmerman. Este o seguiu e, após entrar em confronto corporal com o adolescente, acabou matando-o com um tiro.

Antes mesmo que as investigações tivessem início, o incidente foi interpretado pela grande imprensa como manifestação evidente de racismo. Personalidades, artistas e políticos — entre eles Al Sharpton (que, atualmente, virou uma espécie de conselheiro da Casa Branca para assuntos raciais) e Jesse Jackson, usuais agitadores racialistas — mobilizaram-se de maneira impressionante, promovendo uma autêntica tempestade em

---

[12] Em contrapartida com esse tipo de chamada, em que o componente racial é introduzido mesmo sendo irrelevante, nossos jornais optam por omiti-lo quando se trata de racismo cometido por negros contra brancos. Eis como, por exemplo, nossos veículos de imprensa noticiaram o caso do repórter negro que, em agosto de 2015, matou dois ex-colegas brancos durante uma transmissão ao vivo para uma tevê americana no estado da Virgínia: "Jornalistas são mortos por atirador..." (Disponível em: <http://g1.globo.com/mundo/noticia/2015/08/jornalistas-de-tv-morrem-em-tiroteio-durante-entrevista-ao-vivo.html>. Acesso em 17 abr. 2017.); ou "Ex-colega de trabalho mata repórter e cinegrafista em transmissão ao vivo" (Disponível em: <http://g1.globo.com/jornal-nacional/noticia/2015/08/ex-colega-de-trabalho-mata-reporter-e-cinegrafista-em-transmissao-ao-vivo.html>. Acesso em 17 abr. 2017.); ou "Repórter e cinegrafista são baleados e mortos..." (Disponível em: <http://www1.folha.uol.com.br/mundo/2015/08/1673730-jornalistas-sao-mortos-a-tiro-ao-vivo-em-estudio-nos-eua.shtml> Acesso em 17 abr. 2017.). Nada como: "Homem negro mata ex-colegas brancos" ou "Por motivo de vingança racial, negro mata brancos na Virgínia" — manchetes que certamente surgiriam se as posições de vítima e criminoso fossem inversas.

copo d'água. O congressista Bobby Rush, em plena sessão legislativa, vestiu um capuz em referência a Trayvon Martin, e o capuz se tornou, então, um poderoso símbolo da mobilização pelo combate ao racismo contra os negros nos Estados Unidos. Como bom político demagogo, o presidente Barack Obama não perdeu a chance de capitalizar politicamente sobre o ocorrido. "Se eu tivesse um filho, ele seria como Trayvon", disse o presidente. De uma hora para outra, graças a uma espécie de histeria coletiva muito bem induzida pela imprensa, pelo show business e pelo governo, o imigrante hispânico George Zimmerman foi subitamente convertido num símbolo da supremacia branca.

A versão que se pretendia veicular — e que até hoje é aceita sem ressalvas pelos órgãos de imprensa no Brasil — era que Zimmerman suspeitou de Trayvon por ser negro. Segundo o jornal *O Globo*, "Zimmerman, *branco*, que ocupava a função de vigia voluntário de um bairro, considerou-o suspeito e atirou".[13] Nossos jornalistas, encharcados de politicamente correto até a medula, embarcaram docemente na versão do crime com motivações racistas. Ocorre que aquela versão logo foi completamente desacreditada nos Estados Unidos, e o próprio fato de Zimmerman ter sido indiciado por homicídio de segundo grau (ou seja, não premeditado) o comprova. A versão do racismo foi desacreditada graças a uma série de eventos que ocorreram entre a suspeita de Zimmerman e o tiro fatal que vitimou Martin.

Antes de resolver seguir o adolescente, Zimmerman telefonou para o número de emergência 911 e falou com um policial. No decorrer da ligação, travou-se o seguinte diálogo:

> **ZIMMERMAN:** Esse cara não parece estar bem-intencionado. Ou está drogado ou algo do tipo. Está chovendo e ele fica só perambulando, como se procurasse alguma coisa.
> **POLICIAL:** Certo. E esse sujeito — ele é negro, branco ou hispânico?
> **ZIMMERMAN:** Parece ser negro.

---

[13] "Acusado de matar adolescente negro nos EUA tem liberdade condicional." *O Globo*, 23 de abril de 2012. Disponível em: <http://oglobo.globo.com/mundo/acusado-de-matar-adolescente-negro-nos-eua-tem-liberdade-condicional-4712342>. Acesso em 17 abr. 2017.

De posse da gravação, a rede de televisão NBC decidiu editar o trecho, e a edição acabou sendo o estopim do barril de pólvora racial que explodiu na sequência. Na versão da NBC, a fala de Zimmerman transformou-se em: "Esse cara não parece estar bem-intencionado. Parece ser negro".

Fica claro que, originalmente, o aspecto racial não havia sido introduzido por Zimmerman, mas pelo policial. No entanto, a emissora não hesitou em fazer de Zimmerman um racista, introduzindo, de maneira artificial e espúria, um sério agravante ao crime por ele cometido.

Após a farsa ter sido revelada, a NBC emitiu uma nota de desculpas, qualificando o caso, mui convenientemente, de mero "erro de produção". Mas, àquela altura, a irresponsabilidade criminosa da emissora já havia produzido um estrago. Os PCs ficaram histéricos, fazendo do incidente um cavalo de batalha. Neste momento, o leitor poderia sentir-se tentado a perguntar: mas o jornal *O Globo* terá publicado a falsificação e o pedido de desculpas da NBC? A resposta deveria ser óbvia para aqueles que conhecem minimamente o ambiente cultural em que estamos vivendo: não.

Mas, além da ligação para o 911, outro evento determinante ocorreu antes que o vigia atirasse em Trayvon Martin. Desde o início do processo, o acusado alegou legítima defesa. Zimmerman contou que levava a pior na briga com Martin, que, maior e mais forte, chegou a bater sua cabeça sucessivas vezes contra o meio-fio. A versão de Zimmerman foi logo desacreditada, ainda mais depois de divulgado um vídeo em que o vigia, logo após ser preso, não apresentava ferimentos visíveis. Mais uma vez, as imagens serviram de estímulo à sanha racialista dos formadores de opinião. E o clima de tensão racial só fez se agravar, sob os auspícios da mídia e do próprio governo. Militantes do grupo ultraesquerdista e racista Panteras Negras — que, surgido nos anos 1960 e extinto em 1982, acabou sendo recentemente reeditado — chegaram a oferecer uma recompensa de US$ 10 mil pela captura de Zimmerman. Mikhail Muhammad, líder do grupo, avisou que formaria uma milícia com milhares de negros para encontrar o vigia e ainda anunciou: "É olho por olho, dente por dente."

Alguns dias depois, foram divulgadas novas imagens, que mostravam nitidamente os ferimentos na parte de trás da cabeça de Zimmerman, cujo nariz também fora quebrado na briga com Martin. Testemunhas ouvidas confirmaram a versão de Zimmerman. Por fim, um relatório médico comprovou a fratura no nariz, os cortes na cabeça e hematomas nos olhos. Dessa vez, ainda que com atraso, até *O Globo* deu a notícia, embora continuasse omitindo o papel da fraude da NBC na construção da hipótese de motivação racial para o crime. Apegada passionalmente à tese de racismo, a edição do jornal não deu o braço a torcer: "Mesmo com os novos indícios, *ainda não se sabe exatamente o que ocorreu e se o crime teve motivação racial*, como argumentam a família do garoto e organizações americanas."[14] Mas, ao contrário do que diz *O Globo*, ali já se sabia exatamente o que acontecera. George Zimmerman suspeitou do adolescente encapuzado, seguiu-o e, após ter entrado em confronto corporal com ele, e levando a pior na briga, matou-o com um tiro no peito.

É evidente que Zimmerman agiu de maneira imprudente. Foi ele quem seguiu Martin e quem provocou a briga. Foi ele quem, finalmente, acabou matando Martin, uma pessoa inocente até prova em contrário. Mas Zimmerman não poderia ter sido condenado publicamente, como o foi, por algo que não cometeu: o crime de racismo. Não havia qualquer evidência de que Zimmerman fosse um supremacista branco, um caçador de negros, um herdeiro da Ku Klux Klan. A histeria racial em torno do caso foi deliberadamente produzida por pessoas irresponsáveis, incluindo profissionais de imprensa, artistas, políticos e o próprio presidente dos Estados Unidos. No fim das contas, condenado pela opinião pública, Zimmerman terminou absolvido pela Justiça, depois de comprovada a tese da legítima defesa.

Enquanto a imprensa cria racismo onde não há, nada se noticia no Brasil a respeito da violência racial de negros contra brancos, esta sim em vertiginoso crescimento nos Estados Unidos. No livro *White Girl Bleed a Lot: The Return of Racial Violence to America and How the Media Ignore It* [Garota branca sangra muito: o retorno dos conflitos raciais

---

[14] "Fotos mostram ferimentos em vigia que matou adolescente negro." *O Globo*, 18 de maio de 2012. Disponível em: <http://oglobo.globo.com/mundo/fotos-mostram-ferimentos-em-vigia-que-matou-adolescente-negro-4933404>. Acesso em 17 abr. 2017.

nos EUA e de como a mídia os ignora],[15] o escritor Colin Flaherty elenca e analisa a ocorrência de centenas de ataques perpetrados nos últimos anos por turbas de jovens negros contra pessoas brancas ou asiáticas em várias cidades norte-americanas. Contrastando vídeos enviados ao YouTube e depoimentos de vítimas com a cobertura jornalística e o discurso oficial das autoridades, Colin denuncia a ocultação deliberada do componente racial por parte da mídia e do poder público. Para uma sociedade tão marcadamente racializada, em que se fala o tempo todo em "história negra", "música negra", "arte negra", "literatura negra", "presidente negro" etc., parece que a única entidade interditada pelos meios de comunicação é o crime racial cometido por negros. Esse é tabu. Como sugeriu Thomas Sowell (ele próprio negro), "não seria politicamente correto ou politicamente conveniente em ano eleitoral" noticiar aquele tipo de racismo.[16] E o economista Walter Williams (também negro) foi ainda mais longe, afirmando que os negros são, hoje, "os novos racistas da América".[17]

Mas, para a grande imprensa americana e brasileira, a realidade há que ser espremida em um mesmo esquema padronizado, em uma mesma cama de Procusto: o racismo dos brancos contra os negros. Como vimos, até mesmo quando um homem negro esfaqueia um jovem judeu dentro de uma sinagoga, partindo em seguida para cima dos policiais, o nosso jornalismo, com sua cômica rigidez mecânica,[18] arruma um jeito de transformar o negro em vítima e os brancos em algozes. Tal qual Dom Quixote, a imprensa está parada no tempo e continua agindo como se estivéssemos em pleno Mississippi da década de 1930. O leitor brasileiro que se informa apenas pelos grandes jornais, vê-se na condição de

---

[15] FLAHERTY, Colin. *White Girl Bleed a Lot: The Return of Race Riots to America and How the Media Ignore It*. North Charleston: CreateSpace, 2012.

[16] Ver: SOWELL, Thomas. "Are Race Riots News?" *Townhall*, 17 de julho de 2012. Disponível em: <http://townhall.com/columnists/thomassowell/2012/07/17/are_race_riots_news>. Acesso em 17 abr. 2017.

[17] Ver: WILLIAMS, Walter E. "America's New Racists." *Townhall*, 22 de junho de 2011. Disponível em: <http://townhall.com/columnists/walterewilliams/2011/06/22/americas_new_racists>. Acesso em 17 abr. 2017.

[18] Equivale à deficiência cognitiva que, no campo da neuropsicologia, é chamada "rigidez de pensamento".

Sancho Pança, seguindo fielmente o "cavaleiro de triste figura" em sua interpretação delirante do mundo.[19]

A imagem distorcida que os nossos jornalistas fazem das relações raciais e dos problemas socioeconômicos nos EUA, inclusive da crise de 2008, pode ser exemplificada pela entrevista que Walter Williams concedeu ao repórter Luís Fernando Silva Pinto no programa *Milênio*, da GloboNews. Silva Pinto, com a mentalidade formada pelos habituais estereótipos, preconceitos e vícios de raciocínio da esquerda nacional, não soube bem como lidar com um liberal puro-sangue do porte de Williams, uma categoria de intelectual praticamente inexistente no Brasil. Desconcertado, o repórter da GloboNews acabou adotando uma postura arrogante e inconveniente, falando demais e parecendo querer antes debater que entrevistar.

Ali onde Silva Pinto esperava o tradicional discurso vitimista em favor dos negros americanos, Williams vinha com o incentivo à meritocracia e ao esforço individual; enquanto aquele fazia uma defesa do sistema de cotas e demais ações afirmativas, este criticava-os de maneira incisiva, considerando-os um insulto aos negros; quando Silva Pinto defendia as regulações e proteções estatais, Williams rogava pelo fim do estado-dependência por parte da população negra; se o entrevistador culpava o livre mercado pela crise de 2008, Williams corrigia-o, mostrando que a culpa fora do governo. Mas o que realmente parece ter escandalizado o jornalista foi o fato de Williams, sendo negro, não compartilhar de

---

[19] Isso quando, na ausência de notícia, a nossa imprensa não resolve fabricar *ex nihilo* um caso de racismo. Foi o que aconteceu em agosto de 2015 quando o neurocientista americano Carl Hart, negro, veio ao Brasil proferir uma palestra. Não se sabe bem por qual motivo, começou a circular na imprensa e nas redes sociais a informação de que Hart teria sido barrado no hotel em que se hospedara em São Paulo. A *Folha de S.Paulo* nem pestanejou e tascou na manchete: "Neurocientista negro diz ter sido barrado em hotel em SP" (*Folha de S.Paulo*, 29 de agosto de 2015). Ocorre que as câmeras do hotel mostravam o neurocientista entrando normalmente e se dirigindo ao seu quarto. O próprio Hart ficou surpreso com a notícia sobre o racismo de que teria sido vítima. Ele jamais dissera nada daquilo. A imprensa brasileira, irresponsavelmente, repercutiu um factoide. Obcecados com o tema do racismo de brancos contra negros, e pautados por movimentos sociais e militantes, nossos jornalistas mostraram-se mais agitados que tubarão em presença de sangue diante da visão de um cientista negro no país. Eles não podiam perder essa oportunidade de fazer proselitismo ideológico.

seu entusiasmo com a eleição de Barack Obama, em relação a quem a imprensa brasileira tem se comportado como uma jovem tiete diante do ídolo pop.

No artigo de apresentação da entrevista, significativamente intitulado "A arte de praticar esgrima com um muro",[20] a falta de senso crítico de Luís Fernando Silva Pinto revelou-se ainda mais aguda. "A entrevista foi intensa, não simpática", escreveu o repórter. "Walter Williams é sólido. Mas como um muro, depois de construído, não muda." Silva Pinto parece ter esquecido que ele era entrevistador, não professor, de Walter Williams. Resta evidente que ele não estava em posição, nem teria condições intelectuais para tanto, de *mudar* o pensamento de Williams. Deveria, ao contrário, se tivesse um mínimo de humildade e senso do real, ter aprendido alguma lição com o entrevistado. Mas a atitude de Silva Pinto ilustra bem o tipo específico de arrogância que acomete os jornalistas brasileiros, acostumados por aquela perversão gramsciana já observada a se ver como intelectuais. O pobre repórter não questionou em nenhum momento suas próprias opiniões, imaginando debater com Williams de igual para igual. Ou, antes, de mestre para aluno. Jamais terá o efeito Dunning-Kruger se manifestado de maneira tão aguda.

---

[20] Ver: "A arte de praticar esgrima com um muro." *Milênio* (GloboNews)/G1, 21 de março de 2011. Disponível em: <http://g1.globo.com/globo-news/milenio/platb/2011/03/21/a-arte--de-praticar-esgrima-com-um-muro/>.

6. Imaginação moral, imaginação idílica, imaginação diabólica

O mesmo padrão enviesado de jornalismo costuma guiar a cobertura midiática de dilemas e eventos envolvendo o chamado público LGBT. Em 2012, houve o curioso caso do cartunista Laerte, que, tendo passado a se vestir como mulher, sob a alegação de "se sentir mulher", reivindicou o direito de usar o banheiro feminino em um estabelecimento comercial, depois de uma senhora haver reclamado da presença de um homem no banheiro em que estava sua filha menor de idade. O caso virou uma dessas tediosas polêmicas de internet e acabou sendo matéria em diversos veículos de comunicação. Um jornal televisivo da Rede Globo, por exemplo, pretendendo noticiar a dita polêmica, exibiu uma entrevista com o cartunista "transgênero", que teve, portanto, a palavra final na querela.[1]

Tínhamos ali mais um exemplo das polêmicas e dos debates de um lado só que tanto vigoram em nossa imprensa progressista. O ponto de vista da cliente constrangida não teve direito a representação na matéria, a não ser indiretamente, na versão do próprio Laerte, que o retratou como algo evidentemente absurdo: "Ela *alegou* que eu sou homem e que preciso usar o banheiro de homem." E o autor da reportagem arrematava,

---

[1] Depois de um longo período em que seu trabalho artístico já não chamava tanta atenção, Laerte reapareceu na mídia justamente por sua decisão de "virar mulher". E, num claro desmentido das teses vitimistas que atribuem à sociedade brasileira uma natureza inequivocamente homofóbica e intolerante, foi a partir daquela sua transformação pessoal que Laerte começou a ser paparicado e celebrado pelo *establishment* midiático, que o tomou como modelo de coragem e símbolo de evolução moral.

didático: "Ainda que causem desconforto em muita gente, as questões levantadas pelo cartunista Laerte são levadas cada vez mais a sério aqui no Brasil."[2] Já a preocupação das mães com a segurança das filhas nos banheiros públicos, ao que parece, é levada cada vez menos a sério. Nessa guerra de direitos, os editores da matéria adotaram claramente o lado do cartunista.

A obviedade — hoje em dia escandalosa — de que um homem vestido de mulher *não é uma mulher* sequer foi mencionada na matéria. A pauta consistia em condenar "qualquer tipo de discriminação" e afirmar que a percepção subjetiva de um sujeito acerca de si mesmo (desde que, é claro, ele pertença às castas superiores na estrutura social progressista) vale mais do que a realidade. Laerte *sentia-se* mulher, e isso era o bastante. À sociedade "conservadora" não restava outra escolha que não a de aceitar o fato. A senhora e a sua filha que se adaptassem à nova ordem progressista. O fato objetivo de que Laerte é um homem converteu-se em mera *alegação*, ou seja, uma opinião subjetiva. E deselegante, ainda por cima.

O mais grave de tudo é que a coisa tem migrado do discurso para a ação, da esfera semântica para a esfera normativa e jurídica, convertendo-se as exibições mais doentias de suscetibilidade e subjetivismo em fonte de direitos. O ativismo politicamente correto que toma conta das redações de jornais e das cátedras universitárias grassa também no meio jurídico, em que juízes e advogados progressistas se arvoram no direito de usar o poder da lei para *educar* uma sociedade que, do alto de sua onipotência revolucionária, eles consideram "atrasada".

A fantasiosa autopercepção do cartunista Laerte, por exemplo, já se converteu em norma. Em 12 de março de 2015, foi publicada *com a chancela da Presidência da República* uma resolução do Conselho Nacional de Combate à Discriminação e Promoção dos Direitos de Lésbicas, Gays, Bissexuais, Travestis e Transsexuais (CNCD/LGBT), órgão vinculado à

---

[2] "Cartunista que se veste de mulher quer usar o banheiro feminino." *Bom Dia Brasil/G1*, 30 de janeiro de 2012. Disponível em: <http://g1.globo.com/bom-dia-brasil/noticia/2012/01/cartunista-que-se-veste-de-mulher-quer-usar-o-banheiro-feminino.html>. Acesso em 17 abr. 2017.

Secretaria de Direitos Humanos, que permite aos travestis e aos transgêneros escolher qual banheiro querem usar em estabelecimentos e redes de ensino em todo o país. Além disso, a resolução prevê que todos os documentos, formulários e sistemas de informações das instituições devem registrar *o nome social informado pela pessoa*, que poderá exigir ser chamada oralmente pelo nome escolhido. Fica assim, ao que parece, oficialmente vetado dizer que um homem vestido de mulher não é uma mulher. E se o Sebastião, sujeito corpulento e com barba por fazer, exigir ser chamado de Lolita, que se faça a sua soberana vontade.

Endossando a alucinação generalizada, uma reportagem sobre travestis rebatizava-os de "neomulheres". E a manchete era, em si mesma, um claro sintoma da corrupção politicamente correta da língua: "Neomulheres *mostram* que o sexo não é decidido no nascimento."[3] Ou seja, a mera existência de homens que entretêm a *fantasia* de ser mulher seria prova de que o são de fato, de que o sexo não passa de uma questão de escolha. Evidentemente, não se trata aqui de questionar a legitimidade e até mesmo o profundo significado psíquico da fantasia. Todos são livres para imaginar o que bem entendem, e não há por que duvidar da sinceridade de um homem que diga "se sentir" mulher. Mas a sensação, posto que subjetivamente real, é incapaz de alterar a realidade objetiva. A orientação sexual é uma coisa, o sexo é outra. Aquela está na esfera do controle humano; este, não. Eis uma daquelas obviedades que, hoje, se tornaram subversivas.[4]

O perigo do subjetivismo, ilustrado pelo título da matéria antes referida, foi objeto de reflexão de muitos intelectuais conservadores, entre

---

[3] "'Neomulheres' mostram que o sexo não é decidido no nascimento." *UOL*, 8 de março de 2012. Disponível em: <http://estilo.uol.com.br/comportamento/noticias/redacao/2012/03/08/neomulheres-mostram-que-o-sexo-nao-e-decidido-no-nascimento.htm>. Acesso em 17 abr. 2017.

[4] Vale recordar a clássica e hilariante pergunta de um jornalista brasileiro a Enéas Carneiro, depois de este haver notado que, se a prática homossexual fosse generalizada na humanidade, isso representaria a extinção da espécie. "Há estudos científicos que comprovam isso?", perguntou o jornalista, aparentemente chocado com tamanha novidade. E o entrevistado, entre atônito e constrangido, foi obrigado a lembrar um dado de biologia elementar, de conhecimento de qualquer aluno do ensino primário: dois indivíduos do sexo masculino não podem gerar descendentes. A cena está disponível no YouTube em <https://www.youtube.com/watch?v=OqSkuhyRV20>. Acesso em 17 abr. 2017.

eles o crítico literário americano Lionel Trilling (1905-1975). Em verdade, Trilling era menos um conservador que um crítico agudo do pensamento de esquerda (ou, como se diz nos Estados Unidos, *"liberal"*), visto por ele como hegemônico. Destarte, tinha o hábito de provocar os seus pares esquerdistas com a adoção, ainda que circunstancial e estratégica, do ponto de vista de grandes pensadores e literatos conservadores, tais como Edmund Burke (1729-1797) e T.S. Eliot (1888-1965).

Em 1955, em uma conferência sobre Freud e psicanálise, Trilling abordou o tema da biologia *versus* cultura — a primeira representando o "dado" natural, a imutabilidade da natureza humana; a segunda, aquilo que é "construído" pelo homem com vista a superar as limitações impostas por aquela. Trilling sabia ter diante de si uma plateia tendente à esquerda, uma gente para quem a ideia de "dado" natural soava *reacionária*. De maneira provocativa, ele sugeriu que o caráter "dado" de nossa condição biológica seria, ao contrário, libertador, resguardando o homem de uma cultura que, de outro modo, arriscava tornar-se absoluta e onipotente. Em suas palavras:

> Inferimos que, em algum lugar da criança, em algum recanto do homem adulto, há um núcleo duro, irredutível e teimoso de urgência biológica, de necessidade biológica, de *razão* biológica, núcleo que a cultura não pode atingir e que se reserva o direito, mais cedo ou mais tarde vindo a exercê-lo, de julgar a cultura, de resistir a ela, de revisá-la.[5]

Alhures, resenhando *1984* e outros escritos de George Orwell, Trilling caracterizou-os como um vigoroso alerta, não apenas contra o totalitarismo soviético, pelo que Orwell é mais conhecido, mas também contra o perigo representado por aquilo que o crítico americano chamou de "o idealismo social" das democracias modernas, a capacidade que a mente humana tem de, quando liberta de todo e qualquer condicionante imposto pelo real, dar à luz um poder absoluto e frequentemente assustador.

---

[5] Citado em: HIMMELFARB, Gertrude. *The Moral Imagination: From Edmund Burke to Lionel Trilling*. Chicago: Ivan R. Dee, 2006. p. 227.

Aquele perigo revela-se bastante palpável quando pensamos no irrefreável subjetivismo de muitos acadêmicos brasileiros. Citada na referida matéria sobre as "neomulheres", um desses acadêmicos, uma antropóloga da USP especialista em teoria do gênero, observou: "Qualquer mulher sofre diversos tipos de discriminação. Imagine, então, *quando ela nasceu com outro sexo.*" A especialista não vê nenhuma contradição entre *nascer homem* e *ser mulher*, porque, para ela e para muitos de seus colegas, ser mulher depende *exclusivamente* de um ato de vontade. A antropóloga explica: "*Para a antropologia e a teoria de gênero*, ser mulher ou homem é um aprendizado social, cultural e histórico".

Nota-se, pois, que tudo pode ser relativizado, até mesmo a natureza e a biologia humana, menos a palavra da antropologia e da teoria de gênero. Esta é absoluta. A vontade humana pode tudo, exceto contrariar as últimas modas teóricas nos clubinhos universitários. Eis aí o limite do relativismo. Trilling não poderia estar mais correto: o "dado" natural é muito menos restritivo à liberdade humana do que a (des)razão acadêmica. É preferível curvar-se à inexorabilidade dos condicionantes biológicos do que ao voluntarismo esquizoide de antropólogos e especialistas em gênero.[6]

A fim de dimensionar o grau de absurdo que é a conversão de vontades e fantasias em normas jurídicas, peço que se faça a seguinte experiência imaginativa: caso você, leitor, acalentasse a profunda "sensação" de ser um craque do futebol, passaria a exigir na justiça a sua convocação imediata para a seleção brasileira? Quem "se sentisse" um piloto de avião, poderia, por direito, assumir o comando de um Boeing 747? O sujeito que acreditasse ser um tamanduá-bandeira deveria gozar da devida proteção do Ibama? Ora, por que não? Por que a prerrogativa desse novo direito volitivo, da validação universal das percepções subjetivas, estaria restrita ao campo do gênero e da sexualidade humanos? Por que, se é possível ser mulher apesar de haver nascido com outro sexo, não seria possível ser tamanduá mesmo tendo nascido de outra espécie; ou craque, mesmo tendo

---

[6] "O especialista está sempre no limite da psicose." WEAVER, Richard. *Ideas Have Consequences*. Chicago & London: The University of Chicago Press, 1948. p. 62.

nascido perna de pau? Quando a subjetividade humana passa a servir de critério absoluto, tudo então há de ser permitido.

A surrealidade política e cultural brasileira parecem mesmo não ter limites. Muitas das coisas que, tempos atrás, eram ditas em tom de piada, para debochar dos exageros do politicamente correto, hoje deixaram de sê-lo. Hipérboles, metáforas e outras figuras de linguagem tornaram-se literais; o ridículo impôs-se como coisa grave e solene; o absurdo virou regra; o burlesco, lei. Vivemos uma situação equiparável àquela descrita por Karl Kraus (1874-1936) acerca da degenerescência da língua alemã às vésperas de eventos dramáticos tais como a Primeira Guerra Mundial (retratada pelo autor em *Os últimos dias da humanidade*) e a ascensão nazista ao poder (submetida à ferina pena de Kraus em *A terceira noite de Walpurgis*). Para o brilhante dramaturgo e ensaísta austríaco, o mal político e a tragédia existencial que marcaram aqueles períodos históricos foram inseparáveis de uma profunda corrupção da linguagem jornalística e literária, uma ideia em que também acreditava Hugo von Hofmannsthal — conterrâneo e colega de Kraus no círculo literário conhecido como "A Jovem Viena" (*Jung-Wien*) —, para quem "nada está na realidade política de um país que não esteja antes em sua literatura".[7]

Particularmente útil para compreendermos o Brasil de hoje é *A terceira noite de Walpurgis*, título que faz referência a um episódio de *Fausto*, de Goethe, em que bruxas germânicas celebram a noite de 30 de abril, véspera do feriado de santa Valpurga. Na segunda parte de sua obra-prima, Goethe concebe uma noite *clássica* de Walpurgis, na

---

[7] Sobre a expressão linguística do totalitarismo, destaca-se também *A linguagem do Terceiro Reich*, clássico do filólogo judeu Victor Klemperer, publicado em 1947. O autor mostra claramente como as revoluções ocorrem primeiro, e de maneira mais profunda, no domínio da linguagem, que passa a ser corrompida e posta a serviço do poder político. Segundo o autor: "O nazismo se embrenhou na carne e no sangue das massas por meio de palavras, expressões e frases impostas pela repetição, milhares de vezes, e aceitas inconsciente e mecanicamente. O que acontece se a língua culta tiver sido constituída ou for portadora de elementos venenosos? Palavras podem ser como minúsculas doses de arsênico: são engolidas de maneira despercebida e parecem ser inofensivas; passado um tempo, o efeito do veneno se faz notar." Ver: KLEMPERER, Victor. *LTI: A linguagem do Terceiro Reich*. Rio de Janeiro: Contraponto, 2009. p. 55.

qual figuram todos os estranhos monstros da mitologia grega. A ideia de Kraus era sugerir que a teratologia nazista superara a própria imaginação do mestre da língua alemã.

A certa altura da obra, Kraus comenta sobre o desaparecimento das metáforas durante o Terceiro Reich. A nova Alemanha nazista era tão absurdamente brutal, tão dolorosamente crua, que a realidade ultrapassara a capacidade de expressão figurada. Quando a metáfora irrompe na realidade, diz o dramaturgo austríaco, seu sentido é esvaziado até que ela deixe de existir. E não foram poucos os ditos populares, frases feitas e metáforas habituais que se converteram em ações reais sob o domínio nazista. Kraus cita o terrível exemplo de literalização da metáfora "*Salz in offene Wunden streuen*" ("deitar sal em feridas abertas"),[8] mediante relato de um episódio ocorrido num campo de concentração, em que um velho prisioneiro, tendo cortado profundamente a mão ao descascar batatas, foi forçado pelos soldados nazistas a mergulhá-la em um saco de sal. Enquanto o pobre homem urrava de dor, os soldados riam e faziam piadas. Por fim, os prisioneiros ainda foram obrigados a temperar sua própria comida com aquele sal sanguinolento.

Várias outras expressões populares na língua alemã, tais como "*die Faust zeigen*" ("mostrar o punho"), "*das Messer an die Kehle setzen*" ("colocar a faca na garganta") e "*mit harter Faust durchgreifen*" ("agir com punho firme"), saltaram do universo do discurso figurado para o da realidade cotidiana na Alemanha nazista. E as flores da retórica, assim se expressou Karl Kraus, passaram a ser cobertas por um orvalho de sangue.

Graças a Deus, nada daquele horror se observa no Brasil (embora não estejamos livres de outros). Para a nossa sorte, a tragédia transmuda-se em comédia ao sul do Equador. Aqui, não é a violência metafórica que se literaliza, mas a piada. O sanatório geral do politicamente correto à brasileira abriu definitivamente as suas portas: para não ofender os alunos

---

[8] Infelizmente, ainda não há tradução de *A terceira noite de Walpurgis* para o português. As expressões citadas aqui foram extraídas de um ensaio sobre as dificuldades de traduzir a prosa satírica de Kraus. Ver: ZWICK, Renato. "Desafios à tradução do texto satírico: alguns exemplos de Dritte Walpurgisnacht, de Karl Kraus." *Pandaemonium*, São Paulo, vol. 15, nº 19, Jul. 2012. p. 250.

provenientes de famílias alternativas, escolas decidem banir o Dia das Mães e o Dia dos Pais; Monteiro Lobato é censurado e acusado de racista; Machado de Assis é "simplificado" pela bagatela de R$ 1 milhão dos cofres públicos, de modo a tornar-se acessível aos pobres, que nossos bem--pensantes, com sua tocante condescendência, julgam intelectualmente incapazes; travestis passam a ser chamados de "neomulheres"; institui-se por decreto o dia nacional do encarcerado, a fim de elevar a autoestima dos presos; a tradicional torta "nega maluca" vira torta "afrodescendente"; a funkeira Valesca Popozuda é tida por "grande pensadora contemporânea"; proíbe-se o comércio de arminhas de brinquedo como forma de "combater a violência" e o de cigarrinhos de chocolate a fim de desestimular o tabagismo. Em algum momento, tudo isso já foi piada. Hoje, não mais. A realidade é tão absurda que se tornou impossível parodiá-la. O humor está sempre atrasado em relação ao cotidiano político e cultural de um país que, não por acaso, foi devidamente qualificado como "da piada pronta".

Mas, para além de seu aspecto ridículo e cômico, o politicamente correto brasileiro tem também o seu lado sombrio, pois, mais que um problema estético, ele configura um problema *ético*. Não é apenas "chato" ou "cafona", como costuma ser criticado no Brasil, mas *imoral*, característica que o nosso estetismo cultural brasileiro não permite destacar. É pernicioso, não por ferir o bom gosto, mas por ser intrinsecamente injusto. Seus entusiastas não devem ser cobrados numa chave estética, mas numa chave ética. Seu problema não é o de serem bregas, chatos, ou mesmo ridículos, mas inconsequentes e irresponsáveis, tentando suprir com voluntarismo moralista as exigências de uma consciência madura.

Em *No caminho de Swann*, primeiro volume de *Em busca do tempo perdido*, Marcel Proust tece as seguintes considerações sobre a bondade genuína:

> Quando tive mais tarde ocasião de encontrar, no curso da vida, em conventos, por exemplo, encarnações verdadeiramente santas da caridade ativa, tinham geralmente um ar alegre, positivo, indiferente e brusco de cirurgião apressado, essa fisionomia em que não

se lê nenhuma comiseração, nenhum enternecimento diante da dor humana, nenhum temor de feri-la, e que é a fisionomia sem doçura, a fisionomia antipática e sublime da verdadeira bondade.[9]

Há aí evidentes ecos bíblicos. O trecho faz recordar, por exemplo, a célebre passagem dos Evangelhos em que Jesus Cristo trata da verdadeira caridade, também ela discreta, sem comiseração, sem doçura:

> Guardai-vos de exercer a vossa justiça diante dos homens, com o fim de serdes vistos por eles; doutra sorte não tereis galardão junto de vosso Pai Celeste. Quando, pois, deres esmola, *não toques trombetas diante de ti*, como fazem os hipócritas, nas sinagogas e nas ruas, para serem glorificados pelos homens. Em verdade vos digo que eles já receberam a recompensa. Tu, porém, ao dares a esmola, *ignore a tua esquerda o que faz a tua direita, para que a tua esmola fique em segredo*; e teu Pai, que vê em segredo, recompensar-te-á (Mateus, 6: 1-4).

Nada mais distante do que se passa no Brasil contemporâneo. Vivemos a era da bondade espalhafatosa, autocomiserada, narcísica e vaidosa de si. Nossa concepção de bondade e de justiça tornou-se açucarada e enjoativa. Não exibe aquela ágil e prosaica indiferença descrita por Proust, senão o peso solene de quem vive todo o tempo a mirar-se no espelho da aprovação alheia. Temos uma bondade acusatória e indulgente. *Sou bom, logo, tudo me é permitido.* Que se dê uma espiadela nas redes sociais, nos grandes veículos de comunicação, no meio artístico, nas universidades, e os rostos da bondade artificial estarão todos lá, como máscaras grotescas, carrancas afetadas e autopiedosas que destilam o seu farisaico senso de justiça e o amor de dois tostões pelos oprimidos do mundo.[10]

---

[9] PROUST, Marcel. *Em busca do tempo perdido*. Vol. I. *No caminho de Swann* (tradução de Mário Quintana). São Paulo: Globo, 2006. p. 115.

[10] O Brasil experimenta hoje a exata perversão cultural descrita por Platão há quase 2500 anos: "Dizem que, nessas circunstâncias, o justo será vergastado, torturado e amarrado; queimar-lhe-ão os olhos e, por último, depois de passar por todos esses tormentos, será empalado, para compreender, facilmente, que *o que importa não é ser, porém parecer justo*" [grifos meus]. Platão, *A república*, 362a.

Em seu profundo diagnóstico do estetismo cultural brasileiro, Mário Vieira de Mello já observara sobre o fenômeno descrito antes:

> O brasileiro de nossos dias é pouco sensível às qualidades da alma que são menos óbvias, às qualidades que são, por assim dizer, invisíveis. Escapa-lhe completamente o sentido valioso de um gesto de reticência, de uma palavra não proferida, o valor moral associado à repressão silenciosa de um movimento de egoísmo, de vaidade ou de orgulho. A exteriorização dos sentimentos parece constituir para ele a garantia única de que tais sentimentos existem [...] É a compreensão do mundo como um palco que leva o brasileiro a uma exteriorização excessiva de seus sentimentos, exteriorização que, muitas vezes, não é possível levar a efeito sem uma certa insinceridade [...] A sua [do brasileiro] concepção de bondade, de generosidade, de cordialidade não é nem falsa nem sincera — é estética —, isto é, consiste numa apreensão dos valores bondade, generosidade, cordialidade que não é suficientemente existencial para que esses valores se traduzam em atos verdadeiramente bons, generosos ou cordiais.[11]

Observações próximas às avançadas por outro de nossos maiores psicólogos sociais, o também diplomata José Osvaldo de Meira Penna:

> Somos, por temperamento, um povo de extrovertidos dominados pela imaginação e transbordantes de sentimentos mais ardentes. Somos agitados e volúveis, pouco inclinados ao pensamento frio e lógico. Quase não possuímos memória coletiva. Nesse nosso tipo, ao qual repugna toda espécie de interiorização e todo confronto lógico consigo mesmo — a "função inferior", isto é, o lado secretamente negativo e inconsciente da psique, é de certo modo relacionado com a atividade intelectual. E é essa nossa *intelligentsia* (para usar a velha e tão significativa expressão russa), essa *intelligentsia* perturbada às vezes por veleidades românticas e utópicas, que produz, como contrapartida às vagas de emocionalismo coletivo, o que chamamos de "íncubo ideológico": uma espécie de amigo da onça metido a intelectual.[12]

---

[11] VIEIRA DE MELLO, Mário. *Desenvolvimento e cultura: o problema do estetismo no Brasil*. 3ª edição. Brasília: Fundação Alexandre de Gusmão, 2009. pp. 227-228.
[12] MEIRA PENNA, J. O. *Em berço esplêndido: ensaios de psicologia coletiva brasileira*. Rio de Janeiro e Brasília: J. Olympio & INL, 1974. p. 6.

Todo esse estado de coisas decorre de uma paupérrima, e virtualmente inexistente, *imaginação moral* por parte de nossas classes falantes. O conceito remonta a Edmund Burke e à sua bem conhecida crítica aos revolucionários franceses de 1789. Lamentando a paixão revolucionária pela destruição implacável do passado, e sobretudo o desmoronamento da ética cavalheiresca herdada da antiga nobreza, Burke escreveu:

> Agora, porém, tudo irá mudar. Todas as agradáveis ilusões, que tornaram o poder gentil e a obediência liberal, que harmonizaram os diferentes tons da vida e que, por branda assimilação, incorporaram na política os sentimentos que embelezam e suavizam as relações particulares, deverão ser dissolvidas pela conquista recente da luz e da razão. Toda a roupagem decente da vida deverá ser rudemente rasgada. Todas as ideias decorrentes disso, guarnecidas pelo *guarda-roupa da imaginação moral*, que vêm do coração e que o entendimento ratifica como necessárias para dissimular os defeitos de nossa natureza nua e elevá-la à dignidade de nossa estima, deverão ser encostadas como moda ridícula, absurda e antiquada.[13]

No século XX, a ideia foi retomada pelo já citado Lionel Trilling e por Russell Kirk (1918-1994), grande intelectual conservador norte-americano. Ela pode ser definida basicamente como a capacidade de conceber os mais variados e profundos dilemas morais enfrentados pelo homem sem a necessidade de vivenciá-los em primeira pessoa, apreendendo por alegoria, como Kirk glosou platonicamente, a correta ordem da alma necessária à justa ordem da sociedade.[14]

Para a conquista e o alargamento da imaginação moral, é fundamental aquilo que Trilling chamava de "a experiência da literatura". A erudição acadêmica, o mergulho na bibliografia especializada, a alta formação universitária, *tudo isso é vazio sem imaginação moral*, que só

---

[13] BURKE, Edmund. *Reflexões sobre a revolução em França*. Brasília: Editora Universidade de Brasília, 1982. p. 101.

[14] Como Platão celebremente escreveu em *A República* (368 c-d), a cidade é o homem escrito em maiúsculas, ideia que o filósofo Eric Voegelin chamou de "princípio antropológico". Ver: VOEGELIN, Eric. *The New Science of Politics: An Introduction*. Chicago & London: The University of Chicago Press, 1987. pp. 61-62.

se adquire mediante contato prolongado e verdadeiro com a mais alta tradição literária.[15] É por meio dos clássicos das letras e das artes que temos a chance de experimentar situações e dramas humanos que, de outro modo, jamais experimentaríamos.[16] Só assim podemos expandir nossa consciência e nossa própria humanidade, transcendendo provincianismos individuais e culturais, tomando parte no grande diálogo da humanidade consigo mesma e adquirindo aquele senso de eternidade sem o qual não passamos de primatas vestidos.[17] Todo bom escritor quer tomar parte nesse diálogo. Todo bom escritor reconhece integrar uma tradição que o ultrapassa. Quem tem como objetivo último lançar-se a mil e uma inovações de forma, piruetas retóricas e rupturas pretensamente iconoclastas com a tradição, é menos um escritor que um ególatra em busca de atenção, alguém fechado em seu próprio tempo biográfico, incapaz, portanto, de elaborar uma linguagem *propriamente humana*, segundo a definição de Eugen Rosenstock-Huessy:

> Se o homem concebe a vida entre nascimento e morte, não há progresso. O progresso depende da qualidade interseccionadora da *morte como útero do tempo*. Entre a sepultura e o berço, o homem civilizado torna-se articulado, educado, e encontra orientação e

---

[15] São famosas as palavras que, como que descrevendo a imaginação moral, André Gide dedicou a Proust: "... uma vez que os sentimentos mais diversos existem em cada homem em estado larval, o mais das vezes à sua revelia, que estão só à espera de um exemplo ou de uma designação, ia dizer: de uma denúncia, para poder se afirmar, imaginamos, graças a Proust, ter sentido nós mesmos esse detalhe, nós o reconhecemos, o adaptamos, e é nosso próprio passado que essa abundância vem enriquecer."

[16] Na *Poética*, Aristóteles já antecipara essa questão, comparando a história à poesia. A primeira, escreveu o estagirita, lida com "o que aconteceu", enquanto a segunda com "o que poderia acontecer" (*Poética*, 1451b 4-5).

[17] O linguista búlgaro Tzvetan Todorov também salientou essa função da literatura: "Mais densa e mais eloquente que a vida cotidiana, mas não radicalmente diferente, a literatura amplia o nosso universo, incita-nos a imaginar outras maneiras de concebê-lo e organizá-lo. Somos todos feitos do que os outros seres humanos nos dão: primeiro nossos pais, depois aqueles que nos cercam; a literatura abre ao infinito essa possibilidade de interação com os outros e, por isso, nos enriquece infinitamente. Ela nos proporciona sensações insubstituíveis que fazem o mundo real se tornar mais pleno de sentido e mais belo. Longe de ser um simples entretenimento, uma distração reservada às pessoas educadas, ela permite que cada um responda melhor à sua vocação de ser humano." TODOROV, Tzvetan. *A literatura em perigo*. Rio de Janeiro: Difel, 2009. pp. 23-24.

direção. As pressões resultantes da sepultura produzem a vertente por onde as águas da vida podem atingir as alturas de um novo nascimento. O animal nasce, mas não pode penetrar o tempo que antecede seu próprio nascimento. Uma densa cortina impede-lhe o conhecimento dos antecedentes. Ninguém diz ao animal qual é sua origem. *Mas nós, as igrejas e tribos de tempos imemoriais, elevamos toda a humanidade acima da dependência do mero nascimento.* Abrimos-lhe os olhos para suas origens e predecessores. Transformamos-lhe os meros nascimentos de modo que se mudassem numa sucessão de antecedentes bem conhecida e estabelecida. E transformamos as simples mortes em precedente para a emancipação dos sucessores. Fizemos com que o homem conhecesse sua origem, elaborando-lhe uma língua. *A origem da fala humana é a fala da origem humana*! Falando uma língua, o homem tornou-se e continua a tornar-se humano.[18]

A formulação de Rosenstock-Huessy aproxima-se ainda da ideia de G. K. Chesterton acerca da *democracia dos mortos*:

> A tradição pode ser definida como uma extensão do direito de voto, pois significa conceder o voto à mais obscura de todas as classes, ou seja, a dos nossos antepassados. É a *democracia dos mortos*. A tradição recusa submeter-se à pequena e arrogante oligarquia dos que apenas calham de estar andando por aí.[19]

Em oposição à imaginação moral, e na qualidade de obstáculo ao seu desenvolvimento, há aquela que o crítico americano Irving Babbitt chamou de "imaginação idílica".[20] Era o tipo de imaginação que Burke atribuía, entre outros, a Jean-Jacques Rousseau, por ele apelidado de "o insano Sócrates da Assembleia Nacional". Trata-se de uma imaginação que rejeita a moralidade tradicional, clássica e judaico-cristã em nome de uma moralidade subjetivista, que em lugar de postular uma ordem

---

[18] ROSENSTOCK-HUESSY, Eugen. *A origem da linguagem*. Rio de Janeiro: Record, 2002. pp. 70-71.
[19] CHESTERTON, G.K. *Orthodoxy*. New York: Ortho Publishing, 2013. p. 45.
[20] Ver: BABBITT, Irving. *Democracia e liderança*. Rio de Janeiro: Topbooks, 2003. Capítulo 2.

moral eterna e externa ao homem, atribui a este a fonte exclusiva do bem e do mal.

Na tradição da antropologia filosófica grega e judaico-cristã, o homem é caracterizado como um ser cuja essência é viver a meio caminho (*metaxy*, na terminologia platônica) entre a transcendência e a imanência (ou, em linguagem aristotélica, entre Deus e as bestas). Como mostra Eric Voegelin, o conceito grego de *metaxy* equivale ao conceito latino de *participatio*, sugerindo, ambos, a participação humana no divino.[21] O homem de imaginação moral costuma perceber-se como alguém *que não existe por si mesmo*. A percepção humana mais básica e original é a de que existimos num mundo já *dado*. Esse mundo em si existe em razão de um mistério. O nome desse mistério, ou causa do ser, em que o homem participa, é *Deus* — ou qualquer outro nome que se queira dar à ideia de transcendência.

A antropologia filosófica moderna que está na base da imaginação idílica — seja em sua versão rousseauniana, positivista ou marxista — caracteriza-se essencialmente pela *rejeição de uma ordem transcendente do ser*, rejeição essa que resulta, ainda segundo Voegelin, numa perda de dignidade do homem, pois que nega a sua participação no divino. Essa negação acaba gerando uma ou outra forma de desumanização. Nos termos de Aristóteles, pode-se dizer que essa desumanização se dá ora para baixo — na direção das bestas (o panteísmo, o materialismo e o ecologismo) —, ora para cima — na rivalidade com Deus (a autodivinização: o super-homem nietzschiano e seus avatares).

Importa notar que a imaginação idílica deposita uma confiança exacerbada na subjetividade humana como fonte, ou *causa sui*, da moral. Daí resulta a formulação rousseauniana sobre a natureza essencialmente boa do homem, apenas corrompida pelas circunstâncias sociais e culturais. Para Rousseau, a corrupção moral surge do fato de a sociedade haver tornado inaudível a voz interior que habita o fundo da consciência, gerando com isso desejos artificiais. Na ética secular rousseauniana, os homens são portadores de sua própria salvação.

Isso tem uma consequência importante: a ideia de que a falibilidade e mesmo a maldade humanas podem, de algum modo, ser eliminadas

---

[21] VOEGELIN, Eric. *Hitler e os alemães*. São Paulo: É Realizações, 2007. p. 118.

definitivamente. Para a imaginação idílica de viés rousseauniano, uma reengenharia psicossocial bem planejada seria, por si só, capaz de fazer um mundo melhor e mais justo. Em lugar da clara percepção, conquistada mediante o desenvolvimento da imaginação moral, de que não temos controle absoluto sobre nossos apetites e intenções, a imaginação idílica fomenta uma redenção pela vontade. Se aquela enseja a autocrítica e a autossuperação, esta promove a autoindulgência e uma postura eternamente acusatória dos males do mundo. "O bem que quero fazer, eu não faço, mas o mal que *não* quero fazer — este faço" (Romanos, 7:19) — eis a lição paulina à qual a imaginação idílica é refratária.

Falar em autoindulgência e acusação é falar no conceito bíblico de *diabo*. E, no ensaio que escreveu sobre o tema, Russell Kirk[22] observa que a imaginação idílica tem o potencial de degenerar-se em "imaginação diabólica", conceito criado por T.S. Eliot em seu penetrante *Após Estranhos Deuses*, título dado à versão impressa de um conjunto de palestras proferidas pelo poeta. Eliot referia-se à tendência entre muitos contemporâneos de ignorar o componente civilizatório intrínseco à missão do escritor, que consistiria precisamente em alargar a imaginação moral dos leitores. Em lugar disso, uma parcela considerável da literatura modernista consistiu em efusões de subjetividade e solipsismo, com autores totalmente desinteressados em transcender pela arte suas próprias experiências pessoais, fossem elas exteriores ou interiores. Enclausurados em sua *egotrip* particular, eles não tiveram condições, nem interesse, de ampliar os horizontes imaginativos do público.[23] Em lugar da imaginação moral, tanto escritores quanto críticos optaram pelas seduções da retórica.[24]

---

[22] Ver: KIRK, Russell. "The Moral Imagination." In: *Literature and Belief*, Vol. 1 (1981), 37–49.

[23] Eliot rejeitava a exaltação romântica do ego e a literatura como expressão das emoções do artista. "A poesia não é uma libertação da emoção, mas uma *fuga da personalidade*", escreveu Eliot no ensaio crítico *tradição e talento Individual. The Sacred Woods: Essays on Poetry and Criticism*. London: Methuen & Co., 1984. p. 58. Essa preocupação em escapar do solipsismo já estava presente desde o início de sua poesia, sendo o tema básico de *A canção de amor de J. Alfred Prufrock*, de 1917. Ver: KIRK, Russell. *A era de T.S. Eliot: a imaginação moral do século XX*. São Paulo: É Realizações, 2011.

[24] Para um brilhante conjunto de ensaios sobre o abuso da retórica na literatura brasileira, ver: GURGEL, Rodrigo. *Muita retórica, pouca literatura: de Alencar a Graça Aranh*a. Campinas: Vide Editorial, 2012.

Em suas palestras, Eliot condenava também a irrefletida rejeição por parte dos modernos — não raro deliberadamente heréticos — da tradição literária cristã.[25] Problema grave para escritores, uma vez que, como bem demonstrou o crítico literário Northrop Frye, toda a alta literatura ocidental — de Cervantes a Proust, de Shakespeare a Dostoievski, de Milton a Thomas Mann — é amplamente tributária do universo simbólico da Bíblia, a qual Frye denominou de "O Grande Código" da literatura no Ocidente.[26] Para Eliot, a perda de senso de continuidade em relação à estética e à moral derivadas da tradição cristã tornara a literatura europeia "provinciana e crua".

Escusado dizer que Eliot não pretendia, nem de longe, fazer a defesa de uma literatura confessional. Tampouco adotava a religiosidade ou irreligiosidade de um autor como critério para a boa ou a má literatura.[27] A sua crítica voltava-se a uma literatura que, mediante um rompimento voluntário com as suas mais belas fontes, perdera contato consigo mesma, convertendo-se em vão exercício de formalismo e artificialidade, em mera condutora de egos, sentimentos e personalíssimas visões de mundo. Uma literatura que abdicara de sua função moral, ou mesmo soteriológica, em favor do puro estetismo. Uma literatura, enfim, cujos únicos atributos passavam a ser a experimentação formal e um conteúdo pretensamente escandaloso. Quando muito, seus realizadores lançavam-se a uma busca inautêntica, pois que necessariamente precária, de tradições religiosas e filosóficas não ocidentais (o confucionismo, por exemplo), manifestas em línguas que não dominavam. (O próprio Eliot, aliás, não se furtou a ousar incursões pelo sânscrito e pela metafísica hindu).

---

[25] Nas palavras de Eliot: "[C]om o desaparecimento da ideia de Pecado Original, com o desaparecimento da ideia de um intenso conflito moral, os seres humanos que se nos apresentam, tanto na poesia quanto na prosa atuais, e mais patentemente entre escritores sérios do que no submundo das letras, tendem a se tornar menos e menos reais." ELIOT, T.S. *After Strange Gods*. London: Faber and Faber Limited, 1933. p. 42.

[26] Ver: FRYE, Northrop. *The Great Code: The Bible and Literature*. New York & London: Harcourt Brace Jovanovich, 1982.

[27] Sua ironia quanto a isso é digna de nota: "Ser um 'poeta devocional' é uma limitação: um santo limita a si mesmo ao escrever poesia, e um poeta confinado a esse tema limita-se igualmente." Ver: ELIOT, op. cit. p. 48.

Aquela ânsia por uma espiritualidade que, não podendo ser deduzida de uma sólida tradição religiosa, havia de ser necessariamente artificial, teve como efeito colateral a edificação de blasfêmias não menos artificiais. Num mundo em que a fé religiosa já não tem grande significado, explicava Eliot, a verdadeira blasfêmia torna-se impraticável. Quando um moderno reage mal àquilo que percebe como blasfêmia, ele o faz em bases puramente convencionais, tomando a blasfêmia por uma infração aos bons modos e à boa educação. Em nosso Ocidente hipersecularizado, alguns talvez torçam o nariz para uma blasfêmia, mas jamais serão pessoal e emocionalmente afetados por ela. Para Eliot, a corrupção da imaginação moderna tinha muito a ver com a perda do sentido do Pecado Original, com a consequente superestima da *personalidade* e da *psique* humanas, tidas desde então como a sede exclusiva do Bem e do Mal.

Uma vez reduzia a ordem moral a uma questão de psicologia humana, a mentalidade moderna lançou-se a uma estetização do Bem e, sobretudo, do Mal. Para os artistas que se entregaram às seduções deste, a blasfêmia tronou-se um instrumento estético. Mas, num mundo incapaz de escandalizar-se de fato, ela, a blasfêmia, não podia ser mais que um simulacro. Tudo o que dela restou foi a *intenção* dos artistas em blasfemar. A vontade de blasfemar era real, sem que a própria blasfêmia o fosse. Mais uma vez, a expressão das paixões interiores e dos sentimentos do artista tornara-se mais importante que a realidade — natural ou sobrenatural — a ser manifesta. Sem a presença do Bem no fundo recôndito da trama, a figura tão ostensiva do Mal em obras tais como *Édipo rei* (Sófocles), *Coração das trevas* (Joseph Conrad), ou *A volta do parafuso* (Henry James), por exemplo, seria destituída de um sentido moral, tornando-se, pois, *diabólica*. Eis a essência da crítica de T. S. Eliot ao emocionalismo mórbido de alguns de seus contemporâneos, nomes como Thomas Hardy e D. H. Lawrence, entre outros.

Todo aquele desejo de autonomia em face de uma tradição, percebido por Eliot no modernismo europeu, marcou também o modernismo brasileiro. A literatura do período, em particular, demonstrou notável pendor para a ruptura com a herança espiritual luso-católica. Mas, assim como a maior parte dos modernistas europeus, os brasileiros conheciam razoavelmente bem a tradição com a qual rompiam, procurando conferir um consciente sentido estético e cultural àquela ruptura. A partir dos anos 1960, contudo, foram surgindo gerações de artistas e intelectuais cada vez mais ignorantes da tradição literária ocidental. Artistas e intelectuais destinados, portanto, a romper com sabe-se lá o quê, progredir sabe-se lá para onde, e a nutrir uma revolta sem objeto, que produziu um sentimento de profundo niilismo e degradação espiritual. Em vez de extrair do grande cânon artístico e literário ocidental lições existenciais autênticas, de modo a expandir nossa imaginação moral, a *intelligentsia* brasileira pretendeu *criticá-lo* — e, por meio dele, a sociedade — a partir de sua (dela) própria perspectiva particular. Nossos homens de cultura, em lugar de tomar a grande arte europeia como sujeito numa conversa cultural de dimensões universalistas, reservou a ela o lugar de mero objeto de seus (deles) gostos e desgostos provincianos.

Nada mais exemplar dessa mentalidade que a explicação dada por um diretor de teatro para a sua versão "brasileira e atual" da ópera *O crepúsculo dos deuses*, de Wagner. Sob o pretexto de "popularizar" a obra — pretexto já consagrado no país em que Machado de Assis é "simplificado" para o povo (que não parece gozar de boa fama junto à nossa paternalista "elite" cultural nacional) —, o diretor introduziu-lhe novos elementos, tais como figurino com fitas do Bonfim, projeções criadas por VJs e beijaço com 35 casais. "Um deles, gay" — é claro. Nas palavras do revolucionário retardatário: "Fazer como Wagner fez não me interessa. Quero encenar uma ópera antropofágica, tropicalista, que comunique com o público daqui."[28]

Em suma: para o espalhafatoso diretor, o público *daqui* (daqui de onde, aliás?) é inerentemente incapaz de se comunicar com o universo wagneriano, carecendo, pois, da mediação de um adaptador profissional (de preferência, patrocinado com verba pública) e da presença *sine qua*

---

[28] "Diretor quer fazer um 'Crepúsculo brasileiro e atual'." *Ilustrada/Folha de S.Paulo*, 7 de agosto de 2012. Disponível em: <http://www1.folha.uol.com.br/fsp/ilustrada/59176-diretor-quer-fazer-um-quotcrepusculo-brasileiro-e-atualquot.shtml>. Acesso em 17 abr. 2017.

non das fitas do Bonfim, das projeções criadas por VJs e do beijaço com 35 casais (um deles, gay, é preciso não esquecer!), sem os quais Wagner (como também Bach, Mozart, Shakespeare, Cervantes, Michelangelo, Rembrandt *et caterva*) seria puro tédio e vazio.[29]

No Brasil, quis-se fazer a contracultura antes da cultura e o resultado não poderia deixar de ser o que hoje se observa: a valorização do grotesco e do marginal (o eterno "Seja marginal, seja herói" de Hélio Oiticica), o apego demagógico às expressões culturais ditas "periféricas" — fruto de uma visão absolutamente estereotipada da periferia e da pobreza —, e uma multidão de iconoclastias tão vazias quanto tediosas. Tediosas porque, em pleno século XXI, a obsessiva insistência no projeto estético--moral de *épater la bourgeoisie* ("chocar a burguesia")[30] só pode resultar em pastiches malfeitos, de segunda mão, daquilo que na virada do XIX para o XX já fora feito mais e melhor na música (Mahler, Stravinski, Schoenberg), na dança (Isadora Duncan, Nijinski), nas artes plásticas (Dalí, Kandinski, Braque, Pollock), na literatura (Apollinaire, Breton, Ezra Pound, Gertrude Stein), no cinema (Buñuel, Maiakovski), na arquitetura (Bauhaus, Le Corbusier, Frank Lloyd Wright) e na filosofia (Nietzsche, Freud, Sartre).[31]

A imaginação moral da "elite" cultural brasileira estreitou-se de tal maneira que a medida última de justiça ou injustiça, de heroísmo ou covardia, de bem e de mal, de belo e de feio, passou a corresponder ao posicionamento adotado em face das fúteis polêmicas midiáticas do dia, as quais giram sempre em torno das mesmas temáticas artificialmente criadas pela mentalidade progressista, todas de uma banalidade acachapante, nas quais *sentir-se bem é confundido com fazer o bem*, e o gosto passa

---

[29] Para uma excelente crítica da montagem tropicalista de ópera de Wagner, ver: CRUZ, Paulo. "O anel dos oprimidos." *Blog Esperando Musas*, 9 de setembro de 2012. Disponível em: <https://esperandoasmusas.wordpress.com/2012/09/09/o-anel-dos-oprimidos/>. Acesso em 17 abr. 2017.

[30] Penso, por exemplo, nas emboloradas e dionisíacas performances teatrais de José Celso Martinez Corrêa, que, se nos anos 1960 causaram algum barulho — muito barulho por nada, diga-se —, hoje revelam-se incapazes de escandalizar uma mocinha de interior.

[31] "A audácia de ontem transforma-se em clichê." BRUCKNER, Pascal. *The Tyranny of Guilt: An Essay on Western Masochism*. Princeton & Oxford: Princeton University Press, 2010. p. 2.

por senso de justiça.[32] Os nossos bem-pensantes — e, por meio deles, os brasileiros em geral — tornaram-se aquelas "almas curvadas para a terra e vazias de todo o celeste" descritas por Pérsio em sua sátira segunda.[33]

Observando o Brasil de hoje, não é difícil perceber o mal que alguns modismos intelectuais fizeram à inteligência nacional. Já falei um pouco do impacto reducionista do marxismo e seus sucedâneos em nosso meio cultural. Mas a influência de um autor como Sartre — mediante contatos diretos e algo místicos com os nossos acadêmicos, tendo alguns deles por cenário a residência de um certo sociólogo e ex-presidente da República — foi igualmente danosa. A apologia sartriana do "engajamento intelectual", em particular do "engajamento no presente", deu origem a uma terrível patologia cultural, que, longe de ser exclusividade nossa, deitou raízes profundas na sociedade brasileira, atingindo especialmente a sua classe falante. Refiro-me ao que o filósofo Olavo de Carvalho chamou de *cronocentrismo*[34] ou, na expressão consagrada pelo escritor americano Allen Tate, o *provincianismo temporal*.

Na famosa apresentação da revista *Les Temps Modernes*,[35] o filósofo existencialista escreveu:

> *Já que o escritor não tem meio algum de se evadir*, queremos que ele abrace estreitamente a sua época; ela é sua única chance; foi feita para ele, e ele para ela. Lamentamos a indiferença de Balzac diante das jornadas de 48, a incompreensão amedrontada de Flaubert diante da Comuna; lamentamo-lo por eles; há algo aí que eles deixaram escapar para sempre. Não queremos deixar escapar nada de nosso tempo: talvez haja tempos mais belos, mas este é o nosso; temos somente esta vida para viver, em meio a esta guerra, talvez a esta revolução [grifos meus].

---

[32] "Na realidade, a ética brasileira é principalmente uma ética erótica, uma 'boa índole' se quiserem, uma 'técnica da benevolência' como quer Djacir Menezes, orientada pelas leis da emoção e do sentimento, pela lealdade do amor e da amizade: numa tal ética, *'bom' é aquilo que agrada ao coração e não aquilo que se impõe por força de uma consideração abstrata*, inspirada em alto sentido de justiça ou no dogmático mandamento religioso" [grifos meus]. MEIRA PENNA, op. cit. p. 182.

[33] *"O curvae in terram animae et coelestium inanes."* (Pérsio, *Sátira II*, 61).

[34] Ver: CARVALHO, Olavo de. *O futuro do pensamento brasileiro: estudos sobre o nosso lugar no mundo*. Rio de Janeiro: Faculdade da Cidade Editora, 1997.

[35] O texto na íntegra, em francês, está disponível em <http://jpsartre.free.fr/page2.html>. Acesso em 17 abr. 2017.

De minha parte, não lamento a indiferença de Balzac diante da agitação política de sua época; nem, tampouco, a "incompreensão amedrontada" (alguns chamariam de prudência) de Flaubert para com a febre comunista. Ouso imaginar, se me permite o rei da Rive Gauche, que os dois mestres da literatura universal estivessem ocupados com coisas mais interessantes: um retoque no caráter de Père Goriot, um novo suspiro de Bovary... Para nossa sorte, Balzac e Flaubert não se distraíram muito com as paixões políticas de ocasião, caso em que não teriam passado de Saders ou, na melhor das hipóteses, de... Sartres. Em compensação, deixaram-nos obras que resistem ao tempo.

E não seria mesmo esta, como já tivemos ocasião de notar, a função da grande obra literária ou intelectual: almejar à eternidade? Não seria a missão do homem de ideias erguer-se acima de seu tempo, fazendo-o, por isso mesmo, dialogar com outras épocas, outras biografias, outros fragmentos da precária experiência humana sobre a terra? A premissa de Sartre — "já que o escritor não tem meio algum de se evadir..." — é absurda, pois que a função própria da literatura é, justamente, expandir a nossa imaginação moral, arrancando-nos de nossas províncias existenciais — sejam elas de ordem temporal, espacial, política ou cultural. O escritor, o bom escritor, não apenas tem meios de se evadir, como — por graça de Deus! — nos levar junto com ele. Daí que Balzac e Flaubert devessem ser leitura obrigatória, enquanto Sartre, opcional (e Sader, desaconselhada).

Mas, infelizmente, foram Sartre e outros intelectuais *enragés* que viraram leitura obrigatória entre os nossos bem-pensantes. Disso resulta o obsessivo interesse brasileiro, no que diz respeito às artes e à atividade intelectual, por "temas contemporâneos". Recorrentes maneirismos introdutórios — tais como "Hoje em dia", "Em pleno século XXI", ou "Em tempos de redes sociais" — parecem querer conferir um estatuto especial à época do analista. Na avaliação de um artista ou escritor, busca-se desesperadamente saber se é contemporâneo, atual, moderno. Em vez de olhar para o mundo *sub specie aeternitatis*, nossos intelectuais encaram-no "*sub specie*" cadernos-de-cultura-dos-jornais. Daí para a "tropicalização" de Wagner é um pulo.

Parecemos ter ignorado solenemente a lição do grande historiador Leopold von Ranke,[36] segundo quem "todas as épocas são iguais perante Deus".[37] A violência, a arrogância, a estupidez e a brutalidade de muitos brasileiros hoje — sobretudo entre jovens e adolescentes — derivam em parte dessa falta de amplitude de perspectiva temporal, essa imersão absoluta nas miudezas de seu próprio tempo.[38] A verdade é que a cultura brasileira está tomada por *caipiras temporais*, um fenômeno derivado da versão nacional daquilo que Benda classicamente chamou de "traição dos intelectuais".[39]

"Quando o sol da cultura está baixo" — escreveu o grande Karl Kraus — "até os anões lançam longas sombras." Lidarei a partir de agora com o drama particular da geração responsável por dar início a esse rebaixamento da cultura e da imaginação moral, uma geração de intelectuais demasiado corporativista e autocentrada, que, adotando um critério exclusivamente político-ideológico de afinidades e repulsas, tendo, além disso, um período histórico traumático como bode expiatório sobre o qual lançar todos os seus malogros e frustrações, cobriu anões culturais de glórias e honrarias, ao mesmo tempo que relegava ao ostracismo verdadeiros gigantes das letras e das artes.

"Os intelectuais precisam conquistar a serenidade, caso contrário podem trazer problemas para os outros", disse certa vez Roger Scruton. E a total falta de serenidade dos intelectuais brasileiros, fruto do desmoronamento de suas utopias políticas, a única coisa que parecia dar

---

[36] RANKE, Leopold von. "On Progress in History." Em: Georg G. Iggers (Ed.). *The Theory and Practice of History*. London and New York: Routledge, 2011. p. 90.

[37] Ou a de Benedetto Croce: "Toda história é história contemporânea." Ver: CROCE, Benedetto. *A história: pensamento e ação*. Rio de Janeiro: Zahar, 1962. p. 15.

[38] Theodore Dalrymple observou o mesmo fenômeno entre jovens ingleses de classe média e baixa: "Assim, os jovens estão condenados a viver num eterno presente, um presente que existe simplesmente, sem conexão com o passado que pode explicá-lo ou com um futuro que dele possa surgir." DALRYMPLE, Theodore. *A vida na sarjeta: o círculo vicioso da miséria moral*. São Paulo: É Realizações, 2014. p. 93.

[39] Ver, novamente, Dalrymple: "De certo modo (e somente de um modo), no entanto, a subclasse foi vitimizada ou, talvez, traída seja uma palavra melhor. Os disparates pedagógicos impingidos às classes mais baixas foram ideias, não dessas próprias classes, mas daqueles que estavam em posição de evitar seus efeitos perniciosos, ou seja, os intelectuais da classe média." DALRYMPLE, op. cit. p. 100.

sentido àquelas vidas autoesvaziadas, trouxe um bocado de problemas para o Brasil. O que dizer então do seu acentuado provincianismo temporal? Alhures, há quem se enfurne dentro de sua era ou de seu século. Há ainda os que se aconchegam em uma determinada década. Mas os nossos intelectuais radicalizaram, decidindo manter-se presos dentro de um único ano: 1968, o ano que — haja paciência! — nunca termina. Eis o assunto da próxima parte.

PARTE II

1968: O ano que nunca termina

"A gente inaugurou um estilo de vida e, de certa forma, ficou preso nele."

> Maria Clara Mariani, citada por Zuenir Ventura em *1968: O ano que não terminou.*

"Nós de 1968 formamos um grupo fechado, um *ethos* exemplar."

> Vera Sílvia Magalhães, ex-guerrilheira do MR-8 e única integrante feminina do grupo armado que sequestrou o embaixador americano Charles Elbrick.

"Eu quero que morra quem está criticando [...] O Brasil me deve uma indenização."

> Ziraldo, justificando a reparação milionária que recebeu por conta de inconvenientes sofridos durante o regime militar.

1. Uma história muito mal contada

Era o alvorecer do século XXI. Enquanto o mundo recuperava-se do excesso de champanhe, comida e anseios milenaristas frustrados, eu ingressava, nos primeiros meses do ano 2000, na faculdade de ciências sociais da UFRJ, sediada no Instituto de Filosofia e Ciências Sociais, o IFCS. Tinha início ali um período de mais de dez anos vividos dentro do universo das ciências sociais brasileiras, que culminaram na defesa de minha tese de doutorado em antropologia no Museu Nacional da Quinta da Boa Vista, em março de 2011.

O histórico prédio em estilo neoclássico do IFCS, que outrora abrigou a Academia Real Militar e a Escola Politécnica, hoje dá guarida a uma curiosa fauna, em que se misturam acadêmicos (sociólogos, historiadores, professores de filosofia e cientistas políticos), sindicalistas, militantes partidários e ativistas de toda sorte, além de ambulantes, mendigos e figuras excêntricas do centro do Rio, que, vez ou outra, não se sabe bem por quais motivos, acorrem ao prédio (e, dizem, chegam a dar aulas e participar de palestras). Reza a lenda que até um ninja, todo paramentado, já foi visto no local alardeando a intenção de vingar-se de uma professora. Mas não tenho como atestar a veracidade da história.

Além de pessoas, há ali, é claro, uma gloriosa fauna não humana: pombos, ratos, baratas e, eventualmente, algum fungo homicida que interdita a biblioteca por longos períodos. Fala-se também em fantasmas e outras criaturas sobrenaturais, como aqueles estudantes profissionais que levam décadas para se formar e que, à noite, saem das catacumbas para assombrar a comunidade ifcsiana. Um deles, parece, tornou-se vereador pelo PSol do Rio de Janeiro. Mas desses também só sei de ouvir falar.

O prédio do instituto destaca-se na paisagem do largo de São Francisco, esse verdadeiro caleidoscópio social frequentado por camelôs, prostitutas, pedintes, ourives, artistas de rua, relojoeiros, contínuos, executivos, burocratas, alunos e professores, todos perambulando e esbarrando-se no quadrilátero formado pelo IFCS, com sua fachada voltada para a rua do Ouvidor, pela igreja de São Francisco de Paula, à direita do instituto, e pelos prédios comerciais na esquina da rua dos Andradas, à esquerda. Nas cercanias do instituto, a praça Tiradentes, com seus teatros, mesas de bilhar e a gafieira Estudantina; a praça Luís de Camões e o Real Gabinete Português de Leitura; a igreja Nossa Senhora de Lampadosa; os tecidos da Casa Franklin; a rua da Carioca, o Cine Íris e o Bar Luiz; a escola de música Villa-Lobos, na rua Ramalho Ortigão, e o imprescindível joelho com suco de manga do bar vizinho; a rua da Carioca e a saudosa Guitarra de Prata, tradicional loja de instrumentos musicais; o Sindicato dos Comerciantes; o Centro Cultural Hélio Oiticica; o bar Três Coelhinhos, na rua dos Andradas; o Saara, famoso complexo de lojas populares. Tudo isso, enfim, aliado às descobertas intelectuais e existenciais que a vida universitária propicia ao calouro, compunha um universo inebriante para um jovem como eu, vindo de Jacarepaguá, bairro da zona oeste do Rio, e relativamente desacostumado com o burburinho do centro da cidade. Ali, eu descobria pela primeira vez aquilo que, num conto memorável, Rubem Fonseca chamou de "a arte de andar pelas ruas do Rio de Janeiro".

Foi numa daquelas intermináveis e imprevisíveis tardes de flanação pelo centro da cidade que, na companhia de alguns colegas de IFCS, acabei presenciando um evento cultural que pode servir de símbolo condensado da história mal contada de que trata este capítulo. Se a memória não me trai, o ano era ainda o primeiro de faculdade, quando as atividades "extracurriculares", por assim dizer, costumam ocupar a quase totalidade dos interesses de um calouro. Mas, naquele caso específico, o evento tinha mesmo ligação direta com a vida intelectual, pois tratava-se de um ciclo de palestras sobre filosofia e política, no qual intelectuais de prestígio tinham a missão de expor a um público não especializado o pensamento de clássicos do tema: de Platão e Aristóteles, passando por Maquiavel, Hobbes, Hegel e Marx, até chegar em Habermas e Hannah Arendt.

O evento teve lugar num auditório do Centro Cultural Banco do Brasil (CCBB), e o espaço estava lotado. O público compunha-se basicamente de pessoas de classe média e média alta, e em particular, via-se pelo estilo, de uma gente habituada a frequentar centros culturais e galerias de arte. Senhoras e senhores bem-vestidos dividiam o espaço com muitos estudantes universitários, neo-hippies, proto-hipsters, descolados e moderninhos de vários matizes. Pode-se dizer que ali presente estava a nata da "esquerda caviar"[1] carioca.

Não me recordo de todos os expositores, e de quem patrocinara o evento, mas sei que o mediador era o então jornalista da TV Globo Franklin Martins, depois ministro do governo Lula e um dos grandes responsáveis pelo setor de comunicação social do PT. E o encarregado de apresentar as ideias políticas de Marx — lembro-me como se fosse hoje — era Leandro Konder, um dos mais renomados intelectuais de esquerda e, como vimos, integrante da equipe dos primeiros tradutores de Gramsci no Brasil.

Assim que tomou a palavra, um bem-humorado Konder apresentou--se à plateia nos seguintes termos: "Muito me honra o convite para falar de Karl Marx, pois vocês têm à sua frente um intelectual comunista. Sei que, hoje em dia, todo mundo tem medo ou vergonha de confessá-lo. Mas eu não."

Ato contínuo, o auditório explodiu em ruidosa ovação, aplausos e risos de cumplicidade. A aclamação durou uns bons minutos, nos quais o orgulhoso comunista contemplou a plateia com altivez e um sorriso no rosto. Creio que eu mesmo aplaudi, porque o talento oratório e o carisma do palestrante eram inegáveis. Ao menos assim me pareceram naquele contexto de efusão coletiva. Na época, portanto, nem me dei conta, mas já nesse singelo episódio revelava-se o aspecto essencial da história mal contada.

Em sua fala, Konder sugeria ser o comunismo algo suspeito ou malvisto no mundo contemporâneo. A forma bem-humorada e leve com que se exprimiu terminou por mascarar um conteúdo assaz cabotino, pois o que

---

[1] Ver: CONSTANTINO, Rodrigo. *Esquerda caviar: A hipocrisia dos artistas e intelectuais progressistas no Brasil e no mundo*. Rio de Janeiro: Record, 2013.

ele estava afirmando, em última análise, era a sua própria coragem de se assumir comunista num contexto pretensamente desfavorável ou mesmo hostil. Ocorre que a própria reação do público diante da fala constituía, por si só, um notável desmentido de seu conteúdo. Se então o comunismo fosse realmente algo de má fama, não seria de esperar que ao menos uma parte da audiência houvesse reagido negativamente? Que espécie de coragem, afinal, é exigida de alguém que, em vez de reproches e vaias, só recebe louvores e afagos ao se declarar comunista, e justo por parte da "alta burguesia" que, em tese, deveria odiá-lo? Algo ali não se encaixava.

Mas, na sequência, deu-se nova manifestação sintomática da mesma história mal contada. Ao ouvir aquela exibição tão franca de orgulho comunista, um colega ao lado cochichou-me ao pé do ouvido: "O jornalista da Globo deve estar espumando de raiva." O jornalista, como dissemos, era ninguém menos que Franklin Martins. Resta claro que o meu colega ignorava (e eu à época tampouco liguei o nome à pessoa) a biografia do sujeito: um dos principais líderes estudantis da cidade nos anos 1960, nosso antepassado no IFCS (onde entrou em 1967 apenas para, segundo o próprio, ali montar uma base da Dissidência Comunista da Guanabara),[2] comunista linha-dura e impenitente, depois guerrilheiro do MR-8, Martins foi um dos mentores e executores do sequestro do embaixador norte-americano Charles B. Elbrick. Meu colega e eu, e uma grande parcela da minha geração, acreditávamos à época (muitos continuam acreditando) que a Rede Globo era um dos ícones da direita nacional — logo, do anticomunismo —, outrora a grande força ideológica de sustentação do regime militar. Vindo, ademais, de uma família de brizolistas, aquela versão era-me tão natural e indubitável quanto o ar que respirava. Quando Brizola, com a verve característica, lançava contra Deus e o mundo a sua (e, à época, também nossa) ofensa predileta — "filhotes da ditadura" —, era na Globo que pensávamos em primeiro lugar.

---

[2] A Dissidência Comunista da Guanabara (DI-GB), formada em 1966, resultou de uma das muitas cisões no PCB. A organização destacou-se no movimento estudantil no período pré-1968. A partir daquele ano, com o AI-5 e o recrudescimento da repressão, a DI-GB começou a se articular para a luta armada, vindo posteriormente a ser rebatizada de Movimento Revolucionário 8 de Outubro, o famoso MR-8, nome que fazia referência à data da captura de Che Guevara na Bolívia: 8 de outubro de 1967.

Nossa ignorância de então, minha e de meus colegas, era nada menos que estratosférica, realmente embaraçosa, de nada servindo para atenuá--la o pretexto da juventude que então nos embotava o juízo. Nem nos passava pela cabeça que um comunista pudesse trabalhar nas Organizações Globo. A única coisa que hoje me consola minimamente, impedindo-me de cometer um haraquiri tamanha a vergonha, é ter conseguido me livrar (um pouco tarde, é fato) daqueles antolhos interpretativos, ao passo que vejo ainda homens feitos, até idosos, reciclando há décadas a mesma história da carochinha.

Um comunista maldito aclamado pela burguesia. Uma empresa de direita que contrata um dos mais radicais esquerdistas do país... É. De fato, há algo estranho nisso tudo. E, nos anos 1960, ninguém menos que um ícone da esquerda mundial, Jean-Paul Sartre, já o notara durante sua visita ao Brasil. O filósofo paulistano Bento Prado Jr. relata o caso.[3]

Através da mediação de Manoel Carlos Gonçalves de Almeida, hoje consagrado autor de novelas da Globo, Bento e outros jovens intelectuais da época conseguiram que a TV Excelsior encampasse a primeira presença do filósofo francês num programa televisivo. A ideia dos organizadores era apresentar uma longa entrevista sobre a filosofia existencialista. Já Sartre e Simone de Beauvoir tinham outros planos. À época em campanha aberta pró-Cuba e pró-Argélia (então em guerra com a França), o famoso casal parisiense viu ali uma boa oportunidade de divulgar a causa.

O próprio Bento foi um dos entrevistadores, ao lado de Ruy Coelho, Fernando Henrique Cardoso e o psicanalista Luís Meyer. O programa teve a extraordinária duração de três horas — algo inimaginável nos dias de hoje, ainda mais se tratando de um bate-papo sobre filosofia e política. Depois da entrevista, Sartre perguntou aos colegas brasileiros: "Como é possível que uma empresa capitalista gaste tanto tempo e dinheiro para que possamos fazer nossa campanha pelo socialismo?" E os nossos jovens

---

[3] Ver: "Sartre nos trópicos." *Revista Trópico*. Disponível em: <http://www.revistatropico.com.br/tropico/html/textos/2583,1.shl>. Acesso em 17 abr. 2017.

intelectuais só puderam responder que, enfim, no Brasil as coisas eram um tantinho diferentes.[4]

Hoje sei (mas desconfio que muitos dos meus ex-colegas ifcsianos ainda não) que tanto a televisão quanto o jornal da família Marinho foram sempre um porto seguro para a esquerda e, em particular, para os membros do PCB. "Dos meus comunistas cuido eu" — a célebre frase de Roberto Marinho em resposta ao então ministro da Justiça Juracy Magalhães, que em 1965 pedira a cabeça de marxistas da redação de *O Globo*, estava longe de ser mera força de expressão. E isso não apenas no jornalismo, mas também, e talvez sobretudo, na teledramaturgia.[5] Dias Gomes e Janete Clair são os primeiros nomes que vêm à mente, os mais paradigmáticos e, certamente, os mais talentosos.[6] A excelente novela *Roque Santeiro*, por exemplo, um dos grandes trabalhos de Dias Gomes, que lhe rendeu uma audiência gigantesca, portava uma clara mensagem marxista.

---

[4] Ou nem tão diferentes assim. Quem conhece os trabalhos do historiador britânico Anthony Sutton, em especial os livros *The Best Enemy Money Can Buy* e *Wall Street and the Bolshevik Revolution*, sabe que a revolução bolchevique de 1917 foi, em parte, patrocinada por grandes financistas de Wall Street interessados na queda do tsar. Há indícios de que a própria viagem de Trotski de Nova York até a Rússia tenha sido pessoalmente bancada por Jacob Schiff, do banco Kuhn, Loeb & Co. Em 1911, o cartunista Robert Minor, ele próprio bolchevique, publicou no *St. Louis Dispatch* um cartoon significativo a esse respeito. Nele, Karl Marx em pessoa, com um livro intitulado *Socialismo* embaixo do braço, era saudado com entusiasmo em Wall Street por financistas como John D. Rockefeller, J.P. Morgan, John D. Ryan e George W. Perkins, além de Teddy Roosevelt. Essa simbiose, em tese paradoxal, entre o grande capital e o comunismo fora notada também pelo romancista britânico H.G. Wells em seu livro *Rússia nas Sombras*: "O grande negócio não é de forma alguma antipático ao comunismo. Quanto mais ele cresce, mais se aproxima do coletivismo."

[5] Em entrevista ao programa *Roda Viva* que foi ao ar no dia 13 de setembro de 2010, o mais importante diretor-chefe de programação da história da TV Globo, José Bonifácio de Oliveira Sobrinho, o Boni, relatou que a maior parte dos funcionários e criadores da emissora, desde o início, era de comunistas. Disponível no YouTube em <https://www.youtube.com/watch?v=LEz9B21PZiI>. Ver a partir dos 41'30". Acesso em 19 de abr. 2017.

[6] Além do casal, foram para a televisão muitos comunistas originários do Teatro de Arena e do Centro Popular de Cultura, nomes como Bráulio Pedroso, Paulo Pontes, Gianfrancesco Guarnieri e Oduvaldo Vianna Filho, o Vianinha. Este último foi um dos grandes entusiastas da tese pecebista das "brechas" culturais, formulada, entre outros, por Ferreira Gullar em torno de 1965. De inspiração frankfurtiana (sobretudo de György Lukács e Walter Benjamin), a tese sustentava que a esquerda brasileira deveria encontrar brechas dentro dos emergentes meios de comunicação de massa (sobretudo a televisão) de modo a introduzir a crítica política de conteúdo revolucionário. No caso da Globo, o que os comunistas encontraram não foram brechas, mas verdadeiros portais, generosamente escancarados, por onde infiltrar sua ideologia.

Não preciso lembrar ao leitor os detalhes da conhecidíssima trama, mas a ideia básica era criticar o estado de alienação em que os poderosos da fictícia cidade de Asa Branca mantinham a população pobre e carente. Os agentes alienadores eram os de sempre: a Igreja Católica, os donos de terra e as autoridades políticas do local. O viés "conservador" da Igreja era representado pelo padre Hipólito (interpretado por Paulo Gracindo), tendo como anátema o padre Albano (vivido por Cláudio Cavalcanti), um "progressista" da teologia da libertação, cujo objetivo era revelar ao povo a verdade libertadora. Enquanto Hipólito alinhava-se aos poderosos e legitimava sua ideologia, Albano, o padre comunista, dedicava-se com afinco à classe trabalhadora. Gramsci certamente ficaria orgulhoso de Dias Gomes por este ter utilizado um veículo de comunicação de massa para, sem alarde, introduzir no senso comum aquela perspectiva ideologicamente marcada.

Em termos de costumes (justamente o terreno de atuação da esquerda contracultural surgida no fim dos anos 1960), a Globo sempre foi abertamente progressista, encampando desde cedo algumas das principais bandeiras que, hoje, são moeda corrente na agenda da esquerda nacional. Acho graça quando vejo, nas redes sociais, jovens militantes feministas acusando a emissora de "machismo", "patriarcalismo". Logo a Globo, que no fim da década de 1970 lançou *Malu Mulher*, série cujo tema era a emancipação feminina, e, na década seguinte, a *TV Mulher*, que tratava de sexualidade, psicanálise, moda e costumes, sempre de uma perspectiva feminista. Logo a Globo, pioneira em levar à televisão — hoje de maneira quase obsessiva, com intuito claramente pedagógico[7] — as bandeiras do ativismo LGBT, tendo entre seus autores, diretores e atores de novelas militantes históricos dessa causa política.

---

[7] A preocupação em educar moralmente a sociedade — mediante o uso recorrente do que se tem chamado de *merchandising social* — vem sendo uma marca das últimas produções da emissora, o que talvez explique em parte a queda nos índices de audiência. Buscando a televisão como entretenimento, as pessoas tendem naturalmente a se afastar ao perceber que, na verdade, estão tendo uma aula de costumes que não pediram, e que não pode deixar de ser inoportuna e entediante. O autor Gilberto Braga e o diretor Denis Carvalho deram claro exemplo dessa pulsão pedagógica ao alegar estarem deprimidos e desapontados com a baixa audiência de sua novela *Babilônia*. Em lugar de tentar compreender as causas do fenômeno, ambos preferiram o expediente fácil de acusar o suposto atraso cultural dos telespectadores. Segundo eles, a sociedade não estaria se comportando da maneira correta. O país estava "careta demais", disseram. Ver: "Diretor de Babilônia está deprimido com baixa audiência." *UOL*, 31 de maio de 2015. Disponível em: <http://atarde.uol.com.br/cultura/televisao/noticias/1685300- -diretor-de-babilonia-esta-deprimido-com-baixa-audiencia>. Acesso em 17 abr. 2017.

No jornalismo, além do já citado Franklin Martins, vários outros comunistas de raiz, e mais tarde neoesquerdistas, destacaram-se nas redações das Organizações Globo, tanto na televisão quanto no jornal impresso. Mas a presença de profissionais ligados ao PCB nos grandes jornais, é claro, nunca se limitou ao império dos Marinho. Quase todas as empresas brasileiras de comunicação, mesmo aquelas de linha editorial teoricamente "conservadora", abrigaram desde sempre um número majoritário de comunistas e esquerdistas nas redações, nomes como Octavio Malta, Etevaldo Dias, Franklin Oliveira, Roberto Müller, João Sant'Anna, Cláudio Abramo, Luiz Garcia, Elio Gaspari, Mário Augusto Jacobskind, Fernando Morais, Paulo Moreira Leite, Ancelmo Gois, Míriam Leitão e tantos outros. Foi assim, inclusive, durante o regime militar. E o fenômeno nada tem de casual. A infiltração de comunistas nas redações da imprensa burguesa, inclusive em cargos de chefia, era uma política do partido, uma política de ocupação de espaços.

De acordo com trabalho publicado por dois pesquisadores da Universidade Federal Fluminense (UFF) na *Revista da Associação Nacional dos Programas de Pós-Graduação em comunicação* (ComPós),[8] houve entre as décadas de 1950 e 1970 algo como um "casamento de conveniência" entre jornalistas ligados ao PCB e os donos dos grandes jornais. Os comunistas desempenharam papel importante na modernização do jornalismo brasileiro, que na década de 1950 começou a trocar um modelo de inspiração francesa, ensaístico e diletante, pelo modelo americano do chamado "jornalismo independente", mais objetivo e profissional.

Interessava aos empresários das comunicações a disciplina, o profissionalismo e a experiência jornalística adquiridas pelos comunistas em sua atuação partidária. Por outro lado, os jornalistas do PCB perseguiam seus próprios objetivos, desejando ocupar as redações para, de maneira tão discreta quanto possível, influenciar a opinião pública em favor de seu projeto político-ideológico. "É geralmente aceito que os jornalistas tendem a ser mais esquerdistas que os jornais para os quais

---

[8] ALBUQUERQUE, Afonso de. e ROXO DA SILVA, Marco Antonio. "Preparados, leais e disciplinados: os jornalistas comunistas e a adaptação do modelo de jornalismo americano no Brasil." *ComPós*, vol. 9, agosto de 2007.

eles trabalham", dizem os autores do estudo, "mas o nosso caso fornece a evidência de algo além disso: a forte presença, nas salas de redação, de uma *organização política*. Isto sugere que o PCB pôs em prática uma *estratégia bem-sucedida de infiltração* nos jornais."

A simbiose entre os comunistas e os donos dos jornais estava respaldada pela retórica da objetividade e do profissionalismo. Escorando-se cada qual nesse terreno (ou pretexto) comum, ambas as partes buscavam valer-se uma da outra visando aos seus fins específicos. Como explicam os autores:

> A retórica e os procedimentos práticos e discursivos do modelo americano de jornalismo "independente" forneceram uma boa base para a barganha entre os donos de jornais conservadores e seus empregados comunistas. Ao (formalmente) subscrever o modelo, os donos de jornais podiam reivindicar exercer um serviço público (fornecer informações precisas para seus leitores) e se alinhar com valores tais como liberdade, modernidade e democracia. Os jornalistas comunistas tinham suas próprias e pragmáticas razões para subscrever o modelo. *Muitos deles desdenhavam a objetividade como um ideal inacessível* e sustentavam que "a liberdade de imprensa é, na verdade, liberdade de empresa". Contudo, *a retórica da objetividade* também permitia aos jornalistas reivindicar o exercício de um serviço público e, desta forma, proporcionava a eles alguma *autonomia* em relação aos seus chefes [grifos meus].

Numa coletânea de ensaios sobre a participação e influência dos comunistas na cultura brasileira, o historiador Marcos Napolitano também destaca a política de ocupação de espaços promovida pelo PCB. O autor observa que a cultura — num movimento coerente com a linha seguida pelo assim chamado "marxismo ocidental"[9] no segundo pós-guerra — desempenhou aqui o papel de *tópos* privilegiado de articulação da oposição ao regime, o que explicaria uma "situação paradoxal" vivida pelo partido nos anos 1960 e 1970: o seu enfraquecimento na esfera da política fez-se acompanhar de uma notável presença no domínio da cultura, entre intelectuais e artistas. Segundo Napolitano:

---

[9] Ver, sobre o tema: MERQUIOR, José Guilherme. *O marxismo Ocidental*. Rio de Janeiro: Nova Fronteira, 1987.

Com base no princípio frentista,[10] os comunistas defendiam a *ocupação de todos os espaços possíveis dentro do sistema*, negociando até certo ponto o próprio conteúdo de suas ideias, materializadas em peças de teatro, filmes, canções e novelas. Ao longo dos anos de 1960 e 1970, *os agentes culturais ligados ao Partidão foram fundamentais na consagração de um conteúdo peculiar da indústria cultural brasileira*, sobretudo no cinema, na TV e na música popular, de ampla aceitação junto ao público consumidor de classe média [grifos meus].[11]

Resta claro, portanto, o caráter suspeito da usual narrativa em circulação nos meios autodeclarados progressistas, segundo a qual os jornalistas e intelectuais de esquerda têm sido heróis da resistência, marginalizados e banidos pelos grandes meios de comunicação, sem outra saída além de buscar refúgio na assim chamada "imprensa nanica" ou "alternativa". De acordo com essa versão idealizada e autoindulgente, haveria na grande imprensa brasileira uma espécie de "pensamento único" conservador, expressão ideológica da elite capitalista nacional. Na terminologia contemporânea, essa imprensa é alcunhada de "mídia golpista" por, em tese, estar a serviço da "elite" contra as "forças progressistas" do país. Que o leitor acesse, por exemplo, qualquer um dos jornais, revistas ou blogs pró-PT, por tanto tempo subsidiados com verba estatal, e lá encontrará essa versão sendo repetida *ad nauseam*. No universo acadêmico das ciências humanas, ela também é praticamente unânime.

---

[10] O frentismo do PCB, a princípio inspirado nas ideias do marxista húngaro György Lukács, consistia em um desdobramento da ortodoxa concepção marxista segundo a qual a revolução socialista seria o resultado de etapas lentas e graduais. Havia, entre os comunistas brasileiros, a percepção de que o país vivia ainda uma situação pré-capitalista, e que, no processo rumo ao socialismo, seria preciso adiar a luta de classes dentro do país em favor do desenvolvimento da burguesia nacional. No fim dos anos 1950, o PCB definira a revolução brasileira como "nacional, democrática, antifeudal e anti-imperialista". Portanto, o partido apontava a necessidade do estabelecimento de amplas alianças, inclusive com setores burgueses e liberais, na formação de uma "frente única" *nacional-popular*. Essa ideia de frente única, ou seja, de aliança entre classes em favor do desenvolvimento nacional, prosseguiu dando o tom da resistência do PCB à ditadura militar, definida então como antinacional, entreguista, pró-imperialista etc.

[11] NAPOLITANO, Marcos. "A 'estranha derrota': Os comunistas e a resistência cultural ao regime militar (1964-1968)." In: Marcos Napolitano et. al. (orgs.). *Comunistas brasileiros: cultura política e produção cultural*. Belo Horizonte: Editora UFMG, 2013. p. 329.

Pois bem. A verdade é justamente o contrário daquela narrativa. Como bem demonstrou Olavo de Carvalho numa série de artigos sobre o tema, há décadas que o pensamento de esquerda tem sido plenamente hegemônico nos principais meios formadores e difusores de opinião (universidade, imprensa e meio artístico). Antes que marginal, ele foi e continua sendo *mainstream*. Escreve Olavo:

> Se você examinar caso por caso, verá que desde a década de 60 — em pleno regime militar —, os altos cargos da nossa mídia são quase todos ocupados por militantes ou simpatizantes da esquerda, que ao mesmo tempo, ou em fases alternadas da sua carreira profissional, publicam semanários 'nanicos' ou, hoje em dia, blogs 'alternativos', dando à plateia ingênua a impressão de que são a arraia-miúda em luta contra a poderosa indústria de comunicações.[12]

Ora, aquela indústria é a mesma que os acolhe e sempre acolheu de braços abertos, mas contra a qual eles imaginam mover um combate quixotesco (sem, decerto, pois ninguém é de ferro, recusar o salário que dela recebem).[13]

---

[12] CARVALHO, Olavo de. "Monopólio e choradeira." *Diário do Comércio*, 4 de setembro de 2013.

[13] Um exemplo da postura autovitimizadora dos jornalistas de esquerda no Brasil foi dado pelo comentarista esportivo e crítico social Xico Sá, por ocasião de sua saída da *Folha de S.Paulo* durante o período eleitoral em outubro de 2014. Tendo sido desaconselhado pela direção do jornal a fazer campanha aberta pela candidata do PT em sua coluna de esportes, em vez de usar a seção de opinião, que seria a mais adequada, o jornalista pediu demissão e saiu vociferando ter sido vítima de "censura" por parte da "imprensa burguesa". Quem tomasse suas declarações por expressão fiel da realidade, ficaria surpreso de constatar que a *Folha*, esse pretenso órgão da "imprensa burguesa", tem entre seus redatores e colunistas alguns dos mais atuantes militantes de esquerda, incluindo, na época do ocorrido, ninguém menos que o extremista de esquerda Guilherme Boulos, líder do MTST (Movimento dos Trabalhadores Sem-Teto), facção que prega o fim da propriedade privada (com exceção da sua própria) e a derrubada do sistema capitalista, velhas bandeiras reapresentadas sob o novo e edulcorado rótulo da "reforma urbana". Guilherme Boulos — que nome estranho para figurar no *staff* de um órgão da "imprensa burguesa"! Quem lesse as palavras chorosas de Xico Sá poderia ainda ser levado a crer que, uma vez afastado da *Folha*, o pobre jornalista-contra-o-sistema (que, coitado, reivindicava o seu direito de fazer campanha em favor de um partido marginalizado, que então ocupava o governo federal havia 'apenas' 12 anos) teria sido forçado a expor suas opiniões em pequenos órgãos clandestinos da imprensa "nanica" e *antiestablishment* (aquela mesma que recebia rios de verba pública para fazer propaganda do *establishment* governamental petista). Pois é. Ocorre que, fora da *Folha*,

Em compensação, a partir da década de 1960 o pensamento de direita foi, esse sim, praticamente banido dos meios de comunicação.

Intelectuais e colunistas de viés conservador — do porte de um Gustavo Corção, por exemplo — foram gradativamente desaparecendo dos jornais, se não mesmo da história. Esse desaparecimento, longe de espontâneo, resultou do corporativismo que se criou nas redações entre os jornalistas de esquerda, especialmente os ligados ao PCB. Os comunistas passaram a controlar os mecanismos de seleção e de distribuição do prestígio dentro dos jornais, promovendo, de um lado, o recrutamento preferencial de companheiros de ideologia e, de outro, o boicote sistemático ou isolamento daqueles que consideravam inimigos políticos, agrupados indistintamente sob o rótulo de "reacionários", palavrinha mágica com a qual os comunistas têm historicamente justificado as perseguições que empreendem, sejam elas físicas ou morais. Os donos dos jornais, por sua vez, jamais tiveram com os conservadores a mesma atitude tolerante e até protetora dispensada aos "seus" comunistas.

Não é difícil constatar o estreitamente do debate público brasileiro nos últimos trinta ou quarenta anos. Comparem-se a quantidade, qualidade e, sobretudo, variedade político-ideológica dos nossos intelectuais públicos até mais ou menos a década de 1950 com a situação de hoje, em que impera uma acachapante pobreza intelectual e uma quase homogeneidade de ideias e valores.

Tomemos, por exemplo, os nomes elencados na lista de agradecimentos que Otto Maria Carpeaux fez publicar no prefácio do seu *A Cinza do Purgatório*, de 1942. Estão lá: José Lins do Rego, Carlos Drummond de

---

Xico Sá continuou (como continua) sendo funcionário... do *Pravda*? do jornal *O proletário*? Não. Da *Globo* mesmo, onde conta com espaço garantido em programas de horário nobre em canais tais como SPORTV e GNT para manifestar (ninguém sabe muito bem como, tendo em vista a natureza sabidamente burguesa e reacionária da empresa contratante) suas opiniões progressistas a favor do casamento gay, do poliamor, da legalização das drogas etc., com a concordância unânime dos colegas. Eis aí mais um daqueles mistérios desta nossa história mal contada. Xico Sá: o revolucionário maldito — que, muito modestamente, confessou ter nascido "para ser Henry Miller" (sic) — queridinho pela tão odiosa imprensa burguesa que, além de pagar seu salário, tanto o mima e paparica. O caso faz lembrar o famoso ditado espanhol: "Por que me odeias se nunca te ajudei?" No Brasil, só o que a dita "imprensa burguesa" faz é acarinhar *outsiders* como Xico Sá. E é por isso que eles a odeiam.

Andrade, José de Queiroz Lima, San Tiago Dantas, Manuel Bandeira, Aldemar Bahia, Astrojildo Pereira, Brito Broca, Edmundo da Luz Pinto, Eugênio Gomes, Francisco de Assis Barbosa, Francisco Campos, Gilberto Freyre, Graciliano Ramos, Jorge de Lima, José Cesar Borba, Murilo Mendes, Octavio Tarquínio de Sousa, Osório Borba, Sérgio Buarque de Holanda e Vinicius de Moraes. Nessa lista há intelectuais de todo tipo de orientação política, ideológica ou religiosa — de direita e de esquerda, comunistas e anticomunistas, cristãos e agnósticos. Todos talentosíssimos e todos debatendo e dialogando francamente (não raro virulentamente) uns com os outros, sempre à vista do público. Ninguém se escandalizava com as opiniões alheias. Não havia a menor intenção de silenciá-las.

Dos anos 1960 em diante, aquele ambiente de alta cultura simplesmente ruiu. Tudo o que não fosse a imagem e semelhança do intelectual *enragé* de esquerda desapareceu do horizonte intelectual. Talvez por isso, sem um adversário que a confrontasse com a realidade e as próprias deficiências, a esquerda tenha se debilitado tanto, restando sozinha em seus delírios de poder e debatendo-se perante inimigos imaginários. O que se entende por "direita" hoje no Brasil não passa de uma caricatura, um espantalho, um rótulo acusatório abrangendo todos os fantasmas que a mentalidade esquerdista é capaz de produzir. Um jovem estudante que hoje ataca a "direita" não tem a mais mínima ideia do que está falando, porque seus professores — e os professores destes — jamais usaram o termo de modo substantivo, senão apenas como adjetivo. A direita real foi banida e, na falta de exercício intelectual, a própria inteligência de esquerda atrofiou brutalmente. Era o fim da alta cultura e do debate de ideias no país, substituídos cada vez mais por corporativismo e patrulhamento ideológico.

Um caso marcante daquele empobrecimento cultural foi a reação do concretista Augusto de Campos às críticas que o poeta Bruno Tolentino dirigiu publicamente à sua tradução de *Praise for an Urn*, de Hart Crane. Publicada sob o título "Crane anda para trás feito caranguejo" no *Caderno 2* do Estadão, em 3 setembro de 1994, a resenha de Tolentino é dura e agressiva (inclusive contra a pessoa de Campos, cuja importância para o universo cultural brasileiro Tolentino julgava sobrevalorizada), mas nem por isso alheia ao mérito da tradução em si, que o poeta carioca esmiúça com rigor. Ignorando solenemente o conteúdo das críticas (vê-se que conteúdo não era mesmo o seu forte!), Augusto de Campos reagiu com uma clara manifestação do que, à época, a crítica Elaine Robert Moraes chamou de "coronelismo intelectual".

A resposta de Campos saiu no mesmo jornal, consistindo basicamente em ofensas ao interlocutor e argumentos de autoridade tais como o seguinte:

> Com mais de 40 anos de atividade poética, e mais de quarenta livros publicados, *recuso-me a trocar argumentos com um arrivista*, um salta-pocinhas internacional, que em vez de ascender por seus próprios méritos, quer conquistar espaço e notoriedade a tamancadas, fazendo uso da tática surrada de provocar seus pares mais conhecidos [grifos meus].

O artigo-resposta de Campos fazia-se acompanhar de um inacreditável abaixo-assinado em repúdio às críticas de Tolentino, um documento assinado por algumas dezenas de intelectuais, poetas, músicos e, significativamente, até mesmo políticos brasileiros de esquerda. Entre os signatários estavam nomes como Marilena Chauí, Gilberto Gil, Caetano Veloso, Bete Coelho, Gal Costa, José Lino Grünewald, Tom Zé, José Miguel Wisnik, Júlio Bressane, entre outros.[14] Não bastasse a reação em matilha contra a pessoa de Tolentino, Augusto de Campos ainda lançou mão de sua autoridade cultural para pedir abertamente a cabeça do editor do suplemento literário que publicara a crítica.

No cômputo geral, todo o episódio fora até então uma das mais deploráveis manifestações de corporativismo cultural de nossa história. Mas o mais triste é que, a partir dali, a reação de Campos — e, não raro, com os mesmos personagens que a endossaram — tem servido de modelo para aquilo que, no país, vem sendo chamado de "debate cultural". O silenciamento completo das vozes destoantes foi a opção da esquerda cultural triunfante no pós-ditadura militar, que usou e abusou de associações maliciosas com o período anterior para, no novo contexto

---

[14] Curiosamente, são quase os mesmos nomes que costumavam aparecer em manifestos de intelectuais contrários ao impeachment de Dilma Rousseff.

histórico, exercer seu poder de maneira hegemônica, sempre com um profundo senso de revanche. A riquíssima história cultural brasileira foi assim reduzida a uma autobiografia da nossa esquerda política.

O legado dos irmãos Campos ilustra-o bem. De alegadamente revolucionário, o projeto estético-político concretista — prosseguido por nomes como Décio Pignatari, Paulo Leminski, Itamar Assumpção, José Miguel Wisnik, Arnaldo Antunes, os tropicalistas e neotropicalistas da MPB, entre tantos outros intelectuais e artistas (muitos deles, talvez não por acaso, tendo atuado como garotos-propaganda do regime lulopetista)[15] — passou a reacionário, sendo defendido por representantes encastelados no Estado, uma turma que, em sendo situação, nunca perdeu a pose de oposição ao sistema. O *antiestablishment* virou *establishment*, condenando como pedantismo e arcaísmo tudo o que não fosse experimentação formal e não tivesse a própria linguagem como referência. Que, atualmente, os alunos do ensino fundamental e médio sejam obrigados a refletir sobre letras dos Titãs, tirinhas do Laerte e filmes do Jorge Furtado em lugar de versos de Manuel Bandeira deriva, em parte, da moda "intersemiótica" herdada dos irmãos Campos e seus discípulos.

Aquilo que, comentando a polêmica, o professor de letras John Milton escreveu sobre o domínio específico da tradução literária, pode ser ampliado para a esquerda cultural como um todo:

---

[15] Em novembro de 2015, em meio ao caos socioeconômico e a uma greve nacional de caminhoneiros, reprimida de maneira brutal e inconstitucional pelo governo dito dos trabalhadores, quem foi ao Palácio do Planalto receber mimos e louvar a presidente como "rainha da democracia" num evento que parecia reeditar o famoso baile da Ilha Fiscal? Sim. Ele mesmo: Augusto de Campos, acompanhado de seu fiel escudeiro Caetano Veloso, que, é claro, cantou músicas do tempo da ditadura. A plateia, formada por políticos, burocratas e artistas governistas, encheu-se então de brio revolucionário. A presidente se emocionou. Embalada pelos acordes de *Alegria, Alegria*, decerto lembrou-se de quando, jovenzinha ainda, pegou em armas para "defender a democracia". Em tempos de crise, o evento de apoio ao governo mais impopular da história (à época com 7% de aprovação) custou R$ 1,1 milhão de reais. Sobre as persianas cinzentas do Planalto, transformadas em telão, palavras de ordem foram projetadas: "A cultura não quer, não pode se submeter às regras do mercado" e "A arte precisa ter liberdade." George Orwell não teria pensado em nada melhor para ilustrar a sua novilíngua. Ver: "Planalto esquece crise durante cerimônia da Ordem do Mérito Cultural." *Estadão*, 10 de novembro de 2015. Disponível em: <http://politica. estadao.com.br/noticias/geral,planalto-esquece-crise-durante-cerimonia-da-ordem-do--merito-cultural,10000001572>. Acesso em 17 abr. 2017.

Fica claro que o *establishment* no mundo da tradução literária do Brasil, hoje em dia, é o dos Campos. Nos últimos anos, eles conseguiram uma posição central tanto na universidade como no mundo intelectual. Suas publicações e traduções são consideradas as mais importantes na área da tradução. A *Folha de S.Paulo*, por exemplo, sempre dedica grande espaço aos seus lançamentos. Vários dos autores estrangeiros que eles apresentaram ao público leitor brasileiro são os autores estrangeiros mais lidos e mais estudados em círculos intelectuais e acadêmicos no Brasil [...] tal foi o sucesso do seu projeto *antiestablishment*, especialmente com o público leitor jovem, de alguns anos atrás, que as ideias dos Campos agora são divulgadas como as ideias 'corretas' sobre a tradução literária. Esses leitores rebeldes dos Campos, de quinze a vinte anos atrás, atualmente ocupam posições importantes nos mundos acadêmico, editorial e intelectual brasileiro [...] Augusto de Campos assume uma posição de autoridade e superioridade. Longe de ser vanguardista, é o centro do poder.[16]

É claro que essa história vai além da literatura e, sobretudo, da figura dos irmãos Campos. O venezuelano Ricardo Vélez Rodríguez (especialista em história universitária no Brasil e membro da escola de estudos sobre filosofia e pensamento político brasileiros liderada por Antonio Paim) fornece-nos, por exemplo, outras pistas sobre o processo de desaparecimento das ideias e autores de direita da vida cultural nacional.

Segundo Rodríguez, o fenômeno teria ocorrido em paralelo à extinção do projeto mesmo de uma filosofia genuinamente brasileira. Grandes filósofos como Mário Ferreira dos Santos, Vicente Ferreira da Silva e Vilém Flusser (tcheco naturalizado brasileiro) sumiram de nossa memória intelectual, restando conhecidos apenas por pequenos ciclos de estudiosos e interessados, impedidos assim de influenciar o debate público, hoje pautado por um enxame de nulidades pseudointelectuais cuja virtude única é serem de esquerda. Escreve o autor:

---

[16] MILTON, John. "Augusto de Campos e Bruno Tolentino: a guerra das traduções." *Cadernos de Tradução*, Florianópolis, v. 1, n. 1, janeiro de 1996. pp. 19-20.

Os artífices dessa façanha (ocorrida nas três últimas décadas do século passado) foram os burocratas da Capes no setor da filosofia, comandados pelo padre jesuíta Henrique Cláudio de Lima Vaz. Os fatos são simples: no período em que o general Ruben Ludwig foi ministro da Educação, ainda no ciclo militar, *os antigos ativistas da Ação Popular Marxista-Leninista receberam*, à sombra do padre Vaz, *a diretoria dos conselhos da Capes e do CNPq*, na área mencionada. Especula-se que o motivo da concessão fosse uma negociação política: eles prometiam abandonar a luta armada. A preocupação dos militares residia no fato de que foi esse o único agrupamento da extrema esquerda que não se organizou explicitamente em partido político. Os grupos da denominada 'direita' (conservadores, ultraconservadores, liberais, liberais-sociais etc.), toda essa imensa gama, *ficou do lado de fora dos favores oficiais*, no período militar e após [grifos meus].[17]

Os efeitos atuais desse processo são muito nítidos. Para se ter uma ideia do problema, experimente-se procurar por alguns dos principais nomes do pensamento conservador internacional nos bancos de teses e dissertações da Capes, da BDTD (Biblioteca Digital Brasileira de Teses e Dissertações) ou de alguma de nossas principais universidades. Fiz a experiência e o resultado é digno de nota.

Roger Scruton e Russell Kirk, por exemplo, talvez os maiores expoentes do conservadorismo britânico e americano, respectivamente, na segunda metade do século XX (Scruton ainda em plena atividade), *não constam* nos registros como objeto de estudo, senão apenas como raras e esporádicas citações (e, no caso de Kirk, nem mesmo isso). Simplesmente parece não haver no Brasil trabalhos acadêmicos que abordem detidamente o pensamento desses dois autores, fundamentais não apenas por suas ideias, mas também por serem ambos excelentes historiadores da tradição intelectual conservadora iniciada com Edmund Burke no século XVIII.

Michael Oakeshott, outro clássico daquela tradição, aparece no banco de dados com apenas *um* trabalho dedicado especificamente ao

---

[17] VÉLEZ-RODRÍGUEZ, Ricardo. "Quem tem medo da filosofia brasileira?" *Ibérica — Revista Interdisciplinar de Estudos Ibéricos e Ibero-Americanos*, vol. III, nº 10, abril-julho de 2009. pp. 64-67.

seu pensamento. Irving Babbit, Richard M. Weaver, Erik von Kuehnelt-Leddihn, Thomas Sowell, Eugen Rosenstock-Huessy, Theodore Dalrymple, Irving Kristol, Gertrude Himmelfarb, John Kekes, Kenneth Minogue, Jean-François Revel, David Horowitz, Roger Kimball... nenhum desses intelectuais, enfim, figura como objeto de pesquisa nas universidades brasileiras. Os trabalhos que mencionam alguns deles (quase sempre de passagem) são raríssimos, dissolvendo-se como gotas de vinho num oceano de estudos devotados a Marx, Engels, Gramsci, Marcuse, Lukács, Althusser, Sartre, Foucault, Deleuze, Bourdieu e (*c'est incroyable!*) Paulo Freire.

No domínio das humanidades brasileiras, portanto, a direita não é mais que uma assombração (mula sem cabeça ou velho do saco), produto de uma imaginação paroquial e autorreferente. Apenas uma irrisória minoria de acadêmicos tupiniquins travou contato direto com o pensamento de direita real, autoconsciente e historicamente identificável. No geral, a imagem da direita consagrada na academia é aquela rudimentarmente desenhada por seus críticos de esquerda. Um desses críticos, um sociólogo aposentado da USP, teve a pachorra de, em pleno ano de 2016, sair-me com esta definição: "A direita é a direita violenta, o regime militar, que justifica toda a violência possível contra as pessoas e as práticas iníquas que você pode imaginar."[18]

É como se costuma dizer: para alguns, a ignorância é uma bênção. Talvez fosse mesmo muita judiação exigir do bonachão e autossatisfeito professor emérito que, àquela altura de uma vida de ilusões, houvesse agora de lidar com uma direita de carne e osso, largando as palavras-cruzadas para se debruçar sobre a densa obra de um Eliot, um Babbitt, um Voegelin, um Kolakowski, um Rosenstock-Huessy, um Oakeshott, um Kuehnelt-Leddihn, um Kirk, um Scruton, um Mário Ferreira dos Santos, um Olavo de Carvalho... Para que todo esse esforço se o bom e velho *reductio ad* ditadura permanece, aos olhos da classe falante, tão convincente quanto sempre?

---

[18] Ver: "PT se transformou em partido de direita, diz sociólogo." *Folha de S.Paulo*, 27 de outubro de 2016. Disponível em: <http://www1.folha.uol.com.br/poder/2016/10/1826671-intelectuais-divergem-sobre-posicao-ideologica-de-partidos.shtml>. Acesso em 17 abr. 2017.

Mas, para o grande "proletariado intelectual" (*sensu* Carpeaux) que hoje povoa as universidades, a coisa é ainda pior, sendo a direita pura projeção ficcional de seus temores e repulsas vários. O juízo é aí puramente sentimental e estetista, o que demostram as diversas manifestações de desconforto *físico* (ânsia de vômito, calafrios, taquicardia, vermelhidão nas faces, tremor nos lábios) observadas atualmente em jovens universitários quando expostos a ideias e opiniões que julgam ser "de direita". Esses indivíduos tendem a raciocinar de modo eminentemente simbólico, numa rápida associação de ideias que, quando disparada, leva-os aos mais delirantes silogismos: direita, logo elite; elite, logo egoísta; egoísta, logo inimigo do povo; inimigo do povo, logo racista; racista, logo estadunidense; estadunidense, logo imperialista; imperialista, logo sionista... e assim sucessivamente até que o perfeito idiota juvenil (categoria que, infelizmente, não exclui homens em idade provecta), qual o touro em vista da cor vermelha, explode finalmente em gritos de "fascistas!, fascistas!, não passarão!".

Os efeitos do desaparecimento intelectual da direita, substituída por um grotesco espantalho talhado para amedrontar corvos infantojuvenis, cansei de experimentá-los em primeira pessoa. Uma das lembranças mais significativas acerca disso tem a ver com um episódio banal envolvendo um conhecido de bairro que, após um longo período de afastamento, certa vez reencontrei por acaso no ônibus a caminho da faculdade.

Estava no primeiro ano universitário e, não sei bem por que cargas-d'água, talvez por excesso de empolgação com as coisas novas que aprendia à época, resolvi puxar uma impertinente conversa sobre política brasileira, interrompendo um bate-papo até então ameno. Tinha em mãos um exemplar da ultraesquerdista revista *Caros amigos* (que à época achava o máximo), na qual apontei determinado artigo para fundamentar um de meus infalíveis (e escassos, é verdade) argumentos contra o neoliberalismo e o imperialismo ianque.

Lembro como se fosse hoje da sensação de total perplexidade por mim experimentada ao ouvir do meu interlocutor: "Ah, mas a *Caros amigos* é muito de esquerda. Eu sou de direita." Não sei se o que mais me chocou foi o conteúdo de sua fala ou a maneira tranquila e quase blasé com que a expressou. *Eu sou de direita.* Para mim, aquilo era literalmente incompreensível. Creio que, até aquele momento, jamais estivera frente a frente com alguém que se declarasse de direita. Não sei bem o que ele queria dizer com aquilo, e o que entendia exatamente por direita, nem me passou pela cabeça perguntar. À época, eu estava plenamente convicto de que pessoas de direita só podiam ser criaturas ignorantes ou malignas. Não imaginava que alguém de direita pudesse fazer parte do meu convívio — morar no meu bairro, frequentar o mesmo ônibus, conversar comigo sobre música e futebol. Aquele sujeito era tão simpático, tão boa-praça... como podia ser de direita? E como era capaz de dizer aquilo sem corar?

A verdade é que nunca pensara num direitista como um ser de carne e osso. "Direita", para mim, jamais fora uma realidade objetiva e historicamente identificável. Não, "direita" era uma *ideia* minha, uma ideia muito cara, da qual não estava disposto a abrir mão. A realidade daquele encontro ameaçava ruir a minha armadura de estereótipos e, com ela, a minha própria autoimagem. Na época, é claro, não tinha maturidade para lidar com a situação. Dispensei mentalmente o sujeito com um raciocínio do tipo "Ah! Ele nem sabe o que está dizendo. É um ignorante" e balbuciei meia dúzia de clichês desconexos. A verdade é que fiquei sem resposta e sem ânimo. A conversa morreu. No ponto de parada, despedi-me cordialmente, já sem a mínima vontade de reencontrá-lo. Um dia, pensei, ele haveria de ler *Caros amigos* e compreender a verdade. No fundo, ele também devia ser de esquerda, apenas ainda não sabia disso. Um dia, um dia... Mas eu estava sem paciência de esperar.

Hoje, a memória daquela experiência pessoal, ao mesmo tempo embaraçosa e esclarecedora, fez-me compreender por que o esquerdista brasileiro médio teme tanto o encontro com uma direita real e autoconsciente, e o porquê de todo o aparato institucional erguido para evitá-lo. Durante os mais de dez anos em que estive dentro do ambiente acadêmico das ciências sociais brasileiras, nunca topei sequer com o nome dos autores conservadores citados antes, muito menos com suas ideias. Lembro-me perfeitamente de quando, por exemplo, na escola ou na faculdade, mencionava-se o nome de Roberto Campos, um dos principais expoentes do pensamento liberal no Brasil. O homem era tratado invariavelmente como motivo de chacota. O principal argumento contra ele era apelidá-lo jocosamente de *Bob Fields*, rechaçando-o por entreguista e dando o assunto por encerrado. Sem que nada mais nos fosse dito, e obviamente sem que nada perguntássemos, eu e tantos outros jovens estudantes da minha geração absorvemos passivamente aquele, digamos, argumento. Prevenidos contra uma leitura que fatalmente nos corromperia as almas em flor, todavia já *sabíamos* que Roberto Campos não prestava. Conhecer suas ideias era coisa perigosa e, de resto, desnecessária.

Tinha ainda, é claro, o fato de *Bob Fields* ter sido ministro no primeiro governo militar. Se algum jovem mais curioso decidisse meter-se a besta, restava esse argumento fulminante, a bala de prata utilizada pelos mesmos intelectuais-inquisidores que, por outro lado, jamais demonstraram o mesmo pudor em louvar apoiadores de ditaduras comunistas muito mais brutais que o regime militar brasileiro.

Por haver integrado o governo de Castelo Branco, Roberto Campos foi expelido do rol das personalidades honradas. Em compensação, um homem como Oscar Niemeyer (entre outros bastiões da cultura pátria) jamais teve o seu prestígio maculado ao, já nos últimos anos de vida, tecer estes elogios rasgados ao ditador soviético Joseph Stalin:

> Stalin era fantástico. A Alemanha acabou por fazer dele uma imagem de que era um monstro, um bandido. Ele não mandou matar os militares soviéticos na guerra. Eles foram julgados, tinham lutado pelos alemães. Era preciso. Estava defendendo a revolução, que é mais importante. Os homens passam, a revolução está aí.[19]

Peço que o leitor releia atentamente as palavras acima. "Stalin era fantástico" é uma frase impossível de relativizar. Conhecendo a história, e por coincidência tendo lido recentemente *O homem que amava os cachorros* (extraordinário romance histórico que o escritor cubano Leonardo Padura dedicou aos últimos anos de Trotski e à perseguição implacável que lhe moveu Stalin),[20] não posso deixar de qualificar a declaração como nada menos que indecente.

---

[19] Ver: "Elogios a Stalin e a busca pelo belo." *Diário do Nordeste*, 8 de dezembro de 2007. Disponível em: <http://diariodonordeste.verdesmares.com.br/cadernos/caderno-3/elogios--a-stalin-e-a-busca-pelo-belo-1.445278>. Acesso em 17 abr. 2017.
[20] PADURA, Leonardo. *O homem que amava os cachorros*. São Paulo: Boitempo Editorial, 2013.

"Eles foram julgados, tinham lutado pelos alemães", diz o arquiteto sobre as vítimas do ditador russo. Difícil acreditar que o homem não soubesse, em pleno ano de 2007, que os famosos "julgamentos de Moscou" não passaram de farsa, e que os acusados, muitos deles ex-aliados do tsar vermelho, eram obrigados a confessar sob tortura os crimes mais inverossímeis. Justificar a carnificina e o festival de ignomínias promovidas por Stalin sob o argumento de que a revolução é "mais importante" deveria bastar para sepultar a reputação de qualquer um. Por muito menos (muito menos mesmo!), homens de direita (ou assim considerados) foram execrados e condenados ao desterro existencial. Poucos deles ficaram imunes às campanhas esquerdistas de destruição de reputações, como a que arrasou a carreira e a vida do cantor Wilson Simonal, outrora o mais popular do país, amado pelo povo e detestado pela *intelligentsia*.

O caso Simonal foi um laboratório. O mecanismo à época mobilizado contra o cantor — banido de casas de show, de teatros, dos estúdios da Globo e da Tupi, e de todos os espaços reservados àquela "gente de doçura e luz" (*people of sweetness and light*) de que fala Matthew Arnold — continua em pleno vigor. Basta ver, por exemplo, o tratamento conferido ao músico Lobão desde que ele começou a externar suas críticas ao PT e à esquerda brasileira em geral. Outrora sempre presente em programas de entrevistas como o de Jô Soares ou de Marília Gabriela, Lobão passou a ser boicotado e solenemente ignorado pelo *establishment* midiático.

Por uma dessas estranhas coincidências tão frequentes no Brasil de nossos dias, além de ter sido arrolado numa tal "lista negra" do governo petista, o músico foi incluído em *outra lista negra*, esta mais discreta e insidiosa. De súbito, graças a uma espécie de acordo tácito, as opiniões políticas e culturais do músico passaram a *não pegar bem* entre os pares. Deu-se com ele — e com outros dissidentes do regime lulopetista — aquilo que, recorrendo a Doris Lessing e George Orwell, expliquei no capítulo 5 da parte I. Não foi preciso qualquer tipo de censura oficial por parte do governo. A coisa era muito mais sutil e eficiente, trazendo-nos de novo à memória o conceito haveliano de "sistema pós-totalitário".[21] A censura corria voluntária, e o clubinho progressista, mais realista que o rei, encarregava-se por conta própria de banir os bárbaros e os inconvenientes, mantendo assim, inabalável, o seu notável paroquialismo cultural, e imaculada, a sua "Combray" do espírito.[22] Isso para não falar, é claro, das polpudas quantias de patrocínio estatal por conta do serviço prestado.[23]

No mundo intelectual, talentos como Gilberto Freyre, Gustavo Corção, Mário Ferreira dos Santos, Roberto Campos, Bruno Tolentino, José Osvaldo de Meira Penna, Paulo Francis, José Guilherme Merquior, Olavo de Carvalho e quem mais tenha rezado fora da cartilha do pensamento único

---

[21] Como já observei numa nota anterior, o dramaturgo e político tcheco cunhou o termo em seu livro *O poder dos sem poder*. Com ele, Havel buscava diferenciar o sistema comunista de seu tempo, já relativamente (ou aparentemente) mais aberto, de formas mais ortodoxas de ditadura, estas baseadas no uso ostensivo da força; aquele, numa forma de dominação menos potente a curto prazo, conquanto mais duradoura e estável, porque invisível. Trata-se basicamente da diferença entre *controle* e *hegemonia*, para retomarmos os termos de Gramsci. Sobre a expressão *sistema pós-totalitário*, Havel faz questão de sublinhar: "Com o prefixo 'pós', *não quero sugerir que o sistema já não seja totalitário*; ao contrário, digo que ele é totalitário de maneira fundamentalmente diferente das ditaduras clássicas, diferente do totalitarismo tal como usualmente o compreendemos." Ver: HAVEL, Václav. *El Poder de los Sin Poder*. Madrid: Ediciones Encuentro, 1990. p. 20.

[22] "Combray é um universo protegido. Lá, a criança vive à sombra dos pais e dos ídolos familiares na mesma bem-aventurada intimidade que a aldeia medieval à sombra de seu campanário [...] Combray é uma cultura fechada, no sentido etnológico do termo, um *Welt*, diriam os alemães, 'um pequeno mundo protegido', nos diz o romancista [...] Combray se afasta das verdades perigosas, como o organismo sadio que recusa a assimilar o que pode ser prejudicial à sua saúde. Combray é um olho que rejeita as poeiras irritantes. Logo, cada qual, em Combray, é seu próprio censor. Mas essa autocensura, longe de ser penosa, se confunde com a paz de Combray." Ver: GIRARD, René. *Mentira romântica e verdade romanesca*. São Paulo: É Realizações, 2009. pp. 223-227.

[23] O fenômeno se dá em vários setores da cultura e das artes no país. Comentando sobre o seu campo de atuação, o cineasta Neville d'Almeida pôs o dedo na ferida em entrevista à *Folha de S.Paulo*: "A censura continua no Brasil, mas agora sob a forma dos patrocínios. Esses que controlam o cinema brasileiro, que eram os oprimidos, depois da Revolução passaram a ser opressores. Rolou — e rola até hoje — um patrulhamento contra o tipo de cinema que eu faço. É o preço da liberdade, e o preço do talento também. Só se vê por aí gente sem talento ou com pouco talento, ganhando premiozinhos. Tudo armação [...] Faz a lista de quem mama nas tetas do governo, da esquerda... aí você vai entender as comissões das autarquias federais, da Petrobras, Eletrobras, e vai ver que é tudo carta marcada, tudo dominado por pequenos grupos. O Brasil é assim." Ver: "Neville D'Almeida solta os cachorros." *Folha de S.Paulo*, 16 de julho de 2012. Disponível em: <http://andrebarcinski.blogfolha.uol.com.br/2012/07/16/neville-dalmeida-solta-os-cachorros/>. Acesso em 17 abr. 2017.

esquerdista estabelecido a partir dos anos 1960 acabou vítima, em maior ou menor grau, dos pelotões de fuzilamento moral montados pela patota da esquerda. Enquanto isso, homens como Niemeyer, o comunista histórico, o humanista tolerante com os pelotões stalinistas (depois castristas) de fuzilamento físico, saíram com as reputações intactas de seus flertes — alguns evoluindo para romances tórridos — com o totalitarismo.

Aquele duplo padrão moral de julgamento não é, decerto, exclusividade brasileira. Na introdução de seu premiado estudo sobre os *gulags* soviéticos, a historiadora e jornalista americana Anne Applebaum destaca, por exemplo, a diferença de tratamento dispensado a Heidegger e a Sartre — o primeiro tendo a reputação seriamente prejudicada por seu breve apoio explícito ao nazismo, manifestado antes de Hitler ter cometido suas maiores atrocidades; o segundo, ao contrário, saindo incólume do vigoroso apoio que devotou ao stalinismo durante vários anos do pós-guerra, quando já abundavam as provas dos crimes perpetrados pelo tsar vermelho.

"Já que não éramos membros do Partido", disse Sartre sobre o tema, "não era obrigação nossa escrever sobre os campos soviéticos de trabalhos forçados; desde que nenhum fato de importância sociológica tivesse ocorrido, estávamos livres para permanecer distantes das desavenças sobre a natureza do sistema." E, em outra ocasião, comentou com o ex-amigo Albert Camus: "Assim como você, acho esses campos execráveis, mas acho *igualmente execrável* o uso que todos os dias se faz deles na imprensa burguesa" [grifo meu].[24]

Em seu livro *A infelicidade do século*, Alain Besançon já antecipara a perplexidade de Applebaum em relação à diferença de tratamento histórico dado ao nazismo e ao comunismo — o primeiro eternamente (e justamente) condenado por seus crimes contra a humanidade, o segundo, quase incólume em face dos seus.[25] Depois de enfatizar aquilo

---

[24] Citado em: APPLEBAUM, Anne. *Gulag: A History*. New York: Anchor Books, 2004. p. 14.
[25] Applebaum diz ter se dado conta do problema quando, certa vez em Praga, reparou na tranquilidade e no entusiasmo com que turistas americanos e europeus ocidentais compravam réplicas da parafernália militar soviética como suvenires, todas elas marcadas com a indefectível foice e martelo. Aquelas mesmas pessoas, refletiu Applebaum, certamente ficariam enojadas se ganhassem presentes estampados com a suástica nazista. Havia, então, subjacente àquela comezinha observação, um paradoxo importante: "Enquanto o símbolo de um genocídio nos enche de horror, o de outro nos diverte", escreve a autora. APPLEBAUM, op. cit. p. 14.

que mais os identifica — a reivindicação do direito (quiçá o dever!) de matar em nome do que acreditavam ser o bem —, Besançon escreve sobre os dois grandes regimes totalitários de nossa história recente:

> A memória histórica, no entanto, não os trata igualmente. O nazismo, apesar de completamente extinto há mais de meio século, segue sendo, com razão, objeto de uma execração que não diminui com o tempo. A reflexão horrorizada sobre ele parece até aumentar a cada ano em profundidade e extensão. O comunismo, em compensação, apesar de sua memória mais recente, e apesar inclusive de sua dissolução, beneficiou-se de uma amnésia e de uma anistia que colhem o consentimento quase unânime, não apenas de seus partidários, pois eles ainda existem, como também de seus mais determinados inimigos e até mesmo de suas vítimas. Nem uns nem outros sentem-se confortáveis para tirá-lo do esquecimento. Acontece às vezes que o caixão do Drácula se abre. Foi assim que, no final de 1997, uma obra [*O livro negro do comunismo*][26] ousou calcular a soma dos mortos que era possível lhe atribuir. Propunha-se uma cifra de 85 a 100 milhões. O escândalo durou pouco e o caixão já se fecha, sem que, no entanto, essas cifras tenham sido seriamente contestadas.[27]

A arte de fechar o caixão e ocultar o Drácula fez a fortuna e o prestígio de muitos intelectuais no Brasil, alguns deles, como veremos, treinados ainda jovens na boa e velha arte soviética da desinformação (*dezinformatsiya*). O tipo de perversão ética ilustrada, por exemplo, pelas falas de Sartre anteriormente citadas alastrou-se como vírus pela classe falante de esquerda, expelindo do debate público tudo o que cheirasse a anticomunismo, a despeito de questões de mérito ou valor.

Note-se que, para Sartre, há uma equivalência moral entre a edificação de campos de concentração por parte dos soviéticos e a sua denúncia por parte da "imprensa burguesa". Ambos — um empreendimento genocida e a sua crítica — seriam *igualmente* execráveis. Ocorre que, eximindo-se

---

[26] Stephanie Courtois et. al. *O livro negro do comunismo*. Rio de Janeiro: Bertrand Brasil, 1999.
[27] BESANÇON, Alain. *Le Malheur du Siècle: sur le communisme, le nazisme e l'unicité de la Shoah*. Paris: Fayard, 1998. p. 10.

mediante piruetas de abstracionismo da responsabilidade de criticar os *gulags*, o filósofo parisiense jamais deixou de vociferar contra a "imprensa burguesa".

A partir dos anos 1960, respaldando-se na lógica do radicalismo político, a *intelligentsia* brasileira adotou sem reservas aquele padrão corrompido de julgamento. Mesmo aqueles intelectuais que, com o colapso da URSS, viriam a renegar formalmente o comunismo, continuaram repudiando com igual ou maior veemência o anticomunismo. De acordo com a mitologia stalinista consagrada, o anticomunismo passara a confundir-se com o fascismo. Os crimes soviéticos haviam sido mesmo terríveis, concedia-se para não ter de falar mais no assunto. Mas, segundo esse estranho padrão ético, a eventual insistência em denunciá-los seria coisa ainda mais abjeta.[28]

A crítica ao comunismo só foi permitida dentro da própria tradição de esquerda,[29] restando inevitavelmente sujeita a limites demasiado

---

[28] Nesse sentido, o historiador Tony Judt observou um sintomático ato falho cometido por seu colega marxista Eric Hobsbawm, expresso numa linguagem, para dizer o mínimo, ambígua. Descrevendo certa feita o famoso "discurso secreto" proferido por Kruschev em 1956, Hobsbawm menciona a "brutal e implacável *denúncia* dos delitos de Stalin". O comentário de Judt é afiado: "Note-se que é a denúncia contra Stalin que recebe os epítetos ('brutal' e 'implacável'), não os seus 'delitos'." Ver: JUDT, Tony. "The Last Romantic" (resenha de *Interesting Times: A Twentieth-Century Life*, de Eric Hobsbawm). The New York Review of Books, novembro de 2003. Disponível em: <http://www.nybooks.com/articles/archives/2003/nov/20/the-last-romantic/?page=1>. Acesso em 17 abr. 2017. Exemplos dessa lógica torta são recorrentes na imprensa brasileira. Um deles foi dado por Zuenir Ventura durante as eleições presidenciais de 2010, disputadas em segundo turno por Dilma Rousseff e José Serra. Na época, havia estourado o escândalo da violação do sigilo fiscal e bancário de familiares do candidato de oposição, o que configurava um claro uso eleitoral da máquina pública, um crime de violação da privacidade. Comentando sobre o escândalo, Zuenir Ventura achou por bem equiparar o crime e a sua denúncia, tratando a ambos como atitudes extremadas. Na verdade, para o colunista, esta era até um tantinho mais "agressiva" que aquele: "*De um lado*, o governo 'banalizando o dolo' e tentando desviar de sua candidata os escândalos envolvendo a Receita Federal e a Casa Civil. *De outro*, a oposição fazendo do assunto o tema único de suas propostas eleitorais, *com uma agressividade* que procura compensar a fracassada estratégia inicial..." [grifos meus]. Ver: "O fator marina", *O Globo*, 15 de setembro de 2010.

[29] Como bem observou Jean-François Revel, um dos mais argutos comentadores da esquerda pós-soviética: "A esquerda não se equivoca jamais ou, quando muito, se equivoca apenas em relação a si própria, em seu próprio seio, de um modo indigno de ser discutido senão pelos pares que a compõem, jamais sob condições que pudessem levá-la a dar razão, ou mesmo a palavra, aos seus adversários." Ver: REVEL, Jean-François. *La Grande Parade: Essai sur la survie de l'utopie socialiste*. Paris: Plon, 2000. p. 30.

estreitos, tão estreitos que permitiram aos outrora entusiastas da URSS, de memória notadamente curta, voltar a exprimir euforia diante de novos regimes socialistas como os de Mao Tsé-tung, Pol Pot, Fidel Castro e Hugo Chávez. Quem não seguisse a cartilha-padrão de crítica — que consistia basicamente em dizer que a *experiência* soviética concreta (depois a chinesa, logo a cambojana, em seguida a cubana e assim *ad infinitum*) fora uma deturpação da *ideia* socialista original[30] — passava a ser vítima do que Jean Sévillia, referindo-se à *intelligentsia* parisiense do segundo pós-guerra, chamou de "terrorismo intelectual".[31] O sujeito era então retratado como criatura hidrófoba, raivosa, paranoica, restando previamente anulado mediante rótulos tais como "macartista" e "saudosista da Guerra Fria".

Como veremos num capítulo mais à frente, mesmo a abertura dos arquivos de Moscou e a publicação de documentos de inteligência dos países-satélite do Leste Europeu não serviram para atiçar o interesse no passado soviético, muito menos na penetração soviética na América Latina. Expressões como "o ouro de Moscou", por exemplo, são ainda hoje utilizadas ironicamente, como forma de deboche contra uma pretensa paranoia anticomunista,[32] muito embora já seja possível conhecer

---

[30] "Segundo essa argumentação" — diz ainda Revel —, "o horror das consequências provaria a excelência do princípio [...] Pois, ao se avaliar os zeladores de um modelo ideal, não são os atos que deveriam servir de critério, mas as intenções. No fundo, o reino do comunismo não é deste mundo, e seu fracasso aqui em baixo é imputado ao mundo, não ao comunismo enquanto conceito." REVEL, op. cit. pp. 22-23.

[31] "Ao mesmo tempo, alguns espíritos sabiam que Stalin, Mao ou Pol Pot dirigiam regimes criminosos. Esses espíritos ressaltavam que o mito da ruptura revolucionária não havia provocado senão catástrofes históricas. Lembravam que nações, tradições, culturas e religiões não podem ser eliminadas da noite para o dia com um simples golpe. No entanto, contra os intransigentes, ao longo de cinquenta anos, o microcosmo parisiense lançou mão de um mecanismo singular: o terrorismo intelectual. Trata-se de um sistema totalitário, mas de um totalitarismo adulador, hipócrita, insidioso. Que não concede a palavra ao adversário, transformado em animal a ser abatido. Abate em que não há perda de sangue, mas distorção de palavras. Palavras da boa consciência. Palavras das grandes consciências. Palavras que matam." SÉVILLIA, Jean. *O terrorismo intelectual: de 1945 aos nossos dias.* São Paulo: Peixoto Neto, 2009. pp. 9-10.

[32] "Os golpistas [de 1964] haviam criado um mito: o 'ouro de Moscou'", escrevem os jornalistas comunistas Palmério Dória e Mylton Severiano em *Golpe de Estado: o espírito e a herança de 1964 ainda ameaçam o Brasil.* São Paulo: Geração Editorial, 2015.

os detalhes quanto aos valores precisos daquele ouro e os caminhos pelos quais jorrou para a América Latina desde os anos 1930.

É sintomático que tão poucos profissionais da imprensa brasileira — de resto tão interessada em possíveis interferências norte-americanas na nossa política interna — tenham ido a fundo no material dos arquivos soviéticos. Um deles foi William Waack, autor de *Camaradas — Nos arquivos de Moscou: a história secreta da revolução brasileira de 1935*, a melhor obra já escrita no país sobre a relação entre o PCB e a Internacional Comunista.

Entre outros feitos, o livro infligiu um duro golpe nas figuras idealizadas de Luís Carlos Prestes e Olga Benário (esta última — embelezada pelo livro-hagiografia de Fernando Morais —, uma espiã do serviço secreto soviético). Como prêmio, Waack recebeu a alcunha de "agente da CIA", frequentemente ressuscitada por alguma nova "informação" bombástica, numa prova de que a velha tecnologia stalinista de assassinato de reputações foi herdada com muito gosto pela esquerda brasileira.[33] O fato é que, em larga medida, o interesse pela influência soviética no Brasil dos tempos da Guerra Fria permanece sob suspeita. Há como que um desejo difuso, e no entanto bastante articulado em termos práticos, de que essa história continue a ser mal contada.

---

[33] Nada mais natural que, no país onde vários jornalistas foram *literalmente* agentes da KGB (Ver: BITTMAN, Ladislav. *The KGB And Soviet Disinformation. An Insider's View*. Washington: Pergamon-Brassey's, 1985. p. 8), um colega seja acusado de "agente da CIA" por realizar esse trabalho investigativo.

2. Comunismo e consciência: *o momento Kronstadt*

Em seu livro *Passado imperfeito*, o historiador britânico Tony Judt descreveu a França do segundo pós-guerra como um país em que toda uma geração de intelectuais, escritores e artistas fora tragada pelo "vórtex do comunismo".[1] Isso não significa, ressalva o autor, que aqueles intelectuais e artistas fossem todos comunistas. Alguns dos mais influentes, aliás, não tinham filiação partidária nem qualquer simpatia especial pela doutrina de Marx, Engels e cia. Mas, de um modo ou de outro, a cultura política comunista havia dominado o debate intelectual do período.

O mesmo se passou com os intelectuais e artistas brasileiros durante o regime militar. Embora nem todos fossem comunistas, e uma grande parte tenha mesmo batido de frente com a ortodoxia do PCB, não é exagero dizer que, afirmando-se contra o regime, quase toda a nossa *intelligentsia* foi tragada pelo "vórtex do comunismo", conformando aquilo que o sociólogo Marcelo Ridenti chamou de "estrutura de sentimento da brasilidade revolucionária".[2]

Ocorre que, aqui, houve pouco tempo, entre o fim da ditadura militar e o colapso da URSS, para que nossos intelectuais lambessem as feridas e refletissem sobre o impacto existencial que a visão de mundo comunista exercera sobre os seus espíritos. O simbolismo do "fim do comunismo" atropelou o ambiente cultural e criou a falsa impressão de uma ruptura

---

[1] Ver: JUDT, Tony. *Past Imperfect: French Intellectuals, 1944-1956*. Berkeley, Los Angeles & Oxford: University of California Press, 1992.

[2] RIDENTI, Marcelo. "Artistas e intelectuais no Brasil pós-1960." *Tempo Social, revista de sociologia da USP*, v. 17, n. 1. 2005.

discreta em vez de contínua. Subitamente, num giro de chave, vários comunistas tornaram-se ex-comunistas, sem grandes traumas ou dramas de consciência aparentes. Sem que se soubesse muito bem como, a própria palavra "comunismo" ficara irremediavelmente obsoleta. Quem quer que a enunciasse passava a ser visto de soslaio, como um ser egresso das brumas de um passado remoto.

O comunismo tinha acabado e era hora de virar a página: eis a narrativa que se sagrou vitoriosa com a queda do Muro de Berlim e do regime soviético. Que importava a proliferação de partidos e movimentos comunistas espalhados por todo o continente latino-americano? Que Fidel Castro montasse com Luiz Inácio Lula da Silva uma vasta organização de esquerda, abrigando indivíduos, partidos, movimentos revolucionários e quadrilhas de narcotraficantes e sequestradores (como as Farc e o MIR chileno), com o objetivo declarado de "recuperar na América Latina o que se perdera no Leste Europeu"? Que os símbolos e a mitologia comunistas continuassem influenciando gerações e gerações de jovens? Que o rosto do Che Guevara houvesse parado até na estampa do biquíni da Gisele Bündchen? Que virtualmente toda a historiografia ensinada nas escolas do continente fosse marxista? Que até mesmo ditadores e terroristas comunistas (a exemplo de Fidel Castro e Carlos Marighella) fossem incensados como heróis populares? Que a ideia da luta de classes fosse ainda tão onipresente, sendo utilizada por intelectuais e políticos "progressistas" como chave explicativa em questões de segurança pública? Que, em certos ambientes, notadamente nas faculdades de humanas, os conceitos de "burguesia" e "proletariado" fossem usados como se permanecêramos no século XIX? Que a sangrenta e brutal ditadura cubana continuasse sendo vista com olhos complacentes? Que partidos brasileiros prestassem "apoio incondicional" (sic) à ditadura norte-coreana? Que os programas dos partidos de esquerda insistissem no fim do capitalismo como objetivo último? Que um ministro de Estado brasileiro saudasse a sua substituta com a expressão "minha camarada de armas"? Que se entoasse a Internacional Socialista em plena sessão da Comissão da Verdade na OAB do Rio de Janeiro? Que a presidente do Brasil comparecesse a um evento do PCdoB e discursasse entre dois imponentes *banners* estampados com retratos monumentais de Marx e Lenin? Que, num congresso de partidos de extrema esquerda (PSol, PSTU, PCdoB, etc.), um professor da UFRJ, candidato a presidente pelo PCB nas eleições de 2014, propusesse, sob o silêncio cúmplice da grande imprensa e o apoio declarado da própria universidade (entidades normalmente tão suscetíveis a "ofensas" politicamente corretas e ao "discurso de ódio" de não esquerdistas), enviar todos os direitistas e conservadores (em suma, os não comunistas) para o paredão de fuzilamento?[3]

Nada daquilo importava. E quem visse ali qualquer sinal de que o estimado defunto talvez não estivesse tão frio quanto parecera de início era logo tido por oligofrênico, tornando-se alvo do alerta sempre reiterado, dito num tom entre piedoso e debochado: "O Muro já caiu."[4] De fato, para uma parte da humanidade, sim. Só faltou avisar aos comunistas latino-americanos e brasileiros em particular. Numa estranha variação sobre o tema do famoso dito popular anglófono conhecido como "teste do pato", era proibido concluir que, se o bicho em questão se parecia com um pato, nadava como um pato e grasnava como um pato, então forçosamente devia ser um pato. Ai de quem tenha cometido a impertinência de constatar: "É um pato! É um pato!"

Se formos pressupor a existência de alguma inteligência maquiavélica por trás da estratégia toda, seria preciso admitir haver se tratado de um golpe de mestre. Com o comunismo morto e enterrado, ele ficava livre de críticas, as quais naquelas condições soavam até mesmo como

---

[3] O intelectual pecebista, com sangue nos olhos e mórbida salivação, citava o stalinista Bertolt Brecht: "Nós sabemos que você é nosso inimigo, mas considerando que seja, como afirma, uma boa pessoa, nós estamos dispostos a lhe oferecer o seguinte: um bom paredão, onde vamos colocá-lo à frente de uma boa espingarda, com uma boa bala, e vamos fornecer, depois de uma boa pá, uma boa cova." E concluía, mostrando estar falando sério: "Com a direita e o conservadorismo, nenhum diálogo: luta." Aplausos calorosos da plateia, composta de parte considerável da esquerda nacional. Disponível no YouTube em <https://www.youtube.com/watch?v=EGKI8Hi1Tvw&feature=youtu.be> (ver a partir do minuto 23). Acesso em 17 abr. 2017.

[4] Foi o que, em maio de 1997, no programa *Roda Viva*, Roberto Campos teve de ouvir do petista Marco Aurélio Garcia, ao discorrer sobre os crimes da ditadura cubana, que Garcia queria acobertar. Disponível no YouTube em <https://www.youtube.com/watch?v=gF1rfaKvdqg> (ver a partir de 1:03:40 de vídeo). Acesso em 17 abr. 2017.

indecorosas, haja vista o alegado estado de decomposição do cadáver.[5] Todo o esforço crítico passava então a concentrar-se nas dinâmicas internas ao capitalismo supostamente triunfante, que ganhava ainda um novo rótulo, talhado à medida para atemorizar os espíritos mais frágeis: *neoliberalismo*.[6]

Mas o mero maquiavelismo político — embora presente na cabeça dos principais estrategistas soviéticos, incluindo a do próprio Gorbachev[7] — não parece ser uma explicação suficiente para o sucesso da empreitada. O processo de desaparecimento da palavra "comunismo" do debate público — que não correspondeu ao desaparecimento efetivo do fenômeno, sobretudo no domínio das consciências — foi, em larga medida, impremeditado. Ele ocorreu sob a forma de recalque coletivo. Sobretudo no Brasil.

---

[5] "O Velho Mundo, vítima de sua vitória sobre o comunismo, depôs as armas desde a queda do Muro de Berlim." BRUCKNER, Pascal. *The Tyranny of Guilt: An Essay on Western Masochism*. Princeton & Oxford: Princeton University Press, 2010. p. 4.

[6] O truque do desaparecimento do "comunismo", bem como a seleção de um inimigo que, atraindo o foco para si, pudesse distrair a opinião pública mundial, têm precedentes históricos, seus criadores tendo sido Stalin e Willi Münzenberg, o gênio do agitprop pró-soviético nos anos 1930. Em 1934, o sétimo congresso do Komintern inaugurou uma nova política, que buscava mascarar a natureza brutal do regime. O discurso radical da luta de classes e da ditadura do proletariado eram substituídos por uma nova fachada, mais, por assim dizer (e o leitor brasileiro terá um *déjà-vu*), "paz e amor". O foco agora deveria ser o combate mundial contra o fascismo, combate organizado sob uma grande frente popular. Como recorda o escritor Arthur Koestler (sobre quem ainda falaremos muito mais adiante): "A noção de que alguma vez pregáramos a revolução e a violência deveria ser ridicularizada como um espantalho, refutada como uma calúnia espalhada por reacionários maliciosos. Já não nos referíamos a nós mesmos como 'bolcheviques', nem mesmo como comunistas — e o uso público da palavra era agora reprovado dentro do partido. Éramos apenas honestos, humildes e pacíficos antifascistas e defensores da democracia." VER: CROSSMAN, Richard (ed.). *The God That Failed*. New York: Harper & Row, 1963. p. 62.

[7] Ver, do dissidente soviético e ex-oficial da KGB Anatoliy Golitsyn, *The Perestroika Deception: Memoranda to the Central Intelligence Agency*. London & New York: Edward Harle Limited; 2nd edition, 1998. Outro sovietólogo e estrategista militar, o coronel norte-americano Robert W. Chandler, confirma Golitsyn, sugerindo que o fim da URSS foi, antes que um colapso motivado por forças externas, uma espécie de implosão controlada, derivada da assimilação por Gorbatchev das ideias de Antonio Gramsci. Ver: CHANDLER, Robert W. *Shadow World: Resurgent Russia, the Global New Left, and Radical Islam*. Washington DC: Regnery Publishing Inc., 2008. cap. 3.

Sem, portanto, ter sido exposta a um exame mais contundente, sequer mesmo a uma necrópsia, a imaginação comunista terminou reinventada, fragmentando-se numa miríade de modos de ser de esquerda ou — palavra nova para velhos hábitos — *progressista*.[8] E tudo longe do escrutínio da opinião pública. Foi assim que muitos autoproclamados ex-comunistas brasileiros se esquivaram de um exame de consciência mais profundo, limitando-se a uma crítica meramente formal (e, de resto, inócua) ao modelo soviético. Dispensados da autocrítica, entregaram-se, ato contínuo, ao seu esporte predileto: a denúncia dos males do mundo. Havia agora o "neoliberalismo", um alvo ideal. A esquerda pós-soviética, em perfeita unanimidade, achou por bem qualificá-lo de "pensamento único". Ninguém pareceu notar a ironia da situação: era pensamento único na esquerda mundial do pós-Guerra Fria acusar o neoliberalismo de pensamento único.

Eis por que o Brasil nunca tenha gerado nada próximo a um Arthur Koestler, um Sidney Hook, um Pierre Daix, um Leszek Kołakowski, um François Furet, um Alain Besançon ou um George Orwell. O que dizer então de um Dostoievski, "aquele que se arrependeu", na profunda definição do *stáretz* Ambrósio de Optina? Reconhecendo apenas — quando muito! — o evidente fracasso econômico dos regimes socialistas, ou no máximo o colapso da doutrina em face da experiência histórica, a maior parte dos bem-pensantes brasileiros evitou lidar com os efeitos mais íntimos e subjetivos que a ideologia comunista exercera em suas próprias personalidades.

Na ausência dessa experiência interior, o abandono da utopia soviética não recebeu aqui o devido tratamento literário, restando como fenômeno

---

[8] Em seu livro *Silent Revolution*, o escritor Barry Rubin propõe o conceito de "Terceira Esquerda", que teria sucedido à "nova esquerda" dos anos 1960 assim como esta sucedera à esquerda sovietizada da primeira metade do século XX. A "Terceira Esquerda", argumenta Rubin, é resultado do amadurecimento (tanto cronológico quanto estratégico) da geração de jovens radicais dos anos 1960. Estes passaram a se apresentar (e a ser vistos) como moderados e centristas, não obstante jamais haverem abandonado seus projetos de poder, senão apenas os métodos anteriores. VER: RUBIN, Barry. *Silent Revolution: How the Left Rose to Political Power and Cultural Dominance*. Northampton: Broadside Bookshop, 2014.

superficial e sem consequências relevantes para a cultura.[9] Lamentava-se o fracasso do comunismo no plano prático, é verdade, mas sem que se emitisse acerca dele qualquer juízo moral. Era como se o seu problema fosse apenas o de haver fracassado.[10] Tudo não passara de um inocente idealismo de nossos jovens intelectuais, uma adesão romântica a uma utopia inofensiva, que haveria fatalmente de ser esmagada pelas forças avassaladoras do grande capital e do imperialismo americano. Desse ponto de vista, o vício dos nossos revolucionários filossoviéticos fora quase uma virtude, qual seja, a de sonhar demais. "Eles *só* queriam mudar o mundo", diz o título de uma obra sobre os jovens de 1968.[11] Só isso. Coisa pouca.

O grosso da *intelligentsia* patropi jamais esboçou sinais de haver percebido que, mais que um regime político, um projeto econômico, uma doutrina filosófica ou uma utopia social, o comunismo encaixa-se perfeitamente no conceito de *religião política,* cujo abandono é mais fácil manifestar em palavras que em atos. Na qualidade de espécie do gênero religião, e em consonância com aquilo que, desde fins do século XIX, a literatura antropológica vem registrando copiosamente acerca da experiência de iniciação religiosa nas mais variadas culturas humanas,

---

[9] Descrevendo a sua sensação de desengano com a experiência comunista, Lionel Trilling escreveu em agosto de 1936: "Uma carta não é o lugar apropriado para falar da questão russa: seria preciso um romance ou uma autobiografia." E, de fato, o seu romance *The Middle of the Journey* foi publicado uma década depois. Ver: KIMMAGE, Michael. *The Conservative Turn: Lionel Trilling, Whitaker Chambers, and the Lessons of Anti-Communism.* Cambridge & London: Harvard University Press, 2009. p. 81.

[10] Pensando nos termos da distinção proposta por Benedetto Croce entre o arrependimento moral e o arrependimento meramente *econômico*, pode-se dizer que os nossos bem-pensantes de esquerda nunca foram além deste último. Como sugeriu Olavo de Carvalho acerca da formulação crociana: "Benedetto Croce distinguia entre o arrependimento moral, que condena o próprio ato como intrinsecamente mau, e o 'arrependimento econômico', que não abjura do ato mas apenas de suas consequências indesejadas: um ladrão se envergonha de ter roubado; outro, de não ter conseguido escapar da polícia. Mesmo o puro arrependimento moral não garante que o criminoso não voltará a reincidir. Mas o arrependimento econômico é quase uma garantia de reincidência." Ver: CARVALHO, Olavo de. "Moral leninista." Disponível em: <http://www.olavodecarvalho.org/semana/mleninista.htm>. Acesso em 17 abr. 2017.

[11] Ver: ZAPPA, Regina e SOTO, Ernesto. *1968: eles só queriam mudar o mundo.* Rio de Janeiro: Zahar, 2008.

o comunismo promove uma total (e não raro irreversível) *reestruturação da personalidade* do iniciado. A adesão ao comunismo não é a aceitação consciente de mandamentos ou princípios doutrinais, tampouco expressão de um apreço particular pela compreensão "científica" do homem e da sociedade. Está muito mais para uma variante de batismo ou outra sorte de iniciação religiosa, em que a antiga pessoa do fiel morre simbolicamente (e, em termos psíquicos, de modo assaz efetivo) para renascer de todo transformada. O novo homem comunista já não é o homem comum que outrora foi. Portanto, a ação de abandonar o comunismo não implica livrar-se de um mero conjunto ou sistema de *ideias*. Trata-se de algo bem mais complexo e doloroso, dado que, nessa fé secular, as ideias terminam por converter-se em hábitos e afetos inconscientemente incorporados à personalidade: é preciso, ao fim e ao cabo, que o apóstata do comunismo rejeite uma parte importante de sua própria *identidade pessoal*.[12]

"O verdadeiro ex-comunista jamais voltará a ter uma personalidade integral", escreve o editor de um dos melhores documentos sobre a conversão e a posterior apostasia em face do comunismo: o livro muito conhecido, e à época explosivo, com o sugestivo título de *The God That Failed* [O deus que fracassou]. Publicado em 1949, ele reúne as memórias pessoais de seis importantes intelectuais ex-comunistas: Arthur Koestler, André Gide, Ignazio Silone, Stephen Spender, Richard Wright e Louis Fischer. Os textos de Koestler (ao lado de Alexander Zinoviev o maior desbravador da alma soviética, autor dos clássicos *O zero e o infinito* e *O iogue e o comissário*) e Fischer (jornalista americano de origem judia) são particularmente relevantes para a nossa conversa neste capítulo.

É de Fischer a autoria do importante conceito de *Kronstadt*, que assinala a *decisão moral* de passar de um estado passivo de ex-comunismo

---

[12] Ao lado da destruição física, política e econômica promovida pelo comunismo (e também pelo nazismo), mais visível e fácil de criticar, há aquela espécie de destruição que Alain Besançon qualificou muito bem de *moral*, que corresponde ao nosso conceito de *corrupção da inteligência*, e pela qual "almas honestas e razoáveis se tornaram criminosas, loucas, estúpidas". BESANÇON, Alain. *Le Malheur du Siècle: sur le communisme, le nazisme e l'unicité de la Shoah*. Paris: Fayard, 1998. p. 22.

a um anticomunismo atuante, que já não tolera arrependimentos silenciosos, ambíguos e meramente pró-forma. Kronstadt era o nome da fortaleza naval localizada no golfo da Finlândia onde, em 1921, marinheiros, soldados e civis (outrora chamados por Trotski de "orgulho e glória da revolução") rebelaram-se contra a tirania e a centralização bolchevique ao fim da Guerra Civil Russa. A rebelião foi brutalmente reprimida a mando de Lenin, resultando num banho de sangue que custou a vida de milhares de rebeldes, deixando outros tantos feridos e condenando centenas a perecer no campo de Solovki, o primeiro grande campo de concentração soviético, construído numa ilha no mar Branco duas décadas antes que os nazistas resolvessem imitar a ideia.[13] A violenta repressão à revolta de Kronstadt dividiu os socialistas de todo o mundo.

Em seu artigo, Fischer menciona o caso particular de Alexander Berkman, um renomado anarquista que, entre 1920 e 1921, estivera visitando a Rússia soviética em companhia de sua camarada Emma Goldman. Mesmo sendo um entusiasta da revolução, Berkman já vinha criticando os maus-tratos infligidos pelos bolcheviques aos seus presos políticos. Mas, segundo Fischer, foi a carnificina em Kronstadt que, numa transição tão misteriosa quanto súbita, virou uma chave no espírito de Berkman, levando-o a trocar objeções hesitantes aos abusos bolcheviques por uma firme condenação integral do regime soviético.[14] Nas palavras do autor:

> Berkman só confirmou a minha tese. Ele continuava pró-soviético enquanto abominava o tratamento desumano dispensado pelos bolcheviques aos presos políticos. Mais tarde, a draconiana supressão soviética da revolta dos marinheiros na ilha de Kronstadt, próxima a Petrogrado, levou-o a ressentir-se de todo o regime soviético. Esse

---

[13] Para um dos mais bem documentados registros da rebelião de Kronstadt, ver: FIGES, Orlando. *A tragédia de um povo: a Revolução Russa (1891-1924)*. Rio de Janeiro/São Paulo: Record, 1999.

[14] Figes (op. cit. p. 942) também escreve sobre o estado de espírito de Berkman: "'Rompido o último fiapo de sua fé nos bolcheviques', Alexander Berkman vagou em agonia pelas ruas de Petrogrado — berço e, agora, também túmulo da revolução."

"banho de sangue em Kronstadt" [como Berkman o havia qualificado] transformou o tratamento bolchevique dos prisioneiros de um caso de protesto privado em uma razão para o ataque público. A crueldade de Moscou para com os presos políticos baixara a imunidade de Berkman para o choque em Kronstadt, mas foi apenas depois deste evento que Berkman se tornou um inimigo declarado. O que conta decisivamente é o "Kronstadt". Até o seu advento, pode-se vagar emocionalmente, duvidar intelectualmente, até mesmo rejeitar interiormente a causa, *e ainda assim recusar-se a atacá-la*. Eu levei muitos anos para ter o meu "Kronstadt".

Fischer lança mão da linguagem figurada para transformar "Kronstadt" no símbolo condensado de um salto de consciência. Mais que de eventos externos objetivos, que variam de caso a caso, esse salto depende de uma reviravolta interior do espírito, que, apesar de disparada por algum acontecimento concreto (no caso de Berkman, o episódio Kronstadt), não pode ser explicada inteiramente por ele. Doravante neste livro vou me referir ao *insight* de Fischer como o *momento Kronstadt*.

O *momento Kronstadt* é um fenômeno de natureza individual, exclusiva e eminentemente subjetiva; uma espécie de epifania moral, até religiosa, quase como a que fulminou Saulo a caminho de Damasco, ou o poeta Murilo Mendes no enterro de Ismael Nery, conforme a imortal descrição de Pedro Nava. Para uns, ele pode brotar de episódios históricos particularmente dramáticos; para outros, de um acontecimento pessoal comezinho. Para o fulano, calha de haver se manifestado desde cedo; para o sicrano, talvez só na hora derradeira. Fischer, por exemplo, só viria a experimentá-lo por ocasião do infame Pacto Molotov-Ribbentrop de 23 de agosto de 1939, no qual Stalin fazia precisamente tudo aquilo que acusara Trotski e outros ex-aliados de fazer: colaborar com Hitler. Para alguém como o jornalista americano, que, ao lado de tantos intelectuais ocidentais, estiveram na frente de batalha contra as forças de Franco durante a Guerra Civil Espanhola, aquele gesto de Moscou representava a mais vil das traições. E, ainda assim, não foram poucos os comunistas que racionalizaram o episódio com o expediente padrão: "o paizinho Stalin certamente sabe o que faz". Fischer já não estava disposto a tais exercícios de autoilusão e mutilação da consciência.

A descrição que Arthur Koestler faz de seu *momento Kronstadt* no livro *The God That Failed* é uma verdadeira joia literária. Mediante um notável esforço de memória, o autor inicia a sua contribuição tentando recapitular o processo de conversão à fé comunista (é ele próprio quem emprega esse vocabulário religioso), na tentativa de reviver os sentimentos tal como foram à época experimentados.

Abrindo o capítulo num ritmo proustiano, Koestler retraça a conexão entre suas disposições pessoais desde a infância, o cotidiano familiar e as bruscas transformações sociais por que passou a Europa com o início da Primeira Guerra Mundial. Nascido em Budapeste no ano de 1905, Koestler tinha então 9 anos quando aqueles tempos intranquilos vieram abalar a rotina da típica família de classe média na qual fora criado. O pai, representante na Hungria de uma antiga fábrica anglo-germânica de tecidos, perdeu o negócio e o rumo com o início da guerra, passando a se lançar em uma série de empreendimentos fracassados até que, no começo dos anos 1920, com a família agora instalada em Viena, a crise inflacionária austríaca levou-o irremediavelmente à falência. Arthur saiu de casa aos 21 anos e, desde então, tornou-se o arrimo da família.

Testemunhando ainda criança o colapso de seu idílio de classe média, Koestler logo tomou ciência da dramática situação econômica vivida pela família e pelo continente inteiro. Não obstante a crise, aquele filho único continuava a ser papaparicado pela família, o que acabou lhe rendendo um incômodo *sentimento de culpa*,[15] fustigado toda vez que seu pobre pai lhe presenteava com livros e brinquedos. Carregou aquela culpa para a vida adulta e, sempre que comprava um terno ou qualquer outro bem pessoal, castigava-se por não ter poupado o dinheiro em benefício da família.

Assim, Koestler desenvolveu uma certa aversão por pessoas ostensivamente ricas, menos por inveja de suas posses que da consciência

---

[15] E aqui rogo ao leitor que relembre o argumento central do capítulo 3 da primeira parte deste livro, intitulado "O mal-estar dos intelectuais".

tranquila que exibiam ao consumir. Dali em diante, o jovem passou a projetar uma angústia de ordem eminentemente pessoal para a estrutura da sociedade como um todo.[16] Em suas palavras:

> Foi certamente um caminho tortuoso de aquisição de consciência social. Mais precisamente graças à natureza íntima do conflito, a fé que dali surgiu tornou-se uma parte igualmente íntima da minha identidade. Durante muitos anos, ela não se cristalizou em credo político; de início, assumiu a forma de um sentimentalismo piegas.[17] Todo contato com pessoas mais pobres que eu era insuportável — o garoto da escola que não tinha luvas, mas muitas frieiras nos dedos; o ex-vendedor ambulante do meu pai mendigando por uma refeição —, todas elas contribuindo para o fardo de culpa nas minhas costas.[18]

Já sensibilizado por um prévio conflito de consciência, Koestler não poderia ter deixado de se abalar profundamente com a decadência econômica e moral europeia, quando, nos anos de depressão, o trigo era

---

[16] Essa projeção de dilemas internos à consciência individual — aquela guerra que Dostoievski afirmou travar-se "no coração dos homens" — para o domínio externo e coletivo da política é característica da mentalidade de esquerda. Robert Tucker, um dos maiores estudiosos do marxismo nos EUA, descreveu com maestria esse traço no pensamento do próprio Karl Marx: "Um drama da vida interna do homem é externalizado e experimentado como tendo lugar fora dele, no mundo externo. As conflitantes forças boas e más do Eu, suas potencialidades construtivas e destrutivas, parecem como que se desenrolar externamente. Em Marx, a realidade externa é a realidade social, e o conflito aparece como uma guerra de classes, nas quais se dividiu a sociedade. As forças adversárias do bem e do mal são respectivamente as forças produtivas, localizadas no proletariado, e as desumanas forças do Capital, encarnadas na burguesia, que é a coletiva *Personifikation des Kapitals* (para usar a fórmula do próprio Marx)." Ver: TUCKER, Robert. *Philosophy and Myth in Karl Marx.* 2nd Ed. London & New York: Cambridge University Press, 1972. p. 228.

[17] Esse sentimentalismo piegas, ou "tóxico", como o chama Theodore Dalrymple, viria a se tornar uma marca da visão de mundo progressista a partir do fim do século XX. Como explica Dalrymple: "O sentimentalismo foi o precursor e o cúmplice da brutalidade sempre que as políticas sugeridas por ele foram postas em prática. O culto do sentimento destrói a capacidade de pensar, e até a consciência de que é necessário pensar." Eis uma conclusão com a qual Koestler, baseado em sua própria experiência de vida, certamente haveria de concordar. Ver: DALRYMPLE, Theodore. *Podres de mimados: as consequências do sentimentalismo tóxico.* São Paulo: É Realizações, 2015.

[18] Ver: CROSSMAN (ed.), op. cit. p. 18.

queimado, as frutas artificialmente estragadas e os porcos afogados para que os preços continuassem altos, beneficiando uns poucos capitalistas enquanto a Europa "tremia sob a marcha dos famintos".

Tinham início o declínio europeu e a desintegração do estrato médio da sociedade, culminando na polarização político-ideológica que arrastou a Europa para a Segunda Guerra Mundial. Os burgueses empobrecidos converteram-se em rebeldes de direita ou de esquerda. Tendo, já à época, travado contato com *O manifesto comunista*, Koestler inclinou-se para o lado proletário da equação:

> [A] demonstração da relatividade histórica das instituições e das ideias — da família, da classe, do patriotismo, da moralidade burguesa, dos tabus sexuais — teve o efeito inebriante de uma súbita libertação das enferrujadas correntes com as quais uma infância de classe média pré-1914 aprisionara-nos a mente.[19]

Koestler começara a ler Marx e Engels mais ou menos um ano antes de ingressar no Partido Comunista Alemão (KPD),[20] em dezembro de 1931. Trabalhava como periodista num grande grupo editorial europeu quando foi transferido de Paris para Berlim. Chegou à capital alemã em 14 de setembro de 1930, no exato dia em que o partido nacional-socialista saltava de apenas quatro para mais de cem representantes dentro do *Reichstag*. Os comunistas também obtiveram importantes vitórias, enquanto os partidos democratas do centro foram esmagados.

A República de Weimar começava a se dissolver, e a alternativa que então se apresentava à Alemanha parecia implacável: fascismo ou comunismo. Koestler, como tantos outros intuitivos literatos da época, demonstraram uma aversão imediata por aquela "horda primitiva tendo a suástica por totem". Nesse contexto, portanto, a opção pelo comunismo afigurou-se como inevitável. A leitura dos clássicos do marxismo marcara-o profundamente:

---

[19] Ibid. p. 20.
[20] *Kommunistische Partei Deutschlands.*

Dizer que havíamos "visto a luz" é uma descrição pobre do êxtase mental que só o convertido experimenta (independente da fé à qual tenha se convertido). É como se a nova luz jorrasse de todas as direções para dentro do crânio; todo o universo parece encaixar-se num padrão, como as peças desgarradas de um quebra-cabeça montado magicamente de uma tacada só. Há agora uma resposta para cada pergunta, sendo as dúvidas e as indagações matéria do passado tortuoso — tortuoso e já remoto, quando se vivia, em sombria ignorância, no mundo insosso e incolor daqueles que *não sabem*. Nada, doravante, poderia abalar a paz interior e a serenidade do convertido — exceto o medo ocasional de tornar a perder a fé, perdendo com isso aquilo que faz a vida valer a pena, e recaindo na escuridão exterior, ali onde só há choro e ranger de dentes.[21]

Foi com esse espírito que, no último dia do ano de 1931, Koestler candidatou-se ao ingresso no KPD, mediante uma carta enviada ao seu Comitê Central, contendo um breve *curriculum vitae* e a promessa de servir à causa da maneira que o partido julgasse mais apropriada. Como dissemos, o escritor trabalhava à época para uma grande editora europeia, num cargo de relativo prestígio e influência, o que lhe dava acesso a importantes contatos e informações políticas de bastidor. Os recrutadores do partido valorizaram muito aquele seu atributo, embora Koestler sonhasse com coisas tais como pilotar tratores na URSS, sonho que o seu amigo e intermediário tratou logo de desprezar como "romantismo pequeno-burguês".

Koestler foi aconselhado a não ingressar em nenhuma célula local do partido, de modo que sua filiação (assim como sua identidade) permanecesse em segredo e não prejudicasse o seu estatuto profissional. Apesar de frustrado, pois seu desejo era viver o clima e o ambiente de camaradagem no interior das células comunistas, teve de acatar as instruções. Logo descobriria que o universo onde acabara de ingressar era assaz paradoxal, sendo o clima de fraternal camaradagem entre os membros do partido indissociável de uma desconfiança mútua e generalizada. O lema ali parecia ser *ame o seu camarada, mas nunca confie nele!* Koestler observa

---

[21] CROSSMAN (ed.), op. cit. p. 23.

que esse espírito era tão natural que ninguém parecia notar "a gradual *transformação no caráter e nos relacionamentos humanos* produzida inevitavelmente por uma longa carreira dentro do partido" [grifos meus].[22]

Uma vez dentro do KPD, e em contato com os setores de inteligência, Koestler foi iniciado nas técnicas de autoengano e na novilíngua tipicamente comunistas, logo adquirindo uma sólida imunidade aos fatos que contradissessem o esquematismo mental formatado pelo partido. "Nossos cérebros eram condicionados a tomar qualquer absurda linha de ação ordenada desde cima por nossos desejos e convicções mais íntimos", explica. De início, sempre que exposto a alguma realidade flagrantemente contrária à interpretação doutrinária, Koestler costumava questionar os seus gurus, que então o repreendiam didaticamente: "Você ainda é refém de uma perspectiva mecanicista" — diziam —, "precisa aprender a interpretar a realidade de modo *dialético*".

Dialética: esse o eufemismo para *distorção do real com fins políticos*. Na descrição do autor:

> Gradativamente, aprendi a desconfiar de minha preocupação mecanicista com os fatos e a considerar o mundo à minha volta sob a luz da interpretação dialética. Era um estado satisfatório e, de fato, abençoado: uma vez assimilada a técnica, você não era mais perturbado pelos fatos; automaticamente, eles assumiam a cor apropriada e encaixavam-se no lugar certo. O Partido era infalível, tanto moral quanto logicamente: moralmente, porque os seus objetivos eram corretos, ou seja, acordes com a Dialética da História, e justificavam todos os meios; logicamente, porque o Partido era a vanguarda do proletariado, sendo este a encarnação do princípio ativo na História.[23]

Além de aprender a raciocinar "dialeticamente", o neófito do partido também tinha todo o seu vocabulário recondicionado.[24] Certas palavras

---

[22] Ibid. p. 30.

[23] Ibid. p. 34.

[24] Como escreveu Eric Voegelin sobre a linguagem ideológica: "As ideologias destroem a linguagem, uma vez que, tendo perdido o contato com a realidade, o pensador ideológico passa a construir símbolos não mais para expressá-la, mas para expressar sua alienação em relação a ela." VOEGELIN, Eric. *Reflexões autobiográficas*. São Paulo: É Realizações, 2008. p. 39.

e expressões ordinárias viravam tabu, ao passo que se incentivava o uso dos maneirismos padronizados da retórica partidária. O emprego de repetições prosódicas, de fórmulas catequistas nas quais perguntas retóricas eram repetidas integralmente na resposta, de adjetivos estereotipados e aspas de ironia, tudo fazia parte do estilo comunista de falar e escrever, estilo tedioso que produzia nos adeptos um estado de torpor hipnótico. "Duas horas exposto a esse tambor dialético", escreve Koestler, "e você já não sabe se é homem ou mulher, predispondo-se a aceitar qualquer uma das opções se a alternativa contrária aparecer entre aspas de ironia."

Graças a um incidente envolvendo um jovem colega de trabalho que ele tentara recrutar para a causa, Koestler acabou demitido da empresa, perdendo com isso a utilidade para o setor de inteligência e propaganda do partido. Livre de sua função de editor e relações-públicas, obteve a permissão para ingressar numa célula partidária e seguir uma vida ordinária de militante. Mudou-se para um bairro mais modesto, tradicionalmente habitado por artistas pobretões e radicais de esquerda. Conhecido como "quarteirão vermelho", o bairro abrigava uma célula do KPD. Foi ali que, durante três meses, imerso no clima de camaradagem *inter pares,* o autor confessa ter vivido a época mais feliz de sua carreira no partido, quando chegou a conhecer figuras de destaque tais como o psicanalista Wilhelm Reich, fundador e diretor do *Sex-Pol* (o instituto para políticas sexuais), e então defensor da tese segundo a qual a repressão sexual dos proletários enfraquecia a sua consciência política.

Uma característica da vida na célula partidária nos anos 1930 — lembrando que os partidos comunistas nacionais eram fortemente subordinados ao Komintern — era o culto ao proletário e o desprezo pela *intelligentsia.* Esse era o grande complexo de todos os intelectuais comunistas provenientes da classe média. Incapazes de se converter em proletários legítimos, muitos intelectuais faziam de tudo para se parecer com um, emulando suas gravatas, suéteres e até mesmo suas unhas enegrecidas. Sempre que adotadas, no entanto, essas práticas eram logo desencorajadas como impostura e esnobismo. O importante era nada dizer, escrever ou sequer pensar que não pudesse ser compreendido pelo homem de fábrica. A corrupção da inteligência atingia então níveis extremos:

Estávamos no movimento por tolerância, não por direito; isso nos era esfregado dia e noite na consciência [...] Abandonamos a nossa bagagem intelectual tal qual passageiros de um navio tomado pelo pânico, até que ela fosse reduzida ao mínimo estritamente necessário de frases feitas, clichês dialéticos e citações marxistas, que constituem o jargão internacional do *djugashvilês*.[25] Partilhar o duvidoso privilégio de uma educação burguesa, ser capaz de considerar vários aspectos de um problema em vez de apenas um, tudo isso se tornou causa permanente de autorreprovação. Ansiávamos por nos tornar simplórios e obtusos. A autocastração intelectual era um pequeno preço a pagar pela obtenção de alguma semelhança com o camarada Ivan Ivanovich [o proletário-modelo].[26]

O famoso princípio leninista do "centralismo democrático" também é descrito por Koestler. Os encontros na célula do "Quarteirão Vermelho" começavam geralmente com uma palestra ou moção. Seguia-se uma discussão, mas de um tipo peculiar: a norma básica da disciplina comunista impunha que, uma vez que o partido (ou Partido, com "p" maiúsculo, na grafia da militância) adotara uma determinada linha acerca de uma questão, toda crítica a ela passava a ser vista como sabotagem. Um dos slogans do KPD dizia que "a linha de frente não é lugar para discussões". E, num exemplo cristalino da invencível lógica dialética, outro slogan completava: "Onde quer que um comunista esteja, aí será a linha de frente." Não havia, em suma, lugar algum para discussão, e o que os militantes faziam era se convencer, *ex post facto*, de que as decisões vindas de cima coincidiam com suas próprias opiniões individuais.

Assim, nossas discussões exibiam sempre uma completa unanimidade de opinião, e a sua forma consistia em que, um após o outro, cada membro da célula ficasse de pé e recitasse, em *djugashvilês*, variações de concordância com a moção. "Recitar" talvez não seja a palavra certa. Dolorosamente, tateávamos às cegas em nossos espíritos, não

---

[25] Brincadeira com o sobrenome georgiano de Stalin, nascido Iossif Vissarionovitch *Djugashvili*.
[26] CROSSMAN (ed.), op. cit. pp. 48-49.

apenas para encontrar justificativas para a moção estabelecida, mas também para descobrir antigos pensamentos que pudessem provar a nós mesmos havermos desde sempre entretido a opinião adequada.

Embora feliz com a vida de militante que levava na época, o grande sonho de Koestler, como o de todo comunista, era ir para a URSS, a meca da esquerda mundial, descrita certa feita por Edmund Wilson (antes que este também viesse a experimentar o seu próprio *momento Kronstadt*) como "um santuário moral onde a luz nunca para de brilhar". Em 1932, finalmente, o nosso herói obteve o tão sonhado visto soviético, concedido graças ao convite da Organização Internacional dos Escritores Revolucionários. Segundo os termos do acordo, Koestler deveria viajar pelo país e escrever um livro sobre o assunto. Iria se chamar *A terra soviética por olhos burgueses*, e o enredo, previamente elaborado, consistia na descrição de como o personagem "senhor K", repórter burguês com fortes preconceitos antissoviéticos, ia aos poucos se convertendo ao comunismo, depois de testemunhar os resultados da reconstrução socialista durante os Planos Quinquenais. Ao fim, o "senhor K" passaria a ser o "camarada K".

Koestler chegou à URSS munido de uma recomendação endereçada ao então chefe do departamento de *Agitprop* (agitação e propaganda) em Moscou, o Comitê Executivo do Komintern (EKKI, do alemão *Exekutivkomitee der Kommunistischen Internationale*). O EKKI, por sua vez, forneceu-lhe uma assim chamada carta "forte", solicitando a todas as autoridades soviéticas que ajudassem o "delegado dos Escritores Proletários Revolucionários da Alemanha" a cumprir sua missão. Abriam-se para Koestler as portas do paraíso, um paraíso "de árvores proibidas guardadas por anjos encapuzados munidos de espadas flamejantes". Em suma, um paraíso mefistofélico. O acordo, aliás, era perfeitamente faustiano.

Uma carta como aquela do EKKI valia no universo soviético como um decreto imperial. Ela permitiu a Koestler viajar livre e desimpedido, dispensando a presença de um guia; obter tíquetes de trem sem enfrentar fila; dormir em acomodações de convidados do governo; comer em restaurantes reservados aos membros da *nomenklatura*, entre outros luxos.[27] Ele ainda recebeu uma quantia em dinheiro boa o bastante para custear suas viagens com sobra. Mas, acima de tudo, Koestler ficou encantado com o tratamento reverente que recebeu enquanto escritor. Em

---

[27] É importante observar a existência de um capitalismo subterrâneo em vigor na URSS, onde se criou uma brutal divisão social pela qual os altos membros do governo, do partido e do funcionalismo público tinham acesso, via mercado negro e corrupção, a produtos importados e exclusivos, enquanto o restante da população vivia na escassez das mercadorias locais. Em seu livro *URSS: a sociedade corrupta — o mundo secreto do capitalismo soviético*, Konstantin Simis descreve em detalhes a estrutura soviética de castas. Segue um trecho: "— 'Ora, por que você fez isso? Não precisava se incomodar. Não comemos essas 'coisas da cidade', você sabe'. Essas foram as palavras ditas pela dona da casa que eu e minha esposa fôramos visitar quando lhe entreguei o bolo que havíamos comprado. Eu sabia perfeitamente que, naquele lar, não se comiam 'coisas da cidade', expressão usada pela elite dirigente, da qual nossos hóspedes faziam parte, para descrever qualquer comida que pudesse ser comprada nas lojas abertas ao público em geral. Em lares como aquele, eu estava ciente, comia-se apenas as 'coisas do Kremlin' — alimento adquirido nas lojas privadas acessíveis exclusivamente às pessoas da elite do governo, alimento produzido especialmente para essas lojas. Mas eu não fui capaz de desprezar a tradição russa segundo a qual não se chega à casa dos outros de mãos vazias, e acabei comprando o bolo num restaurante bem-conceituado no ramo de bolos e tortas [...] A elite dirigente não tinha apenas as suas lojas; ela tinha sua própria agência de ingressos para teatro, suas próprias livrarias, nas quais os membros encontravam livros raros, e suas próprias farmácias, que vendiam remédios importados inexistentes nas farmácias ordinárias. Tudo aquilo permite à elite dirigente gozar de vantagens materiais inacessíveis aos cidadãos comuns. Na verdade, qualquer coisa ligada aos governantes é exclusiva e separada." Ver: SIMIS, Konstantin. *USSR: The Corrupt Society — The Secret World of Soviet Capitalism*. New York: Simon and Schuster, 1982. pp. 35 e 43. O livro de Simis confirma e detalha aquilo que, já na década de 1930, o austro-marxista Otto Bauer havia identificado no livro *A crise da democracia* (1936): o surgimento de uma nova classe dominante na URSS, formada pela cúpula do partido bolchevique. Também Milovan Djilas, em *A Nova Classe* (1957), fez uma análise da classe oligárquica formada pelos membros do Politburo do Partido Comunista iugoslavo. Em Cuba, hoje sabemos, Fidel Castro viveu como um paxá em meio a um povo miserável. No livro que escreveu sobre o ex-patrão, o guarda-costas de Fidel, Juan Reinaldo Sánchez, relata a vida luxuosa levada pelo ditador caribenho: "Em contradição com o que sempre disse, Fidel jamais renunciou ao conforto capitalista nem optou por viver em austeridade. Ao contrário, o seu modo de vida era o de um capitalista, sem nenhuma espécie de limite. Ele nunca acreditou que seus discursos o obrigassem a levar a vida austera de todo revolucionário que se preze: nem ele, nem Raúl, jamais cumpriu os preceitos que pregavam aos seus compatriotas". Ver: SÁNCHEZ, Juan Reinaldo. *The Double Life of Fidel Castro: My 17 Years as Personal Bodyguard to El Líder Máximo*. New York: St. Martin's Press, 2015. p. 40. O mesmo padrão observa-se na China, onde os membros da elite comunista dirigente ficaram bilionários, quase todos se servindo de redes *offshore* para ocultar o seu patrimônio, como revelou o escândalo conhecido como "Panama Papers". Ver: "'Panama Papers' revela o envolvimento do alto escalão do comunismo com o submundo capitalista." *O Estado de S.Paulo*, 6 de abril de 2016.

toda capital de província, a apresentação da carta do EKKI à federação de escritores local era a senha para um inebriante festival de deferência e bajulação, quando então o secretário da federação organizava banquetes e encontros com líderes políticos e membros da intelectualidade. Designava-se uma pessoa para atender exclusivamente às vontades do convidado especial, e este era apresentado a vários editores de revistas e periódicos, todos ansiosos por publicar um tão excelso escritor (de cujos escritos jamais haviam lido uma linha sequer!). Bastava a Koestler enviar uma cópia de um de seus escritos e, no mesmo dia, um cheque de 3 mil rublos era-lhe entregue no hotel.

Não era um caso anômalo. Dispensava-se tratamento equivalente a todo intelectual estrangeiro em visita ao paraíso soviético.[28] Em nenhum lugar do planeta — pensavam intelectuais, escritores e artistas de todo o mundo — o trabalho criativo era tão bem remunerado e valorizado quanto na URSS. "Sendo a natureza humana aquilo que é", escreve Koestler, "nunca me ocorreu que os meus contratos e adiantamentos me haviam sido concedidos, não pela força de minha reputação literária, mas por razões de natureza diversa." E acrescenta:

---

[28] Muito esclarecedores a esse respeito são os depoimentos do ex-agente soviético de propaganda Yuri Bezmenov, que desertou para o Canadá na década de 1970, assumindo o pseudônimo de Tomas Schuman. Em 1985, ele concedeu uma entrevista ao escritor e cineasta americano G. Edward Griffin, quando explicou em detalhes o seu trabalho na *RIA Novosti*, a agência de notícias soviética que servia de braço da KGB. Segue um trecho de uma de suas falas: "Outra área de atividade quando eu trabalhava para a Novosti era acompanhar grupos de ditos 'intelectuais progressistas' — escritores, jornalistas, editores, professores universitários [...] A maioria deles fingia não entender que nós estávamos trabalhando para o governo soviético e a KGB. Fingiam ser convidados de verdade, VIPs, intelectuais, tratados de acordo com seus méritos e habilidades intelectuais. *Para nós, eles eram apenas um bando de prostitutas políticas* a ser utilizado em várias operações de propaganda [...] Preste atenção especial ao número de garrafas na mesa [diz Bezmenov ao entrevistador enquanto mostra uma foto de um encontro com intelectuais indianos e paquistaneses no quartel-general da Novosti em Moscou] [...] Uma de minhas funções era manter convidados estrangeiros permanentemente embriagados a partir do momento em que pousavam no aeroporto de Moscou. Eu tinha que os levar ao salão VIP e brindar à amizade e compreensão entre as nações do mundo. Servia-lhes um copo de vodca, e logo um segundo copo de vodca, e em pouco tempo os meus convidados estavam se sentindo bem alegres, vendo tudo em cor-de-rosa, e é nesse estado que eu tinha de mantê-los pelos próximos quinze ou vinte dias..." [grifos meus]. A íntegra da entrevista está disponível no YouTube em <https://www.youtube.com/watch?v=Fjt4ynRCWF0>. Acesso em 17 abr. 2017.

À época eu não havia escrito nem um único livro; o meu nome era completamente desconhecido para aqueles que ofereciam dinheiro fácil por uma história que não haviam lido e um livro que não fora escrito. Eles eram funcionários públicos, agindo sob instrução. Num país onde todas as publicações são propriedade do Estado, editores e críticos literários tornam-se, *ipso facto,* parte do serviço público. Eles farão ou destruirão um autor conforme as ordens recebidas: os editores, imprimindo vastas edições de seu novo livro ou popularizando seus trabalhos anteriores; os críticos, chamando-o de novo Tolstoi ou de depravado verme cosmopolita, ou de ambas as coisas no intervalo de poucos meses.

Durante o ano que passou na URSS para a escrita do livro-propaganda, Koestler teve oportunidade de conhecer os quatros cantos do vasto império soviético. O que ali presenciou foi experimentado como um choque, "de efeito retardado", é verdade, pois que a educação partidária equipara sua mente com elaborados amortecedores de impacto, de modo que tudo o que via e ouvia — as hordas de famintos na Ucrânia; os camponeses andrajosos chamados pejorativamente de "*kulaks*", e tratados como inimigos da revolução; a camareira do hotel que desmaiou de inanição na sua frente; as perseguições políticas inclementes; os expurgos; a proibição de livros e revistas estrangeiros — era automaticamente formatado segundo o padrão preconcebido. "Tudo aquilo pode soar monstruoso e, no entanto, era tão fácil de aceitar uma vez que se anda sobre a linha exclusiva da fé", escreve o autor.

O nosso romancista deixou a URSS com a fé abalada, mas, graças aos mecanismos psicológicos de controle de danos adquiridos durante a vida no partido, no qual permaneceria por mais longos quatro anos e meio, só muito lentamente foi se dando conta da irremediável fenda aberta em sua consciência. Koestler viveria ainda uma segunda lua de mel com o partido, após conhecer pessoalmente o gênio do *agitprop*, Willi Münzenberg — o grande responsável por propagar no Ocidente, graças ao recrutamento de exércitos de jornalistas, artistas e intelectuais inocentes úteis, a identificação da causa soviética com o antifascismo. E, engajado como tantos intelectuais de sua geração no combate ao fascismo, Koestler terminaria preso na Espanha pelas tropas de Franco. Certo de que seria fuzilado, teve uma daquelas experiências algo místicas de quase morte, vividas e descritas por outros grandes gênios literários, sendo uma das mais famosas a que Dostoievski enfrentou diante do falso paredão de fuzilamento, posteriormente descrita em carta ao irmão.

Depois de libertado por obra do governo britânico, Koestler notou que algo em seu espírito mudara para sempre. Além do medo e da compaixão experimentados em face dos sofrimentos de seus companheiros presos políticos, nutrira também uma emoção mais difícil de descrever, por ele mesmo equiparada a uma espécie de "paz interior". O grande escritor ainda não sabia que, já ali, naquele momento, estava deixando de ser comunista.

Permaneceu ainda um bom tempo atrelado ao partido, tateando às cegas, angustiado, em busca de um reforço para a fé vacilante. O que recebeu em troca foi um soco de realidade na boca do estômago. Foi quando começou a ter notícias de que vários amigos e ex-companheiros de luta começavam a virar réus nos famosos processos de Moscou, aqueles em que, como ordenou a Rainha de Copas, a sentença devia sair antes do julgamento. Pessoas queridas, por tanto tempo fiéis à utopia soviética, passavam subitamente a ser acusadas dos crimes mais inverossímeis, tais como o de tentar envenenar Stalin ou passar informações para a Gestapo.

Durante longos anos, Koestler e outros intelectuais progressistas no Ocidente adotaram um ruidoso silêncio, e alguns até se acumpliciaram abertamente com aquele festival de ignomínias. É conhecida a frase proferida pelo stalinista Bertolt Brecht (ainda hoje um guru da esquerda mundial) quando perguntado a respeito da eventual inocência dos condenados: "Se eram inocentes, tanto mais mereciam ser fuzilados".[29] Vê-se que Oscar Niemeyer e outros comunistas brasileiros tiveram professores aplicados. Nas palavras de Koestler:

> Cada um de nós esconde um esqueleto no armário da consciência; reunidos, eles formariam galerias de ossos mais labirínticas que as catacumbas de Paris. Em nenhuma época, e em nenhum lugar, tan-

---

[29] Frase testemunhada pelo filósofo Sidney Hook, que a citou em seu livro de memórias. Ver: HOOK, Sidney. *Out of Step. An Unquiet Life in the 20th Century.* New York: Carrol & Graf, 1987. p. 493.

tos revolucionários foram mortos e reduzidos à escravidão quanto na Rússia soviética. Para alguém que, durante sete anos, encontrou desculpas para cada estupidez e crime cometidos sob a bandeira marxista, o espetáculo desses atos dialéticos de esticar a corda do autoengano, realizados por homens de boa vontade e inteligência, é mais desolador que as barbaridades cometidas pelos ignorantes. Tendo experimentado as possibilidades quase ilimitadas de acrobatismo mental sobre a corda-bamba da consciência, sei quanta energia é necessário aplicar até que ela arrebente.

Koestler esticara a corda enquanto pôde, até que dois amigos muito próximos foram condenados como agentes da Gestapo. Aí não teve jeito. Sob o peso daquela consciência atormentada, a corda vergou e, finalmente, arrebentou. Espantosamente, no entanto, essa ainda não seria a virada definitiva, o *momento Kronstadt* de nosso autor. No limite de seus esforços, decidira romper com o partido, mas mantendo, de algum modo, sua lealdade perante a URSS. Assim ele descreve mais esse anticlímax:

> A corda-bamba arrebentara, mas embaixo dela havia uma rede de segurança. Quando aterrissei ali, encontrei-me em misturada companhia — acrobatas veteranos que haviam perdido seu equilíbrio dialético, trotskistas, simpatizantes críticos, "criptos" independentes, novos estadistas, neorrepublicanos, liberais totalitários e assim por diante —, acolhida na rede nas mais contorcionadas posições. Estávamos todos infernalmente desconfortáveis, suspensos por sobre a terra de ninguém, mas ao menos não tínhamos de nos considerar anjos completamente caídos.

Koestler permaneceu naquele incômodo estado de suspensão até o dia em que a suástica foi içada no aeroporto de Moscou em homenagem à chegada de Ribbentrop, e a banda do Exército Vermelho tocou o *Horst Wessel Lied*, o hino do nacional-socialismo. Selava-se o pacto germano-soviético e, na mente do nosso escritor, o medo de ser chamado de anticomunista ou "reacionário" evaporava-se por completo. Era o fim. A partir dali, ele já não teria quaisquer satisfações a prestar aos aliados de Hitler.

O depoimento de Koestler e de outros intelectuais europeus que, em algum momento, e por mais ou menos tempo, cederam ao canto de sereia do comunismo, dá bem a medida do quão complexo, doloroso e cheio de idas e vindas é o processo de tornar-se ex-comunista. O *momento Kronstadt* nunca surge como resultado de uma análise fria e racional sobre os malogros daquela religião política. Ao contrário, ele é produto de uma árdua reflexão moral e do penoso exercício de uma consciência humana levada aos seus limites. Almas distraídas e superficiais são incapazes desse tipo de autoexame. Encarando o comunismo como fenômeno exclusivamente objetivo, com o qual se pode manter uma relação de pura exterioridade, elas estão sempre prontas a substituí-lo formalmente por outras crenças seculares mais afeitas ao espírito da época. Eis a lição final da anamnese de Koestler:

> Só mencionei esse epílogo aos meus dias de partido, o meu apego ao último caco da utopia estilhaçada, porque ele era típico da *covardia intelectual que ainda prevalece na esquerda*. O vício no mito soviético é tão tenaz e difícil de curar quanto qualquer outro vício. Após o fim de semana perdido na Utopia, é grande a tentação de sorver só mais uma gota, mesmo que diluída e vendida sob outro rótulo. *E há sempre uma oferta de novos rótulos no mercado negro de ideais do Cominform.* Eles negociam slogans assim como contrabandistas negociam uísque falsificado; e quanto mais inocente for o consumidor, mais será vítima da birita ideológica vendida sob a marca da Paz, da Democracia, do Progresso e outras a gosto do freguês.

Compare-se agora a densidade desse material reflexivo com a vacuidade e a displicência com a qual autodeclarados ex-comunistas brasileiros falam de sua experiência pretérita. Ilustrativo nesse sentido é, entre outros, um depoimento do jornalista Ancelmo Gois.

Em junho de 2012, o jornalista sergipano participou do programa de entrevistas *Espelho*, apresentado pelo ator Lázaro Ramos no Canal Brasil. Em dado momento, Gois é perguntado sobre o fato de, aos 20 anos, e sob identidade falsa, ter frequentado um curso de formação política em Moscou, financiado por ninguém menos que a KGB. Pouco tempo após a decretação do AI-5, o então jovem jornalista havia sido preso pelo regime militar por conta de sua militância numa célula do PCB em Sergipe. Depois de sair da cadeia, e tendo dificuldade em conseguir emprego, ele recebeu da maior agência de espionagem do planeta o pseudônimo Ivan Nogueira, além de proteção e meios financeiros para se dedicar a um curso intensivo de marxismo-leninismo na URSS.

Em face da pergunta, Gois solta uma sonora gargalhada antes de gracejar: "Que maluquice, né? É por isso que o comunismo acabou." E então prossegue com o relato, sempre em tom jocoso, dando a entender que tudo não passara de uma grande aventura juvenil, bancada, meio que ao acaso, pelo serviço secreto soviético, provavelmente devido a algum erro de avaliação por parte dos recrutadores.

"*Perguntaram* [sic] para mim se eu queria fazer um curso na URSS", continua Gois, sem dar maiores detalhes sobre o sujeito da ação de perguntar. "Fiz um *intensivo de comunismo* [risos]. Você vê que eles também... [risos]. Me botaram nisso, rapaz. Aceitaram... Eu era um moleque", diverte-se o entrevistado, sugerindo que a KGB agira de modo amadorístico ao recrutar um jovem inexperiente e romântico.

Na sequência, o entrevistador pergunta sobre os efeitos daquela experiência na vida do entrevistado, ao que este responde com alusões genéricas sobre o aprendizado que se pode extrair de todas as circunstâncias na vida: "Me deram então a chance de eu viver um ano numa escola que tinha alunos de todos os países do mundo praticamente. E aí eu aprendi muito. Aprendi a me relacionar, a morar com outras pessoas, a convivência, a tolerância... De você esbarrar com o cara ou o cara soltar um pum, né? [risos]. E você vai aprendendo muito."

Ancelmo Gois parecia, em suma, descrever uma singela e inocente experiência de intercâmbio estudantil. Nada mais do que isso. Mas quem quer tenha pesquisado minimamente sobre a KGB, em especial sobre suas ações de propaganda durante a Guerra Fria, não pode deixar de estranhar o relato de Gois, pelo menos em sua forma. Algo ali parece não bater com a realidade histórica que os livros nos ensinam.

Os arquivos da KGB mostram que, desde 1961, o Terceiro Mundo — e a América Latina em particular — virara um alvo estratégico da propaganda antiamericana idealizada pela agência. Com Kruschev e seus chefes de inteligência (sobretudo Alexander Shelepin e Yuri Andropov),

210

a inteligência soviética começou a apoiar intensamente os movimentos anticolonialistas e de "libertação nacional", identificando os EUA como o grande representante dos poderes colonialistas do Ocidente.[30]

De acordo com Ladislav Bittman, ex-funcionário da StB (*Státní bezpečnost*), agência de inteligência tcheca e principal braço da KGB para ações de propaganda na América Latina, por volta de 1965 o serviço secreto tcheco dispunha de um sem-número de jornalistas atuando como seus agentes na região, dedicados especialmente às chamadas "medidas ativas", que incluíam ações de propaganda, desinformação e divulgação de documentos falsos que comprometessem os EUA e o seu serviço central de inteligência.[31]

Durante os anos seguintes, a KGB só fez intensificar suas *medidas ativas*. Somente em 1974, de acordo com estatísticas da agência, mais de 250 medidas ativas tiveram a CIA por alvo, levando a denúncias de abusos cometidos pela agência americana (a maioria dos quais inteiramente fictícios), veiculadas na mídia, em debates parlamentares e em discursos políticos. Graças em larga medida a essas ações de propaganda, a CIA quedou sob um cerrado escrutínio político, como jamais ocorrera ou viria a ocorrer com qualquer outro serviço secreto.[32] Contrastando com o que se passou à sua consorte americana, como veremos, a KGB beneficiou-se de um confortável desinteresse midiático sobre suas ações, podendo agir livremente longe dos holofotes.

Quando Ancelmo Gois foi estudar em Moscou, o recrutamento, o treinamento e a doutrinação de jovens jornalistas latino-americanos eram uma medida estrategicamente central para o *agitprop* soviético, do qual, na avaliação da própria KGB, dependia nada menos que a vitória comunista na Guerra Fria. O curso do qual ele participou ao lado de jovens do mundo todo, falemos em linguagem clara, *era um curso de formação de agentes de influência*. Portanto, tratar aquela experiência como simples aventura romântica revela, no mínimo, uma falta de percepção da reali-

---

[30] Ver: ANDREW, Christopher & MITROKHIN, Vasili. *The World Was Going Our Way: The KGB and the Battle for the Third World*. New York: Basic Books, 2005.
[31] Ver: BITTMAN, Ladislav. *The KGB And Soviet Disinformation: An Insider's View*. Washington: Pergamon-Brassey's, 1985. p. 8. Falaremos mais sobre Bittman em capítulo adiante.
[32] ANDREW & MITROKHIN, op. cit. p. 17.

dade política e histórica do período. Não havia nada de amadorístico ou casual na iniciativa da KGB. E a prova mesma de seu sucesso é a quase total ausência de menções à agência nas análises e opiniões emitidas sobre os conturbados anos 1960 e 1970 no Brasil. Se o comunismo de fato *acabou*, conforme se diz, resta saber como é possível a manutenção desse insidioso e eficaz mecanismo de imposição de silêncio acerca de seus feitos pretéritos.

Fosse um caso isolado, o desleixo de Ancelmo Gois em relação ao assunto não nos interessaria de forma alguma. Não se trata de personalizar a questão nem tampouco fazer especulações gratuitas sobre as atividades do jornalista durante o período. Ocorre que a sua é uma atitude padrão entre os nossos profissionais de imprensa e formadores de opinião de esquerda (e a grande maioria é de esquerda).

Ao contrário do que se passou na Rússia e no Leste Europeu, quase todo ex-comunista ou esquerdista brasileiro outrora tragado pelo "vórtex do comunismo" (para recorrermos novamente à expressão de Tony Judt) costuma explicar a sua ulterior apostasia apelando a fatores sociopolíticos extrínsecos, nunca a razões íntimas, situadas no plano da consciência. É como se a conjuntura histórica houvesse decidido por eles. Abandonaram o comunismo, dizem, *porque* o comunismo acabou. Abandonaram-no, pois, de maneira passiva por força da inércia. Mas como, afinal de contas, se abandona uma *cultura política* tal como a do comunismo de modo meramente passivo?

Ao lado do já referido conceito de "religião política" — em sua acepção iniciática e ritualística —, eis outra noção cognata pertinente à abordagem do tema: "cultura política". No século XIX, o antropólogo britânico Edward B. Tylor, um dos pais da disciplina, definiu *cultura* como "um todo complexo que inclui conhecimento, crença, arte, moral, lei, costume e quaisquer outras capacidades e hábitos adquiridos pelo homem como membro da sociedade". Logo, a cultura é um ambiente total, que envolve o indivíduo por todos os lados, conformando as suas dimensões cognitiva, psíquica, emocional, social e histórica.

Uma cultura *política*, portanto, não pode ser compreendida como corpo doutrinal ou projeto de poder aos quais uma pessoa adere de maneira consciente e plenamente voluntária, como quem apanhasse produtos na prateleira do supermercado. Não se trata de um objeto extrínseco situado no campo visual de um sujeito, mas, ao contrário, do próprio campo visual pelo qual o sujeito contempla todo e qualquer objeto. Sendo assim, noções tipicamente liberais tais como as de "escolha racional" e "cálculo de interesses" são insuficientes para abarcar a política. Esta, afinal, depende de um complexo de valores, tradições, linguagem, simbolismos e representações compartilhados, que consolidam uma identidade coletiva, uma memória social e um fundamento para a ação prática. Sem recorrer a noções como *cultura* ou *religião* política, seria difícil compreender a longevidade do comunismo bem como sua notável difusão geográfica.

Como explica o historiador Rodrigo Patto Sá Motta, referindo-se ao comunismo brasileiro em particular:

> Muitos militantes tornaram-se comunistas por identificarem-se com a imagem de Luiz Carlos Prestes, de Stalin, ou da União Soviética, a "pátria do socialismo"; ou então pelo sentimento de afinidade com familiares comunistas (pais, avós, tios, irmãos); ou, ainda, seduzidos pela leitura de um romance proletário ou social, com seu desfile de heróis positivos e inimigos desprezíveis; ou atraídos pela satisfação simbólica de pertencer a uma forte comunidade de sentido — a 'família' comunista — que se imaginava na vanguarda da humanidade e do progresso social [...] Durante o período mais intenso, tornar-se comunista era adentrar um novo universo, verdadeiramente aderir a uma cultura, à qual não faltavam rituais de iniciação e um conjunto de normas, valores e linguagem próprios.[33]

Com tudo isso em mente, talvez o leitor já esteja em condições de fazer as seguintes perguntas: se, por assim dizer, o comunismo não houvesse "acabado", teriam nossos bem-pensantes deixado de ser comunistas? O que significa deixar de ser comunista de um ponto de vista psíquico, antes que meramente histórico? Tendo rejeitado o comunismo enquanto conceito abstratamente formulado, terão nossos formadores de opinião

---

[33] MOTTA, Rodrigo Patto Sá. "A cultura política comunista." In: Marcos Napolitano et. al. (orgs.). *Comunistas brasileiros: cultura política e produção cultural*. Belo Horizonte: Editora UFMG, 2013. pp. 19 e 28.

se livrado de suas dimensões mais subconscientes, inscritas não na razão, mas no campo afetivo? Afinal, ter pertencido àquela "comunidade de sentido" que era a grande "família comunista" decerto não se reduziu à partilha de conteúdos políticos, mas também de relações, temores, expectativas, afetos, imagens, símbolos, vocabulário, desejos e paixões.[34] Qual terá sido então o *momento Kronstadt* dos ex-comunistas que hoje ocupam postos de destaque na imprensa e no *show business* brasileiros?

Difícil responder àquelas perguntas, pois, como já foi dito, falta-nos massa crítica. No Brasil, os raros intelectuais que ousaram se aventurar no mergulho profundo do *momento Kronstadt*, e portanto na missão de descrever o comunismo de maneira realista antes que romântica, foram tratados com desconfiança, como anticomunistas fanáticos (no Brasil, isso é quase um truísmo) e até mesmo fascistas em potencial. Todo exame crítico do comunismo e de seus efeitos no presente tornou--se algo muito próximo de um crime de opinião. Os cruéis militares não haviam sido anticomunistas, afinal de contas? Só mesmo um direitista hidrófobo, paranoico, saudosista da ditadura, poderia insistir na crítica ao comunismo, esse animal extinto cuja carne virara pó, e cujo espírito deveria permanecer resguardado, a sete chaves e eternamente, no baú dos sonhos e utopias.

Portanto, não obstante haver a maior parte dos bem-pensantes de esquerda abandonado o comunismo, ouso dizer que o comunismo não os abandonou totalmente. Como argumenta o historiador Alan Charles Kors num artigo sobre o tema, não se pode falar em "pós-socialismo" ou "pós-comunismo" antes que a questão dos mortos pelos regimes comu-

---

[34] No livro *Criando vermelhos*, o historiador Paul C. Mishler mostra bem como, nos EUA das décadas de 1920-50, o partido comunista empenhou-se em formar instituições cujo objetivo era transmitir a sua visão de mundo às crianças, envolvê-las desde cedo num ambiente *total* para o desenvolvimento da personalidade. Escreve o autor: "O Movimento de Crianças Comunistas, como era chamado, incluía, junto com os Pioneiros [Jovens Pioneiros da América], programas extracurriculares; acampamentos de verão; e as seções 'júnior' de organizações lideradas pelos comunistas [...] Entre os anos 1920 e 1950, os programas para as crianças do movimento comunista foram um importante fator no desenvolvimento de uma *cultura política comunista* nos Estados Unidos [...] Ademais, essas atividades ajudaram a fazer do partido comunista dos Estados Unidos *um movimento de famílias*" [grifos meus]. Ver: MISHLER, Paul C. *Raising Reds: The Young Pioneers, radical summer camps and communist political culture in the United States*. New York: Columbia University Press, 1999. pp. 1-2.

nistas tenha sido examinada à exaustão, em especial no fundo da consciência de todo proclamado ex-comunista. Declarações sobre o fracasso econômico do regime ou sobre a pretensa ingenuidade de seus projetos utópicos são insuficientes diante da magnitude da tragédia humanitária que representou. Nas palavras de Kors:

> O Ocidente tolera um notável, monstruoso, imperdoável duplo padrão. Recitamos os crimes do nazismo quase que diariamente, os ensinamos aos nossos filhos como lições históricas e morais definitivas, e prestamos testemunho a cada vítima. Mas, quase sem exceção, mantemo-nos em silêncio sobre os crimes do comunismo. Assim é que os corpos jazem entre nós, despercebidos, em toda parte. Insistimos na "desnazificação", e acusamos quem a relativiza em nome de realidades políticas novas ou emergentes. Nunca houve e nunca haverá uma equivalente "descomunização", embora o sacrifício de inocentes tenha sido exponencialmente maior, e embora aqueles que assinaram as ordens e comandaram os campos de concentração continuem por aí. No caso do nazismo, vamos atrás de homens de 90 anos porque 'os ossos clamam' por justiça. No caso do comunismo, insistimos no "sem caça às bruxas" — deixem que os mortos sepultem os vivos. Mas os mortos não podem sepultar ninguém [...] O Holocausto comunista deveria ter provocado um florescimento na arte ocidental, e testemunhos, e simpatia. Deveria ter produzido um oceano transbordante de lágrimas. Em vez disso, tudo o que suscitou foi uma geleira de indiferença. Garotos que, nos anos 1960, tinham retratos de Mao e Che pendurados nos muros da escola — o equivalente moral de possuir retratos de Hitler, Goebbels ou Horst Wessel —, hoje ensinam nossas crianças sobre a superioridade moral de sua geração política.[35]

"O mal de quase todo esquerdista desde 1933", escreveu certa vez George Orwell, "foi ter querido ser antifascista sem ser antitotalitário." No Brasil também, os jovens que outrora enfeitaram seus armários com retratos

---

[35] KORS, Alan C. "Can There Be an 'After Socialism'?" *The Atlas Society*, 27 de setembro de 2003. Disponível em: <http://atlassociety.org/objectivism/atlas-university/deeper-dive-blog/3962-can-there-be-an-after-socialism>. Acesso em 17 abr. 2017.

de Che e Mao, e que acreditavam lutar então contra a versão nacional do "fascismo", hoje ocupam altos postos na academia, na indústria cultural e na imprensa, de onde continuam ensinando as novas gerações sobre a superioridade moral da sua própria,[36] porque algo da cultura política comunista eles decerto retiveram: a ilusão de pertencer à vanguarda da humanidade e do progresso social. Por não terem se dedicado a uma autocrítica aprofundada, senão apenas de superfície, legaram aos que lhes sucederam uma imagem romantizada do ideal revolucionário — confundido com a busca de justiça, liberdade e democracia —, sem um registro adequado de seus efeitos reais na história.

Os mortos e desaparecidos das ditaduras comunistas, em especial os da ditadura cubana, eterno xodó da *intelligentsia* brasileira da geração 1968, continuam carentes de representação nas artes e no mercado brasileiro de ideias. Chico Buarque não dedicou nenhuma canção sentimental a essas vítimas. Tampouco Caetano Veloso, que preferiu homenagear o terrorista Carlos Marighella, "um mulato baiano muito alto e mulato". Sobre elas, não há músicas, filmes, peças de teatro, quadros, teses, matérias jornalísticas, nada. Poucos são os formadores de opinião que, no Brasil, chegam a ter sequer uma noção das cifras macabras. Em compensação, Fidel Castro e Che Guevara são figuras que, ainda hoje, gozam de notável simpatia por parte de jovens intelectuais, jornalistas e artistas brasileiros, que tomam a ilha caribenha por modelo de igualdade social e dignidade popular.[37]

Não fosse aquela imagem edulcorada e jamais houvéramos testemunhado o curioso espetáculo de um jovem repórter brasileiro que, em matéria sobre a ilha, revelou-se assaz entusiasmado com a ideia (para ele, como que nova e promissora) de um *partido único*. "Afinal, para que mais?", parecia pensar o repórter, vibrando com o que julgava ser uma

---

[36] Até Zuenir Ventura, que não é dos mais cabotinos de sua geração, referiu-se a ela nos seguintes termos: "O conteúdo moral é a melhor herança que a geração de 68 poderia deixar para um país cada vez mais governado pela falta de memória e pela ausência de ética." Ver: VENTURA, Zuenir. *1968: O ano que não terminou*. Rio de Janeiro: Nova Fronteira, 1988. p. 16.

[37] No geral, o tom da cobertura jornalística da morte de Fidel Castro foi mais que reverente. Foi bajulador.

mera diferença cultural entre Brasil e Cuba. Nós temos o samba. Eles têm a rumba. Nós temos vários partidos. Eles, um só. *Vive la différence!*[38]

A maior parte dos intelectuais da geração 1968 deixou de ser comunista apenas nominalmente. "O muro caiu em Berlim", lamentou certa feita Jean-François Revel, "mas não nas mentes." No Brasil, é verdade, muitos renegaram o modelo marxista-leninista tradicional. Ocorre que, na ausência de um confronto com a própria consciência, acabaram cedendo acriticamente ao imaginário introduzido pelo chamado "marxismo ocidental" — associado sobretudo à Escola de Frankfurt e ao gramscismo —, cuja expressão mais visível nos meios de comunicação de massa é o multiculturalismo politicamente correto.

No novo contexto, ao menos duas ideias fundamentais de Marx e Engels foram mantidas. Em primeiro lugar, a premissa da *exploração* ou do "jogo de soma zero", segundo a qual, ao longo da história humana, é necessário que uns percam para que outros ganhem. Em segundo, a ideia da *determinação material da consciência*. As classes originais em luta — burguesia e proletariado — foram substituídas e multiplicadas, tendo as novas clivagens outros critérios para além dos que estabelecia a estrutura produtiva: de "raça" (ou cor), sexo, gênero, preferência alimentar, meios de transporte etc. Toda ação humana foi politizada, ou seja, vista como disputa por poder, e todo indivíduo agora se vê como ativista e representante de uma *causa*. O fulano já não é apenas homossexual: ele agora é um *combatente* da causa LGBT contra a perversa heteronormatividade. Sicrano não é apenas alguém que não come carne: ele é um *vegetariano militante* em luta heroica contra o holocausto animal. Beltrano já não anda de bicicleta simplesmente: ele é um *cicloativista* enfrentando o reacionário e retrógrado sistema de locomoção urbano.

Se, antes, conforme o marxismo ortodoxo, cada classe manifestava a sua ideologia própria, agora também o faz cada "raça", sexo, gênero, etc. Se, como formulou Althusser, o sujeito nada mais era que "o suporte das relações de produção",[39] ele agora não passa do *suporte* de relações raciais,

---

[38] Refiro-me ao documentário *Impressões de Cuba*, produzido pelos jornalistas Rafael Coimbra e Deni Navarro para a *GloboNews*.

[39] Ver: ALTHUSSER, Louis et. al. *Ler o Capital*. Rio de Janeiro: Zahar, 1979. p. 133.

sexuais e de gênero. Assim, o novo marxismo gramsci-frankfurtiano passa a postular que negros pensam *como negros*; brancos, *como brancos*; mulheres, *como mulheres*; homens, *como homens*; gays, *como gays*; lésbicas, *como lésbicas*; transexuais, *como transexuais*; vegetarianos, *como vegetarianos*; ciclistas, *como ciclistas* e assim sucessivamente...[40]

Cada nova autoproclamada minoria ou "tribo" urbana passa a se ver como um microcosmo particular, com uma particular estrutura de consciência e uma linguagem própria — cada qual, em suma, com uma *Weltanschauung,* não apenas exclusiva, como irredutível. Para cada uma das categorias coletivas em conflito, toda a realidade parece estar circunscrita aos seus objetivos políticos, que adquirem, portanto, um caráter quase metafísico. Para citar uma formulação do antropólogo Claude Lévi-Strauss acerca do etnocentrismo, o Ocidente passa hoje, depois de séculos de humanismo e universalismo, por um momento histórico no qual a humanidade "cessa nas fronteiras da tribo".

Nesse contexto de radical balcanização cultural e identitária, as "classes" ou "coletivos" "explorados" passam a exigir representação política, não nos termos da declaração universal dos direitos do homem, mas nos do *direito à diferença*. Todos querem diferir. Todos querem que a sua diferença específica seja mais diferente que as outras. Todos são iguais nisso. As mais excêntricas idiossincrasias, próprias a determinado "coletivo", passam a ser vistas e reivindicadas como direitos naturais inalienáveis.

---

[40] A cobertura midiática sobre o início do governo Michel Temer, ainda no período interino, por exemplo, foi marcada pelo incômodo de muitas jornalistas com a ausência de mulheres na equipe do novo presidente. O pressuposto do raciocínio, decerto jamais explicitado, é de que ministros do sexo masculino não podem *representar* politicamente interesses relativos às mulheres. É a lógica marxista aplicada ao gênero: para aquelas jornalistas, apenas mulheres poderiam *representar* mulheres, porque só mulheres *pensam como* mulheres. Embora quase nenhum jornalista brasileiro se confesse marxista hoje em dia, a maioria assimilou à sua *forma mentis* essa transformação politicamente correta do materialismo. Até jornalistas experientes como Míriam Leitão e Eliane Cantanhêde embarcaram docemente nesse "multiculturalismo" de parquinho. E, junto com elas, as esquerdistas radicais de sempre. É curioso observar como, no Brasil, até os opinadores eventualmente críticos à extrema esquerda partilham de uma mesma agenda "progressista" de fundo. Ver: "Ministério só de homens é retrocesso de décadas." *O Globo*, 12 de maio de 2016. Disponível em: <http://blogs. oglobo.globo.com/miriam-leitao/post/ministerio-so-de-homens-e-retrocesso-de-decadas. html>. Acesso em 17 abr. 2017.

E os "coletivos" em luta multiplicam-se indefinidamente, formando mil e uma subdivisões cada vez mais sectárias, orgulhosas e convictas da própria superioridade moral, todas elas se colocando na condição de vítimas históricas preferenciais, portadoras, portanto, do sacrossanto direito à reparação. Trata-se de um processo que o crítico americano Bruce Bawer definiu muito bem como "a revolução das vítimas".[41]

Os intelectuais e jornalistas brasileiros foram os grandes responsáveis por instaurar no Brasil um ambiente *pós-totalitário* tal como descrito por Václav Havel. Que os nossos bem-pensantes sejam reféns de uma visão de mundo herdada do marxismo ocidental fica evidente quando notamos, por exemplo, sua postura em relação à política mundial. Mesmo aqueles formadores de opinião que, cá no Brasil, costumam ser críticos à esquerda nacional e latino-americana, tendem a aderir incondicionalmente à agenda político-cultural da esquerda euro-americana, supostamente mais "avançada" e "progressista": legalização do aborto e das drogas, liberação sexual, gayzismo (ativismo LGBT), feminismo, ambientalismo, multiculturalismo, secularismo radical ou algum tipo de ecumenismo espiritualista, neokeynesianismo, antissionismo (frequentemente mascarando um antissemitismo atávico) e anticristianismo. É difícil pensar num jornalista brasileiro que não tenha um passado comunista e que, em lugar de rejeitá-lo na raiz, não tenha apenas adequado o seu antigo esquema interpretativo (*teoria da exploração + materialismo histórico-dialético*) às novas modas: uns trocaram o comunismo pelo ambientalismo; outros, pelo feminismo; outros ainda, pelo gayzismo... Mas todos estão convictos de seu papel de denunciadores da exploração.

Na verdade, a esquerda é tão culturalmente hegemônica no Brasil que grande parte dos intelectuais públicos, quer formadores, quer difusores de opinião, é de esquerda sem nem mesmo saber disso. Essas pessoas adotam uma perspectiva de esquerda porque nunca conheceram outra, porque ser de esquerda lhes é tão natural quanto respirar. O grosso da elite cultural brasileira nos dias de hoje é assim. Seus gostos e repulsas lhes são predeterminados quase que à sua revelia, pela força do hábito

---

[41] Ver: BAWER, Bruce. *The Victim's Revolution: the rise of identity studies and the closing of the liberal mind.* New York: Broadside Books (HarperCollins), 2012.

e da tradição. Destarte, tudo o que não esteja em conformidade com os valores dessa elite adquire um caráter fantasmagórico, excêntrico, quiçá monstruoso ("polêmico", no jargão jornalístico). As pessoas que acreditam ser as mais progressistas e de mente aberta são, justamente, as mais reacionárias, reagindo invariavelmente de maneira estereotipada a quaisquer fenômenos políticos e culturais irredutíveis aos cacoetes mentais de nossa *intelligentsia*.

Veremos a seguir, em mais detalhes, como aquela hegemonia foi sedimentada no Brasil, justamente no período histórico que a esquerda alega ter sido o mais cruel e traumático, e contra o qual ela, vítima eterna de "golpes" imaginários mesmo ocupando o poder de Estado por mais de duas décadas, continua se debatendo.[42]

---

[42] Nem a Olimpíada no Rio escapou da obsessão mórbida de nossa classe falante para com o regime militar. O fato, por exemplo, de que atletas ligados às forças armadas batessem continência ao receber suas medalhas escandalizou profundamente os jornalistas brasileiros, formados em faculdades nas quais aprenderam, basicamente, que os militares eram os malvados da história. E, como fazem sempre que sua sensibilidade progressista é ferida, os jornalistas criaram uma "polêmica". O portal UOL, por exemplo, fez esse tipo de pergunta a Alison Cerutti, que acabara de ganhar o ouro no vôlei de praia: "Você é um atleta militar em um país que *recentemente* [sic] passou por uma ditadura militar de 21 anos. Refletiu sobre isso quando aceitou o convite da Marinha?" Ver: "Alison se orgulha de 'ser milico' e admite tratamento diferente a atletas." *UOL*, 20 de agosto de 2016. Disponível em: <http://olimpiadas.uol.com.br/noticias/redacao/2016/08/20/sargento-alison-diz-que--se-orgulha-de-ser-milico-e-respeita-bolsonaro.htm>. Acesso em 17 abr. 2017.

3. A doutrina Golbery e a hegemonia cultural da esquerda

O intelectual de esquerda é um tipo curioso, uma hidra de várias cabeças. Com Marx e Engels, ele aprendeu que as condições materiais nas quais vive uma pessoa (ou seja, a sua classe social) determinam a sua consciência. Essa regra tem validade universal, aplicando-se a todos os seres humanos exceto... o intelectual de esquerda ele mesmo. Pois com Nietzsche, o intelectual de esquerda aprendeu que a sua vontade — mas só a sua — é soberana. No seu caso, então, o livre-arbítrio falou mais alto e o intelectual de esquerda, movido pelo aguçado senso de justiça social (que ele imagina ter herdado de Rousseau, o castelão devasso), *decidiu* tomar emprestada a consciência de classe alheia, assumindo como seus os interesses dos desfavorecidos, dos oprimidos, de toda e qualquer vítima do poder. Com Foucault (e com Adorno, Horkheimer, Marcuse e dezenas de outros apóstolos da *crítica* autodestrutiva), o intelectual de esquerda aprendeu que esse poder se manifesta nas circunstâncias as mais banais e microscópicas do cotidiano (no "fiu-fiu" do peão de obra à vista de uma formosa dama, por exemplo), cabendo a ele, intelectual de esquerda, a missão de denunciá-lo incessantemente. Com Deleuze e Guattari (ou terá sido com a Regina Casé?), aprendeu que ser de esquerda é adotar a *perspectiva* da margem e da periferia, assumir um *devir* minoritário. Com Zizek... Bem, com Zizek ele aprendeu a celebrar a "violência redentora" dos *black blocs*.

A despeito de suas muitas cabeças, há um coração único que, pulsando, confere a elas unidade, sedimentando uma autoimagem partilhada por todo intelectual de esquerda que se preze. No âmbito da cultura política brasileira, essa autoimagem poderia ser resumida nos versos que o pintor

Candido Portinari, um dos quadros mais notáveis do velho PCB, dedicou certa feita à sua própria arte: "Todas as coisas/frágeis e pobres/se parecem comigo." Resta que, conquanto muito tocante no universo das artes, essa autoidentificação com a fragilidade e a pobreza revela-se catastrófica na esfera da política, criando um espírito de perpétua autovitimização e irresponsabilidade para com o poder político exercido. A experiência de ser frágil, pobre e vítima — ou de estar ao lado dos frágeis, pobres e vítimas — é a base da violência inerente à ação da esquerda revolucionária no mundo.[1] Para compreender o porquê, basta fazer o seguinte experimento intelectual acerca do poder: imagine-se o leitor numa situação hipotética em que é obrigado a empregar a violência para se proteger de um mal qualquer, contra si ou contra os seus. Se somos mais fortes que aquele ou aquilo que nos ameaça, naturalmente não precisaremos levar ao limite extremo todo o nosso potencial de violência. Supondo que o objetivo seja apenas defensivo, bastaria dosar a nossa força ao ponto de neutralizar (sem necessariamente destruir) o adversário. Não se cura unha encravada com quimioterapia, afinal de contas.

A coisa mudaria de figura numa situação de desvantagem. Se um adversário mais poderoso manifesta o desejo de nos destruir, seríamos forçados a empenhar toda a força de que dispomos (quiçá a que não dispomos!) no intuito de impedi-lo. Nesse caso, a única chance de sobrevivência passaria pela utilização máxima do nosso potencial de violência.

Pense agora no que aconteceria se acreditando enfrentar a segunda situação, estivéssemos, de fato, na primeira. Qual uma fera acuada,

---

[1] Como notou Alexandre Soares da Silva com delicioso humor: "A esquerda, que é todo mundo, se acredita sozinha. Nega que sejam todos de esquerda. Cada um assume que é só ele, e mais uns poucos. O que dá uma multidão de gente dizendo que está sozinha, de costas contra a parede, e que os dois ou três sujeitos lá no meio, que se declaram de direita, são uma turba [...] Durante muito tempo eu lia as colunas de Carlos Heitor Cony na *Folha*, e ele sempre assumia a postura romântica de 'a única voz clamando contra Fernando Henrique Cardoso'. Claro, se fosse verdade, seria muito romântico mesmo. Mas o que dava o efeito cômico era que todas as outras colunas na mesma página estavam falando mal de Fernando Henrique Cardoso." Do post *A Multidão Sozinha*, publicado em seu blog em 14 de abril de 2003. Disponível em: <http://alexandresoaressilva.blogspot.com.br/2003_04_01_archive.html#92559287>. Acesso em 17 abr. 2017.

usaríamos toda a nossa força contra um agressor mais fraco (em menor número ou desarmado, por exemplo), efetivamente incapaz de nos destruir. Imaginando-nos vítimas, nos comportaríamos nesse caso como o mais cruel dos algozes, motivados por medo e desespero. Crendo mover uma luta heroica pela sobrevivência, teríamos ao contrário praticado uma agressão covarde e desproporcional, como quem enfrentasse uma formiga com uma bazuca.

Aquela perpétua sensação de fera acuada é uma experiência existencial básica de toda esquerda de matriz revolucionária, daí sua ação política ser sempre impiedosa. A luta dessa esquerda — seja ela física, política ou no terreno das ideias — é sempre uma "*luta à muerte*", para falar como Che Guevara, uma luta de *tudo ou nada*.[2] Toda vez que age, a esquerda imagina *reagir*. E mesmo quando exerce o poder das maneiras as mais totalitárias e brutais, vê-se sempre como vítima de um poder anterior que justifica as suas ações.

O sentimento de culpa — a famigerada culpa "judaico-cristã", como há trezentos anos maldizem os revolucionários com esgares de nojo — não integra a estrutura de consciência da esquerda, e é isso que faz com que os males políticos por ela cometidos sejam mais profundos e destruidores que os demais. Não por acaso que os comunistas tenham sido, por um lado, os principais formuladores de um discurso de indignação moral contra os males do mundo e, por outro, os maiores perpetradores desses males, brindando a humanidade com um festival de horrores de dar inveja ao próprio Satanás. Há duas coisas que o comunismo fez em escala industrial: denunciar e matar.

---

[2] Sobre a lógica do "tudo ou nada", intrínseca ao espírito revolucionário, ver: CAMUS, Albert. *O homem revoltado*. Rio de Janeiro: Editora Record, 9ª ed., 2011. E também Leszek Kolakowski: "[A] mentalidade revolucionária é essa atitude espiritual caracterizada pela crença, particularmente forte, na possibilidade de uma salvação total do homem, em oposição absoluta com a sua situação atual de escravidão, de sorte que, entre as duas, não existiria nem continuidade nem mediação; mais ainda, que a salvação total seria o único objetivo verdadeiro da humanidade ao qual todos os outros valores deveriam ser subordinados como meios. Haveria somente um único fim e um único valor, que seria a negação total do mundo existente [...] Os revolucionários não acreditam no Purgatório; eles creem no caminho da cruz, no Inferno e no Céu, no reino da salvação total e no do mal total. Pensam de acordo com o princípio 'tudo ou nada'." Ver: KOLAKOWSKI, Leszek. *O espírito revolucionário*. Brasília: Editora Universidade de Brasília, 1985. pp. 7-8.

Ditadores da esquerda revolucionária serão sempre mais totalitários e sanguinários que os outros. Stalin e Mao Tsé-tung provaram-no inexoravelmente. Um revolucionário corrupto será sempre mais corrupto que um não revolucionário. Este último pode vir a sentir vergonha, ou mesmo saciar-se com o produto de seu crime. O esquerdista revolucionário, jamais. Pego em flagrante delito, ele erguerá no ar o punho cerrado e, prenhe de um orgulho patológico, experimentará, no fundo de seu ser, a emoção de lutar por justiça no instante mesmo em que corrompe.

A moral deles é diferente da nossa, decretou o relativismo (i)moral de Trotski. No Brasil, os petistas cansaram de dar provas dessa ética peculiar inerente à imaginação revolucionária. Qual Raskolnikov, eles se convenceram (e convenceram a elite intelectual do país) de que, por serem excepcionalmente virtuosos, haviam forçosamente de gozar de um "direito ao crime".

É para garantir aquela espécie de direito sinistro que, desde Marx, os comunistas, ao mesmo tempo que prometem uma nova sociedade a se realizar no futuro, nunca se dedicam a descrevê-la minuciosamente, sugerindo que ela será definida no curso mesmo da ação revolucionária. Quando Daniel Cohn-Bendit, liderança de maio de 1968, dizia que os estudantes parisienses ansiavam por uma organização social *inteiramente nova*, fazia também o adendo crucial: "Da qual *não sabem* dizer, hoje, se é realizável ou não". Ao comentar na revista *America Libre* sobre o destino da esquerda sul-americana, o ex-presidente Lula observava: "*Não sabemos* o tipo de socialismo que queremos." A frase é estruturalmente idêntica à do *black bloc* entrevistado pela BBC Brasil: "Estamos lutando por algo que *ainda não sabemos* o que é, mas que pode ser o início de algo muito grande que pode acontecer mais para a frente."

Não saber qual será o futuro ou, em outras palavras, omitir — tanto para si quanto para os outros — as possíveis consequências de seus projetos de sociedade é a essência mesma da mentalidade esquerdista. Para esta, a nova sociedade vindoura é apenas a cenoura que, presa ao burro, o faz persegui-la eternamente e, perseguindo-a, progredir. A cenoura está, simultaneamente, *à frente do* e *no* burro. Aquela representa o futuro; este, o esquerdista. O esquerdista não pode chegar ao futuro porque o futuro *desloca-se com o esquerdista*, que é o seu único porta-voz autorizado. E o futuro desloca-se precisamente para que o esquerdista permaneça sempre alheio aos critérios morais válidos para o restante de seus contemporâneos. A sociedade utópica dos esquerdistas é uma "promessa autoadiável".[3]

Um dos primeiros tratados escritos sobre a imaginação revolucionária moderna foi *Das leis da política eclesiástica*, do teólogo inglês Richard Hooker (1554-1600). Com base nesse clássico da ciência política, o filósofo Eric Voegelin sugeriu ter sido com o movimento puritano inglês dos séculos XVI e XVII que, pela primeira vez na história, surgia uma das armas retóricas e psíquicas mais eficazes utilizadas pela esquerda revolucionária de ontem e de hoje: a noção de *causa política*. Nenhuma força política de inspiração revolucionária pode abrir mão da presença imponente de uma "causa" que tudo justifica. Escreve Voegelin:

> De modo a avançar a sua "causa", o homem que a encarna irá, diante da multidão, entregar-se a uma *crítica severa dos males sociais* e, em particular, *da conduta das classes altas*. A repetição constante da performance induzirá, entre os ouvintes, a opinião de que os falantes devem ser homens de singular integridade, zelo e santidade, *pois apenas homens singularmente bons podem se ofender tão profundamente com o mal.*[4]

Fazer o mal em *nome de uma causa* é muito pior do que fazer o mal pura e simplesmente. Como deter aquele que promete o bem e, por conta disso, nos convida a transigir com o mal? A malignidade da perversão revolucionária foi muito bem esmiuçada por Alain Besançon em sua análise comparativa dos dois grandes males políticos do século XX, comunismo e nazismo. Este último investiu na *estética* como fundamento da nova ordem mundial pretendida. Para a corrompida mentalidade nacional-socialista, tratava-se de "embelezar" ou "purificar" a sociedade e a cultura. Já o projeto comunista, sugere o autor, consistiu numa corrupção da *ética*. A vitória comunista é

---

[3] Ver: CARVALHO, Olavo de. "A promessa autoadiável." *Diário do Comércio*, 30 de agosto de 2010. Disponível em: <http://www.olavodecarvalho.org/semana/100830dc.html>. Acesso em 17 abr. 2017.

[4] Ver: VOEGELIN, Eric. *The New Science of Politics: An Introduction*. Chicago & London: The University of Chicago Press, 1987[1952]. p. 135.

entendida pela militância como um triunfo do *bem* mais que do belo. O nazista se via como artista; o comunista, como virtuoso.[5]

É por isso que, diferente do nazismo e de autoritarismos menos letais, os regimes de inspiração comunista não buscam ocultar os próprios crimes. Ao contrário, não apenas os proclamam como convidam a população a coonestá-los. A moral comunista visa apenas ao bem do partido revolucionário. Mas, embora sui generis nesse sentido, ela emprega o vocabulário da moral tradicional. O comunista ou filocomunista fala o tempo todo em "justiça", "igualdade", "liberdade", "democracia", e é por isso que, não raro, consegue atrair o homem comum de boa vontade, incapaz de atinar em tempo hábil para com o novo sentido revolucionário que a vanguarda partidária atribui a essas palavras. Segundo Besançon:

> O fato assustador é que essa ruptura moral não é percebida por todos de fora desse meio revolucionário. De fato, *para descrever a nova moral, o comunismo serve-se de palavras da velha* [moral]: justiça, igualdade, liberdade... É fato que o mundo que ele se apressa a destruir está repleto de injustiça e de opressão. *Os homens de bem não podem deixar de aceitar que os comunistas denunciem esses males com extremo vigor* [...] Finalmente, todas as palavras que servem para expressar as modalidades do bem — justiça, liberdade, humanidade, bondade, generosidade, realização — são *instrumentalizadas em vista do fim único*, que contém todas elas e as realiza: comunismo. Do ponto de vista da ideia comunista, essas palavras mantêm com as antigas apenas uma relação de *homonímia*.

A esquerda revolucionária sempre foi especialista na arte de simular virtude. O vigor espalhafatoso com que esquerdistas denunciam injustiças, a ostensiva indignação diante dos males do mundo e aquela "apaixonada intensidade"[6] de seu discurso acusatório são parte essencial da persona

---

[5] Os comunistas, e esquerdistas em geral, são mestres imbatíveis no pecado da *soberba*, no sentido definido por Santo Agostinho: "Todos os vícios se apegam ao mal, para que se realize; apenas a soberba se apega ao bem, para que pereça."

[6] A expressão está no poema *The Second Coming*, de W.B. Yeats, no verso em que o poeta contrasta, justamente, a "falta de convicção" dos bons com a "apaixonada intensidade" dos maus: *The best lack all conviction, while the worst / Are full of passionate intensity*.

revolucionária (ou, no vocabulário contemporâneo, "progressista") e causam profunda impressão no espírito dos homens de bem. Crédulos, como mostrou Voegelin, estes confiam que só mesmo sujeitos singularmente virtuosos poderiam escandalizar-se tanto com o mal. Resta que o escândalo com o mal, além de descrito na tradição judaico-cristã como pecado grave, é marca registrada das mentalidades utópicas.[7]

Como representante brasileiro de toda aquela tradição comunista-revolucionária, o PT e sua rede de simpatizantes formais e informais foram exemplares na tentativa de subverter todos os critérios de juízo racional e todos os princípios morais socialmente consagrados, reduzindo-os, tal como propusera Antonio Gramsci, à razão do partido.[8]

Quando restou iminente a queda do partido, a sua *intelligentsia* propôs, não sem uma espantosa dose de sucesso, uma inversão completa de valores no seio da sociedade. Em dado momento, o *intelectual coletivo* lulopetista quase conseguiu mergulhar o país naquela "corpulência de tempos flácidos" em que, segundo Hamlet, "a virtude tem de pedir perdão ao vício".[9] Que o digam o juiz Sergio Moro e a advogada Janaina Paschoal, culpados do pecado de fazer cumprir as leis, a despeito dos interesses do partido-Príncipe.[10]

Levando ao paroxismo aquele espírito de perpétua autovitimização e irresponsabilidade em face do próprio poder, a esquerda brasileira, cerrando fileiras ao redor do PT, ofereceu ao público brasileiro um espetá-

---

[7] Ver: MOLNAR, Thomas. *Utopia: the perennial heresy.* New York: Sheed & Ward, 1967. p. 5.

[8] Rememorem-se as palavras do comunista italiano já citadas neste livro: "O moderno príncipe [isto é, o partido], desenvolvendo-se, *subverte todo o sistema de relações intelectuais e morais,* na medida em que o seu desenvolvimento significa de fato que cada ato é concebido como útil ou prejudicial, como virtuoso ou criminoso, mas *só na medida em que tem como ponto de referência o próprio moderno Príncipe e serve para acentuar o seu poder, ou contrastá-lo.* O Príncipe toma o lugar, nas consciências, da divindade ou do imperativo categórico..." [grifos meus]. Ver: GRAMSCI, Antonio. *Maquiavel, a política e o Estado moderno.* Rio de Janeiro: Civilização Brasileira, 1988. 6ª edição. p. 9.

[9] William Shakespeare, *Hamlet* — Ato III, Cena 4.

[10] Os ataques a Janaina Paschoal foram especialmente abjetos, sobretudo porque seus atores costumam posar de defensores das mulheres e outras minorias. Cercada covardemente por bandos tipicamente stalinistas, xingada de "vagabunda", "prostituta", "louca" e outras grosserias, Janaina canalizou a fúria psicótica dos esquerdistas brasileiros. Da perspectiva destes, afinal, a advogada cometeu o mais hediondo dos crimes: privá-los do poder absoluto.

culo lastimável, verdadeiramente inglório, que os futuros historiadores e analistas políticos padecerão para compreender, que dirá explicar. Depois de treze anos no poder, em cujo exercício desfrutou do apoio político, quando não da cumplicidade criminosa, das elites política, empresarial, financeira e cultural do país, tendo aparelhado o Estado de maneira nunca antes vista, e governado quase sem oposição durante a maior parte do tempo, o *partido dos intelectuais* não se vexou em dizer-se vítima de um "golpe" das "elites".[11]

Com a sua presidente atingindo índices de rejeição inéditos, acima dos 90%, e os seus partidos sendo alvos dos maiores protestos populares da história nacional, a esquerda brasileira continuou a se exibir como representante da democracia e do povão. Diante do fato de que seus líderes clamavam por "exércitos" paralelos para sustentar a perpetuação do partido no poder, e mesmo que membros de tais "exércitos" viessem há muito promovendo o caos e o quebra-quebra, fechando ruas e estradas, agredindo jornalistas e populares de oposição, cuspindo em rostos alheios, urinando e defecando em público, organizando na internet ataques coordenados contra a honra e a reputação de quem quer que se posicionasse contra os seus interesses, a esquerda nacional teimava em denunciar a presença de um "discurso de ódio" contra si.

Com total falta de discernimento, um professor da Unicamp, membro particularmente alienado da já bastante alienada casta acadêmica brasileira, chegou a equiparar o processo de impeachment da presidente

---

[11] Hoje sabemos que era o PT quem tinha intenção de dar um golpe de Estado clássico, usando as Forças Armadas contra os outros dois poderes da República. Na resolução que o partido emitiu após o afastamento provisório de Dilma Rousseff, esboça-se um plano claro de aparelhamento das Forças Armadas, plano que, quando revelado, irritou profundamente o alto-comando militar. Segue um trecho: "Fomos igualmente descuidados com a necessidade de reformar o Estado, o que implicaria impedir a sabotagem conservadora nas estruturas de mando da Polícia Federal e do Ministério Público Federal; *modificar os currículos das academias militares; promover oficiais com compromisso democrático e nacionalista*; fortalecer a ala mais avançada do Itamaraty..." Como de hábito, o principal partido da esquerda nacional não se arrependia dos males que causou ao país. Arrependia-se, ao contrário, de não ter aparelhado ainda mais o Estado em benefício próprio. Ver: CANTANHÊDE, Eliane. "PT irrita Exército." *Estadão*, 19 de maio de 2016. Disponível em: <http://politica.estadao.com.br/blogs/eliane-cantanhede/pt-irrita-exercito/>. Acesso em 17 abr. 2017.

Dilma Rousseff — todo realizado de acordo com a constituição federal e demais leis brasileiras, e ademais validado minuciosamente por nossa Suprema Corte em todas as suas etapas processuais — a um *estado de exceção semelhante ao do nazismo*.[12]

Curioso nazismo tropical, em que a acachapante maioria dos pares do incauto professor *pensa exatamente como ele*, num verdadeiro discurso único de defesa incondicional do governo petista. Não terá o sujeito jamais ouvido falar, por exemplo, nos jovens irmãos Sophie e Hans Scholl, guilhotinados pelos nazistas por espalhar dentro de universidades alemãs panfletos *contrários ao regime*? Que tipo de perversão intelectual e moral leva um sujeito a tratar como equivalentes a bajulação coletiva a um regime político criminoso, empreendida por nossa classe universitária em peso, e a disposição de sacrificar a própria vida, contra tudo e contra todos, em nome da justiça, da liberdade e do amor ao próximo, como fizeram os irmãos Scholl?

Descontado o elevado grau de cinismo das lideranças partidárias e acadêmicas, a verdade é que a maior parte da baixa militância, sobretudo sua parcela mais jovem em idade, *sente realmente daquela maneira*. Hoje, os jovens brasileiros de esquerda sentem-se profunda e dolorosamente oprimidos sempre que seus desejos políticos não são aceitos como mandamentos divinos universalmente válidos. E manifestam essa sensação de maneira tipicamente histérica: somatizando-a em ânsias de vômito, taquicardias e crises convulsivas de choro.[13] Muitos desenvolvem um processo quase alérgico quando expostos a opiniões divergentes ou obstáculos ao seu poder, que lhes soam como escandalosos, verdadeiros crimes contra a humanidade. Imbuídos daquele espírito marcusiano de "tolerância libertadora" (ou "discriminatória"),

---

[12] Ver: "Para professor da Unicamp, já vivemos estado de exceção semelhante ao nazismo." *Carta Campinas*, 30 de abril de 2016. Disponível em: <http://cartacampinas.com.br/2016/04/para-professor-da-unicamp-ja-vivemos-estado-de-excecao-semelhante-ao-nazismo/>. Acesso em 17 abr. 2017.

[13] Fico imaginando o que diria um revolucionário das antigas se soubesse que, no Brasil de hoje, o vômito, o cuspe e a defecação viraram meios de manifestação política. Que decadência: se o passado da esquerda brasileira envolvia coisas como dialética e assembleísmo, parece que o futuro será marcado pela linguagem das vísceras e das mucosas.

esses pequenos tiranos caçam a palavra de seus interlocutores como quem exercesse um direito divino.[14]

Ao lado daqueles que são jovens pela biologia, há também os que o são por ideologia: os velhos Peter Pans acadêmicos — a exemplo do professor mencionado anteriormente —, dispostos a brincar de eternos heróis da resistência naquela espécie de Terra do Nunca em que se converteu a universidade brasileira. São eles os grandes responsáveis por disseminar a histeria coletiva entre os mais jovens, que a absorvem por mimetismo, junto com o gestual e os maneirismos do típico homem revoltado acadêmico.[15]

A autopercepção histeriforme e vitimista, a incapacidade de assumir responsabilidades pelas consequências de suas ideias, assim como a negação incessante do próprio poder são, repito, um traço permanente no espírito da esquerda revolucionária. Mas há raros casos em que, todavia, essa esquerda foge à regra e assume a sua condição hegemônica, geralmente quando está entre pares, ou quando vê na ostentação da própria força alguma vantagem política imediata. No Brasil, podemos destacar alguns exemplos.

---

[14] Tornou-se conhecida a fala de uma ativista radical do movimento negro quando um colega seu questionou o movimento por haver interrompido uma aula. "Quando o oprimido fala, o opressor fica calado" — disse. Sem o saber, a jovem reproduzia o argumento que Herbert Marcuse elaborara cinquenta anos antes em *Tolerância repressiva*: "Tolerância libertadora, então, significaria intolerância contra os movimentos da Direita e tolerância aos movimentos da Esquerda. Quanto à extensão dessa tolerância e intolerância [...] estenderia ao estágio da ação como também da discussão e da propaganda, da ação como *também da palavra*" [grifos meus]. Ver: MARCUSE, Herbert. "Repressive Tolerance." In: Robert Paul Wolff et al. *A Critique of Pure Tolerance*. Boston: Beacon Press, 1969. p. 109.

[15] Quando do afastamento temporário da presidente Dilma Rousseff, o teólogo da libertação Leonardo Boff, outro intelectual orgânico do PT, cumpriu exemplarmente seu papel de fomentador da histeria alienante. Simulando viver em plena ditadura militar, e empregando o simbolismo estereotipado dos anos 1960, o frei marxista escreveu em seu Twitter, em 14 de maio de 2016: "Para nos defender contra o golpe policial e nosso direito de nos manifestar nas praças, *compremos bolas de gude para derrubar os cavalos*" [grifos meus]. Depois, criticado, e como que lembrando de preservar sua imagem pública de ecologista amoroso, emendou em linguagem cândida: "Esclarecimento. Ao dizer para lançar bolinhas de gude nos cavalos da polícia que vai com eles contra o povo, não quero amar menos os cavalos. Os cavalos são nossos irmãos na comunidade de vida. Mas não devem servir de meio para a polícia fazer mal aos manifestantes. Não são para isso". Devemos concluir que, assim como o PT saqueou a Petrobras por amor ao povo, também por essa razão o "padre de passeata" (na clássica expressão nelsonrodriguiana) incitou seus leitores à violência contra os animais. A violência da esquerda, querem nos fazer crer, é sempre um ato de amor.

Em 2005, com o PT já bem instalado na Presidência da República, e rumando para o segundo mandato, o intelectual orgânico Marco Aurélio Garcia, eminência parda do partido, rasgou o verbo e assumiu ares triunfalistas em conversa com a imprensa:

> Mesmo os que não vieram da esquerda hoje compartilham temas da esquerda. *Há uma hegemonia do pensamento de esquerda na América Latina,* da mesma forma que na década anterior havia a hegemonia do pensamento conservador.[16]

O "pensamento conservador" ao qual se refere Garcia é, na verdade, a social-democracia tucana, dos ex-marxistas FHC e José Serra. Ou seja: na "década anterior" já havia o predomínio de um pensamento de esquerda ou, pelo menos, de centro-esquerda. "Conservador", jamais. Mas Garcia, como todo bom esquerdista brasileiro, não tem a mínima ideia do que seja um pensamento conservador, pois, como já notamos, usa conservador como adjetivo, para se referir ofensivamente a outra corrente interna à esquerda, não como substantivo. Ora, quem conheça um pouco de história política não deixará de perceber que a social-democracia tucana pode ser entendida como a primeira fase de um mesmo projeto hegemônico da esquerda. É o regime de centro-esquerda que prepara o terreno para a esquerda mais radical, assim como, em *Os demônios,* de Dostoievski, o professor liberal Stiepan Trofimovich Vierkhovienski pôs no mundo o revolucionário Piotr Stiepanovich Vierkhovienski. O PSDB é Vierkhovienski pai; o PT é Vierkhovienski filho.[17]

---

[16] *O Globo*, 15 de outubro de 2005.

[17] A raiz comum dos dois partidos, gramsciana e uspiana, é observada pelo historiador Alberto Aggio num encontro de gramscistas coordenado pelo próprio Marco Aurélio Garcia no Cedec (Centro de Estudos de Cultura Contemporânea), em 2001: "Vou retomar o conceito de revolução passiva, que esteve presente nas últimas intervenções. Se considerarmos o que propôs há pouco Octavio Ianni, se podemos admitir que o Brasil mudou de maneira extraordinariamente profunda, então eu perguntaria se o conceito de revolução passiva, na sua formulação final por Gramsci, não tem bastante utilidade para nós, hoje. Isso iria contra a observação de Marco Aurélio Garcia, de que conceitos como esse poderiam ser úteis de um ponto de vista histórico, mas pouco úteis para se pensar a circunstância presente, e portanto a estratégia dos atores. Ela permitiria compreender a circunstância, já lembrada aqui por Werneck, de que em certa medida o PT e o PSDB têm as suas origens intelectuais neste

Mas voltando às confissões de hegemonia, mais recentemente, em 2012, o professor de filosofia da USP Vladimir Safatle expressava em artigo um pânico generalizado que começava a se espalhar no seio da esquerda nacional, qual seja, o de perder aquela hegemonia para uma tal "ascensão conservadora". "Pela primeira vez em décadas a esquerda é minoritária no campo cultural" — choraminga Safatle no artigo, no qual também se lê:

> Durante décadas, a esquerda conseguiu sustentar uma certa hegemonia no campo cultural nacional. Mesmo na época da ditadura, tal hegemonia não se quebrou. Vivíamos em uma ditadura na qual era possível comprar Marx nas bancas e músicas de protesto ocupavam o topo das paradas de sucesso.[18]

Se, em 2012, a percepção da esquerda era que o seu doce sonho começava a desmoronar, resta-nos precisar quando teria ele se consolidado. Um dos primeiros intelectuais brasileiros a falar em *hegemonia cultural da esquerda* foi o também uspiano Roberto Schwarz. Em seu conhecido ensaio "Cultura e Política, 1964-1969" — publicado em 1970 na revista francesa *Les Temps Modernes*, e depois no Brasil como capítulo do livro *O pai de família e outros estudos*[19] —, o autor começa por analisar os efeitos negativos imediatos do golpe de 1964 sobre as forças de esquerda, para em seguida ressalvar:

> Entretanto, para surpresa de todos, a presença cultural da esquerda não foi liquidada naquela data, e mais, *de lá para cá não parou de crescer*. A sua produção é de qualidade notável nalguns campos, e

---

mesmo lugar, que é a Universidade de São Paulo. Sendo assim, também é possível pensar que esse contexto dos últimos anos pode evidenciar um tipo de cooptação de atores intelectuais." Ver: COUTINHO, Carlos Nelson; COMPARATO, Fábio Konder e OLIVEIRA, Francisco de. "Como pensar?" *Lua Nova* [online]. São Paulo, 2001, n. 54, pp. 87-132. Disponível em: <http://www.scielo.br/scielo.php?pid=S0102-64452001000300005&script=sci_arttext>. Acesso em 17 abr. 2017.

[18] SAFATLE, Vladimir. "A perda de hegemonia". *Carta Capital*, 1 de setembro de 2012. Disponível em: <http://www.cartacapital.com.br/cultura/a-perda-de-hegemonia>. Acesso em 17 abr. 2017.

[19] SCHWARZ, Roberto. "Cultura e política, 1964-1969". In: *O pai de família e outros estudos*. Rio de Janeiro: Paz e Terra, 1978.

é dominante. Apesar da ditadura da direita, há relativa hegemonia cultural da esquerda no país. Pode ser vista *nas livrarias de São Paulo e Rio, cheias de marxismo,* nas *estreias teatrais,* incrivelmente festivas e febris, às vezes ameaçadas de invasão policial, na movimentação estudantil ou nas *proclamações do clero avançado.* Em suma, *nos santuários da cultura burguesa a esquerda dá o tom.* Esta *anomalia* — que agora periclita, quando a ditadura decretou penas pesadíssimas para a propaganda do socialismo — é o traço mais visível do panorama cultural brasileiro entre 64 e 69 [grifos meus].

A hegemonia cultural de esquerda continuou crescendo no período posterior àquele analisado pelo autor. Na década de 1970, aliás, foi que ela se tornou verdadeiramente *establishment*, quando representantes da arte engajada, egressos do Teatro de Arena e do Centro Popular de Cultura,[20] ambos ligados ao PCB, passaram a dominar a cena artística nos então emergentes veículos de comunicação de massa. Esses artistas e intelectuais (gente como Dias Gomes, Janete Clair, Bráulio Pedroso, Oduvaldo Vianna Filho, Gianfrancesco Guarnieri, Paulo Pontes, Armando Costa, Lauro César Muniz, entre tantos outros) foram alguns dos responsáveis por consolidar a indústria cultural brasileira, fornecendo conteúdo dramatúrgico para o cinema e para as grandes redes de tevê surgidas à época, notadamente Tupi e Globo. Tal processo foi complementar à ocupação das redações por comunistas e filocomunistas, como vimos anteriormente, consolidando o predomínio de uma visão de mundo esquerdista nos dois principais pilares da comunicação de massa, o jornalismo e o entretenimento.

Por um lado, como vimos em capítulo anterior, a ocupação de espaços naqueles veículos 'reacionários' — "santuários da cultura burguesa", na expressão de Schwarz — era parte vital da estratégia pecebista conhecida como *frentismo cultural* (de inspiração lukácsiana, primeiro; gramsciana, depois). Por outro, e esse o argumento central deste capítulo, a hegemonia cultural da esquerda não surgiu "apesar da

---

[20] Dissolvido em 1964 pelo regime militar, o CPC acabou dando origem ao famoso Grupo Opinião.

ditadura de direita", como sugeriram Schwarz e outros analistas, mas justamente *por causa dela*.[21]

A despeito de seu anticomunismo, determinado em larga medida pela conjuntura externa da Guerra Fria, trata-se de um erro histórico qualificar a ditadura de 1964-1985 como inequivocamente de direita.[22] Antes que de direita, ela foi acima de tudo *militar*. Foi militar essencialmente. De direita, apenas acidentalmente — não todo o tempo, e não em todos os aspectos. Basta notar que os militares foram os principais responsáveis pelo desaparecimento de uma direita civil no país, e logo de uma *intelligentsia* de direita (sobretudo conservadora), enquanto a esquerda sobreviveu muito bem ao regime, sagrando-se vitoriosa na esfera cultural, que à época — isso os militares não perceberam[23] — vinha se tornando o principal campo de batalha na guerra política em todo o mundo. Não por acaso, alguns analistas do período vêm falando numa "estranha derrota" experimentada pelos militares: vitoriosos na política e no governo, mas fragorosamente derrotados na cultura e na memória.[24]

---

[21] "O regime reprime com mão pesada, mas financia generosamente o desenvolvimento sem precedentes das ciências sociais — e isto durante os anos mais sombrios, de 1970 a 1975. Indigna-se com a politização da SBPC, mas subvenciona seus congressos. Pratica uma censura minuciosa e obscurantista, mas apoia diversos projetos de atividades culturais e artísticas. Rejeita o que vinha do período 'nacional-popular', mas se coloca frequentemente como guardião da 'cultura popular'. Mostra desprezo ou indiferença diante dos protestos dos 'ideólogos', mas dá com frequência a impressão de considerá-los os destinatários privilegiados das medidas de abertura. Pouco se dedica a 'cooptar' e incentivar uma cultura oficial, mas age também como se fosse impossível destruir todas as redes pelas quais o Estado apoia o desenvolvimento da ciência e da cultura." Ver: PÉCAUT, Daniel. *Os intelectuais e a política no Brasil: entre o povo e a nação*. São Paulo: Ática, 1990. p. 196.

[22] Nenhuma força política e intelectual de direita reivindicaria para si, com orgulho, o título de "revolucionário", como fizeram os militares. A direita, com Edmund Burke, surgiu precisamente como crítica à ideia de revolução.

[23] Groucho Marx devia estar pensando nos militares brasileiros da época quando gracejou: "Inteligência militar é uma contradição em termos."

[24] NAPOLITANO, Marcos. "A 'estranha derrota': Os comunistas e a resistência cultural ao regime militar (1964-1968)." In: Marcos Napolitano et. al. (orgs.). *Comunistas brasileiros: cultura política e produção cultural*. Belo Horizonte: Editora UFMG, 2013. Ver também o comentário de Caio Navarro de Toledo: "O pensamento progressista e democrático no Brasil conseguiu impor uma derrota aos 'vencedores' de abril de 1964. No terreno das ideias, os golpistas foram derrotados". TOLEDO, Caio N. "1964: golpismo e democracia. As falácias do revisionismo." *Crítica marxista*, n. 19. São Paulo, Boitempo, 2004. p. 31.

A hegemonia cultural da esquerda é efeito da concepção particularmente autoritária e arrogante da elite fardada acerca da relação entre Estado e sociedade, concepção fundada no fetiche positivista da técnica e da ciência. Num estilo de governo que os analistas políticos costumam qualificar de "bonapartismo", o regime militar caracterizou-se pela hipertrofia do poder executivo, que, pretendendo pairar tecnocraticamente acima das disputas ideológicas, restringiu a participação política e se afirmou como representante direto e verdadeiro da "nação".[25]

Foi sobretudo da mente do general Golbery do Couto e Silva, fundador do SNI e grande ideólogo do regime, que surgiu a ideia de entregar a cultura para as forças de esquerda, como técnica de descompressão do poder político.[26] E as forças de esquerda, que à época já passaram a desejar a cultura acima de tudo, agradeceram.[27]

Num sentido específico, o general-intelectual, o cérebro por trás da abertura do regime, entretinha uma visão curiosamente parecida com a de Gramsci acerca da impossibilidade da manutenção do poder político com base exclusivamente na força. Tal qual o comunista sardo, ele insistiu na necessidade de que o governo militar criasse mecanismos de legitimação do poder exercido. Mas se, do ponto de vista do regime, aquele diagnóstico estava correto, os meios utilizados revelaram-se um fracasso retumbante.

Foi em meados da década de 1970, durante o governo Geisel, que Golbery exerceu mais agudamente a sua influência sobre os rumos do regime. O período foi como vimos, justo aquele em que as ideias de

---

[25] "Essa utopia autoritária estava claramente fundada na ideia de que os militares eram, naquele momento, superiores aos civis em questões como patriotismo, conhecimento da realidade brasileira e retidão moral." Ver: D'ARAÚJO, Maria Celina, SOARES, Gláucio Ary Dillon e CASTRO, Celso. *Visões do golpe: a memória militar de 1964*. Rio de Janeiro: Ediouro, 2004. p. 9.

[26] São quase inexistentes os trabalhos acadêmicos sobre o general Golbery. Valho-me aqui, além de fontes originais — tais como o texto da famosa conferência proferida pelo oficial na Escola Superior de Guerra em 1 de julho de 1980 —, de um raro exemplar da espécie, a dissertação de mestrado de Vânia Noeli Ferreira de Assunção, da PUC-SP. Ver: ASSUNÇÃO, Vânia N. Ferreira de. *O satânico doutor Go: a ideologia bonapartista de Golbery do Couto e Silva*. São Paulo: Pontifícia Universidade Católica, 1999.

[27] Como se sabe, o cineasta Glauber Rocha foi o primeiro grande expoente da *intelligentsia* de esquerda a perceber como era vantajoso o *modus operandi* de Golbery.

Gramsci começaram a adquirir maior abrangência na esquerda nacional. Pode-se dizer, portanto, que o golberismo foi uma espécie de negativo do gramscismo. Suas respectivas fórmulas encaixaram-se como chave e fechadura, tendo como resultado a conquista esquerdista do poder cultural, um poder que, posto que de menor impacto pontual, tende a gerar efeitos mais profundos no longo prazo.

Golbery do Couto e Silva era tipicamente um hobbesiano. Em sua concepção geral da história, o *medo* (não raro qualificado pelo general em termos grandiloquentes tais como "grande medo", "medo cósmico" ou "medo paralisante e tenaz") figurava como a motivação central da ação do homem em sociedade. O Estado fora criado para isso: garantir a proteção dos indivíduos, que abdicavam de parte de sua liberdade em troca de segurança. Para Golbery, o Estado nacional moderno era o sujeito histórico por excelência, uma espécie de árbitro imparcial e salomônico dos interesses dos homens-lobos em conflito. "Os povos são um mito", vaticinou certa feita, "só existem as nações, e a Nação é o Estado."

O general era também um veemente antiliberal, e essa era uma das repulsas que os militares partilhavam com os esquerdistas brasileiros, ambos em ordem unida contra qualquer possibilidade de emergência de uma direita liberal-conservadora no país. Não por acaso, o único governo militar de viés liberal, o de Castello Branco, logo sofreu um golpe — o chamado "golpe dentro do golpe" — por parte dos oficiais estatólatras da *linha-dura*, avessos à postura mais intelectualizada do pessoal da ESG (Escola Superior de Guerra), considerada a "*Sorbonne* do Exército". No caso do Golbery, ele próprio um ilustre esguiano, seu antiliberalismo decorria do fato de que, tendo em vista a conjuntura mundial desde a Segunda Guerra Mundial, ele atribuía à falência do liberalismo (com seu ideal de um Estado anêmico, e logo impotente) a origem das ideologias totalitárias que ameaçaram os pilares da civilização ocidental durante a guerra, e que, sob a forma do stalinismo, continuou ameaçando-os por ocasião da Guerra Fria. Diante de um mundo que se debatia em face da ameaça de um cataclismo nuclear, Golbery repudiava o que via como um misticismo puramente ideológico, nada realista, encarnado no princípio do *laissez-faire*.

Ocupando o polo oposto no gradiente político, o totalitarismo tampouco era bem-visto por Golbery, por seu emprego excessivo de controles sociais e interferência na vida privada dos cidadãos. Fazendo questão de dissociar *liberalismo* e *liberdade*, via esta última como um valor inestimável para o Ocidente, valor que, precisamente, aquela corrente ideológica fora incapaz de preservar. Sendo um valor essencial, a liberdade teria também um valor *instrumental*, de mantenedora do equilíbrio necessário entre estabilidade e progresso. Golbery reconhecia que, não obstante o caráter permanente e fundacional da liberdade, sua perda ou restrição, típicas em regimes totalitários, não raro promoviam um progresso mais acelerado.[28] No entanto, ele fazia a ressalva de que, sem liberdade, esse progresso acabaria por se exaurir. E apelava à "lei dos rendimentos decrescentes" para sugerir a necessidade de um equilíbrio harmônico e uma relação de interdependência funcional (como num organismo, segundo a clássica metáfora positivista tão estimada por nossos militares) entre *segurança*, *liberdade* e *progresso*.

O que Golbery buscava, portanto, era algo como uma *terceira via* entre liberalismo e totalitarismo: o *planejamento democrático* ou, na formulação de Roberto Campos, *autoritarismo democrático*. Daí que ele jamais tenha sequer concebido, ao contrário por exemplo dos teóricos do comunismo, a hipótese de exercer um controle *total* sobre a sociedade, restringindo-se ao controle autocrático do Estado, que, como vimos, era para ele o sujeito histórico por excelência. Esse Estado deveria ser conduzido por uma elite de engenheiros ou *físicos* sociais — para de novo empregarmos um vocabulário comtiano — atuando como intérpretes das massas. Tal como a dos intelectuais de esquerda, também autoproclamados representantes do povo, a visão de Golbery era claramente elitista e descrente da capacidade criativa da sociedade, compreendida como puro objeto da ação estatal.

O risco evidente do *autoritarismo democrático*, reconhecia o general, era degenerar em totalitarismo, donde a necessidade de construção de

---

[28] Curiosamente, foi *sir* Bernard Shaw, ícone da esquerda britânica na primeira metade do século XX, quem melhor descreveu (e louvou!) esse aspecto, por assim dizer, "positivo" do totalitarismo. Certa vez, em visita aos EUA, dirigiu-se ao público local nos seguintes termos: "Vocês, americanos, têm tanto medo de ditadores. A ditadura é o único modo pelo qual o governo consegue realizar qualquer coisa. Vejam a bagunça que a democracia [liberal] gerou. Por que vocês têm medo de ditaduras?" Ver: SHAW, Bernard. "Shaw Bests Army of Interviewers." *New York Times*, 25 de março de 1933.

uma legitimidade sem a qual o regime ameaçava colapsar sob o próprio peso. Já que não dispunham de legitimidade processual na constituição de seu poder, dado que levados ao poder mediante ato de força, os militares tiveram de garantir-se na legitimidade advinda da *eficácia*. E, de fato, enquanto durou o chamado "milagre econômico", e a despeito da repressão política, o regime militar gozou de uma relativa legitimidade, fundada na eficácia econômica. O problema foi quando, justamente em 1974, já no governo Geisel, a economia deixou de ir bem, e a contestação ao regime recrudesceu enormemente.

Refletindo sobre o momento difícil, Golbery escreveu: "Não se pode jogar toda a legitimidade do governo em cima da realização de um bom governo, porque isso é utopia. Porque haverá de chegar o dia em que esse governo não vai funcionar direito." E é por isso que, segundo ele, a abertura já deveria ter sido feita no governo Geisel, evitando que a sociedade brasileira se convertesse, como de fato veio a acontecer, numa "panela de pressão", metáfora utilizada pelo general em sua famosa palestra na ESG, proferida em julho de 1980. Nela, Golbery comparava a história das nações e a do Brasil em particular ao ciclo cardíaco, que alterna entre momentos de contração (*sístole*) e descontração (*diástole*). Depois do período "sistólico" iniciado com a tomada do poder em 1964, o palestrante advogava pela necessidade imperiosa da abertura do regime:

> Em realidade, não nos resta outra opção. Momentos muito mais favoráveis não foram, dantes, aproveitados, por motivos que aqui não nos cabe pesquisar. Mas isso, de qualquer forma, não justificaria o retardar-se ainda mais aquele processo descentralizador, já há muito reclamado como necessário e urgente. Além do que, as pressões contrárias, hoje fortes e quase insuportáveis, voltariam a acumular-se aceleradamente, pondo em risco a resistência de todo o sistema, *nessa enorme panela de pressão em que*, como já teria sido assinalado em tempos passados, *veio a transformar-se o organismo nacional, após década e meia de crescente compressão.*

A teoria golberiana da descompressão também bebera de fontes estrangeiras. Ainda durante o governo Médici, o ministro Leitão de Abreu encomendara à Universidade de Harvard um estudo sobre uma possível saída honrosa para os militares brasileiros, que à época conduziam o regime com punhos de ferro. E a tarefa coube a ninguém menos que o economista Samuel Huntington, o célebre e influente teórico do "choque de civilizações".

Significativamente intitulado *Abordagens da Descompressão Política*, o estudo abordava, do ponto de vista dos detentores do poder, os efeitos potencialmente disruptivos que costumavam se seguir a períodos de desenvolvimento econômico, efeitos tais como o incremento da mobilização social e do desejo de participação política, a modificação das relações estabelecidas entre os diversos setores da sociedade, a intensificação das tensões sociais e o aumento das pressões sobre o governo. Para evitar esses riscos, Huntington recomendava que o Brasil desse início a um processo gradativo de descompressão, preferencialmente impessoal e discreta — uma "descompressão sem descompressor".

Por conta de sua concepção de poder, Golbery foi um dos principais críticos internos do AI-5, pela perigosa centralização que impunha ao país. De sua perspectiva, o uso abusivo desse tipo de medida de exceção era como "usar estreptomicina para tratar resfriados". O general gostava de se ver como um centrista, um moderador,[29] e nutria um considerável desprezo por aqueles que chamava de "maquiáveis da linha-dura", os anticomunistas ferrenhos incapazes de notar que nenhum governo podia exercer força total durante todo o tempo. A centralização excessiva, pensava, conteria em si mesma as sementes da descentralização, que, naquelas condições, seria inevitavelmente de modo caótico e conflituoso. E perder o controle sobre o processo de transição de regime era o grande pânico de Golbery. Em conversa ultrassigilosa que teve, em 1975, com Ulysses Guimarães, então o grande articulador das oposições, o general chegou a dizer que o AI-5 era tão insuportável para a oposição quanto desagradável para o governo, opinião partilhada pelo então presidente Geisel.

Em janeiro de 1969, Golbery esteve em contato com o embaixador norte-americano John Tuthill e o conselheiro da embaixada Frank

---

[29] É bastante conhecido o apelo que, certa feita, ele dirigiu à oposição parlamentar: "Segurem os seus radicais que nós seguramos os nossos."

Carlucci. Já ali ficara clara a sua intenção de bolar uma estratégia para pôr fim à ditadura do AI-5, sem que, no entanto, o regime demonstrasse qualquer sinal de fraqueza que abrisse margem para uma convulsão política e social. Nos anos seguintes, Golbery continuou insistindo na necessidade de uma institucionalização do regime, acreditando que os três governos anteriores ao de Geisel — Castelo Branco, Costa e Silva e Médici — já haviam resolvido a questão da segurança, desbaratando a esquerda armada. Da conversa com Tuthill, nota-se que ele discordava parcialmente do grupo de "falcões", que estariam superestimando a ameaça comunista (sobretudo castrista) e enxergando fantasmas. Segundo Golbery — e esse foi o seu erro crucial de avaliação —, era sabido que a esquerda dividira-se em muitas facções, não representando perigo real ao governo.

De fato, a esquerda daquele período havia se fragmentado de uma maneira notável, com base em divergências existenciais, teóricas, estratégicas ou meramente táticas as mais variadas. Havia, grosso modo, três grandes grupos: os comunistas, com suas divisões internas ("linha maoista", "linha albanesa" etc.), incluindo a turma da luta armada; o pessoal da contracultura (os "desbundados"), capitaneado pelo tropicalismo, pela revolução sexual e o movimento hippie; a nova esquerda brasileira nascida nos anos 1970, formada por um conjunto heteróclito reunindo a ala "progressista" da Igreja Católica (a teologia da libertação), os trotskistas e os socialistas, todos mais ou menos críticos do ideário nacional-popular associado ao PCB.

A questão foi que, longe de enfraquecê-la, toda aquela desnorteante multiplicidade acabou fortalecendo a esquerda nacional, porque, habituada a uma *forma mentis* dialética (que Golbery até confessava admirar, mas na qual não passava de um amador), ela acabava alcançando uma unidade de oposição ao regime num nível sempre superior às suas divisões, por mais profundas fossem estas. Para a esquerda, as divisões funcionam justamente como o motor de seu desenvolvimento. Nos termos de uma clássica definição de György Lukács, pode-se dizer que elas são "momentos dialético-dinâmicos de um todo que, ele próprio, também é dialético-dinâmico". Como explicou Olavo de Carvalho:

Inspirada pela fórmula leninista da "estratégia das tesouras", *a esquerda cresce por cissiparidade, ou esquizogênese,* dividindo-se contra si mesma para tomar o lugar de quaisquer concorrentes possíveis [...] *Por isso estão loucos e iludidos aqueles que, vendo o esquerdismo dividido, celebram seu enfraquecimento e sua próxima derrota.* Um partido só pode ser derrotado por outro partido, jamais pela sua própria confusão interna, que é fermento de sua expansão ilimitada [grifos meus].[30]

Alheios à ênfase lukácsiana na *totalidade* do real, e portanto restritos à observação de partes isoladas da esquerda política, Golbery e os militares não apenas foram incapazes de notá-lo, como, carentes de intelectuais orgânicos na imprensa, nas artes e no âmbito da cultura em geral, e objetivando algum grau de legitimação do regime, acabaram tendo que ceder à intelectualidade esquerdista naqueles domínios.

Para Golbery, aliás, o fim da censura à imprensa era questão prioritária, a válvula por onde se iniciaria a descompressão do sistema.[31] Positivistas que eram, nossos oficiais estavam decerto mais interessados em técnica e engenharia do que em arte e cultura. Mas o que para eles era somente uma válvula de escape, para a esquerda era a brecha na qual inserir a banana de dinamite que imploadiria todo o regime. Como explica Marcos Napolitano: "Cerceadas de maneira cada vez mais truculenta no campo político, as esquerdas passaram a ver na esfera cultural não apenas um exercício simbólico de resistência, mas um campo de afirmação de suas estratégias políticas e valores ideológicos."[32]

Mesmo nos períodos mais fechados da ditadura, como durante a vigência do AI-5, as tentativas de controle cultural por parte dos militares foram relativamente amadorísticas, sobretudo se comparadas às verda-

---

[30] CARVALHO, Olavo de. "A clareza do processo." *Zero Hora*, 15 de junho de 2003.

[31] Conforme explicou o general em sua conferência de 1980 na ESG: "A descentralização, mediante liberalização da censura à imprensa — *primeiro passo* — e da abertura democrática ainda não completada hoje e que se lhe seguiria quase inevitável, viria a instituir-se na área política e de maneira decisiva, prenunciando seu extravasamento, mais cedo ou mais tarde, aos demais campos onde se manifestavam resistências ainda bastante fortes, sobretudo no setor crítico da economia" [grifos meus]. Ver: *Veja*, 10 de setembro de 1980.

[32] NAPOLITANO, op. cit. p. 333.

deiras patrulhas do pensamento instaladas nos regimes de orientação comunista, tais como na Rússia soviética,[33] na Alemanha Oriental[34] ou mesmo em Cuba,[35] nos quais havia um potencial espião do regime para cada três ou quatro cidadãos, e onde até mesmo familiares denunciavam-se mutuamente. Jamais se viveu nada próximo a tal ambiente *totalitário* durante a ditadura militar no Brasil, no qual a censura foi exercida com notável falta de critério e *expertise*, em larga medida por gente desqualificada e completamente ignorante em política, especialmente em comunismo, encarado como uma espécie de assombração.

Para que o leitor tenha uma ideia, foi só em 1974, quatro anos após a instituição da censura prévia, e dez anos após o início do regime, que se organizou o primeiro concurso público para técnicos de censura, que antes disso era exercida por policiais estaduais deslocados de suas funções e funcionários públicos nomeados por indicação, incluindo esposas de militares e ex-jogadores de futebol. É evidente que esse pessoal não tinha a mais mínima capacidade de compreender as sofisticadas estratégias de guerra cultural movidas pela esquerda revolucionária no Brasil e no mundo, e que, portanto, só conseguiram reagir na base do pânico moralista. Reza a lenda que alguns desses luminares chegaram a proibir *O vermelho e o negro*, de Stendhal, por conta do vermelho do título. E que outros teriam recomendado à polícia sair pelas ruas de São Paulo atrás do perigoso dramaturgo comunista de nome Sófocles... Sim, ele mesmo, o grego, morto vinte séculos antes.[36]

De 1974 a 1985, quando ocorreu o último concurso para o cargo, não mais que trezentos censores concursados estiveram em atuação em todo o território brasileiro. Embora o nível houvesse melhorado um tantinho, no geral a incompetência continuou a ser sua marca re-

---

[33] Ver: FIGES, Orlando. *Sussurros: a vida privada na Rússia de Stalin*. Rio de Janeiro: Record, 2010.

[34] Ver: *A vida dos outros*, filme dirigido por Florian Henckel von Donnersmarck e premiado em 2007 com o Oscar de Melhor Filme Estrangeiro.

[35] Ver: INFANTE, Guillermo Cabrera. *Mea Cuba*. São Paulo: Companhia das Letras, 1996. E PADURA, Leonardo. *O homem que amava os cachorros*. São Paulo: Boitempo Editorial, 2013.

[36] Ver: "Porres, trapaças e censura." *Superinteressante*, edição 231. Outubro de 2006. Disponível em: <http://super.abril.com.br/historia/porres-trapacas-e-censura>. Acesso em 17 abr. 2017.

gistrada. Como relatou o dramaturgo comunista Dias Gomes, um dos alvos preferenciais do regime:

> *O bem-amado* era uma pequena janela aberta no paredão de obscuridade construído pelo regime militar. Não que a Censura não percebesse e não mutilasse os textos, mas tinha certa dificuldade em fazê-lo, já que os censores não primavam pela inteligência [...] Eram realmente brilhantes nossos censores. Tanto quanto seus superiores, como prova o memorando enviado pelo folclórico general Bandeira, [diretor] da Polícia Federal, e que me foi mostrado pelo próprio chefe da Censura, Wilson Aguiar. "Recomendo a todos os censores ler com especial cuidado os textos do sr. Dias Gomes, linha por linha e *principalmente* nas entrelinhas."[37]

É relativamente comum no Brasil que artistas e intelectuais vítimas da censura se refiram a ela nesses termos jocosos, comentando, bem-humorados, sobre suas táticas para burlá-la. O "paredão de obscuridade" de que fala Dias Gomes não parece, afinal, ter sido assim tão sólido quanto o foi em outras ditaduras.

É bem famosa, por exemplo, a história de "Julinho da Adelaide", o heterônimo criado pelo cantor Chico Buarque para enganar o Serviço de Censura, e sob o qual ele conseguiu emplacar as canções *Acorda, amor, Jorge Maravilha* e *Milagre Brasileiro*. Também significativos a esse respeito são os depoimentos dos cartunistas Ziraldo e Jaguar. Os dois fundadores de *O Pasquim* parecem recordar até com certa dose de nostalgia sua relação com os censores. A respeito de Marina de Almeida Brum Duarte, a primeira censora do jornal, Ziraldo observa:

> Havia uma relação cordial com a primeira censora destacada para cuidar do *Pasquim*. Dona Marina recebia os jornalistas em casa, oferecia café e discutia os cortes: "Não, isso aqui não convém sair, não. Vamos tirar isso... Não, vocês não vão fazer eu perder meu emprego."[38]

---

[37] Citado em: KUSHNIR, Beatriz. *Cães de guarda: jornalistas e censores, do AI-5 à Constituição de 1988*. São Paulo: Boitempo. p. 185.
[38] KUSHNIR, op. cit. p. 196.

Ainda sobre a mesma personagem, contou Jaguar:

> ... Nós descobrimos que [ela] tinha um ponto fraco: gostava de beber. Todo dia a gente botava uma garrafa de *scotch* na mesa dela e depois da terceira dose ela aprovava tudo. Resultado: foi despedida... No lugar dela entrou o general Juarez Paz Pinto, excelente figura humana [...] Já aposentado como general [...] ele recebia a gente em uma *garçonnière*, debaixo de um enorme retrato de Brigitte Bardot com os peitos de fora.[39]

Descontadas alguma licença poética e as imprecisões decorrentes da imaginação etílica de Jaguar, os relatos citados correspondem a experiências mais ou menos comuns a muitos outros protagonistas do período, que dão conta de uma certa flexibilidade por parte dos censores, alguns deles bastante acessíveis e respeitosos para com os artistas. Foi por meio da relação pessoal com o censor Coriolano de Loyola Cabral Fagundes, por exemplo, que o produtor Luiz Carlos Barreto conseguiu a liberação do filme *Dona Flor e seus dois maridos*. Como recorda o diretor Nelson Pereira dos Santos:

> Eu e o Luiz Carlos nos sentávamos ao lado do censor, em uma sala de projeção no subsolo da Polícia Federal em Brasília. Toda vez que ele tocava a campainha para o operador marcar o pedaço do filme que seria cortado, nós tentávamos argumentar. Às vezes dava certo.[40]

Apesar do incômodo experimentado e da compreensível revolta para com o fato mesmo da restrição à liberdade, não se nota nesse tipo de depoimento nenhum vestígio de um sentimento que, em contrapartida, é onipresente nas descrições de artistas e intelectuais vítimas de censura em regimes comunistas: *o medo*. Não um medo genérico, de natureza apenas física, condizente com a possibilidade de ser preso, exilado ou

---

[39] Ibid. pp. 196-197.
[40] Ver: "Porres, trapaças e censura." *Superinteressante*, edição 231. Outubro de 2006. Disponível em: <http://super.abril.com.br/historia/porres-trapacas-e-censura>. Acesso em 17 abr. 2017.

até morto. Mas um medo terrivelmente específico para o artista ou intelectual, um medo interiorizado, que afeta a própria liberdade criativa e enseja a autocastração do espírito. Poucos o descreveram tão bem quanto o escritor cubano Leonardo Padura, por meio de seu alterego Ivan, um dos três personagens centrais (os outros dois sendo Trotski e seu assassino Ramon Mercader) cujas vidas se entrelaçam na obra-prima *O homem que amava os cachorros*.

Ivan é um jovem escritor cubano num tempo em que a ilha de Fidel achava-se já "encarrilada numa concepção da sociedade e da cultura adotada dos modelos soviéticos". Em dado momento do livro, o rapaz relata um encontro tido com o diretor de uma revista universitária que já havia publicado alguns de seus escritos anteriores, chegando a descrevê-lo como promessa literária. Ivan levava um novo conto, que reputava como um dos seus melhores, fruto de amadurecimento literário. Tratava-se da história de um lutador revolucionário hesitante que, temendo se transformar num delator, opta pelo suicídio. A reação do diretor da revista é descrita por Ivan (ou Padura) como o tombo mais doloroso de sua vida:

> Assim que entrei, o homem, furioso, disparou a pergunta: como você se atreve a nos entregar isto? Isto eram as páginas do meu conto, que o basilisco, eu diria que enojado, tinha nas mãos, ali, atrás da escrivaninha... Ainda hoje o esforço antinatural para recordar o que me disse aquele homem investido de poder, seguro da sua capacidade para infundir medo, é para mim demasiado lacerante. Uma vez que a minha história se repetiu tantas vezes, com muitos outros escritores, vou sintetizá-la: aquele conto era inoportuno, não publicável, completamente inconcebível, quase contrarrevolucionário — e ouvir aquela palavra, como devem calcular, provocou em mim um arrepio, evidentemente de pavor. Mas, apesar da gravidade do assunto, ele, como diretor da revista, e os *companheiros* (sabíamos todos quem eram e o que faziam os *companheiros*) tinham decidido não tomar outras medidas em relação a mim, tendo em conta meu trabalho anterior, minha juventude e minha evidente confusão ideológica, fazendo todos de conta que aquele conto nunca tinha existido, nunca tinha saído da minha cabeça. Mas *eles* e ele esperavam que uma coisa assim não voltasse a acontecer e que eu pensasse um pouco mais

quando voltasse a escrever, porque a arte era uma arma da revolução, concluiu, dobrando as páginas, metendo-as numa gaveta da escrivaninha e trancando-as ostensivamente com uma chave, que guardou no bolso com a mesma contundência com que poderia tê-la engolido. Lembro-me de que saí daquele gabinete com uma mistura imprecisa e pastosa de sentimentos (confusão, desassossego e muito medo), mas, sobretudo, grato. Sim, muito grato por não terem tomado outras medidas a meu respeito, e eu sabia quais podiam ser, quando me faltavam apenas quatro meses para concluir a licenciatura. Naquele dia, além disso, soube com exatidão o que era ter Medo — um medo assim, com maiúscula, real, invasivo, onipotente e ubíquo, muito mais devastador que o receio da dor física ou do desconhecido que todos sentimos alguma vez. Nesse dia, o que aconteceu na realidade foi que me arruinaram para o resto da vida, porque, além de agradecido e cheio de medo, saí dali profundamente convencido de que aquele conto nunca deveria ter sido escrito, que é o pior que podem levar um escritor a pensar.

A diferença entre a forma com que nossos artistas relembram a censura de que foram alvo e a experiência descrita por Padura por meio do personagem Ivan equivale à distância existente entre o *autoritarismo* e o *totalitarismo*. O regime militar brasileiro, autoritário, decerto impôs restrições ultrajantes à liberdade, mas estas eram de algum modo limitadas e, em certos contextos, até mesmo precárias. E, sobretudo, elas jamais geraram aquele clima de total sufocamento que leva à interiorização da censura por parte do artista e do intelectual. Ao contrário, ofereciam a estes alguma margem de manobra, até o ponto em que, hoje, é possível lembrar delas com distanciamento e humor. Antes de medo, o sentimento primordial que a censura inspirou nos bem-pensantes brasileiros foi sempre o *ridículo*.

Já os regimes totalitários como o de Cuba são mestres na arte de infundir e generalizar aquele Medo com maiúscula descrito por Padura, um medo decorrente da sensação de que o Estado é proprietário absoluto, não apenas dos corpos, mas das almas de seus súditos, e que portanto pode fazer com eles literalmente *o que quiser*. É difícil falar de seus mecanismos de controle com descontração, porque eles costumam deixar

246

marcas indeléveis no espírito das vítimas. É inusual encontrar, no artista vitimado pelo cerceamento totalitário, aquele grau de distanciamento e leveza observado, por exemplo, no cartunista Jaguar, capaz de relembrar com graça de seus censores, por jamais haver interiorizado as suas razões. Para o artista brasileiro, a desagradável experiência da censura cessava na porta do gabinete ou do apartamento do censor. Dali para fora, ele voltava a ser livre, plenamente capaz de objetivar o ocorrido, sem sofrer grandes danos subjetivos ou ônus à consciência.

Enquanto Jaguar, sacolejando um copo de uísque, ri de suas memórias, o atormentado Ivan, personagem fictício que condensa em si o destino real de centenas de escritores e artistas cubanos perseguidos por Fidel Castro,[41] diz ter sido arruinado — note-se! — *para o resto da vida*. Em contextos de totalitarismo, não há nada de ridículo no poder. O poder atinge aí tal magnitude, e tamanha intensidade, que chega a provocar temor reverencial no subconsciente de suas vítimas, uma experiência fartamente descrita, entre outros, por dissidentes russos e do Leste Europeu.[42] Como sugeriu o historiador russo Mikhail Gefter, a terrível eficácia do poder

---

[41] Exemplar nesse sentido foi o caso de um dos mestres literários do próprio Padura, o exilado Guillermo Cabrera Infante, cuja famosa coletânea de ensaios *Mea Cuba* (uma dessas obras que a esquerda nacional ignora ou finge ignorar) é um relato fascinante do kafkiano sistema castrista de perseguição política. Ver: INFANTE, Guillermo Cabrera. *Mea Cuba*. São Paulo: Companhia das Letras, 1996.

[42] De fato, a onipresença estatal observada nos regimes comunistas é fenômeno inédito na história humana. Nenhum império da Antiguidade, por mais brutal e implacável fosse, jamais chegou sequer próximo do nível de controle exercido pelos comunistas no poder. Nem mesmo o poderoso Império Romano, sobre o qual escreve o historiador Paul Johnson: "A lei romana podia ser brutal e era sempre incansável, mas, ainda assim, impunha-se a uma esfera relativamente limitada da conduta humana. Muitos campos de atividade econômica e cultural eram deixados de fora de seu alcance. Além do mais, mesmo onde a lei estabelecia regras nem sempre era diligente. Tendia a dormir, a menos que as infrações chamassem sua atenção por sinais externos de desordem: queixas vociferantes, quebras de paz, tumultos. Nesse caso, ela alertava, e, se seus avisos fossem negligenciados, agia com ferocidade até que o silêncio se impusesse novamente; após o que voltava a dormir. Sob domínio romano, um homem sensato e circunspecto, por mais subversivos que fossem seus pontos de vista, podia não apenas sobreviver e prosperar como até propagá-los..." Ver: JOHNSON, Paul. *História do cristianismo*. Rio de Janeiro: Imago, 2001. p. 14. Eis a grande diferença: o Estado socialista não dorme jamais. Nele, alguém com ideias "subversivas" não apenas não pode prosperar nem tampouco sobreviver. E, se não for destruído fisicamente, será psiquicamente, não podendo jamais propagar, nem sequer guardar para si, pensamentos rebeldes.

soviético residia "no stalinismo que penetrou em todos nós". Logo, é ao mesmo tempo irônico e triste constatar como tantos artistas e intelectuais brasileiros, alvos de uma censura relativamente branda, puderam ser tão autopiedosos, mas, em contrapartida, tão pouco solidários com os seus colegas russos, ucranianos, húngaros, tchecos, poloneses, romenos, chineses, cambojanos e cubanos, vítimas de regimes totalitários não raro enaltecidos por nossa *intelligentsia* de esquerda.

Mas voltando aos militares brasileiros, resta-nos concluir que, amadores que eram na guerra cultural, e obcecados com a esquerda política (e, sobretudo, armada), eles subestimaram a dita *esquerda festiva*, justo no momento em que, por todo o mundo, a "festa" se convertia em luta. Nas palavras do historiador Reinaldo Cardenuto, os artistas brasileiros de esquerda viam-se "na estranha situação de sofrer censura *ao mesmo tempo que algumas de suas obras críticas encontravam espaço*". Em artigo sobre a teledramaturgia comunista nos anos 1970, o autor menciona como exemplo o desigual destino de duas obras de Gianfrancesco Guarnieri, *Pivete* (1972) e *As pessoas na sala de jantar* (1972-1973), ambas escritas para a TV Tupi.

A primeira, uma espécie de releitura televisiva de sua peça *Gimba* (1959), era típica da estética pecebista do nacional-popular. Contava a história de Nenê, um jovem do morro que, em decorrência da fome e da exploração sofrida no âmbito trabalhista, acabava virando bandido. Fiel à vulgata marxista presente em obras tais como *Capitães da areia*, de Jorge Amado, ou na canção homônima de Chico Buarque, *Pivete,* promovia a famigerada tese da razão social da criminalidade, ainda hoje papagueada pela esquerda nacional na academia e na imprensa. Segundo ela, o criminoso é, no fundo, uma vítima do sistema capitalista.

A segunda, *As pessoas na sala de jantar*, embora não tivesse um conteúdo político tão explícito, consistia numa contundente crítica de costumes. Não obstante contemporânea à outra, distanciava-se do declinante estilo pecebista e ensaiava uma transição ao paradigma da nova esquerda euro-americana e sua agenda contracultural, que incluía experimentalismo, feminismo, sexo livre, mentalidade contraceptiva, desprezo à ordem familiar burguesa e à moralidade judaico-cristã.

Apresentando a história de uma família aliviada com a morte da amante do pai, Guarnieri buscava denunciar a *hipocrisia da classe média*, fundada em moralismo e culto às aparências. Como se vê, já naquela época a classe média era o bode expiatório favorito dos intelectuais de — ora bolas! — *classe média*.[43]

Demonstrando um brutal desconhecimento do adversário e das mudanças por que passava a esquerda em nível mundial, o regime militar pressionou pela censura de *Pivete*, que acabou mesmo não indo ao ar, mas ignorou solenemente *As pessoas na sala de jantar*, exibida tranquilamente para aquela mesma classe média que (alguém aí falou em hipocrisia?) denunciava.

Os militares brasileiros não compreendiam que, na nova modalidade de luta revolucionária, o inimigo imediato da esquerda já não eram os donos do poder ou do grande capital, mas da *casa*. A *família* — tradicional e burguesa — convertia-se em antro de hipocrisia, repressão sexual e reacionarismo político. Compreendida como pilar de sustentação do capitalismo e do próprio regime, era o alvo a ser abatido pela esquerda pós-pecebista docemente abrigada nas tevês Tupi, Globo e demais nichos da indústria cultural de massa.

No Brasil, começava a entrar em cena a influência de Herbert Marcuse, um dos principais nomes da Escola de Frankfurt, e o maior responsável pela guinada "freudiana" — voltada às pulsões e à psique individual — da crítica marxista no período. Começava também a se abrir o abismo

---

[43] Classe média, aliás, que é o sujeito histórico por excelência em momentos de convulsão política e econômica, sobretudo após a Revolução Industrial, quando ela se ampliou enormemente em todo o mundo. Desde então, é sempre a classe média quem sai às ruas, seja para instituir governos, seja para derrubá-los, porque é ela o segmento mais imediatamente sensível às mudanças. Nos anos 1960 no Brasil, o foco dos conflitos ideológicos e comportamentais foi a classe média, e o restante da população brasileira, em especial as camadas mais pobres, permaneceu mais ou menos indiferente ao embate entre regime e oposição. Como mostra Daniel Aarão Reis Filho em *Imagens da revolução*, a nova esquerda brasileira era formada por "intelectuais de classe média — homens e brancos". Ver: REIS, Daniel Aarão F. *Imagens da revolução: documentos políticos das organizações clandestinas de esquerda dos anos 1961 a 1971*. Rio de Janeiro: Marco Zero, 1985. p. 20. Portanto, a obsessão dos intelectuais em apontar o dedo acusatório contra a classe média revela apenas sua má consciência e seus problemas de identidade, recalcados sob o expediente mais fácil de eleição de um bode expiatório.

existencial, hoje intransponível, entre a população brasileira média e a "elite" cultural esquerdista que virava *establishment*.[44]

Ao lado de Alfred Kinsey — o celebrado sexólogo dos anos 1960, em tese responsável por abalar o puritanismo da classe média americana ao demonstrar que, em matéria de sexo, tudo era *normal* (no sentido valorativo e estatístico do termo)[45] —, Herbert Marcuse foi o grande

---

[44] É curioso observar como, a partir de fins dos anos 1960, todo o universo da produção cultural brasileira foi ocupado pela esquerda. À margem das grandes produções, da televisão e da indústria cultural, havia por exemplo a turma que se autodeclarava "marginal" ou "alternativa", formada por gente como José Celso Martinez Corrêa, Augusto Boal, Luiz Carlos Maciel, Carlos Henrique Escobar, entre outros. Dando ouvidos à sua retórica, tinha-se a impressão de que ela era excluída do sistema graças a uma total incompatibilidade ideológica e política, e que o *establishment* cultural jamais toleraria tanto radicalismo. Ocorre que o tal *establishment* era composto de uma patota ideológica e politicamente afim, formada por amigos, colegas e parceiros habituais dos assim chamados "marginais", patota que incluía nomes como Dias Gomes, Vianinha, Ferreira Gullar, Paulo Pontes etc. Ou seja, no Brasil, o *establishment* e o *antiestablishment* cultural eram, e são até hoje, formados da mesma "matéria" sociológica e ideológica, cuja coloração só varia em diversos tons de vermelho.

[45] Hoje, depois das denúncias pioneiras de Judith Reisman, sabe-se que as pesquisas conduzidas por Kinsey, e divulgadas em dois livros de grande impacto — *Sexual Behavior in the Human Male* [Conduta sexual no homem], de 1948, e *Sexual Behavior in the Human Female* [Conduta sexual na mulher], de 1953 —, foram tendenciosas, fraudulentas e até mesmo criminosas, talhadas ao feitio da agenda político-ideológica do autor: o combate contra a "repressão sexual" que, segundo ele, era inerente à tradição judaico-cristã, causando distúrbios psíquicos individuais e coletivos. Os métodos "científicos" de Kinsey iam desde a generalização de dados obtidos junto a maníacos e delinquentes sexuais, depois retratados como formando a *média* do comportamento sexual da sociedade, até o abuso sexual de menores durante os experimentos, meio abjeto de "provar" a sexualidade infantil visando à relativização e aceitação social da pedofilia. Para Kinsey, os eventuais danos psíquicos causados à criança não advinham da relação sexual com o adulto, mas da reação "histérica" e "desproporcional" dos pais e da sociedade a uma prática que a "ciência" mostrava ser perfeitamente natural e saudável. A despeito das escandalosas revelações sobre a pesquisa, vindas a público já na década de 1980, Kinsey continua celebrado nos meios midiáticos progressistas como uma espécie de herói da liberação sexual, o que mostra que o interesse por sua obra sempre foi mais ideológico que científico. Em 2005, por exemplo, uma produção hollywoodiana louvava a vida e a obra do entomologista que virou sexólogo. Em artigo publicado no caderno *Ilustrada* da *Folha de S.Paulo*, o psicanalista Contardo Calligaris adotava tons ainda mais laudatórios, lamentando que, cinquenta anos após o feito inovador de Kinsey, a sociedade contemporânea ainda tivesse que conviver com reacionários e "fundamentalistas", como os que criticaram o filme. Encerrando o texto de maneira debochada, típica dos crentes no poder redentor do sexo livre, Calligaris mencionava especificamente o rabino Shmuley Boteach, e imaginava a provável reação de Kinsey diante de suas críticas: "Já Kinsey, se encontrasse o rabino Boteach, agiria de outra forma, abriria sua pasta e sua caneta-tinteiro, puxaria um questionário e perguntaria calmamente: 'Rabino,

guru da revolução sexual. Influenciado, primeiro pelo próprio Hegel, e depois pelo marxismo hegeliano de Lukács, ele rejeitou a epistemologia materialista do marxismo ortodoxo, que priorizava as condições objetivas (sobretudo econômicas) da revolução proletária em detrimento de uma preocupação com a consciência e a subjetividade dos agentes históricos. Se, no primeiro pós-guerra (e de novo na década de 1930), as condições objetivas para a revolução já se haviam apresentado, e mesmo assim a classe trabalhadora não as aproveitara, o fracasso devia-se, segundo Marcuse, à notável capacidade do capitalismo de se impor ideologicamente sobre a consciência dos trabalhadores, levando-os a internalizar e naturalizar as suas razões.

Com a expansão do capitalismo industrial — e ao contrário do que, mediante o uso fraudulento de dados e citações, Marx previra em *O capital*[46] —, o proletariado urbano viu sua condição de vida melhorar e aumentar sua capacidade de consumo. Transcorridos os anos — e isso foi corretamente diagnosticado por Marcuse e outros expoentes do marxismo ocidental —, os proletários foram se "aburguesando" grada-

---

com que idade você começou a se masturbar?'" Vê-se que, para Calligaris, nesse sentido um fiel discípulo de Kinsey, todas as motivações humanas resumem-se à busca por satisfação sexual. Se o rabino criticava o legado de Kinsey, não era por causa dos métodos reprováveis deste último, ou devido aos malefícios sociais resultantes de sua pseudociência, mas única e exclusivamente por tesão reprimido. Haja psicologia de botequim! Ver: CALLIGARIS, Contardo. "Kinsey: vamos falar de sexo?" *Ilustrada/Folha de S.Paulo*, 28 de abril de 2005.

[46] Quanto a isso, são reveladoras as informações fornecidas pelo historiador Paul Johnson acerca da recorrente desonestidade metodológica de Marx. Um caso particularmente escandaloso deu-se quando, para provar sua tese de que os trabalhadores estavam empobrecendo quanto mais avançava o processo de industrialização, Marx falsificou deliberadamente uma frase de um discurso de 1863 do então primeiro-ministro inglês W.E. Gladstone sobre gastos orçamentários. Comentando o aumento da riqueza nacional, Gladstone dissera: "Eu deveria encarar quase com apreensão e com pesar esse aumento inebriante da riqueza e do poder se achasse que tal aumento se limitou à classe que está em condições mais favoráveis". Porém, ele acrescentava, "a situação geral dos trabalhadores britânicos, como temos a felicidade de saber, melhorou ao longo dos últimos 20 anos num grau que, como sabemos, é extraordinário, e que quase devemos declarar como sendo sem paralelo na história de qualquer país em qualquer época". Pelas mãos de Marx, o sentido das palavras de Gladstone foi simplesmente invertido: "Esse aumento inebriante de riqueza e poder *se limita inteiramente* às classes proprietárias." Mesmo depois que a citação incorreta foi apontada, Marx incluiu-a em *O capital*. Ele nunca se desculpou. Ao contrário, junto ao amigo Engels e à filha Eleanor, fez de tudo para defender o indefensável. Ver: JOHNSON, Paul. *Os intelectuais*. Rio de Janeiro: Imago Editora, 1990. p. 79.

tivamente, transformando-se em classe média e, assim, perdendo seu viço revolucionário. Em face desse cenário, e percebendo a necessidade de uma liberação subjetiva mais que objetiva, Marcuse decidiu recorrer ao dr. Sigmund Freud e à psicanálise. Todavia, pode-se dizer que ele fez com Freud aquilo que Marx fizera com Hegel, a saber: virá-lo de cabeça para baixo.

Em *Eros e civilização* (1955) — "o mais marcusiano dos livros de Marcuse", nas palavras de Habermas —, o filósofo marxista parte da teoria freudiana da origem da cultura para, invertendo os seus termos, propor uma *antropologia da liberação*, fundamento de uma sociedade utópica que o médico vienense, conservador que era no plano pessoal, e bastante mais realista em termos de antropologia filosófica, dificilmente endossaria.[47]

Em Freud, o surgimento e a manutenção da civilização dependiam da *repressão* dos instintos humanos. "A felicidade não é um valor cultural", afirmou o pai da psicanálise, deixando claro o seu conceito de *cultura*: o sacrifício permanente da *libido*, desviada para atividades socialmente produtivas — o trabalho, a disciplina da reprodução monogâmica, o sistema constituído das leis e da ordem etc. A civilização começa quando o homem renuncia à satisfação integral das necessidades, dado que, se totalmente irrefreados, os instintos seriam um obstáculo incontornável à vida em sociedade.

A fim de humanizar-se plenamente, ou seja, tornar-se sociável, o homem deve trocar o *princípio do prazer* — a satisfação imediata dos apetites — pelo *princípio de realidade* — a restrição dos instintos em função da luta por sobrevivência. Essa troca corresponde a uma série de

---

[47] Tanto esse livro em particular quanto o pensamento de Marcuse como um todo são complexos e repletos de nuances que aqui terão forçosamente de ser relevadas. Para uma apreciação crítica aprofundada do assunto, ver, entre outros, FEENBERG, Andrew. *Heidegger and Marcuse: The Catastrophe and Redemption of History*. New York & London: Routledge, 2005. JAY, Martin. *The Dialectical Imagination: A History of the Frankfurt School and the Institute of Social Research 1923-1950*. London: Heinemann, 1973. KELLNER, Douglas. *Herbert Marcuse and the Crisis of Marxism*. Berkeley & Los Angeles: University of California Press, 1984. MERQUIOR, José Guilherme. *O marxismo ocidental*. Rio de Janeiro: Nova Fronteira, 1987. WOLIN, Richard. *The Frankfurt School Revisited and Other Essays on Politics and Society*. New York & London: Routledge, 2006.

transições: da satisfação *imediata* à satisfação *adiada*; do *prazer* à *restrição do prazer*; do *lazer* ao *trabalho*; da *receptividade* à *produtividade*; da *ausência de repressão* a um estado de *segurança*. Como descreve Marcuse: "A substituição do princípio de prazer pelo princípio de realidade é o grande acontecimento *traumático* no desenvolvimento no homem", tanto ao nível da espécie (*filogênese*) quanto ao do indivíduo (*ontogênese*).[48]

Além de traumático, o processo jamais é definitivo, devendo ser reafirmado continuamente. A civilização não vence de uma vez por todas as pulsões animais no homem, e aquilo que ela reprime vai se depositando como sedimento no fundo do *inconsciente*, este domínio da estrutura psíquica que, na expressão de Freud, "não reconhece *nãos*".

Resta que, enquanto Freud admirava as virtudes da contrição civilizacional, posto que reconhecendo seu caráter agônico, Marcuse buscava um instrumento revolucionário e anticivilizacional. Ali, onde Freud enxergava um terreno pantanoso, por vezes perturbador e certamente nada cor-de-rosa, que devia ser remexido apenas com propósitos terapêuticos, e dentro dos limites do consultório, Marcuse via a urna encantada em que se depositara o desejo humano por felicidade e satisfação ilimitadas. Freud concebia a regressão psicanalítica como meio de cura; Marcuse, como meio de luta.

Para Freud, a necessidade de repressão dos instintos decorria da perpétua luta humana pela existência. Logo, ele considerava que o antagonismo entre o princípio do prazer e o princípio de realidade (ou entre o *Id* e o *Ego*) fosse eterno. E é precisamente contra esse aspecto da interpretação freudiana que Marcuse direcionou o seu espírito crítico.

Como bom marxista, Marcuse buscou *historicizar* aquilo que para o ilustre vienense era algo como um princípio metafísico constitutivo. Antes que eterna, e sobretudo *necessária*, a oposição freudiana entre civilização e felicidade seria produto de condições históricas específicas de *escassez* material e econômica, um problema que, segundo Marcuse, o progresso técnico-científico resolvera, ao menos no mundo desenvolvido. Nas palavras do guru da Nova Esquerda:

---

[48] MARCUSE, Herbert. *Eros e civilização: uma interpretação filosófica do pensamento de Freud*. 6ª ed. Rio de Janeiro: Zahar, 1975. p. 36.

Freud considera 'eterna' a 'luta primordial pela existência' e, portanto, acredita que o princípio de prazer e o princípio de realidade são eternamente antagônicos. *A noção de que uma civilização não repressiva é impossível constitui um dos pilares fundamentais da teoria freudiana.* Contudo, a sua teoria contém elementos que transgridem essa racionalização; desfazem a tradição predominante do pensamento ocidental e sugerem até o seu inverso [grifos meus].[49]

Marcuse recusou aquele "pilar fundamental da teoria freudiana", tentando demonstrar que uma *civilização não repressiva* era não apenas possível como desejável. Sob as condições de abundância material geradas pelo desenvolvimento do capitalismo, sugeria o autor, já não havia razões para que o antagonismo (em tese, essencial) entre gozo e cultura não pudesse ser superado, e para que *Eros* (as fantasias libidinosas acumuladas no inconsciente) não tivesse, enfim, a sua hora e vez na civilização.

Segundo Marcuse, o princípio de realidade assumira no capitalismo contemporâneo a forma de "princípio de desempenho", correspondendo a condições sócio-históricas nas quais a produção é determinada pelo trabalho *alienado*. Nessa ótica, as sociedades capitalistas já haveriam conquistado uma capacidade de afluência material suficiente para que as energias humanas não mais precisassem voltar-se integralmente à produção e ao trabalho. Se isso ainda ocorria, os motivos não eram de ordem *econômica*, ou relativos à sobrevivência, como supunha Freud, mas de ordem *política*, relativos à dominação.

Adaptando o conceito marxista de mais-valia, Marcuse propôs o termo *mais repressão*, definindo-a como "as restrições requeridas pela dominação social", e diferenciando-a da *repressão* (freudiana) *básica*, ou seja, a necessária sublimação dos instintos com vistas à civilização. Dado que o capitalismo trouxera a perspectiva de abundância material, superando a escassez, o trabalho alienado tornara-se supérfluo e a mais repressão, obsoleta. Abriam-se as portas do reino da liberdade, em que os indivíduos, dispensados do dever de devotar toda a sua energia à satisfação das necessidades básicas, podiam dedicar-se à autossatisfação libidinosa, dando vazão às suas fantasias.

---

[49] Ibid. p. 37.

Nota-se que Marcuse jamais questiona a premissa de que o capitalismo superou a escassez. Isso ele toma como uma espécie de *dado da natureza*, tão consagrado e definitivo quanto, para Freud, seria a necessidade imperiosa da repressão. Se o pai da psicanálise pressupusera a *carência*, o pai do *sex lib* pressupôs a *abundância*.

Ironicamente, o sistema que Marcuse acusa de sustentar-se sobre a dominação é o mesmo a lhe servir de garantia ao projeto utópico de uma civilização erótica. Como representante típico do que Ortega y Gasset chamou de *"señorito satisfecho"*,[50] Marcuse nunca se interessou pelas condições necessárias à manutenção da abundância. Como se a vida fosse uma festa, esperava ganhar em todas as mesas: almejando a profusão material gerada pelo desenvolvimento tecnológico e, ao mesmo tempo, a liberdade de abster-se do sacrifício requerido para a sua obtenção. Na qualidade de intelectual, de quem lidava exclusivamente com ideias, e portanto não envolvido diretamente na produção e universalização de bens materiais, Marcuse podia se dar ao luxo do culto ao gozo ilimitado, sabendo haver quem por ele fizesse o trabalho pesado.

O conflito entre a necessidade de trabalho e a liberdade de satisfação pulsional é inerente ao sistema capitalista, e só existe em função de seu modelo de exploração, lamentava o filósofo frankfurtiano. Talvez, pode-se admitir, mas só nesse sistema perverso há fartura suficiente

---

[50] É no clássico *A rebelião das massas* que o filósofo espanhol descreve essa figura surgida no século XIX, rebento da revolução industrial: "Este personagem, que agora anda por toda parte e onde quer impor sua barbárie íntima, é, com efeito, o garoto mimado da história humana [...] A civilização do século XIX é de tal índole que permite ao homem médio instalar-se em um mundo abundante, do qual percebe só a superabundância de meios, mas não as angústias. Encontra-se rodeado de instrumentos prodigiosos, de medicinas benéficas, de Estados previdentes, de direitos cômodos. Ignora, por seu turno, o difícil que é inventar essas medicinas e instrumentos e assegurar para o futuro sua produção; não percebe o instável que é a organização do Estado, e mal sente dentro de si obrigações. Este desequilíbrio o falsifica, vicia-o em sua raiz de ser vivente, fazendo-o perder contato com a substância mesma da vida, que é absoluto perigo, radical problematismo. A forma mais contraditória da vida humana que pode aparecer na vida humana é o *'señorito satisfecho'* [...] O *'señorito'* é aquele que acredita poder comportar-se fora de casa como em casa, aquele que acredita que nada é fatal, irremediável e irrevogável. Por isso acredita poder fazer o que bem entende [*lo que le dé la gana*]."

para bancar atividades não produtivas (no sentido material) tais como a exercida pelo próprio Marcuse, que em outras circunstâncias — na URSS ou em Cuba, por exemplo — seria forçado a cortar cana ou esfalfar-se numa mina de carvão, o que definitivamente não solucionaria os seus anseios libidinosos.

Conclui-se que a hipótese segundo a qual as desordens de personalidade, bem como os dramas íntimos advindos da batalha entre *Id* e *Ego*, fossem resultado de uma determinada formação sócio-histórica, e que então pudessem ser totalmente eliminados via transformação social, é uma das ideias mais pueris de Marcuse. Diante dela, nem mesmo alguns de seus colegas frankfurtianos aliviaram nas críticas. Erich Fromm, por exemplo, chegou a acusá-lo de distorcer o pensamento de Freud em função de radicalismo político barato.

O problema é que, na década de 1970, os conceitos derivados dos escritos de Marcuse começaram a transpor as fronteiras da universidade e penetrar na imprensa e no meio artístico. No Brasil, a panaceia marcusiana teve influência em veículos culturalmente "progressistas" — *Realidade, Nova, Claudia, O Pasquim, Ex, Rolling Stones* etc. —, bem como em programas televisivos "prafrentex", a exemplo de *Malu Mulher,* e mais tarde o *TV Mulher,* da Globo. A ilusão de uma espécie de poder terapêutico do sexo livre — livre *ma non troppo,* porque obrigatoriamente não reprodutivo, não monogâmico, não hétero, não conjugal — marcou toda uma geração de formadores de opinião brasileiros, e tudo isso sob as barbas dos generais (que, de resto, não têm o hábito de usá-las).

E, daquela perspectiva, tudo continua exatamente igual no nosso cenário midiático. Para notá-lo, basta ligar a tevê e — como sempre! — colocar na Globo, a emissora integralmente composta de esquerdistas, mas que a esquerda ama odiar. Em novelas, séries e programas como *Altas Horas, Amor & Sexo* e até mesmo o *Fantástico,* estarão lá sempre os mesmos sexólogos e demais "especialistas" em relacionamentos repercutindo a ladainha marcusiana contra a família tradicional, o casamento, a repressão sexual, a Igreja Católica, o patriarcado, a monogamia e o papai e mamãe.

A psicanalista Regina Navarro Lins — cujo empenho quixotesco em pregar o *liberou-geral* diante de inquisidores medievais imaginários chega a ser comovente —, aparecerá a todo momento no UOL, na *Marie Claire*, no programa da Marília Gabriela dizendo coisas mui polêmicas e inovadoras (ao menos para um *amish* na Pensilvânia ou um anabatista no interior do Acre) tais como "a monogamia já era", "no futuro, o mundo será bissexual" e "o cavalheirismo é nocivo às mulheres".[51]

Importa notar que aquele vírus freudo-marxista infectou a tal ponto a esquerda mundial que, hoje, a agenda desta consiste quase exclusivamente na busca por satisfação imediata das pulsões e apetites, ou, em outros termos, naquilo que proponho chamar de luta pelos *direitos do baixo-ventre*. Marcuse foi o pai de gerações e gerações de filhos bastardos, pessoas mimadas, imaturas, que parecem de fato ter regredido a um estágio puramente libidinal do desenvolvimento ontogenético humano, anterior à emergência do *princípio de realidade*.

Grande parte do que hoje se chama de "direitos sociais", "direitos das minorias" ou "direitos sexuais e reprodutivos"[52], numa tentativa de se imantar na aura das campanhas pelos direitos civis, não passa de um anseio de retorno ao *princípio do prazer*, um clamor por eternamente mamar, gozar, receber, fruir. E nada poderia ensinar mais sobre a natureza dos fins do que a mera observação dos meios pelos quais a esquerda marcusiana os tem exigido: vômito, cuspe, excreção, defecação, inserções anais e vaginais... Eis algumas das formas contemporâneas de protesto, bem condizentes com as demandas, sugerindo uma regressão às fases iniciais (oral, anal e fálica)

---

[51] O curioso é que as pessoas que contribuem para destruir qualquer vestígio da ética cavalheiresca surgida na Idade Média e para reduzir as mulheres à sua sexualidade são as mesmas que, depois, costumam denunciar uma suposta "cultura do estupro" presente na sociedade brasileira.

[52] A novilíngua ideológica é mesmo curiosa, pois, ao falar em "direitos reprodutivos", a esquerda está usando um eufemismo para direito ao *aborto*, que seria, na verdade, em linguagem comum, um direito *antirreprodutivo*. Afinal de contas, reproduzir dá muito trabalho, e Marcuse prometeu uma sociedade livre do trabalho, em que o sexo é prazer e nada mais.

do desenvolvimento infantil. Se a utopia de Marcuse era uma nova civilização erótica, tudo o que conseguiu promover foi uma nova barbárie escatológica.[53]

A influência de Marcuse — desta feita por meio de seu segundo grande livro, *O homem unidimensional* (1964) — teve um outro efeito de crucial importância, sentido em todo o mundo, mas de maneira particularmente aguda no Brasil. Graças ao seu pensamento, como também ao gramscismo, a substituição do alvo da esquerda — saíam a economia capitalista e a classe burguesa, entravam a família monogâmica e a moralidade judaico-cristã — fez-se acompanhar de uma mudança do *agente histórico da revolução*: saíam o proletariado urbano e, um pouco depois, o campesinato (este último resistindo até os últimos espasmos da teoria do foco guerrilheiro); entravam os intelectuais (via Gramsci) e, em seguida, o *lumpemproletariado* (via Marcuse), aquele mesmo que Marx tanto desprezara, formado pelos que vivem à margem da socieda-

---

[53] Isso sem falar do estrago que o ideário da revolução sexual e do experimentalismo com drogas causou ao penetrar nas camadas mais pobres da sociedade. Nestas, uma vez erodido o sistema moral (religioso) vigente, tivemos por efeito o aumento nos casos de gravidez infantil, pais drogados, filhos órfãos, famílias devastadas, tendo como consequência inevitável o aumento da criminalidade. É claro que, ocupados em culpar o sistema capitalista, os intelectuais de esquerda não reparam nessa causa tão evidente da violência nas zonas mais pobres dos grandes centros urbanos, fruto de sua própria irresponsabilidade. Como escreve Theodore Dalrymple em *A vida na sarjeta*: "Os profetas dessa revolução desejavam esvaziar do relacionamento entre os sexos todo o significado moral e destruir os costumes e as instituições que o regiam [...] O programa dos revolucionários sexuais foi mais ou menos executado, especialmente nas classes mais baixas da sociedade, no entanto, os resultados foram imensamente diferentes do que fora previsto de maneira tão estúpida. A revolução foi a pique na rocha da realidade inconfessa: de que as mulheres são mais vulneráveis à violência que os homens exclusivamente em virtude da biologia e que o desejo da posse sexual exclusiva do parceiro continuou tão forte quanto antes. Esse desejo é incompatível, é claro, com o desejo igualmente poderoso — eterno nos sentimentos humanos, mas até agora controlado por inibições sociais e legais — de total liberdade sexual. Por conta dessas realidades biológicas e psicológicas, os frutos da revolução sexual não foram o admirável mundo novo de felicidade humana, mas, ao contrário, um enorme aumento da violência entre os sexos por razões prontamente compreensíveis." DALRYMPLE, Theodore. *A vida na sarjeta: o círculo vicioso da miséria moral*. São Paulo: É Realizações, 2014. pp. 63-64.

de — mendigos, prostitutas, travestis, ladrões, traficantes, desajustados e rebeldes em geral.[54]

Tinha início o duradouro flerte das esquerdas com o banditismo, exemplificado, entre outras coisas, pelo ideário oiticicano do "seja marginal, seja herói"; a criação do Comando Vermelho no presídio de Ilha Grande; a estreita relação de amizade e compadrio entre um cineasta grã-fino e um traficante de drogas; a onipresença de bandidos retratados como heróis no cinema e na televisão; o estranho e mal disfarçado fascínio de uma repórter pelo famoso chefe do morro;[55] o premiado jornalista que afirma a necessidade de "dar voz aos bandidos";[56] a defesa dos "rolezinhos" e dos "arrastões" por parte de intelectuais esquerdistas; as incessantes campanhas contra a polícia, tida na imprensa e na academia por inimiga pública número

---

[54] Como explica Jacob Gorender: "Marx não confiava no lúmpen, nos trabalhadores degradados pelo vício e pelo crime. Porém, nos países atrasados e oprimidos, as circunstâncias são diferentes. O marginal, seja cafetão ou prostituta, pode ser arrancado da colaboração com a polícia e convertido em revolucionário [...] Perdia-se a expectativa revolucionária depositada pelo marxismo na classe produtora da mais-valia. Agora, a esperança de que o sistema capitalista pudesse ser quebrado vinha somente daqueles excluídos do rol de seus beneficiários, porque mantidos à margem do sistema — as minorias desempregadas e superexploradas, como os negros nos EUA e os povos párias do Terceiro Mundo, que só conheciam a miséria e as atrocidades do capitalismo. Barras, Sweezy e Marcuse prestigiaram tal enfoque e o puseram em grande voga. O capital monopolista, dos dois primeiros, e *O homem unidimensional*, de Marcuse, disseminaram a conclusão sobre a impotência do proletariado e o impulso revolucionário dos marginalizados." Ver: GORENDER, Jacob. *Combate nas trevas. A esquerda brasileira: das ilusões perdidas à luta armada*. São Paulo: Ática, 1987. pp. 76-77. Nos EUA, outro grande proponente da função revolucionária da delinquência foi Saul Alinsky, autor do manual revolucionário *Regras para radicais* (*Rules for Radicals*), e uma espécie de executor das táticas combinadas de Gramsci e Marcuse. Alinsky, amigo de Al Capone nos tempos de estudante em Chicago, foi guru de Hillary Clinton e Barack Obama, um dos principais responsáveis por ressuscitar um clima de radicalismo político e guerra racial na América, rompendo definitivamente com a tradição civilista de Martin Luther King. Basta lembrar que, durante o governo Obama, o grupo *Panteras Negras* foi reeditado.

[55] AQUINO, Ruth de. "Meu encontro com Nem." *Época*, 11 de novembro de 2001. Disponível em: <http://revistaepoca.globo.com/tempo/noticia/2011/11/meu-encontro-com-nem.html>. Acesso em 17 abr. 2017.

[56] Ver: "Em debate, Caco Barcellos e Misha Glenny defendem dar voz aos bandidos." *Ilustrada — Folha de S.Paulo*, 30 de junho de 2016. Disponível em: <http://www1.folha.uol.com.br/ilustrada/2016/06/1787376-em-debate-caco-barcellos-e-misha-glenny-defendem-dar-voz-a-bandidos.shtml>. Acesso em 17 abr. 2017.

um;[57] as recorrentes exibições de deslumbre e paternalismo de um senador petista para com um rapper (falaremos dele na Conclusão) que vive de celebrar o crime e denegrir os agentes da lei;[58] o empenho de partidos de esquerda em proteger menores criminosos, mesmo quando autores de crimes hediondos etc.

Previsivelmente, quando toda uma cultura que celebra o criminoso como o cobrador de uma dívida social[59] ajuda a colocar o país no topo da lista dos mais violentos do mundo, com mais de 60 mil homicídios ao ano, a esquerda faz-se de inocente, preferindo acusar abstrações — "o sistema", "a desigualdade", "o capitalismo" — ou, pior ainda, as vítimas.[60] Como explicou Olavo de Carvalho num artigo seminal de 1994:

---

[57] Falam a todo momento que os policiais brasileiros são os que mais matam no mundo. Esquecem de dizer que também são os que mais morrem. Numa sociedade de homicidas — lembrando que, segundo a OMS, o Brasil é o campeão mundial em números absolutos de homicídios —, seria estranho que a sua polícia fosse exemplo de serenidade e autocontrole.

[58] Ver: "8 vezes em que Mano Brown e Suplicy foram melhores amigos." *BuzzFeed*, 7 de abril de 2015. Disponível em: <https://www.buzzfeed.com/alexandreorrico/mano-brown-e-suplicy-melhores-amigos?utm_term=.whW5YRLW7#.bm9K40nkL>. Acesso em 17 abr. 2017.

[59] *O cobrador* é, aliás, o título de um conhecido conto de Rubem Fonseca que descreve de forma crua e brutal um personagem que parece ser a materialização da filosofia social da esquerda: o psicopata e *serial killer* que mata por sentir que o mundo inteiro lhe deve alguma coisa. "Digo, dentro da minha cabeça, e às vezes para fora, está todo mundo me devendo! Estão me devendo comida, buceta, cobertor, sapato, casa, automóvel, relógio, dentes, estão me devendo", reflete o Cobrador, logo antes de chutar a cuia de alumínio na qual um cego pede esmolas e rumar para o próximo homicídio.

[60] Para o blogueiro Leonardo Sakamoto, por exemplo, a "ostentação" deveria ser crime previsto no código penal. Só há criminalidade porque há pessoas em posse de carros, joias e relógios caros. Daí que ele próprio, Sakamoto, não tenha medo de ser assaltado, porque o seu único bem precioso — que fofura! — "é um ornitorrinco de pelúcia". Ver: SAKAMOTO, Leonardo. "Ostentação deveria ser crime previsto no código Penal." UOL, 18 de junho de 2012. Disponível em: <http://blogdosakamoto.blogosfera.uol.com.br/2012/06/18/ostentacao-diante--da-pobreza-deveria-ser-crime-previsto-no-codigo-penal/>. Acesso em 17 abr. 2017. Mas, muito pior que Sakamoto foi Marilene Felinto, colunista da *Caros Amigos* (e, antes disso, da *Folha de S.Paulo*). Comentando sobre o caso Champinha — o psicopata menor de idade que assassinou o casal de namorados Felipe Caffé e Liana Friedenbach, tendo esta sido estuprada seguidamente pelo criminoso e seus comparsas, antes de morrer lentamente a golpes de faca —, a colunista comunista resolver fazer proselitismo marxista barato, alegando que o ódio social despertado pelo crime devia-se a que o assassino era pobre e negro e a vítima, rica e branca. No fundo, segundo Felinto, a grande culpada pelo caso era a "elite paulista — esta de nomes estrangeirados, pronta para impor-se, para humilhar e esmagar sob seus pés os espantados 'silvas', 'sousas', 'costas' e outros nomezinhos portugueses e afro-escravos". A culpada era, enfim, a própria vítima — "rica e loirinha", na odiosa definição da jornalista e escritora pernambucana, laureada com o prêmio literário Jabuti de 1982 (para o leitor ter uma ideia do tipo de gente que costuma arrasar nas baladinhas culturais do país). Ver: FELINTO, Marilene. "A morte da menina rica e o ódio de classe." *Caros Amigos*, nº 81, dezembro de 2003.

Entre as causas do banditismo carioca, há uma que todo mundo conhece mas que jamais é mencionada, porque se tornou tabu: há sessenta anos os nossos escritores e artistas produzem uma cultura de idealização da malandragem, do vício e do crime. Como isto poderia deixar de contribuir, ao menos a longo prazo, para criar uma atmosfera favorável à propagação do banditismo? [...] Humanizar a imagem do delinquente, deformar, caricaturar até os limites do grotesco e da animalidade o cidadão de classe média e alta, ou mesmo o homem pobre quando religioso e cumpridor de seus deveres — que neste caso aparece como conformista desprezível e virtual traidor da classe —, eis o mandamento que uma parcela significativa dos nossos artistas tem seguido fielmente e a que um exército de sociólogos, psicólogos e cientistas políticos dá discretamente, na retaguarda, um simulacro de respaldo "científico".[61]

Além da entrada em cena de *intelectuais* e *marginais* como nova força revolucionária, acrescente-se que, graças ao alargamento gramsciano do conceito, já descrito no capítulo 2, aqueles passaram a se imiscuir dramaticamente com estes,[62] gerando uma categoria híbrida que por aqui foi celebrada como símbolo de democratização acadêmica: *o intelectual periférico*. Essa nossa jabuticaba conceitual — que inclui rappers dando aula de ciência política, pichadores proferindo lições de filosofia moral e funkeiros pontificando sobre economia — será abordada na conclusão deste livro, na qual a universidade brasileira deverá ser exposta a raios X. Antes, porém, é preciso ainda falar de algumas coisinhas um tanto desagradáveis para a turma de 1968, e que muitos deles gostariam de manter no esquecimento. É o que farei no capítulo seguinte.

---

[61] CARVALHO, Olavo de. "Bandidos e letrados." *Jornal do Brasil*, 26 de dezembro de 1994.
[62] Em certos casos de maneira direta, como foi no presídio de Ilha Grande, onde a convivência entre presos políticos comunistas e criminosos comuns deu origem ao crime organizado.

4. Aplausos com uma só mão: e a URSS?

Marilena Chauí, professora de filosofia da USP e intelectual orgânica do PT, alerta em tom catedrático: "O juiz Sergio Moro foi treinado pelo FBI para tirar o pré-sal do Brasil e entregar aos americanos".[1] O vídeo em que a filósofa uspiana soa o alarme é parte de um projeto organizado por outro intelectual orgânico do partido, o escritor pró-ditadura cubana Fernando Morais, cujo objetivo — essa gente progressista recusa-se a progredir — parece ser uma reedição da campanha "O petróleo é nosso". Além de Chauí, outra sumidade intelectual convidada por Morais para o projeto foi... João Pedro Stédile, líder do MST, cuja obra consiste em comandar invasão e destruição de propriedade alheia. Nas escolas e universidades aparelhadas, bandos de adolescentes que já nasceram velhos assimilam o comando: "O petróleo é nosso! O petróleo é nosso!"

Depois de se haver recuperado do forte cheiro de naftalina, peço encarecidamente ao leitor que, por ora, contenha o riso. Embora soe obviamente delirante a mentes sadias, a explicação da intelectual petista faz muito sentido em determinados círculos, havendo todo um contexto laboriosamente erguido para sustentá-la. Longe de excêntrica, ela é absolutamente *mainstream* dentro da academia brasileira, por exemplo. A própria Chauí já a havia proposto em diversas ocasiões anteriores. Quem quer que, nos dias de hoje, espere gargalhadas como resposta ao mencionar a fala da matriarca uspiana dentro de uma universidade, decerto há de sofrer grande decepção: ninguém vai rir. Ali, naquele ambiente, o *nonsense* ressoa solene feito o órgão da catedral de Estrasburgo.

---

[1] Ver em <https://www.youtube.com/watch?v=AQXw8B0lN2c>. Acesso em 17 abr. 2017.

Outra personalidade esquerdista a ter recorrido ao simbolismo da intervenção "estadunidense" foi o também intelectual (no sentido gramsciano) Sibá Machado, na época líder do PT na Câmara dos Deputados. Segundo o folclórico político acriano, a CIA — agência americana de inteligência — estivera por trás da gigantesca manifestação anti-PT que, em 15 de março de 2016, levou às ruas de todo o país milhões de brasileiros pedindo o impeachment da então presidente Dilma Rousseff. E, assim como a esclerose traveste-se de filosofia, no Brasil de nossos dias também o deputado Sibá Machado, uma piada erguida sobre duas pernas, pode dizer aquele tipo de coisa no plenário da Câmara e, ainda por cima, exigir ser ouvido com respeito. Poucos ambientes podem ser mais totalitários do que aqueles nos quais se nos obrigam a tratar o ridículo com reverência.

Seria difícil explicar a situação para um estrangeiro, mas o fato é que a quase totalidade da *intelligentsia* brasileira interpretou e interpreta daquele jeito a operação Lava Jato e a derrubada da sua presidente. Como continua sendo hegemônica no mercado editorial, e dispõe de muito dinheiro para os seus empreendimentos, ela tratou de publicar um sem-número de livros e artigos divulgando a sua versão, já de olho no futuro e na reescrita da história conforme as suas conveniências políticas. Repetindo 1964, reza essa interpretação, tudo fora um golpe tramado pelas forças da "direita" — leia-se, PSDB — com o apoio dos EUA.

Como explicou um militante do partido, que em público assume a identidade de cientista político:

> Existe um fato histórico que consiste no seguinte: o imperialismo conspira, sim. Não conspirou no golpe no Chile, em 1973? Não conspirou no golpe no Brasil, em 1964? Basta ver o filme *O dia que durou 21 anos* [ver adiante]. O imperialismo e a classe dominante conspiram e existe conspiração na história.[2]

---

[2] Ver: "'Governo invisível' dos EUA trabalha no golpe em marcha no Brasil." *Rede Brasil Atual*, 21 de abril de 2016. Disponível em: <http://www.redebrasilatual.com.br/mundo/2016/04/o-201cgoverno-invisivel201d-dos-estados-unidos-e-sua-influencia-no-golpe-em-marcha-no-brasil-8948.html>. Acesso em 17 abr. 2017.

Segundo outro agente de influência disfarçado de medalhão acadêmico, seriam muitos os indícios da participação americana no "golpe" contra o Partido dos Trabalhadores:

> Tanto o juiz Sergio Moro, da [operação] Lava Jato, como o procurador--geral da República, Rodrigo Janot, *mantêm contato com organismos dos Estados Unidos*. O procurador Janot esteve lá em reuniões com o Departamento de Justiça, o FBI e funcionários da SEC [Comissão de Segurança e Câmbio, na sigla em inglês] buscando dados sobre a Petrobras. Moro realizou cursos no Departamento de Estado em 2007. Em 2008 passou um mês em um programa especial de treinamento na Escola de Direito de Harvard, acompanhado de sua colega Gisele Lemk. E em outubro de 2009 participou da conferência regional sobre *Ilicit Financial Crimes* [Crimes financeiros ilícitos, em tradução livre], promovida no Rio de Janeiro pela Embaixada dos Estados Unidos. *Mas não há indício mais evidente de suas conexões que o fato de que Moro tenha sido escolhido como um dos dez homens mais influentes do mundo pela revista* Time *em 2015*. Além disso, a Operação Lava Jato tem como alvo as companhias Petrobras e Odebrecht, que promove a construção do submarino nuclear com tecnologia francesa [grifos meus].[3]

Eis o tipo de intelectual que, embora em ambientes cada vez mais restritos, ainda é levado a sério no Brasil, sobretudo por jornalistas, que não param de repercutir a palavra "golpe" quando vocalizada por petistas e filopetistas como forma de encobrir os *seus* golpes, estes sim fartamente comprovados, contra o estado de direito e a ordem democrática no país. Recorde-se que o autor da patacoada anterior, já mencionado anteriormente, chegou a ser cogitado pela patota progressista para — barbaridade! — concorrer ao Nobel de Literatura. Mas, a essa altura, já deve estar claro ao leitor que, no Brasil, *ser de esquerda* é o atributo

---

[3] Ver: "Estados Unidos quiere bases en Ushuaia y en la Triple Frontera." Página 12 (Argentina), 20 de junho de 2016. Disponível em: <https://www.pagina12.com.ar/diario/dialogos/21-302162-2016-06-20.html>. Acesso em 17 abr. 2017.

mais considerado na apreciação dos méritos culturais, artísticos e intelectuais de um indivíduo.[4]

A ideia de um "governo invisível" dos EUA sobre o Brasil e demais países da América Latina data, é claro, da Guerra Fria. Nos ambientes em que vigora sem contrapesos a cultura política de esquerda — como, por exemplo, nas faculdades de ciências humanas —, ela nunca cessou de atormentar as mentes febris de seus frequentadores. Quem já esteve em tais ambientes provavelmente já topou com a figura típica do mensageiro esbaforido, em cujas mãos trêmulas de alarme patriótico figura um mapa — em tese elaborado pela alta cúpula do governo americano (ao qual, claro está, só aquele privilegiado *insider* teve acesso) — no qual a floresta amazônica aparece como parte do território dos EUA.

Com a chegada do PT ao poder, e com ele toda uma geração de revolucionários ressentidos e ávidos por uma vingança contra a história, a "obsessão antiamericana" recuperou o fôlego dos velhos tempos. Basta notar, durante o período, a publicação de um sem-número de reportagens anunciando novos documentos, ou velhos consensos apresentados como novidade, acerca da famigerada participação americana no golpe de 1964. Com notável alarde midiático, foi lançado em 2013 o documentário *O dia que durou 21 anos*, que prometia revelar os "segredos" por trás do golpe militar, confirmando de uma vez por todas aquilo que todos já sabiam: *O golpe começou em Washington*, como informava o título de Edmar Morel publicado pela Civilização Brasileira em 1965. Fartamente financiado com dinheiro público, e celebrado pela crítica companheira, o curta — de autoria de Camilo Tavares, filho do ex-guerrilheiro Flávio Tavares — teve sessão exclusiva com a presença da então presidente Dilma Rousseff e seus ministros.

---

[4] Ser conservador, por outro lado, é um entrave, como confirma o caso do economista Adolfo Sachsida, primeiro convidado e, logo, desconvidado para ser assessor do Ministério da Educação. A desistência não tinha nada a ver com qualquer falta de mérito profissional ou moral por parte de Sachsida. Descobriu-se apenas que ele é conservador e apoiador do projeto "Escola sem Partido", que visa a impedir a doutrinação político-ideológica dentro das salas de aula. E isso era motivo suficiente. Ver: "MEC desiste de nomeação de apoiador do 'Escola sem Partido'." *G1*, 12 de julho de 2016. Disponível em: <http://g1.globo.com/educacao/noticia/mec-desiste-de-nomeacao-de-apoiador-do-escola-sem-partido.ghtml>. Acesso em 17 abr. 2017.

Àquela época, a esquerda brasileira ainda falava sozinha. Vivíamos o auge da automistificação progressista.

Embora não trouxesse novidade alguma em termos de conteúdo, o filme virou um evento cultural (e *de Estado*) de suma importância, por contribuir para a manutenção da surrada narrativa construída pela esquerda, segundo a qual obscuras forças reacionárias insistiam em conspirar contra o governo popular. A farsa do impeachment como golpe acomodou-se bem nessa manipulação prévia do imaginário nacional. O dia, afinal, não durara apenas 21 anos. Ele continua durando e enchendo a barriga de muito esquerdista que, de outro modo, teria sucumbido à própria mediocridade.

A um desavisado, todo aquele renovado interesse pela situação brasileira na Guerra Fria poderia dar a salutar impressão de que, como num passe de mágica, tornara-se o Brasil um país de historiadores apaixonados. Mas essa impressão não tardaria a se dissipar diante dos fatos. Em primeiro lugar, o tom exacerbado com que o assunto continua sendo tratado até hoje definitivamente não nos remete ao domínio da curiosidade histórica, senão ao da manipulação política. É curioso e estranho que a passagem do tempo, em vez de trazer serenidade e um olhar mais neutro para os dados históricos, tenha, ao contrário, acirrado os ânimos e incrementado a ideologização, de modo que hoje, cinquenta anos depois dos eventos, uma histeria anacrônica e esterilizante insista em aderir aos eventos de 1964.

Em segundo lugar, o nosso aparente surto de interesse histórico poderia se revelar suspeito quando se notasse que a avidez com que nossa classe falante se debruçou sobre a ingerência americana em nossos assuntos, exagerando-a ao ponto da mistificação,[5] fez-se acompanhar de um completo desinteresse pela atuação do outro protagonista no conflito mundial: a URSS. Se a CIA é, até hoje, figurinha carimbada no

---

[5] "Soube-se, então, que a operação Brother Sam consistia em plano de interferência a ser posto em ação apenas no caso de haver guerra civil em que os golpistas necessitassem de apoio. Sem dúvida, os Estados Unidos estavam interessados na derrota de Goulart, havia dinheiro americano no Ibad e a CIA não descansava. Mas tudo isso *no máximo encorajou* os golpistas. *A conspiração foi interna* como internas foram as causas de seu êxito" [grifos meus]. CARVALHO, José Murilo de. "Fortuna e Virtù no golpe de 1964." 50 anos do golpe de 1964. *Estudos Avançados* 28(80), 2014. p. 9.

imaginário coletivo dos formadores de opinião no Brasil, o mesmo não se diga de sua contraparte soviética, a KGB, comparada à qual, aliás, a agência americana adquire as dimensões de uma quermesse interiorana.

Se, por exemplo, a CIA é ainda lembrada por seus planos — a maioria dos quais fracassados ou abortados — de assassinar líderes progressistas terceiro-mundistas, pouco se fala dos vários assassinatos políticos efetivados pela KGB ao redor do globo, e, ao contrário daquela, apenas esta dispunha de um exército de assassinos profissionais.[6]

Mas, se há um consenso na classe falante brasileira, consenso que vem se mantendo inabalável décadas a fio, é este: toda a preocupação demonstrada pelo governo americano — e, internamente, pelas forças políticas ditas conservadoras — com a expansão do comunismo para a América Latina durante a Guerra Fria não passou de paranoia motivada por um anticomunismo patológico, histérico e desprovido de razão. Tudo se passa como se a URSS tivesse permanecido quietinha lá no seu canto, apenas reagindo, ocasionalmente e quase a contragosto, às pesadas investidas do imperialismo "estadunidense". No intuito de ridicularizar de antemão todo discurso anticomunista, a esquerda brasileira popularizou a expressão "o fantasma do comunismo", como se o comunismo não passasse de uma assombração criada por mentes crédulas e ignorantes.

Até hoje, aquele consenso é mantido por meio de uma suspeita prévia e generalizada contra a ampliação do interesse histórico para a zona de influência comunista. Sempre que pode, a turma de 1968 não perde uma chance de alfinetar quem quer que faça menções pouco elogiosas aos regimes de inspiração marxista-leninista. Em 2014, por exemplo, comentando sobre uma tentativa de reedição da *Marcha da família com Deus pela liberdade* em São Paulo, o colunista Zuenir Ventura observou: "O pretexto é o mesmo do passado: temor de um golpe comunista, *num país em que foi mais fácil pôr fim ao comunismo do que ao eterno anticomunismo*" [grifo meu].[7]

---

[6] ANDREW, Christopher & MITROKHIN, Vasili. *The World Was Going Our Way: The KGB and the Battle for the Third World*. New York: Basic Books, 2005. p. 18.

[7] VENTURA, Zuenir. "Os limites do permitido." *O Globo*, 22 de março de 2014. Disponível em: <http://oglobo.globo.com/opiniao/os-limites-do-permitido-11952356>. Acesso em 17 abr. 2017.

No estilo característico de sua geração, o jornalista apenas insinuava uma opinião que, como vimos, continua sendo unânime na classe falante brasileira, e que fora celebremente manifesta pelo filósofo Jean-Paul Sartre: "Todo anticomunista é um cão." Ou, em outras palavras: o comunismo — que, de resto, acabou — nunca foi um problema real no Brasil. Perigoso mesmo foi e continua sendo o anticomunismo.

O mais curioso é que, como que para se eximir da acusação de ser simpático ao então governo de esquerda, Zuenir Ventura ainda citava o tucano José Serra (que também é de esquerda, embora, no Brasil, nenhum jornalista o saiba) para confirmar o seu ponto:

> Há dias, o ex-ministro José Serra, presidente da UNE em 1964, escreveu que "nada mais *fantasioso* do que supor que o Brasil pudesse virar uma Cuba ou que a esquerda, em 63-64, estivesse armada". O mesmo poderia ser dito hoje.[8]

Foi assim que, numa típica projeção invertida, a *intelligentsia* de esquerda preveniu-se contra a revelação de qualquer sinal da presença soviética no Brasil dos anos 1960, lançando nos mais curiosos a pecha de anticomunistas histéricos. Enquanto José Serra estigmatiza como "fantasiosa" a hipótese de que a esquerda estivesse armada em 1963-64, Flávio Tavares chega a falar em "patologia anticomunista" como característica do período. Hidrofobia, patologia, fantasia... É com esse palavreado que, ainda hoje, a classe falante progressista procura intimidar e desencorajar os interessados no lado vermelho da Guerra Fria.

E, assim, se qualquer novo documento sobre a ingerência americana na política latino-americana é celebrado como inestimável contribuição ao conhecimento histórico, os documentos sobre o *agitprop* soviético — disponíveis a partir de 1990 com a abertura dos arquivos de Moscou — são

---

[8] Convém não esquecer que tudo aquilo foi dito num contexto em que ministros venezuelanos entravam armados no Brasil para firmar com o MST convênio de fortalecimento da revolução socialista. Ver reportagem em *O Globo*, 3/11/2014. Disponível em: <http://oglobo.globo.com/brasil/governo-venezuelano-assina-convenio-com-mst-14452866>. Acesso em 17 abr. 2017. Meses depois, veríamos o ex-presidente Lula e lideranças do MST e da CUT propondo "pegar em armas" para defender o mandato de Dilma Rousseff.

aprioristicamente postos sob suspeita, ignorados ou ativamente ocultados. O interesse pelas manobras dos EUA no período é indício de boa saúde intelectual; o interesse pelas manobras da URSS, de anticomunismo patológico.

É bem verdade que o descaso pelo imperialismo soviético durante a Guerra Fria, e em especial pela atuação de seu serviço de inteligência no Terceiro Mundo, não é exclusividade brasileira. A opinião universalmente aceita sobre o assunto é mais ou menos aquela que manifestou o historiador Eric Hobsbawm, não sem uma mal disfarçada parcialidade política, haja vista o seu renitente stalinismo.[9] Em *A era dos extremos*, concluiu Hobsbawm:

> Quando um dos novos regimes, o de Fidel Castro em Cuba, se declarou de fato oficialmente comunista, para surpresa de todos, a URSS tomou-o sob sua proteção, mas não a ponto de pôr permanentemente em perigo suas relações com os EUA. Apesar disso, *não há indício concreto de que ela pretendesse ampliar as fronteiras do comunismo até meados da década de 1970 e, mesmo então, os indícios sugerem que a URSS usou uma conjuntura favorável que não criara* [grifos meus].[10]

O que Hobsbawm não sabia — e jamais procurou saber — é que os arquivos da KGB revelam sim a existência daquele plano de expansão

---

[9] Perversão ideológica que manchou indelevelmente suas análises sobre o período que chamou de "o curto século XX" (de 1914 a 1991), justo aquele em que os comunistas chegaram ao poder em várias partes do globo. Como observou John Gray: "Se *A era do capital* (1975) e *A era dos Impérios* (1987) são um marco nas obras de história, uma razão é a profunda compreensão ali demonstrada das interações entre as ideias e o poder. A maior fraqueza de Hobsbawm é que ele optou por não aplicar o mesmo entendimento histórico ao período entre 1914 e 1991 — a era que ele chamou de 'o curto século XX', na qual o Comunismo chegou ao poder em várias partes do mundo e depois desapareceu, deixando atrás de si nada menos que uma trilha de ruínas. Seus escritos sobre aquele período são banais ao extremo. São também largamente evasivos. Um vasto silêncio paira sobre as realidades do Comunismo." Ver: GRAY, John. "How to Change the World: Tales of Marx and Marxism — The piety and provincialism of Eric Hobsbawm." *New Statesman*, 20 de janeiro de 2011. Disponível em: <http://www.newstatesman.com/books/2011/01/marx-hobsbawm-russia--world>. Acesso em 17 abr. 2017.

[10] HOBSBAWM, Eric. *The Age of Extremes: A History of the World, 1914-1991*. New York: Vintage Books, 1996. p. 436.

do comunismo, em especial para o Terceiro Mundo. Já em 1961, para se ter uma ideia, o programa do Partido Comunista russo louvava as "lutas por libertação dos povos oprimidos" como uma das "principais tendências do progresso social", em mensagem recebida com entusiasmo na sede da inteligência soviética. Na época, o então jovem diretor da agência, Alexander Shelepin, obteve o apoio de Kruschev para utilizar os movimentos de libertação nacional e as forças do anti-imperialismo numa nova e agressiva estratégia contra o "grande adversário" (isto é, os EUA) no Terceiro Mundo.

A convicção no potencial da estratégia continuou a predominar dentro da KGB, mesmo quando, com a troca de Kruschev por Brejnev, perdeu força dentro do Kremlin e do Ministério de Relações Exteriores. Nas palavras de Nikolai Leonov, outro alto oficial de inteligência, a premissa básica na agência era que "o destino do enfrentamento mundial entre os EUA e a URSS, entre capitalismo e socialismo, seria decidido no Terceiro Mundo".

É o que mostra o historiador Christopher Andrew, professor de Cambridge, cuja importantíssima obra sobre os arquivos da KGB irei abordar agora. É de um comentário do autor, ademais, que extraí a metáfora que dá título a este capítulo. Segundo Andrew, as atividades do Serviço Soviético de Inteligência durante a Guerra Fria

> quase nunca são mencionadas na historiografia, tanto na que versa sobre as relações exteriores soviéticas quanto na que aborda os países em desenvolvimento. *Rússia e o Mundo (1917-1991)*, a lúcida síntese bibliográfica sobre a política externa soviética organizada por Caroline Kennedy-Pipe, por exemplo, contém apenas uma menção à KGB [...] Em contrapartida, nenhum trabalho sobre a política americana para o Terceiro Mundo durante a Guerra Fria omite o papel da Agência Central de Inteligência (CIA). O resultado tem sido uma história curiosamente manca da guerra secreta travada nos países em desenvolvimento — *o equivalente em inteligência ao som de aplausos com uma só mão*. O de resto admirável *Compêndio de Oxford sobre Política Mundial*, por exemplo, dedica um artigo à CIA, mas nenhum à KGB e seus sucessores pós-soviéticos.

Contrariando numa só tacada todo o senso comum da classe falante brasileira sobre o tema, o historiador conclui, para o escândalo da nossa bucólica província intelectual:

> O papel da KGB na política soviética para o Terceiro Mundo foi mesmo mais importante do que o desempenhado pela CIA na política americana. Por um quarto de século, *e ao contrário da CIA*, a KGB acreditou que *o Terceiro Mundo era a arena na qual ela poderia vencer a Guerra Fria* [grifos meus].

Por anos a fio, Andrew mergulhou fundo nos arquivos do dissidente soviético e ex-agente da KGB Vasili Mitrokhin, trabalhando junto com este na publicação de dois volumes essenciais para a historiografia da Guerra Fria, a saber: *A espada e o escudo: o Arquivo Mitrokhin e a história secreta da KGB* (1999),[11] dedicado à atuação do Serviço Secreto Soviético nos EUA e na Europa, e *O mundo estava conosco: a KGB e a batalha pelo Terceiro Mundo* (2005),[12] para nós o mais interessante, por conter dados preciosos sobre as ações soviéticas de espionagem e propaganda na América Latina.

A história de Mitrokhin e seu arquivo daria um perfeito *thriller* hollywoodiano. O segundo de cinco irmãos, Vasili Nikitich Mitrokhin nasceu em 3 de março de 1922 no vilarejo de Yurasovo, província de Riazan, na Rússia central, embora tenha passado a maior parte da infância na capital. Desde a adolescência, Vasili demonstrara interesse por documentos históricos e, à ocasião de prestar o serviço militar obrigatório, ele começou a estagiar no arquivo histórico de Moscou. Durante a guerra, em lugar de combater no front oriental contra Hitler, o jovem aprendiz de arquivista foi mandado com um grupo de colegas ao Cazaquistão, para trabalhar com arquivos de membros de minorias étnicas consideradas uma ameaça ao Estado e outros prisioneiros políticos, enviados sob condições brutais a *gulags* localizados na Ásia Central.

---

[11] ANDREW, Christopher & MITROKHIN, Vasili. *The Sword and The Shield: The Mitrokhin Archive and The Secret History of the KGB*. New York: Basic Books, 1999.

[12] ANDREW, Christopher & MITROKHIN, Vasili. *The World Was Going Our Way: The KGB and the Battle for the Third World*. New York: Basic Books, 2005.

Algum tempo depois, já sem grandes ambições de se tornar arquivista, Vasili logrou ingressar no Instituto de Direito de Carcóvia, que, com a ocupação alemã da Ucrânia, havia sido transferido para o Cazaquistão. Depois da libertação da Ucrânia, Vasili retornou a Carcóvia juntamente com o instituto. Graduou-se em 1944 e começou sua carreira de advogado, primeiro junto à Polícia Civil e, em seguida, às Forças Armadas. Talentoso e dedicado, ele logo chamou atenção do Ministério de Segurança do Estado (MGB), antecessor da KGB, que o enviou a Moscou para dois anos de curso preparatório de diplomacia e inteligência. Em 1948, Vasili deu início à sua carreira no serviço secreto soviético.

Vasili Mitrokhin cumpriu uma série de tarefas para a KGB ao redor do mundo, incluindo, por exemplo, escolta e vigilância dos atletas soviéticos participantes das Olimpíadas de 1956 em Melbourne (Austrália). Seu objetivo de então era evitar possíveis dissidências. Naquele mesmo ano, Kruschev faria o famoso discurso denunciando o terror stalinista, que Mitrokhin pôde acompanhar de perto, já que seus cinco primeiros anos na agência coincidiram com a fase final e mais paranoica do reinado do tsar vermelho.

Desde os tempos de arquivista amador no Cazaquistão, a consciência de Mitrokhin começara a experimentar uma lancinante contradição entre o senso de dever e o de empatia para com o sofrimento alheio. Já na época, ele testemunhou enojado os maus-tratos infligidos pelo Estado soviético aos seus presos políticos. As terríveis punições impostas aos ucranianos antissoviéticos, em especial, marcaram-lhe indelevelmente a memória. Mais tarde, sua posição de observador privilegiado o faria ter ciência de alguns dos planos mais abjetos elaborados pelo Serviço Secreto contra dissidentes. Um deles teve como alvo o grande bailarino Rudolf Nureyev, que fugira para Paris, e cujas pernas a polícia política soviética pretendia quebrar, a fim de — no macabro jargão da KGB — "debilitar suas habilidades profissionais".

Embora, por motivos óbvios, raramente vocalizasse suas más impressões, ter deixado escapar um ou outro comentário mais franco foi o bastante para que Vasili fosse alvo de suspeita e, em seguida, denunciado por um superior. Regressado de Melbourne, e por ironia do destino, acabou recebendo uma punição que parecia ter caído do céu: ser afastado do setor de operações e transferido para os arquivos do Primeiro Diretório Geral (FCD) da KGB, responsável pelas missões de inteligência no estrangeiro. Foi nessa condição que, certa feita, em missão nos arquivos da estação da agência em Berlim oriental, nosso herói acompanhou de perto, com secreto entusiasmo, as atividades dos reformistas da Primavera de Praga. Quando, no fim das contas, as tropas do Pacto de Varsóvia invadiram a capital tcheca e esmagaram a revolta, Vasili Mitrokhin viveu, afinal, o seu *momento Kronstadt*.

De volta a Moscou, Vasili passou a acompanhar com interesse a literatura clandestina (*samizdat*) produzida por dissidentes para denunciar abusos contra os direitos humanos cometidos pelo Estado soviético. Essas ações de resistência tiveram o efeito de inspirá-lo a escrever — em sigilo, evidentemente — uma espécie de narrativa de bastidores do FCD. Mas, em 1972, uma oportunidade fê-lo mudar de planos. Na época, por questões de logística, a KGB decidira retirar todo o arquivo referente à inteligência no exterior de sua sede em Lubianka, no centro de Moscou, e transferi-lo para os escritórios da FCD no distrito de Yasenevo, na região sudoeste da cidade. E o leitor já deve imaginar a quem coube o encargo de supervisionar a transferência. Sim, a ele mesmo: Vasili Mitrokhin.

Para se ter uma ideia das dimensões do arquivo do FCD, basta notar que a transferência levou nada menos que dez anos para ser concluída. Durante todo esse tempo, de 1972 a 1982, Vasili pôs em ação um plano arriscado, alguns diriam suicida, porque, se descoberto, fatalmente levaria o seu mentor à câmara de execução, na qual — para lembrar as palavras carinhosas de Mauro Iasi, o professor stalinista da UFRJ — lhe seria oferecida uma boa bala. Na nuca.[13]

O plano consistia em fazer cópias do material do arquivo, transportando-as em sigilo, escondidas nos sapatos, para uma dacha da família. E Vasili executou-o metodicamente, dia após dia, mesmo sem saber ao certo o destino que daria a todo aquele material. Completada a transferência, ele continuou removendo documentos ultrassecretos por mais

---

[13] O tradicional método soviético de execução foi retratado com implacável realismo no filme *Katyn*, do diretor polonês Andrzej Wajda, que conta a história do massacre de oficiais e cidadãos poloneses perpetrado pelos soviéticos na floresta homônima em 1940.

dois anos, até finalmente se aposentar em 1984, quando começou a pensar em maneiras de sair da URSS e obter asilo no Ocidente.

Em meio ao processo de dissolução da URSS, em março de 1992 Vasili Mitrokhin tomou um trem de Moscou rumo à capital de um dos países bálticos recém-independentes. Levava na mala amostras de seu arquivo. Depois de uma tentativa fracassada na embaixada americana — que, à época envolta num sem-número de pedidos de asilo político, falhou em perceber a importância do material —, Vasili e o seu arquivo despertaram a atenção da jovem diplomata que o recebeu na embaixada britânica. Depois de analisar o material, ela agendou novo encontro para dali a um mês, no qual o ex-agente da KGB contou a sua história e mostrou o arquivo a membros do MI6, a agência britânica de inteligência, que começou a trabalhar num plano para extraditar Vasili e sua família de maneira segura.

Em 7 de novembro de 1992, no 75º aniversário da revolução bolchevique, Mitrokhin e sua família, bem como seis grandes contêineres acomodando o seu arquivo, foram extraditados da Rússia pelo MI6. Uma vez na Inglaterra, o arquivo passou a impressionar todos os que sobre ele punham os olhos. O material deixava claro que, entre tantos dados preciosos, Mitrokhin tivera acesso ao "santo graal" da inteligência: as verdadeiras identidades de agentes secretos da KGB, que viviam disfarçados de cidadãos locais nos mais diversos países em que a agência atuava. Como o FBI viria depois a considerar, o arquivo Mitrokhin foi a "a mais completa e extensa fonte de inteligência jamais colhida". Já para a CIA, tratou-se da "maior bonança de contrainteligência do período do pós-guerra".[14]

---

[14] Quando, por volta de 1996, começaram a circular notícias sobre o arquivo e a revelação da identidade de "centenas de espiões russos", uma porta-voz do SVR (*Sluzhba Vneshnei Razvedki*), o serviço de inteligência da Rússia pós-soviética, tentou minimizar a sua importância: "Centenas de pessoas? Isso é simplesmente impossível. Qualquer desertor obteria o nome de um, de dois, no máximo de três agentes — jamais de centenas!" Mas, como explica Christopher Andrew: "Na verdade, como hoje admitem tanto o SVR quanto o serviço interno de segurança e inteligência (FSB), o arquivo Mitrokhin inclui detalhes, não somente de centenas, *mas de milhares* de agentes e oficiais soviéticos de inteligência ao redor do globo" [grifos meus]. Ver: ANDREW, Christopher & MITROKHIN, Vasili. *The World Was Going Our Way: The KGB and the Battle for the Third World*. New York: Basic Books, 2005. p. xxv.

No volume que dedicaram às chamadas "medidas ativas" (isto é, de espionagem, propaganda e desinformação) perpetradas pela KGB no Terceiro Mundo, Christopher Andrew e Vasili Mitrokhin revelam-nos o quanto foram elas bem-sucedidas, sobretudo no fomento a um visceral antiamericanismo, que, ademais, se fez acompanhar por uma notável tolerância para com os crimes soviéticos.[15] O título do livro — *O mundo estava conosco* — faz referência às palavras ditas certa vez por uma diplomata russa acerca do sucesso da propaganda soviética no Terceiro Mundo durante a Guerra Fria. E, de fato, percebe-se que essa propaganda foi tanto mais bem-sucedida quanto (continua sendo) menos escrutinada.

Logicamente, qualquer regime fechado, e portanto capaz de exercer controle sobre o mercado de ideias, leva vantagem quando o assunto é guerra de propaganda. Nesse sentido, a URSS era capaz de proibir internamente a liberdade de imprensa e de pensamento e, ao mesmo tempo, valer-se no mundo capitalista dessas duas prerrogativas a fim de inocular o seu veneno. Durante a Guerra Fria, enquanto os EUA eram os campeões da autocrítica (tendendo, não raro, à autoflagelação), a URSS proibia-a pura e simplesmente.

Como escreveu Ladislav Bittman, ex-membro do Serviço Tcheco de Inteligência (StB), e sobre quem ainda falaremos muito neste capítulo:

> Campanhas de propaganda antiamericana são a coisa mais fácil de se fazer. Basta um único artigo na imprensa contendo fatos sensacionais sobre uma "nova conspiração americana". Isso desperta o interesse de outros veículos, o público fica chocado, e as autoridades governa-

---

[15] Note-se, por exemplo, que o então chamado *Movimento dos Países Não Alinhados* (MNA), pretensamente infenso à lógica do mundo bipolar, condenou em 1969 a "agressão americana" ao Vietnã, mas calou-se sobre a invasão soviética a Praga no ano anterior. De resto, o MNA votava sempre com a URSS na Assembleia Geral da ONU. Com efeito, sua neutralidade não passava de fachada, algo equivalente, no Brasil contemporâneo, ao não petismo dos célebres "isentões", aqueles opinadores que, durante o processo de impeachment da presidente Dilma Rousseff, diziam-se imparciais e avessos a polarizações, começando invariavelmente suas ponderações com a frase "não sou petista, mas...", à qual se seguia, *ipsis litteris*, todo o rosário de slogans da propaganda petista. O MNA era o movimento "isentão" da época da Guerra Fria.

mentais de países em desenvolvimento ganham uma oportunidade fresquinha de bradar contra os imperialistas, enquanto manifestantes quebram as vidraças da embaixada dos EUA.[16]

Mas, antes de voltar ao conteúdo do arquivo Mitrokhin, destaco novamente a absoluta falta de curiosidade da *intelligentsia* brasileira sobre ele, que contrasta, como já vimos, com o apaixonado interesse por documentos que indiquem intervenção norte-americana na América Latina. O leitor talvez se lembre da repercussão que, há alguns anos, teve em nossa imprensa a revelação de um áudio de 1962, em que o então presidente americano John F. Kennedy discutia com o embaixador americano no Brasil, Lincoln Gordon, a possibilidade de uma "intervenção militar" no nosso território. Os jornalistas e intelectuais brasileiros fizeram um verdadeiro escarcéu em torno do caso, para eles uma confirmação de que os EUA haviam premeditado — "dois anos antes!", bradavam — o golpe. O motivo, é claro, teria sido o "medo *exagerado* de uma repetição da revolução cubana", como sugeriu um jornalista americano outrora correspondente na América Latina.

Pois bem. O que o arquivo Mitrokhin demonstra de maneira cabal é que, longe de mera paranoia anticomunista por parte do governo americano, a exportação do comunismo a partir de Cuba era um plano acalentado pela URSS já em meados da década de 1950, quando a KGB — sempre ela, e *não o Ministério Soviético de Relações Exteriores* — deu início ao contato com os irmãos Castro. Em agosto de 1960, um ano e meio após a revolução cubana, e *dois anos antes* da conversa comprometedora de Kennedy e Lincoln Gordon, o comando central da KGB já reservara o seguinte codinome para a ilha caribenha, que sugere por si só sua importância estratégica para o esquema soviético: *Avanpost* — ou, em jargão militar, "cabeça de ponte". Em julho de 1961, o então chefe da KGB Alexander Shelepin enviava a Kruschev um plano para explorar a cabeça de ponte: a ideia era financiar os movimentos de libertação nacional do Terceiro Mundo para que conduzissem levantes armados contra governos considerados "reacionários" ou "pró-americanos".

---

[16] Citado por Christopher Andrew. Ver: ANDREW & MITROKHIN, op. cit. p. 19.

O ponto importante revelado pelo arquivo Mitrokhin é que, embora formalmente, por meio de seu serviço exterior, a URSS tenha se mostrado reticente, e por vezes contrária, aos planos cubanos de exportar a revolução, a KGB jamais deixou de fomentá-los, apenas cuidando de não perder o controle sobre o ritmo do processo. O livro de Andrew e Mitrokhin é um manancial de detalhes de bastidores sobre, por exemplo, as relações entre a KGB e a *Dirección Geral de Inteligencia* (DGI), o serviço secreto de Fidel Castro, que contava com uma Direção de Libertação Nacional subdivida em três comitês, cada qual responsável, respectivamente, por exportar a revolução para o Caribe, a América Central e a América do Sul. Visando a esse objetivo, a colaboração mais estreita entre a KGB e a DGI envolvia o treinamento de "ilegais", ou seja, agentes de inteligência atuando com identidade e nacionalidade falsas.

Outras informações preciosas colhidas em *O Mundo Estava Conosco* dizem respeito a um herói da esquerda latino-americana, o segundo grande mártir (atrás apenas de Che Guevara) na luta contra o imperialismo "estadunidense": Salvador Allende. O presidente chileno não chegou a ser um agente soviético, dado que recrutar chefes de Estado e políticos latino--americanos de destaque era, evidentemente, uma estratégia demasiado arriscada. Mas Allende — ou LÍDER, codinome pelo qual é referido nos arquivos — foi o maior entre aqueles que, na estratégia de Yuri Andropov, eram chamados de "contatos confidenciais", sujeitos dispostos a manter encontros secretos com oficiais da KGB e negociar sua política em relação aos EUA. No caso de Allende, pode-se afirmar que, sem o apoio do Serviço Secreto Soviético, ele dificilmente teria sido eleito. Eis um daqueles singelos detalhes omitidos de forma unânime pela historiografia esquerdista (que é basicamente a única existente no Brasil) sobre a Guerra Fria.

A relação de LÍDER com a KGB teve início em 1953. Embora ainda não houvesse, à época, nenhuma base (*rezidentura*) do Serviço Secreto Soviético no Chile, um oficial de nome Svyatoslav Fiodorovich Kuznetsov (codinome LEONID), provavelmente operando disfarçado de repórter da *Novosti*,[17] foi o responsável pelas primeiras aproximações. Mas, segundo

---

[17] Inaugurada em 1941 e encerrada em 2013, a *RIA Novosti* foi a principal agência de notícias da Rússia.

consta nos arquivos, foi em 1961, com o estabelecimento de uma missão comercial soviética no Chile (mera fachada para a presença da KGB), que o contato sistemático de Allende com a agência foi sedimentado.

Em 1970, Kuznetsov foi encarregado de participar ativamente da campanha presidencial de Allende, coordenando junto a ele uma série de operações secretas que garantissem a vitória do socialista. Naquele ano, tanto a CIA quanto a KGB despenderam grandes quantias de dinheiro na busca por influenciar as eleições no Chile. Mas ali onde a primeira, na tentativa de derrotar Allende, gastou 425 mil dólares de maneira pouco eficaz (sem subsidiar diretamente candidatos de oposição à Unidade Popular, por exemplo), a segunda selecionou seus alvos com muito mais critério.

O próprio Salvador Allende rogou pessoalmente pelos fundos soviéticos. Nos quadros da política soviética no período, os comunistas chilenos já recebiam subsídios anuais vindos de Moscou por meio da KGB. Em fins dos anos 1960, entre todos os partidos comunistas do continente agraciados com o ouro de Moscou, aliás, o do Chile era o maior beneficiário. Em 1970, o montante previsto era de US$ 400 mil. Mas, instruído pela KGB, o Politburo liberou mais uma quantia destinada à campanha, além de US$ 50 mil entregues diretamente a Allende. De suas próprias reservas, o Partido Comunista do Chile garantiu mais US$ 100 mil ao candidato socialista. E, como não bastasse, a KGB ainda gastou outros US$ 18 mil dólares subornando um senador de esquerda para que não concorresse como candidato independente, mantendo-se dentro da coalizão da Unidade Popular.

Segundo Christopher Andrew, a própria KGB jactou-se à época de sua participação *decisiva* no resultado apertado das eleições, e Allende venceu com 36,6% dos votos (39 mil dos 3 milhões em disputa), enquanto seus opositores nacionalista e democrata-cristão receberam, respectivamente, 35% e 27,8%. E, como era de esperar, a agência soviética cobrou a conta, mantendo contatos regulares com Allende durante seu governo, *nunca por meio do embaixador soviético*, sublinhe-se mais uma vez, mas de Kuznetsov, instruído pelo centro a exercer influência favorável sobre a política governamental chilena. De acordo com o arquivo da KGB sobre o LÍDER:

De maneira cautelosa, *Allende foi convencido* da necessidade de reorganizar o exército e os serviços de inteligência chilenos, bem como de estabelecer um relacionamento entre estes e o serviço soviético de inteligência. *Allende reagiu positivamente às instruções.*

A KGB devotou sua atenção a *reforçar as inclinações antiamericanas de Allende.* Para isso, repassava a ele informações obtidas pela *rezidentura* no Chile acerca das atividades de agentes americanos de inteligência tentando se infiltrar entre os líderes do Exército e do Serviço Secreto [grifos meus].[18]

Percebe-se que a versão consagrada segundo a qual, em 1973, os EUA ajudaram a derrubar o presidente *democraticamente* eleito do Chile deve ser aceita *cum grano salis.* Os brasileiros bem sabemos que, quando a esquerda começa a vociferar exageradamente sobre seu candidato ter sido "democraticamente eleito", convém manter um pé atrás. Para a esquerda revolucionária, o conceito liberal-burguês de eleição democrática é muito relativo, incluindo não raro coisas como a intervenção direta de um serviço secreto estrangeiro (como no caso chileno) ou o uso de propina desviada da Petrobras (como no brasileiro). Quem nutre a convicção quase religiosa de que o poder serve para instituir de uma vez por todas a sociedade perfeita, e de que, portanto, ele é em alguma medida *sagrado*, não há mesmo de ter pudores quanto aos meios de obtê-lo.

A esta altura, o leitor perspicaz e interessado na verdade histórica já deve estar desconfiado da versão oficial sobre o golpe de 1964 no Brasil. Ela segue o mesmo roteiro-padrão: um presidente democraticamente eleito é derrubado a mando dos EUA; estabelece-se uma ditadura pró-americana e de direita; ela começa a violar direitos políticos e humanos até que; uma parte da esquerda, em *reação desesperada* (recordar o argumento do início do capítulo anterior), resolve heroicamente ingressar na luta armada para restabelecer a democracia no país... Que o leitor não fique apenas na desconfiança. Ele pode estar certo: essa versão é totalmente falsa.

Em primeiro lugar, já não há dúvida de que a mitologia heroica que até hoje, em livros, filmes, minisséries da Globo e novelas do SBT, tem coberto de prestígio e honrarias os ex-guerrilheiros brasileiros — e na

---

[18] ANDREW & MITROKHIN, op. cit. p. 73.

qual consistiu todo o marketing político em torno de Dilma Rousseff, por exemplo — não passa mesmo disto: um mito autolisonjeiro, surgido à época da campanha pela anistia, e até hoje mantido de maneira corporativa por ampla parcela da geração 1968 com vistas à obtenção de *capital simbólico*[19] (e, bem... não só simbólico). Basta consultar algumas das obras clássicas sobre o assunto — a exemplo de *Combate nas trevas*, de Jacob Gorender, *Imagens da revolução*, de Daniel Aarão Reis Filho, ou *A revolução impossível*, de Luís Mir — para notar que a democracia jamais esteve no horizonte da esquerda armada, cujo objetivo claro e manifesto era a implementação no país de um regime comunista que, tendo em vista os exemplos históricos, haveria fatalmente de ser mais fechado e repressor do que jamais ousou a ditadura militar.

É o que têm reconhecido alguns personagens da época, ao menos os mais honestos entre eles. Foi o caso de Eduardo Jorge, candidato à presidência pelo Partido Verde (PV) nas eleições de 2014 e membro da esquerda revolucionária nos anos 1960. Recentemente, disse ele o seguinte sobre o seu passado revolucionário:

> Nós éramos contra a ditadura militar, mas éramos a favor da ditadura do proletariado. É preciso dizer a verdade toda, porque o que eu ouço por aí são meias-verdades. Como a ditadura militar nos oprimiu barbaramente, de forma violenta, muitas vezes as pessoas pensam que não existia, no campo das esquerdas, coisa igual e até pior [...] Saí de uma formação católica, cristã, muito rigorosa e, com 17 anos, me converti a essa outra religião, ateia, que é o marxismo-leninismo. Na época eu não sabia que era religião, depois é que fui descobrir...[20]

Antes de Eduardo Jorge, Fernando Gabeira já havia feito declaração similar em entrevista à *Folha de S.Paulo*:

> Todos os principais ex-guerrilheiros que se lançam na luta política costumam dizer que estavam lutando pela democracia. Eu não tenho condições de dizer isso. Eu estava lutando contra uma ditadura mili-

---

[19] Um conceito do sociólogo francês Pierre Bourdieu.
[20] Entrevista ao jornalista Bruno Torturra no programa *Fluxo*. Disponível no YouTube em <https://www.youtube.com/watch?v=M54n1x_7Da8>. Acesso em 17 abr. 2017.

tar, mas se você examinar o programa político que nos movia naquele momento, ele era voltado para uma ditadura do proletariado. Então, você não pode voltar atrás, corrigir o seu passado e dizer "Olha, eu estava lutando pela democracia". Havia muita gente lutando pela democracia no Brasil, mas não especificamente os grupos armados, que tinham como programa esse processo de chegar a uma ditadura do proletariado.[21]

E, antes ainda, também Vera Sílvia Magalhães, a "loira 90",[22] que demonstrou mais coragem no fim da vida, desafiando o corporativismo geracional do que na juventude, quando ingressou na luta armada:

[Em 1968] já não tínhamos mais um movimento estudantil, mas um movimento social, de tomada do poder — era isso que nós queríamos —, e transformação daquilo em socialismo. E nós não éramos exatamente contra a ditadura. Nós éramos contra a ditadura militar burguesa, mas éramos a favor da ditadura do proletariado. Isso ninguém diz... Mas tem que dizer, porque faz parte da nossa história.[23]

Desmentida a tese de que a esquerda revolucionária lutava pela democracia, resta dizer que tampouco a luta armada surgiu em *reação* a coisa alguma. A verdade é precisamente o inverso: temerosa diante da possibilidade real da imposição de uma ditadura socialista no país (disfarçada, é claro, de "democracia popular")[24], uma ampla maioria da sociedade brasileira — que incluía os principais partidos políticos, lideranças empresariais e políticas (gente como o próprio Ulysses Guimarães, que depois

---

[21] Disponível no YouTube em <https://www.youtube.com/watch?v=cP5PGY08vbs>. Acesso em 17 abr. 2017.

[22] Guerrilheira da DI-GB (depois MR-8), a ex-mulher de Gabeira (com quem, aliás, na condição de única mulher do grupo, participou do sequestro do embaixador americano Charles Elbrick) recebeu o apelido porque, nas ações armadas, reza a lenda, costumava usar uma peruca loira e portar duas pistolas calibre .45.

[23] Ver: "Memória Política: Vera Sílvia Magalhães", TV Câmara. Disponível no YouTube em <https://www.youtube.com/watch?v=q8fUe7vsj2s&t=2898s>. Acesso em 17 abr. 2017.

[24] Lembrando ao leitor que a antiga Alemanha Oriental chamava-se oficialmente República *Democrática* Alemã, e que República *Popular Democrática* da Coreia é o nome oficial da Coreia do Norte.

viria ser um dos principais representantes da oposição parlamentar ao regime militar, e o ex-presidente Juscelino Kubitschek), entidades civis como a OAB e a CNBB, intelectuais e jornalistas[25] — deu suporte ao golpe (civil-militar, portanto) que derrubou João Goulart.[26]

Em *Ditadura e democracia no Brasil*, um dos muitos lançamentos editoriais de 2014 relativos ao aniversário de 50 anos do golpe, o historiador e ex-MR-8 Daniel Aarão Reis Filho reconhece:

> É inegável que o golpe militar e civil foi empreendido sob bandeiras defensivas. Não para construir um novo regime. O que a maioria desejava era salvar a democracia, a família, o direito, a lei...[27]

O fato de que, depois, os militares tenham rompido o pacto e traído a legitimidade social que lhes fora conferida ao governar de maneira autocrática não anula retroativamente uma verdade hoje inquestionável e documentalmente comprovada: a luta armada não poderia ter sido uma "reação" ao golpe porque, cronologicamente, *ela veio antes dele*. Hoje sabemos que o tal "fantasma" do comunismo era mais substancioso do que se supunha, feito de carne, sangue e chumbo.

A inversão entre causa e efeito inerente à mitologia esquerdista sobre o golpe fica claríssima, por exemplo, ao analisarmos os dados apresentados pela historiadora Denise Rollemberg no livro *O apoio de Cuba à luta armada no Brasil: o treinamento guerrilheiro*.[28] O que a autora escreve neste trecho reforça o que foi dito anteriormente sobre a importância de Cuba como cabeça de ponte da revolução socialista continental:

---

[25] São célebres, nesse sentido, os editoriais do *Correio da Manhã* nos quais se lia os apelos "Basta!" e "Fora!", o primeiro dos quais redigido a seis mãos por Otto Maria Carpeaux, Edmundo Moniz e Carlos Heitor Cony, que logo virariam grandes inimigos do novo regime.

[26] "Nos primeiros meses de 1964 esboçou-se uma situação pré-revolucionária e o golpe direitista se definiu, por isso mesmo, pelo caráter *contrarrevolucionário preventivo*. A classe dominante e o imperialismo tinham sobradas razões para agir *antes que o caldo entornasse*" [grifos meus]. GORENDER, Jacob. *Combate nas trevas. A esquerda brasileira: das ilusões perdidas à luta armada*. São Paulo: Ática, 1987. p. 67.

[27] Ver: REIS, Daniel Aarão. *Ditadura e democracia no Brasil: do golpe de 1964 à Constituição de 1988*. Rio de Janeiro: Zahar, 2014. Capítulo 3.

[28] ROLLEMBERG, Denise. *O apoio de Cuba à luta armada no Brasil: o treinamento guerrilheiro*. Rio de Janeiro: Mauad, 2001.

Quanto à revolução brasileira, Cuba apoiou a formação de guerrilheiros, desde o momento em que assumiu a função de exportar a revolução, quando o Brasil vivia sob o regime democrático do governo João Goulart, ou seja, *antes da instauração da ditadura* [...] Cuba apoiou, concretamente, os brasileiros em três momentos bem diferentes. O primeiro, como disse, *foi anterior ao golpe civil--militar*. Nesse momento, o contato do governo cubano era com as Ligas Camponesas [...] Cuba viu nesse movimento e nos seus dirigentes o caminho para *subverter a ordem no maior país da América Latina*.[29]

De passagem, e sem extrair-lhe as devidas consequências, Rollemberg menciona ainda um relato feito por Flávio Tavares, e que, a despeito de sua gravidade, jamais teve qualquer repercussão no debate público brasileiro referente àquele período. Escreve a autora:

Flávio Tavares, em suas memórias, conta como, durante o governo Goulart, em fins de 1962, o Serviço de Repressão ao Contrabando, por acaso, desbaratou *o plano de formação de um campo de treinamento das Ligas*, no interior de Goiás, Dianópolis. Pensando se tratar da entrada ilegal de eletrodomésticos, o Serviço "encontrou algumas armas e muitas, muitas bandeiras cubanas, retratos e textos de discursos de Fidel Castro e do deputado pernambucano Francisco Julião, manuais de instrução de combate, além dos planos de implantação de outros futuros focos de sabotagem e uma minuciosa descrição dos *fundos financeiros enviados por Cuba para montar o acampamento e todo o esquema de sublevação armada* das Ligas Camponesas noutros pontos do país" [grifo meu].[30]

A atuação do presidente João Goulart no caso é nada menos que espantosa, colocando-o definitivamente ao lado de Salvador Allende na condição de títere do esquema cubano-soviético de expansão do socialismo:

---

[29] ROLLEMBERG, op. cit. pp. 19-22.
[30] Ibid. p. 25.

A apreensão de todo o material trazia à tona *a participação do governo cubano na revolução brasileira*. João Goulart tentou resolver o caso diplomaticamente, *entregando ao ministro enviado por Fidel* o material encontrado [grifos meus].[31]

E a historiadora continua, voltando a citar Tavares:

> O ministro cubano despediu-se de Jango e tomou um avião da Varig para chegar ao México e, de lá, retornar a Havana. Nunca chegou, porém. Antes de aterrissar na escala em Lima, no Peru, o Boeing caiu e morreram todos os passageiros. A pasta de couro em que o ministro Zepeda levava a documentação foi encontrada entre os destroços e entregue à CIA norte-americana, que divulgou os documentos *num carnaval acusatório* a Cuba pelas três Américas [grifos meus].[32]

Ora, por acaso pensa Flávio Tavares que a inteligência americana não deveria ter divulgado o material e promovido o que o autor chama de "carnaval acusatório"? O que faria ele em seu lugar? Por muito menos, baseada em meras suspeitas ou fraudes, a esquerda latino-americana celebrou seus "carnavais acusatórios" contra o governo americano e o seu serviço secreto. De todo modo, pouco importa o que a CIA fez ou deixou de fazer com o material. O importante — ou, talvez devêssemos dizer, alarmante — é seu conteúdo mesmo.

Peço ao leitor que releia as duas citações anteriores e acompanhe cuidadosamente a retrospectiva. Estamos em 1962, *em pleno regime democrático*, e o então presidente "democraticamente eleito" do Brasil, João Goulart, toma conhecimento do plano intervencionista elaborado por um governo estrangeiro (uma ditadura socialista) com vistas à implantação da luta armada no país. O que faz esse presidente? Comunica ao Congresso, às Forças Armadas, à sociedade brasileira? Vai à imprensa cobrar explicações do governo cubano? Toma medidas enérgicas junto às Nações Unidas? Não. Nada disso. Ele opta por agir na surdina — "diplomaticamente", segundo o inacreditável eufemismo usado por Denise

---

[31] Ibid. p. 26.
[32] Ibid.

Rollemberg — e *devolver as provas da intervenção criminosa ao autor do crime*, na figura de um ministro enviado por Fidel. Não fosse a queda do avião em que viajava o ministro cubano com o material e jamais houvéramos tido notícia do ocorrido.

Trocando em miúdos, o que ali se passou foi o seguinte: o presidente brasileiro, cujo "governo constitucional" continua sendo proclamado pela historiografia esquerdista, acobertou a ação criminosa e intervencionista do regime cubano no Brasil. E, se assim o fez, é porque, logicamente, estava mais comprometido com aquele do que com este, país que apenas formalmente ele presidia. Não há, em suma, nada de constitucional nesse gesto. Ele configura, ao contrário, uma violação constitucional gravíssima, um crime de alta traição. Foi, enfim, o autor dessa traição — e não outro — que os militares derrubaram em 1964 com o apoio da sociedade civil. O que José Serra tachou de "fantasioso" é, no fim das contas, a mais pura verdade: os planos de implantação do socialismo por via armada *antecederam* e *causaram* o contragolpe militar, contrariamente ao que tem rezado a cartilha consagrada pela *intelligentsia* de esquerda.[33]

Evidentemente, o grosso daquela *intelligentsia* reagiu com ódio e pavor contra os novos dados apresentados por pesquisadores ou ex-camaradas de armas que, em sendo esquerdistas, decidiram cometer o pecado capital de se comprometer com a verdade histórica mais que com a mitologia heroica. Refiro-me a intelectuais como o já citado Daniel Aarão Reis, Carlos Fico, Maria Celina D'Araújo, Jorge Ferreira, Marco Antônio Villa, o próprio Fernando Gabeira, entre outros que, de algum modo, ousaram desafiar a lenda da "resistência democrática" oferecida pela esquerda armada, pondo em risco a grande mentira estrutural sobre a qual, fracassadas todas as suas políticas, teses e utopias, a esquerda brasileira baseia ainda a sua sobrevida.[34]

---

[33] Uma reportagem recente aponta que também a China, a outra grande potência comunista na época da Guerra Fria, já treinava guerrilheiros do PC do B para a luta armada em 1963, um ano antes do golpe. Ver: "China já treinava guerrilheiros do Araguaia um ano antes do golpe." *Último Segundo*, 1 de abril de 2014. Disponível em: <http://ultimosegundo.ig.com.br/politica/2014-04-01/china-ja-treinava-guerrilheiros-do-araguaia-um-ano-antes-do-golpe.html>. Acesso em 17 abr. 2017.

[34] Por ocasião do aniversário de 40 anos do golpe de 1964, o jornal *O Globo* fez uma matéria sobre essas reavaliações da história. Ver: "Resistência democrática, dogma que desaba." *O Globo*, 23 de março de 2004.

Embora respaldadas por sólida base factual, as análises daqueles autores passaram a ser pejorativamente tachadas de "revisionistas". A intenção maliciosa consistia em associá-los, análises e autores, ao tipo de procedimento adotado pelos negacionistas do Holocausto, como se fosse possível equiparar conclusões extraídas do exame de documentos inéditos de fonte primária — sem prejuízo das que brotaram de um sincero exame de consciência — àquelas que, ao contrário, no caso dos negacionistas, derivam justamente de uma ignorância deliberada quanto aos dados.[35]

Em textos recheados de autolisonja e automistificação, esquerdistas da velha-guarda puseram-se a alfinetar ex-companheiros de luta que, por motivos vários, optaram por deixar a Terra do Nunca de 1968 e virar gente grande. É o caso, por exemplo, do prefácio que Milton Temer escreveu para o livro de memórias de Cid Benjamin, *Gracias a la vida*, onde não economiza em indiretas venenosas contra Fernando Gabeira:

> Cid não renega seu período de luta armada, como vários dos que o precederam em balanços e avaliações literárias sobre o tema da guerrilha urbana brasileira. Não se preocupa em ser bem aceito pelo sistema que antes contestava, porque continua contestando-o [...] [É] isso que sinto diferenciar o relato de Cid das revisões históricas iniciais, prenhes de distorções do que de fato ocorreu naquele fim dos anos 1960 e início dos 1970. Obras que se tornaram até *best-sellers*, em que seus autores, como que olvidando leitores que com eles conviveram em debates e divergências, renegam seu tempo de guerrilha como se nele não se inscrevessem entre os mais sectários. Ridicularizam episódios, como se já naquela ocasião cumprissem tarefas sabendo-a absurdas. Falsidades que só concorrem para a desinformação histórica. Se há, portanto, alguma crítica a fazer a Cid Benjamin, é não ter se proposto há mais tempo a cumprir a faina deste relato. Teríamos

---

[35] Um dos primeiros a adotar a estratégia de intimidação e silenciamento foi Caio Navarro de Toledo, por ocasião dos debates em torno dos 40 anos do golpe de 1964. Em artigo publicado na revista *Crítica Marxista*, Toledo foi pioneiro em lançar sobre as novas pesquisas e pesquisadores a pecha de "revisionistas". Ver: TOLEDO, Caio Navarro de. "1964: golpismo e democracia, as falácias do revisionismo." *Crítica Marxista*, v. 1, n. 19. São Paulo: Editora Revan, 2004. pp. 27-48.

sido poupados de fábulas que chegaram a gerar filmes; de lendas sobre falsos autores de textos que a guerrilha impôs à ditadura ler em cadeia nacional, antes de libertar presos políticos por conta do sequestro de embaixadores. Teríamos sido poupados de autopromoção de falsos protagonistas nos episódios mais marcantes.[36]

Alguns ex-guerrilheiros, afetando moderação e distanciamento crítico, admitiram o "equívoco" da opção pela luta armada, mas apenas no sentido prático, jamais moral, do termo.[37] De novo, como bons discípulos do sofista Cálicles, criticavam a luta armada por ter sido *ineficaz*, e não moralmente errada. E apelavam ao relativismo cronológico para abster-se de assumir a responsabilidade individual por suas ações. Como escreveu um exemplar típico da espécie:

> Aqueles que pegaram em armas para lutar contra a ditadura podem ter escolhido um caminho errado, mas não eram loucos ou doidivanas. Certos ou errados, *eram homens de seu tempo*, jovens de seu tempo, um tempo diferente do que agora vivemos [grifos meus].[38]

Porém, os que se socorrem desse expediente para justificar suas escolhas passadas — induzidas, segundo essa lógica, pelo *Zeitgeist* —, raramente o concedem aos adversários (no caso da esquerda, os militares), muito embora tenham sido, também estes, "homens de seu tempo".[39] Eis aí a grande insuficiência desse tipo de abordagem, muito bem apontada

---

[36] BENJAMIN, Cid. *Gracias a la vida. Memórias de um militante.* Rio de Janeiro: José Olympio, 2013. Prefácio.

[37] Moralmente, eles continuam se achando puríssimos: "Malgrado os erros políticos que cometemos, temos o direito de afirmar, com orgulho, que estivemos sempre do lado dos humilhados e explorados, lutando para construir uma sociedade em que as pessoas fossem respeitadas e vivessem com dignidade. E que, em todos os momentos, nos orientamos pelos ideais de justiça social e fraternidade." Comovente, não? Ver: BENJAMIN, op. cit.

[38] MARTINS, Franklin. "Prefácio" do livro *Viagem à luta armada*, de Carlos Eugênio Paz. Rio de Janeiro: Civilização Brasileira, 1996. pp. 10-11.

[39] Como escreveu Olavo de Carvalho: "Não há mérito mais desprezível, nem mais frequentemente louvado, que o de ser 'um homem do seu tempo'. Todo infeliz que se atira do décimo andar é, como o atesta a repercussão jornalística do seu ato, um homem do seu tempo." Ver: CARVALHO, Olavo de. *O futuro do pensamento brasileiro: estudos sobre o nosso lugar no mundo.* Rio de Janeiro: Faculdade da Cidade Editora, 1997. p. 19.

por Tony Judt sobre o segundo pós-guerra, encarado pelos intelectuais europeus (franceses, em especial) como um momento de extraordinária irracionalidade: ou ela explica (e justifica) tudo, ou — o que vem a dar no mesmo — não explica (nem justifica) nada.[40]

Tal como os intelectuais europeus com o segundo pós-guerra, os intelectuais brasileiros tendem a encarar os anos 1960-70 como excepcionais. Foram "anos de radicalismo", costuma-se dizer, quase sempre no intuito de justificar alguma sorte de torpeza ou vilania.[41] Esquecem-se esses intelectuais de duas coisas. Em primeiro lugar, que o "radicalismo" da época não é um dado objetivo e imediato da realidade, um traço que, natural e discretamente, apartasse aquele período de todos os demais, anteriores ou posteriores. Ao contrário, temos aí uma interpretação retroativa, uma *construção* (para usarmos uma palavrinha tão cara à esquerda) da memória histórica e social. Em segundo, que a solução via "espírito da época" é incapaz de sequer arranhar, quanto menos solucionar, o problema da moralidade, pois que é próprio da virtude moral, como ensinaram filósofos da consciência do porte de um Eric Voegelin ou de um Reinhold Niebuhr, o manter-se íntegro em ambientes imorais, e justo, em tempos infames. Não fosse assim e a humanidade não teria gerado, como o fez nas mais variadas épocas, santos, mártires e heróis, homens e mulheres que se negaram a transigir com o mal justo quando todas as circunstâncias pareciam exigi-lo.

O fato é que todo aquele clima de "terrorismo intelectual"[42] contra os assim chamados "revisionistas", não raro acusados de haver "mudado

---

[40] Ver: JUDT, Tony. *Past Imperfect: French Intellectuals, 1944-1956*. Berkeley, Los Angeles & Oxford: University of California Press, 1992.p. 8.

[41] Foi assim, por exemplo, que, em depoimento para o documentário *Ninguém sabe o duro que dei* (Globo Filmes, 2009), o cartunista Ziraldo justificou a campanha implacável e covarde de assassinato de reputação movida, primeiro pelo *O Pasquim*, e depois por toda a esquerda nacional, contra o cantor Wilson Simonal.

[42] "Trata-se [o terrorismo intelectual] de um sistema totalitário, mas de um totalitarismo adulador, hipócrita, insidioso. Que não concede a palavra ao adversário, transformado em animal a ser abatido. Abate em que não há perda de sangue, mas distorção de palavras. Palavras da boa consciência. Palavras das grandes consciências. Palavras que matam." SÉVILLIA, Jean. *O terrorismo intelectual: de 1945 aos nossos dias*. São Paulo: Peixoto Neto, 2009. pp. 9-10.

de lado",[43] funcionou parcialmente,[44] e vários intelectuais, sentindo-se pressionados, correram para se explicar aos pares. Foi o caso da já citada Denise Rollemberg, que, ao ver as implicações lógicas de sua pesquisa divulgadas e transcritas para o bom português por Olavo de Carvalho,[45] tentou renegar sua própria conclusão, decerto temendo a reprovação moral dos colegas acadêmicos quando descobrissem que o abominável "guru da direita" a subscrevera.[46]

Como, ao contrário daquela, e a exemplo deste, eu não poderia estar me lixando mais para a opinião dos bem-pensantes progressistas — pois sei como são feitos as salsichas e os consensos intelectuais dessa turma —, deixo o leitor com a conclusão (involuntária, podemos supor) de Rollemberg.

---

[43] Mesmo no universo do show business ocorreram eventos curiosos. Um deles foi uma entrevista que o cantor Amado Batista concedeu à apresentadora Marília Gabriela, na qual contou sobre sua experiência de ter sido preso e torturado durante a ditadura graças a contatos efêmeros e acidentais que, quando trabalhava numa livraria, acabou mantendo com guerrilheiros. Perguntado sobre um eventual desejo de vingança, naqueles tempos de Comissão da Verdade, Amado respondeu negativamente (ou, como se diz, *antiziraldamente*). E ainda fez uma espécie de *mea culpa*: "Eu acho que também não tinha que estar lutando contra o governo, que estava nos defendendo também de pessoas que queriam tomar o país à força, com armas nas mãos." E acrescentou: "Nós poderíamos ter virado uma Cuba." Ato contínuo, uma escandalizada Marília Gabriela questionou-o — "Será, Amado?" —, acrescentando com um misto de incredulidade e deboche no rosto: "Você passou para o lado dos seus torturadores?" Disponível no YouTube em <https://www.youtube.com/watch?v=T9LivzkOpDs&t=18s>. Acesso em 17 abr. 2017.

[44] Em 2004, por exemplo, houve um seminário sobre os 40 anos do regime militar, promovido em parceria pelo Arquivo Público do Estado do Rio de Janeiro (Aperj), o Centro de Pesquisa e Documentação de História Contemporânea do Brasil (CPDOC/FGV), a Universidade Federal Fluminense (UFF) e a Universidade Federal do Rio de Janeiro (UFRJ), no qual autores como Daniel Aarão Reis Filho, para escândalo dos pares que compunham o público, vocalizaram suas críticas à tese da "resistência democrática". A certa altura, o intelectual orgânico do PT, João Quartim de Moraes, lançou mão de um daqueles *ad hominem* com os quais a esquerda de tradição "centralista democrática" procura encerrar debates. Quartim de Moraes acusou Aarão Reis Filho de "falar de democracia como Bush!", no que foi muito aplaudido pela audiência. E, com tal jogo de associações caluniosas, o assunto foi sendo gradualmente banido do debate público.

[45] Ver: CARVALHO, Olavo de. "Ainda a canalhice." *O Globo*, 7 de abril de 2001.

[46] A primeira menção de Olavo ao livro de Rollemberg foi feita no artigo citado na nota anterior. Denise respondeu na seção de cartas dos leitores ("Opiniões diferentes." *O Globo*, 21 de abril de 2001). A tréplica de Olavo veio em "Traição sem fim" (*O Globo*, 5 de maio de 2001).

Posto que redigida em *academiquês*, ela só pode querer dizer aquilo que dela concluiu Olavo de Carvalho, a saber, que o golpe de 1964 foi uma reação à intervenção cubana na guerrilha, e não o contrário:

> A relação da Liga com Cuba evidencia a definição de uma parte da esquerda pela luta armada no Brasil, em pleno governo democrático, bem antes da implantação da ditadura civil-militar. Embora não se trate de uma novidade, o fato é que, após 1964, *a esquerda tendeu — e tende ainda — a construir a memória de sua luta*, sobretudo, *como de resistência* ao autoritarismo do novo regime. É claro que o golpe e a ditadura redefiniam o quadro político. No entanto, a interpretação da luta armada como, essencialmente, de resistência *deixa à sombra* aspectos centrais da experiência dos embates travados pelos movimentos sociais de esquerda *no período anterior a 1964* [grifos meus].[47]

Mas, para além das tentativas cubano-soviéticas de ação militar, foi no terreno da propaganda e da guerra psicológica que o campo comunista obteve real sucesso no Terceiro Mundo durante a Guerra Fria. Ali, era raro que a KGB conduzisse suas "medidas ativas" de maneira direta, preferindo atuar por meio dos seus "braços", os serviços secretos de países-satélites membros do Pacto de Varsóvia. Assim, por exemplo, o Oriente Médio costumava ser território do serviço secreto da Romênia, a *Securitate*, enquanto a América Latina estava majoritariamente sob "jurisdição" do serviço secreto da Tchecoslováquia, a StB (*státní bezpečnost*, "segurança do Estado").

Sobre a atuação da StB no Brasil, temos uma fonte preciosa de informações que, ainda hoje, continua estranhamente ignorada pela classe falante nacional: as memórias de Ladislav Bittman, desertor soviético que atuou como agente de inteligência durante catorze anos, dois dos quais passados como vice-diretor do departamento de desinformação

---

[47] ROLLEMBERG, op. cit. p. 26.

da StB.[48] Em 1985, Bittman publicou o livro *A KGB e a desinformação soviética: uma visão de dentro*, onde conta como supervisionou operações de propaganda antiamericana na América Latina, que incluíam a falsificação de documentos atribuídos ao governo americano e a sua histriônica repercussão, conduzida por agentes de influência soviéticos infiltrados em jornais, entidades civis, partidos políticos e governos locais. "À época", escreve Bittman, "a inteligência tcheca tinha vários jornalistas à sua disposição na América Latina. Ela influenciava ideológica e financeiramente muitos jornais no México e no Uruguai, e *chegou a possuir um jornal político brasileiro até abril de 1964.*"

Entre aquelas operações de desinformação, a mais relevante para nós é a que, com base em documentos forjados pela inteligência tcheca, *fabricou a lenda da orquestração americana do golpe de 1964*, e cujos pormenores Bittman confessa em seu livro. Sabendo que, diferente dos acadêmicos e jornalistas brasileiros, o meu leitor não sofre daquela ausência parcial (no duplo sentido do termo) de interesse histórico que os acometeu, reproduzo a seguir o relato do ex-agente tcheco.

Bittman conta que, no início dos anos 1960, e sob direta supervisão soviética, o departamento tcheco de desinformação elaborou uma série

---

[48] Olavo de Carvalho — sempre ele — foi o primeiro e único jornalista brasileiro a tocar no nome de Ladislav Bittman. Em artigo publicado na revista *Época*, Olavo fazia uma simples sugestão aos colegas de imprensa: que entrevistassem aquele ex-espião tcheco repleto de informações inéditas, e em primeira pessoa, sobre 1964. A resposta à sua sugestão foi descrita pelo próprio Olavo em artigo posterior: "Até 2001, os donos da opinião pública ainda podiam, verossimilmente, alegar ignorância. Em 17 de fevereiro desse ano, porém, publiquei em *Época* um artigo que resumia as revelações de Bittman e apelava à consciência moral dos jornalistas para que algum deles tomasse a iniciativa de entrevistar o ex-chefe da espionagem tcheca. Inútil. A única resposta foi um silêncio aterrador, mais eloquente que mil alto-falantes num comício do Lula [...] Que desculpa haveria para o silêncio geral e uniforme da mídia em torno de revelações tão fundamentais, de fonte tão insuspeita, que poderiam modificar de alto a baixo a visão de quatro décadas de história do Brasil? Não há desculpa, mas há explicação: essas revelações tinham de ser ocultadas precisamente porque modificariam a visão oficial de quatro décadas de história do Brasil, consagrada por um pacto de safadezas acadêmicas e jornalísticas [...] O texto de Ladislav Bittman deve, portanto, ser lido não apenas como um relato histórico, mas como um modelo para a análise da mídia brasileira no presente." VER: CARVALHO, Olavo de. "Derrubando a história oficial de 1964." *Mídia sem máscara*, 18 de setembro de 2002. Disponível em: <http://www.midiasemmascara.org/arquivos/10973-derrubando-a-historia-oficial-de-1964.html>. Acesso em 17 abr. 2017.

de exitosas campanhas de propaganda contra os EUA nos países em desenvolvimento. A América Latina em especial, com seu já arraigado antiamericanismo, foi um terreno fértil para o a*gitprop* do Leste Europeu. Tendo o México e o Uruguai por bases operacionais, a inteligência tcheca tinha como alvos principais o Brasil, a Argentina e o Chile.

Em fevereiro de 1965, Bittman foi enviado para vários países do continente latino-americano a fim de supervisionar operações em andamento, avaliar pessoalmente o clima político e sondar a viabilidade de novas operações. No Brasil, uma operação em particular chegava à sua fase conclusiva. Intitulada "Thomas Mann" (ou TORO, como veremos adiante), seu objetivo era provar que, desde a morte de JFK, a política externa americana na América Latina havia passado por fundamental reavaliação, tornando-se mais intervencionista. "Queríamos enfatizar a política americana de exploração e de interferência nas condições internas dos países latino-americanos", escreve Bittman.

Segundo a tese plantada, o secretário-assistente de Estado Thomas A. Mann (donde o nome da operação)[49] era o autor e diretor da nova política, pela qual os EUA passavam a exercer, por um lado, pressão econômica sobre os países sul-americanos resistentes às investidas do capital privado americano, e, por outro, pressão política sobre a Organização dos Estados Americanos (OEA) para que desse uma clara guinada anticomunista. Também era fundamental consolidar na opinião pública latino-americana a impressão de que CIA vivia tramando golpes de Estado contra os regimes chileno, uruguaio, brasileiro, mexicano e cubano.

A operação dependia apenas de canais anônimos para disseminar uma série de falsificações. A primeira delas — um *press release* falsificado da Agência de Informação dos Estados Unidos (USIA, na sigla em inglês) no Rio de Janeiro — continha os princípios fundamentais da "nova política externa americana". Em todo o continente, a começar pelo jornal brasileiro *O Semanário*,[50] seguiu-se um frenesi midiático denunciando

---

[49] Que nada tem a ver, portanto, com o romancista alemão homônimo.
[50] Que, em 27 de fevereiro de 1964, saiu com a seguinte manchete, exemplar do ressentimento antiamericano comum na América Latina, "Mann determina linha-dura na política americana: não somos mascates para negociarem conosco".

a postura imperialista dos EUA, simbolicamente encarnada no nome de Thomas Mann. O deputado federal Guerreiro Ramos (PTB) chegou a discursar na Câmara contra o governo americano.[51]

A segunda falsificação consistia em várias circulares publicadas em nome de uma organização mítica chamada "Comitê para a Luta contra o Imperialismo Ianque", cujo objetivo declarado era alertar o público latino-americano sobre a presença de centenas de agentes da CIA, do DOD e do FBI disfarçados de diplomatas, empresários e jornalistas. Na maior parte dos casos, essas falsas acusações eram aceitas acriticamente, como se fossem informações confiáveis.[52] Curiosamente, embora até hoje se fale da forte presença da CIA no Brasil durante o regime militar, e não obstante o fato de que os arquivos americanos tenham sido amplamente abertos e vasculhados, nenhum agente foi de fato identificado em todo esse tempo (ao contrário do que ocorreu com vários agentes da KGB lotados no continente, cujas identidades foram reveladas com a abertura dos arquivos soviéticos, sendo esta bem mais recente).

A terceira e mais importante falsificação consistiu na fabricação de duas cartas supostamente enviadas pelo diretor do FBI, John Edgar Hoover, ao seu subordinado Thomas A. Brady. A primeira, datada de 2 de janeiro de 1961, era uma mensagem de congratulação pelos vinte anos de serviço de Brady dentro do FBI. Seu objetivo era autenticar uma segunda carta, datada de 15 de abril de 1964, na qual Hoover dava crédito ao FBI e à CIA pela execução bem-sucedida — atenção! — do golpe brasileiro de 1964. Eis o conteúdo na íntegra, conforme transcrito por Bittman:

---

[51] Mais tarde ele reconheceria o erro, e a origem forjada das declarações de Mann.

[52] Nas mãos da luta armada, as falsas acusações frequentemente produziam tragédias, como foi o caso do covarde assassinato do major americano Charles Rodney Chandler, "justiçado" (como se dizia no macabro eufemismo da guerrilha) por membros da VPR na frente do filho de 4 anos. Acusado e condenado como agente da CIA por um tribunal revolucionário misto (VPR-ALN), Chandler estava no Brasil como bolsista num curso de pós-graduação na Escola de Sociologia e Política da Fundação Álvares Penteado.

Washington, D.C.
15 de abril de 1964

Pessoal

Caro sr. Brady: Quero fazer uso desta para expressar meu apreço pessoal a cada agente lotado no Brasil, pelos serviços prestados na execução da "Revisão".

A admiração pela forma dinâmica e eficiente com que essa operação em larga escala foi executada, numa terra estrangeira e sob condições difíceis, levou-me a expressar minha gratidão. O pessoal da CIA cumpriu bem o seu papel e conseguiu muito. Entretanto, os esforços de nossos agentes tiveram valor especial. Estou particularmente feliz de que a nossa participação no caso tenha se mantido secreta e de que a Administração não tenha tido de fazer declarações públicas para negá-la. Podemos todos nos orgulhar da participação vital do FBI na proteção da segurança da Nação, mesmo além de suas fronteiras.

Estou perfeitamente ciente de que nossos agentes muitas vezes fazem sacrifícios pessoais no cumprimento de seus deveres. As condições de vida no Brasil podem não ser as melhores, mas é realmente muito encorajador saber que — pela sua lealdade e pelas realizações através das quais têm prestado serviço ao seu país, de forma vital mesmo que não glamorosa — vocês não abandonam o trabalho. É este espírito que hoje permite que o nosso Bureau enfrente com sucesso suas graves responsabilidades.

Sinceramente, J. E. Hoover.

Como se depreende do texto, a intenção da falsificação era provar o envolvimento direto americano na deposição do governo de João Goulart. Como explica Bittman, o propósito inicial da inteligência tcheca era lançar toda a culpa sobre a CIA, mas o FBI acabou entrando na conspiração por um motivo prosaico: na época, a StB não dispunha do modelo do papel timbrado da CIA.

Inicialmente, a falsificação e uma das circulares já mencionadas apareceram no jornal argentino *Propositos*, em 23 de julho de 1964. A

essa publicação, seguiu-se uma reação em cadeia na imprensa latino-
-americana, à medida que os jornais, um a um, se revezaram em espalhar
notícias sobre aquela "nova onda de atividade subversiva americana".[53] E
o resto, como sabemos, é história...

A essa altura, o leitor perspicaz deve estar se perguntando, com razão,
até que ponto devemos confiar na palavra de um ex-agente de inteligência. Se o sujeito trabalhou como desinformante profissional no passado,
quem garante que não continuou desinformando, agora para o "outro
lado"? Essa legítima suspeição sugere-nos que, posto que interessantes,
as informações fornecidas por ex-espiões devem ser tomadas *cum grano
salis*, pelo menos até que surjam outros elementos de prova, em especial
documentos de fonte primária.

O fato é esses documentos existem para o caso de Ladislav Bittman,
tendo sido disponibilizados recentemente ao público brasileiro. Eles con-
firmam, no mínimo, duas coisas fundamentais: a) que Bittman de fato
trabalhou como agente da StB no período; b) que a "Operação Thomas
Mann" realmente existiu.

Os documentos em questão pertencem ao arquivo do Serviço de
Segurança Theco (SNB — *Sbor národní bezpečnosti* [Corpo de Segurança
Nacional]), abrigado no *Instituto para o Estudo de Regimes Totalitários*,
em Praga. Permanecendo ultrassecreto até 1989, quando a Revolução de
Veludo depôs o regime comunista, a partir de então ele foi se tornando
gradativamente acessível até que, em 1º de agosto de 2007, um decreto
governamental determinou sua plena abertura. Hoje, seu conteúdo é
público e acessível pela internet.[54]

Em 2014, o tradutor e guia turístico Mauro Abranches, brasileiro re-
sidente na Polônia e fluente em várias línguas leste-europeias, começou
a vascuhar o arquivo e travar contato com pesquisadores tchecos a ele
dedicados. Com vistas a tornar o material acessível ao público brasileiro,
Abranches criou no YouTube um canal amador de história, onde posta

---

[53] BITTMAN, Ladislav. *The KGB And Soviet Disinformation: An Insider's View*. Washington:
Pergamon-Brassey's, 1985. pp. 8-11.
[54] A página inicial do arquivo está disponível em tcheco e em inglês. Disponível em: <http://
www.abscr.cz/en>. Acesso em 17 abr. 2017.

vídeos com traduções de amostras do conteúdo do arquivo referentes à atuação da StB na América Latina durante a Guerra Fria. Adotando postura cautelosa e avessa aos ruídos da política, o historiador amador abstém-se de análises, limitando-se a traduzir do tcheco para o português, e sugerindo o potencial do arquivo para futuros pesquisadores.

Um dos primeiros documentos originais examinados por Abranches diz respeito à conexão entre a KGB e a StB. Logo no alto da primeira página escaneada vê-se datilografada a palavra *tajne*, ou "secreto", em tcheco. O documento trata de um evento do qual participaram o comitê de assuntos de segurança do Estado do Conselho de Ministros da URSS e o Ministério do Interior da República Socialista da Tchecoslováquia (CSSR), com o objetivo de avaliar os "resultados e o prosseguimento do alargamento de cooperação durante a coordenação das atividades de espionagem e contraespionagem". O encontro deu-se em Praga, entre 26 e 30 de junho de 1961, e nele estiveram presentes pela URSS o camarada Alexander Shelepin (então chefe da KGB) e alguns assessores, e pela CSSR o ministro de assuntos interiores Rudolf Barák, seu vice-ministro e demais assessores.

No documento, ambas as partes declaram que, desde acordo firmado em Moscou no ano de 1960, vinha se desenvolvendo satisfatoriamente a colaboração mútua para a linha de espionagem e contraespionagem, ajudando a consolidar o trabalho dos respectivos serviços de inteligência na "luta contra o inimigo comum", a saber os EUA e seus aliados. Sobre a linha de espionagem, alguns dos objetivos merecem ser citados expressamente:

> *Introduzir agentes* nos órgãos mexicanos, brasileiros, argentinos e de outros países da América Latina que possuam ligação com os EUA ou com suas representações e embaixadas para descobrir ação norte-americana nesses países [...] Fortalecer as ações direcionadas à *defesa da Revolução Cubana*, dando-lhe apoio através da organização de movimentos em sua defesa nos países da América Latina e outros, usando para isso os meios disponíveis [...] *Continuar* com a organização de manifestações de ativistas importantes e de protestos; publicar artigos, distribuir panfletos etc. [...] Ambos os serviços de

inteligência efetuarão *medidas ativas* [*"aktivní opatření"* (AO)] com o objetivo de garantir ativistas progressistas (*fora dos partidos comunistas*) nos países da África, América Latina e Ásia, que possuam condições para, no momento determinado, assumir o controle de movimentos de liberação nacional [...] O comitê de assuntos de segurança do Estado do Conselho de Ministros da URSS compromete-se a prestar ao Ministério do Interior da CSSR ajuda no fornecimento de materiais de informação, com base nos quais será providenciada a documentação e o envio de *ilegais* [ou seja, espiões] para os países capitalistas contra os quais a CSSR [grifos meus].[55]

Uma seção particularmente importante do arquivo intitula-se "pastas de objetos" (*objektové svazky*) do Primeiro Departamento da SNB. Os "objetos" em questão referem-se a pessoas, instituições, governos, partidos etc. que, durante a Guerra Fria, à inteligência tcheca interessava influenciar. Segundo a descrição oficial:

Nas pastas de objetos do Primeiro Departamento da SNB, os funcionários da segurança estatal acumulavam informações principalmente sobre instituições estrangeiras (partidos políticos, órgãos estatais, centros militares, instituições acadêmicas, empresas, organizações religiosas e de expatriados etc.) ou pessoas que servissem de fontes de informações desejadas. O objetivo era a *infiltração operacional de rede de agentes do serviço de inteligência comunista* junto a esses objetos, visando à aquisição de material e informações no âmbito das missões estabelecidas [grifos meus].

Quatro grandes livros de registros acumulam o nome das pastas e as datas em que foram registradas, começando em 1955 e terminando em 1989, quando o regime comunista foi derrubado na Tchecoslováquia, e a StB, considerada uma organização criminosa. Embora grande parte do conteúdo dessas pastas conste como destruído (*"zničeno"*) — restando ainda alguma coisa para os pesquisadores interessados —, a simples

---

[55] Vale lembrar que Praga costumava ser o destino de membros exilados da luta armada no Brasil, que, após receberem identidade e passaporte falsos, retornavam ao combate.

rubrica dos "objetos" de que tratavam sugere-nos o escopo da atuação do Serviço Secreto Tcheco (e, pois, da KGB) no Brasil.

Entre os "objetos" registrados, destaco os seguintes:

— Governo e Parlamento no Brasil (*Vláda-Brazilie a parlament*)
— Ministério de Relações Exteriores do Brasil (*MZV-Brazílie*)
— Polícia e Serviço de Inteligência brasileiros (*Policie a zprav. sl.*)
— Partidos políticos no Brasil (*politické strany v Brazílii*)
— Petrobras/CNP
— BNDES (*Národní banka rozvoje-Brazílie*)
— Jornalistas brasileiros (*Novináři-Brazílie*)
— Ligas Camponesas (*Rolnické Ligy*)

Outra parte crucial do arquivo diz respeito às famosas "medidas ativas", ou A.O. (*aktivní opatření*), no jargão da StB. No universo da espionagem soviética, assim eram chamadas as operações combinadas de propaganda, contrainteligência e desinformação. Desde 1960, uma série dessas A.O. aparece no livro de registros com anotações que sugerem terem sido dedicadas a comprometer e difamar o governo americano junto à América Latina.

Assim, por exemplo, a A.O. LAVINA — ou seja, uma medida ativa codinomeada "Lavina",[56] registrada em 5 de julho de 1962 — é acompanhada por esta breve e quase estenográfica descrição no livro de registros: "estabelecimento de um jornal nacionalista no Rio de Janeiro — utilização" (*zřízení nacionalistické tisk. v Rio de Janeiro — využiti*).[57]

Entre as inúmeras medidas ativas registradas, a que mais nos interessa aqui é a de codinome A.O. TORO. Embora o material conste no livro de registros como "destruído", o historiador tcheco Petr Cajthaml, profes-

---

[56] A palavra "Lavina" tanto pode se referir a um nome próprio quanto ao substantivo comum em tcheco para "avalanche".

[57] Só pelo livro de registros, não é possível saber se o jornal foi mesmo criado ou se a ideia ficou no papel. De todo modo, convém lembrar que, em seu livro, Bittman menciona que a inteligência tcheca chegou a possuir um jornal brasileiro até abril de 1964, possivelmente o jornal *O Semanário*, fundado por Oswaldo Costa e Joel Silveira. Embora não dê para ter certeza, não seria delírio especular tratar-se da publicação referida no registro de A.O. LAVINA.

sor e diretor do arquivo da Universidade Carolina de Praga, descobriu referências à operação em outros protocolos da StB. A partir dessas referências, escreveu um artigo intitulado "Mentirosos Profissionais" (*Profesionální Iháři*), no qual afirma ser a A.O. Toro a mesma "Operação Thomas Mann" descrita por Bittman em *A KGB e a desinformação soviética: uma visão de dentro*. Nas palavras de Cajthaml:

> Graças à publicação de Ladislav Bittman, tornou-se conhecida, por exemplo, a A.O. TORO, *dirigida contra o secretário-assistente de Estado americano Thomas A. Mann* e a Agência de Informação dos Estados Unidos (USIA). Os funcionários da central de inteligência tcheca (com a ajuda de técnicos do Ministério de Relações Exteriores) produziram várias falsificações de documentos do Ministério de Relações Exteriores dos EUA e da USIA, que, em fevereiro de 1964, foram publicadas no jornal brasileiro *O Semanário*, e depois em vários outros jornais latino-americanos. *Essa A.O. foi considerada de alto nível pelo 1º Departamento da StB* [grifos meus].[58]

O 1º Departamento tinha razão de mostrar-se satisfeito. A A.O. TORO foi e continua sendo um sucesso. Até o momento em que escrevo, o nome de Ladislav Bittman, sujeito que *confessou em livro ter inventado a lenda do planejamento americano do golpe de 1964*, continua ignorado pela imprensa brasileira. Em contrapartida, a lenda mesma é reforçada a cada ano que passa, e com ela o antiamericanismo que ainda sustenta o discurso pseudopatriótico da esquerda brasileira. A simples sugestão de que a história talvez não seja exatamente aquela que conhecemos costuma ser recebida com escândalo, e assim será com este livro, cujo autor talvez figure como — mais um! — agente da CIA.

O fato é que a narrativa criada pela A.O. TORO é parte crucial de uma fábula que não pode morrer, e vem sendo transmitida às gerações mais jovens por todos os meios culturais possíveis. A luta perpétua contra

---

[58] CAJTHAML, Petr: "Profesionální lháři — aktivní opatření čs. rozvědky z srpna 1968". In: Sborník archivu ministerstva vnitra 4/2006. Odbor archivní a spisové služby MV ČR, Praha 2006. p. 19. Disponível em < http://www.abscr.cz/data/pdf/sbornik/sbornik4-2006/kap01.pdf>. Acesso em 30 abr. 2017.

a ditadura e seus fantasmas é o grande capital simbólico da esquerda brasileira, sem o qual seria ela incapaz de justificar os próprios vícios junto à nova militância. Esta, instigada pela mitologia autobeatificante ministrada por mamadeira já nos primeiros anos de escola, e via bandejão na universidade, mostra-se cada vez mais agressiva e convicta de sua pureza d'alma.

Sem a perpetuação daquela mitologia, seria impossível justificar que, depois de os haver acusado, julgado e condenado sumariamente como torturadores, um bando de adolescentes-justiceiros agredisse militares octogenários em atos conhecidos como "escrachos", caracterizados por um extemporâneo sentimento de ódio político. Essas e outras atitudes, tomadas por meninos e meninas de 15 anos ensinados a comprar uma briga de meio século atrás, foram tidas como "heroicas" e "valentes" por parte de velhos comunistas sedentos de vingança (aí incluída a ex-presidente da República).[59]

Em 2011, por exemplo, o vetusto Caio Navarro de Toledo, numa exibição patética do que chamamos de provincianismo ou caipirismo temporal, celebrava o fato de que alguns estudantes da USP, atualizando uma picuinha terminológica coberta de poeira e mofo, houvessem riscado a palavra "revolução", substituindo-a por "ditadura", numa placa que, por descuido dos idealizadores, homenageava os mortos e cassados — eis a blasfêmia! — na *Revolução* de 1964. "Revolução", como se sabe, era como os militares referiam-se (e muitos ainda o fazem) à derrubada de João Goulart.

Fez-se o escândalo! A esquerda não podia aceitar aquele "estelionato semântico". A *Revolução* era sua propriedade exclusiva e — vejam só quanta ironia! — *privada*. Os militares — que à época, cá entre nós, fascinados como todo mundo pelo fetiche da "revolução brasileira", não tiveram o bom senso de livrar-se da porcaria — não podiam estar associados a tão sublime conceito. A gritaria foi tanta, e tão ruidosa, que

---

[59] Ver reportagem do jornalista petista Paulo Henrique Amorim: "Dilma premia esculacho contra torturador." *Conversa Afiada*, 17 de dezembro de 2012. Disponível em: <http://www. conversaafiada.com.br/brasil/2012/12/17/dilma-premia-esculacho-contra-torturador/>. Acesso em 17 abr. 2017.

a reitoria da USP logo pediu desculpas pelo erro, prometendo gravar o nome correto — "Monumento em homenagem aos mortos e cassados no *Regime Militar*" — o quanto antes.

O episódio excitou o sombrio apetite de Navarro de Toledo, que celebrou o caso — com toda a razão quanto a esse pormenor — como uma vitória do "significado político-ideológico *que as esquerdas brasileiras difundem* sobre os acontecimentos em torno de 1964". Mal cabendo em si, o homem jactava-se de ter conseguido inocular as suas paixões políticas naqueles jovens e adolescentes, fazendo deles, mediante a difusão deliberada de uma ficção histórica, os seus replicantes ideológicos e hospedeiros de nostalgias. O que, para adultos normais, seria visto como falta de senso das proporções e histeria infantojuvenil, pareceram a Navarro de Toledo uma epifania revolucionária eivada em lirismo:

> Esta pequena vitória foi possível graças às iniciativas daqueles que — face o fascismo cotidiano existente nas democracias capitalistas — exercem o direito de protestar e não ceder ao arbítrio e à violência no plano simbólico. Foi o que fizeram, por exemplo, três estudantes da USP [...] Um estudante, desafiando a segurança, riscou a expressão "Revolução de 1964" e escreveu na placa: "golpe." Dias depois, uma estudante acrescentou a palavra certa: "Ditadura." Horas depois, indignada, a mesma jovem voltou ao local e escreveu: "massacre."[60] Uma terceira estudante, blogueira, escreveu em sua página: "É um verdadeiro insulto a todos os estudantes e professores que foram perseguidos e mortos durante os anos de chumbo." Se não fossem os estudantes, a placa insultuosa — aprovada pelos burocratas da Universidade —, certamente, ali permaneceria sob o olhar indiferente e despolitizado de muitos. No entanto, alguns jovens não se calaram e se indignaram. São eles que, nos dias de hoje, reescrevem a consequente consigna vigente na luta contra o fascismo: "no pasarán!".

---

[60] É claro que a jovem nunca foi informada de que, com a cumplicidade moral de Toledo e seus camaradas, Che Guevara promoveu massacres literais na prisão de La Cabaña, por exemplo.

Entende-se, portanto, que, acalentados desde cedo pela cantiga esquerdista sobre mocinhos e bandidos da histórica recente do Brasil, multidões de jovens e adolescentes queiram, agora que aqueles chegaram ao poder, dar a estes uma boa lição. Que criança, afinal, não gostaria de vingar-se do bicho-papão? Esses jovens e adolescentes foram cobaias de um experimento social sinistro, uma espécie de transplante do espírito coletivo de vingança de uma intelectualidade revolucionária — que no passado viu frustrados os seus planos de poder — para corpos novos e sadios, por meio dos quais aquela vampiresca geração pretende viver para sempre.

Também hoje vemos os esquerdistas brasileiros "difundindo seu significado político-ideológico" — isto é, mentindo — sobre os eventos políticos contemporâneos, em particular sobre o impeachment de Dilma Rousseff e o desmoronamento do PT. A fábula de hoje, aliás, já estava como que estruturalmente inscrita e prevista na de ontem, desde que o jornalista Edmar Morel escrevera em 1965: "Ontem foi o suicídio de Vargas. Hoje, a deposição de João Goulart. Amanhã será outra revolução *made in USA* contra todo e qualquer presidente reformista."[61] Conforme escrevemos no início deste capítulo, os surtos de Marilena Chauí seriam menos problemáticos fossem apenas frutos individuais de uma mente insana. Mas há método nesse delírio. Ele exibe uma coerência interna, restando amparado por décadas de auto-hipnose coletiva praticada pela *intelligentsia* de esquerda.

Para aqueles que, como este autor, não viveram pessoalmente os assim chamados "anos de chumbo", a reação conjunta da esquerda (em nível global, porque, depois do colapso da URSS, o movimento comunista internacional reestruturou-se e passa muito bem) ao processo de impeachment é uma ilustração viva de reescrita da história e manipulação político-ideológica da realidade. A sem-cerimônia com que, hoje, nossos comunistas, pós-comunistas e neocomunistas, depois de se haverem refestelado no capitalismo de compadrio brasileiro, elevando-o a níveis jamais vistos de selvageria e sujeira, continuam posando de defensores "dos mais pobres" e vítimas de um golpe das "elites" é um bom sinal do quanto foram capazes de mentir no passado para emplacar sua versão dos acontecimentos.

---

[61] MOREL, Edmar. *O golpe começou em Washington*. Rio de Janeiro: Editora Civilização Brasileira, 1965. p. 18.

Se, mal transcorrido o impeachment, eles já produziram uma boa deze-na de livros sobre o que chamam sem titubear de "golpe de Estado de 2016", podemos imaginar o que virá com o passar dos anos, já que a esquerda continua a dominar os "aparelhos privados de hegemonia", sobretudo a universidade, hoje reduzida a uma fábrica de militantes e operários do partido. Tendo sido incapazes de se perpetuar no poder de Estado, resta--lhes falsificar a história e sequestrar as mentalidades. Nisso, são mestres.

A atual reescrita stalinista da história obedece a um velho padrão: mais uma vez, a esquerda atribui a culpa dos males que causou ao país, não ao poder por ela exercido mas, ao contrário, a tudo aquilo (leis inclusas) que lhe impôs limites. O sociólogo Michael Löwy — o mesmo fanfarrão do "agora é que a história do socialismo está começando" — deu o tom do discurso: o problema do PT foi *não ter sido suficientemente de esquerda*. Segunda essa lógica peculiar, nunca se é de esquerda o bastante neste mundo. Ou, pelo menos, não quando as coisas saem mal. Stalin não foi de esquerda,[62] tampouco Mao ou Pol Pot. Isso é o mesmo que dizer: não importa o quão total e impactante tenha sido, o poder que a esquerda exerce nunca é demais.[63] Tivesse ela gozado de mais poder, e tudo teria

---

[62] Foi, por exemplo, o que disse Mino Carta sem corar. Disponível no YouTube em <https://www.youtube.com/watch?v=l4-wZGkjECs&t=5s>. Acesso em 17 abr. 2017.

[63] Essa lógica autoindulgente não se limita à tradição marxista. Certa feita, o filósofo Gilles Deleuze foi perguntado sobre o significado de ser de esquerda. A resposta, elaborada naquele típico jargão soixante-huitardista que busca convencer pelo hermetismo e pela tautologia, foi a seguinte: "Acho que não existe governo de esquerda, pois a esquerda não tem nada a ver com governo [...] A esquerda é uma questão de percepção, que é a seguinte: o que é não ser de esquerda? Não ser de esquerda é como um endereço postal. Parte-se primeiro de si próprio, depois vem a rua em que se está, depois a cidade, o país, os outros países, e assim cada vez mais longe. Começa-se por si mesmo e, na medida em que se é privilegiado, em que se vive em um país rico, costuma-se pensar em como fazer para que essa situação perdure [...] E ser de esquerda é o contrário [...] Começam pelo mundo, depois, o continente europeu, por exemplo, depois a França, até chegarmos à rue de Bizerte e a mim [...] Ser de esquerda é começar pela ponta e perceber que esses problemas [pessoas passando fome, por exemplo] devem ser resolvidos [...] E, segundo, ser de esquerda é ser ou devir minoria. A esquerda nunca é maioria enquanto esquerda." Deixando de lado a concepção vulgar de direita (ou não esquerda) como manutenção de privilégios — vulgaridade que nem todo o deleuzeanês chique pôde disfarçar —, noto que o conceito deleuziano de esquerda é muito autolisonjeiro, e até mesmo cabotino, se levarmos em conta o esquerdismo assumido do filósofo. Em primeiro lugar, diz que ser de esquerda é se preocupar mais com os outros do que consigo mesmo. Em segundo lugar, que a esquerda nunca é governo, donde se conclui que ela não pode ser responsabilizada por seus atos. A esquerda é pedra, jamais vidraça.

sido perfeito. Pela enésima vez, Michael Löwy pede que concedamos a eles, os revolucionários iluminados, mais uma chance. É como se nos dissesse: "Está vendo? Vocês *ainda* não nos deram o poder ilimitado. Por isso as coisas deram errado."

O problema da intelectualidade de esquerda é, por toda parte, um só: sem poder político, a sua existência perde sentido. Tendo aprendido com Marx que "os filósofos devem transformar o mundo", passaram a conceber a sua própria atividade fundamentalmente como a capacidade de agir sobre a realidade social. Daí que, quando impossibilitados de intervenção direta e a curto prazo, os intelectuais de esquerda experimentem uma sensação de vazio, perda de sentido e isolamento social. Eis aí a chave para compreender a posição quase unânime tomada pela intelectualidade brasileira em face do impeachment de Dilma Rousseff.

É curioso notar que todo aquele desejo manifesto de identificação com o povo, e a sua consequente criação artístico-filosófica por parte da esquerda, foram sempre a contrapartida de uma dolorosa má consciência, fruto da percepção íntima de que, entre o intelectual e homem do povo, há uma distância fundamental e irredutível que o mero voluntarismo ideológico jamais pôde vencer.[64] O problema é que, impregnada de reducionismo materialista até a medula, a *intelligentsia* interpretou equivocadamente aquela distância como uma questão de ordem político-econômica (envolvendo classes sociais), quando ela é na verdade existencial, concernente ao hiato desde sempre observado entre o espírito filosófico (presente historicamente em homens das mais diferentes "classes" e "raças", ainda que sempre em número reduzido) e o espírito ordinário ou prático.

Desprovidos de espírito filosófico autêntico, mas autoiludidos com o título corporativo de "intelectual", nossos bem-pensantes optaram pela condescendência para com o povo como forma de aliviar, a um baixo custo, o drama de má consciência anteriormente referido. Veem-se, no fundo, como

---

[64] O historiador Marcos Napolitano fala de um "abismo educacional que separava intelectuais letrados e trabalhadores que deveriam constituir seu público idealizado (operariado e campesinato)". NAPOLITANO, Marcos. "Esquerdas, política e cultura no Brasil (1950-1970): um balanço historiográfico." *Rev. Inst. Estud. Bras.* nº 8. São Paulo, 2014. p. 39.

figuras generosas, que, do alto de sua posição, concordam em inclinar-se na direção dos mais "frágeis e pobres", para citar o verso de Portinari, num simulacro grosseiro de *imitatio Christi*.

Com esse gesto de humildade ostentatória, eles obtêm uma dupla conquista, política e psíquica, pois que o ato de aproximar-se das "classes exploradas" termina por afirmar, retroativamente, a existência inicial da distância. Só indivíduos superiores podem ser condescendentes. E, mediante a condescendência, nossos intelectuais são capazes de afirmar a sua identidade com o povo sem, entretanto, abrir mão de sua autoridade intelectual sobre ele. Como escreveu Daniel Pécaut num estudo clássico, a ideologia tem permitido aos intelectuais brasileiros "ser elite quando necessário, ou povo quando conveniente".[65]

Dias Gomes, o conhecido dramaturgo e intelectual do PCB, forneceu certa vez uma clara ilustração da má consciência que tem caracterizado a nossa intelectualidade de esquerda. Justificando em entrevista a sua opção pela televisão, em especial a sua entrada na "burguesa" Rede Globo, o comunista baiano explicou:

> No teatro, eu vivia uma contradição, buscando fazer peças populares e alcançando apenas a elite, exatamente a elite que combatia. Aliás, todos os da minha geração, a dos anos 50, o Guarnieri, o Suassuna, Augusto Boal, Antônio Callado, Oduvaldo Vianna Filho, todos nós vivemos essa contradição. Fazíamos um teatro antiburguês, do ponto de vista do povo, e tínhamos uma plateia burguesa. Era um teatro que se aristocratizava na plateia. O que faço na televisão, não. Segundo o Ibope, é visto até por marginais. Isso, sim, é uma plateia popular.[66]

Assim como muitos de seus colegas de geração, Dias Gomes aprendeu a fazer dramaturgia engajada dentro de centros de produção artística sob influência do PCB, notadamente o Teatro de Arena e o Centro Popular de Cultura.

---

[65] Ver: PÉCAUT, Daniel. *Os intelectuais e a política no Brasil: entre o povo e a nação.* São Paulo: Ática, 1990. p. 9.

[66] Citado em: SACRAMENTO, Igor. "Por uma teledramaturgia engajada: a experiência de dramaturgos comunistas com a televisão dos anos de 1970." In: Marcos Napolitano et. al. (orgs.). *Comunistas brasileiros: cultura política e produção cultural.* Belo Horizonte: Editora UFMG, 2013. p. 109.

Este, posteriormente dissolvido pelo regime militar, daria origem ao famoso Grupo Opinião. Foi desse ambiente que saíram os principais dramaturgos comunistas que, nos anos 1970, iriam dominar a cena artística nos emergentes veículos de comunicação de massa, notadamente as tevês Tupi e Globo.

A orientação estética e artística dessa geração de intelectuais era indissociável do projeto político do PCB para a organização da cultura, centrado na ideia de uma arte "nacional-popular", ou seja, na construção de um ideal de povo e de nação que fizessem frente às investidas do imperialismo econômico e colonialismo cultural norte-americanos. Estes, mais que a burguesia, haviam sido diagnosticados então como os grandes alvos dos comunistas brasileiros no segundo pós-guerra, daí a conhecida (e, depois do golpe de 1964, tão criticada) opção pecebista pela estratégia do "frentismo", uma política de alianças provisórias entre classes (em especial com a burguesia nacional) e com outros setores da esquerda em favor do desenvolvimento do capitalismo brasileiro, obstruído, segundo essa tese, por interesses estrangeiros.

A criação esquerdista da cultura nacional-popular ("nacional" no sentido de anti-imperialista; "popular", no de antielitista) sustentava-se na noção de arte engajada e pedagógica, cuja meta final era o *despertar da consciência crítica do povo* para a situação de exploração em que vivia. Em verdade, por "despertar a consciência crítica" deve-se entender: incutir no povo os objetivos e valores caros ao intelectual, a fim de que venha a amar o que este ama e odiar o que este odeia.

Nos anos 1960, o grupo Opinião e o espetáculo homônimo foram um marco do desejo de aproximação — sempre hierárquica, note-se — entre os intelectuais e os "tipos" populares brasileiros (uma categoria herdada do folclorismo de décadas anteriores). A escolha de Nara Leão (a jovem intelectual bossa-nova da zona sul do Rio), João do Vale (um camponês nordestino) e Zé Kéti (o sambista negro do morro) como protagonistas do espetáculo já indicava, por si só, a influência do frentismo pecebista e da sua concepção particular de "povo", que se resumia a uma representação simbólica das ideias marxistas-leninistas de consciência de classe e revolta contra a opressão.

Daquele período até hoje — ainda que o projeto nacional-popular tenha perdido força na virada dos anos 1960 para os anos 1970, em paralelo ao esfacelamento político do próprio PCB —, o "povo" não cessou de andar na boca dos intelectuais brasileiros, sofrendo alterações e retoques conforme as conveniências políticas de ocasião. São eles, intelectuais, quem determinam o critério para a medição do grau de "povitude" dos brasileiros: quanto mais correspondam às utopias dos intelectuais, mais "povo" são. Na medida em que as contrariam, vão sendo empurrados conceitualmente para a "elite". Daí que as maiores manifestações de massa da história brasileira, por terem sido contra o partido dos intelectuais, foram tachadas de "elitistas".

Aflitos com o colapso da hegemonia cultural de esquerda, os intelectuais brasileiros insistiram em defender o moribundo governo de Dilma Rousseff com base naquela ilusória autoidentificação com "as coisas frágeis e pobres". De braços dados com os donos dos bancos Itaú, Bradesco ou Santander, não deixaram, esses nossos sentimentais, de se imaginar idênticos às "coisas frágeis e pobres". Aliados objetivos da Odebrecht, da Camargo Corrêa, da OAS e *tutti quanti*, continuaram, subjetivamente, a secretar o lirismo autopiedoso das "coisas frágeis e pobres". Irmanados a banqueiros, empreiteiros, megaempresários e caciques políticos, nossos "frágeis e pobres" intelectuais *enragés*, quer fossem petistas, quer apenas simpatizantes, investiram contra a poderosa "elite" formada por 92% dos brasileiros, numa clara ilustração do que o psiquiatra Paul Sérieux chamou de "delírio de interpretação" — no caso, de autointerpretação.

Houve vezes, porém, em que o caráter popular de determinada agenda antipática à esquerda restava evidente demais para ser negado. Nessas horas, e como que ilustrando o insight de Daniel Pécaut, alguns intelectuais julgaram conveniente reivindicar a sua própria condição de elite, já agora para afirmar sua autonomia artística e autoridade científica. Nesses casos, o povo foi acusado de trair os seus próprios interesses, manifestando aquilo que a *intelligentsia* diagnosticou como "fascismo popular". Assim, decepcionados e ressentidos, nossos intelectuais de esquerda não tardavam a passar da condescendência à hostilidade.[67]

---

[67] Exemplares nesse sentido foram as reações preconceituosas e hostis da esquerda carioca em face da derrota de seu candidato, o psolista Marcelo Freixo. Ver matéria publicada pelo site do Ilisp (Instituto Liberal de São Paulo): "Após derrota de Freixo no Rio, apoiadores do PSol xingam pobres nas redes sociais." *Ilisp* 30 de outubro de 2016. Disponível em: <http://www.ilisp.org/noticias/apos-derrota-de-freixo-no-rio-apoiadores-do-psol-xingam-pobres--nas-redes-sociais/>. Acesso em 17 abr. 2017.

Foi o que fizeram, entre outros, Eliane Brum e José Celso Martinez Corrêa. A primeira, como já vimos, acusou "o coração podre" do povo, que, à época concordando com Eduardo Cunha, deu apoio maciço à proposta de redução da maioridade penal. Já o velho Zé Celso disse não gostar das manifestações anti-PT. "Falta vermelho na bandeira brasileira", opinou o vetusto dramaturgo, acrescentando que o país (ele referia-se à maioria antipetista) estaria tomado por um "delírio fascista". "Porque também há fascismo popular" — explicou. De resto, por baixo dos habituais salamaleques e retórica tropicália-porra-louquista, sobrava o discurso oficial da propaganda do PT.

Seja como for, mediante inversão da realidade ou argumento de autoridade artístico-intelectual, o fato é que a nossa elite cultural (e caberiam muitas aspas na palavra elite, porque estamos falando aqui de poder corporativo, não de mérito intelectual ou artístico) *perdeu de vez o contato com o povo brasileiro.* Nada poderia simbolizá-lo melhor que a imagem decadente e melancólica de um Zé Celso Martinez Corrêa secretando chapa-branquismo disfarçado de transgressão artística para lá de enferrujada. Psicologicamente preso, como muitos, em 1968, o velho homem tornou-se objeto involuntário de humor, uma criatura inadequada e irrelevante, gritando pseudoiconoclastias (chanceladas por algum marqueteiro político ora presidiário) a uma plateia de escandalizados que só existe em sua cabeça.

Zé Celso é a materialização, na forma de um corpo e uma mente senis, da alienação da *intelligentsia* progressista brasileira em face do atual contexto sociopolítico. Esse círculo fechado de pessoas está respondendo de maneira *reacionária* porque, num único sentido, que não é aquele que imaginam, a situação relembra mesmo a dos anos 1960. Na época, o golpe de 1964 veio frustrar de maneira acachapante as expectativas dos que ansiavam pela "revolução brasileira". A *intelligentsia* esquerdista — dentro ou fora da órbita do PCB — não compreendeu as razões de ter sido abandonada por um povo indiferente. Como explica Olavo de Carvalho:

> Foi aí, no meio da intelectualidade, dos escritores, dos estudantes, dos doutores, que o impacto da ditadura se fez sentir como um terremoto, abalando até os ossos esse estreito grêmio de pessoas

sensíveis, enquanto o resto da nação pouco se lixava, e prosseguia, impávido colosso, sua existência de todos os dias. A melhor literatura do período — sobretudo os romances de Antônio Callado, *Quarup*, de Carlos Heitor Cony, *Pessach: a Travessia*, e de José J. Veiga, *A hora dos ruminantes* — testemunha o isolamento dos intelectuais e sua perda do sentido da vida no ambiente da repressão.

Com efeito, a intelectualidade de esquerda foi a principal — senão a única — vítima do regime militar. No que diz respeito à repressão enquanto tal, pela primeira vez na história os métodos habitualmente violentos de interrogatório policial (notoriamente brutais nos tempos de Getúlio, mas até hoje pouco ou nada mencionados pela esquerda) atingiam jovens intelectuais brancos de classe média.[68] E apenas por isso, não por outra razão, o regime militar ganhou as dimensões que ganhou no imaginário nacional, sendo abordado de maneira excepcional por uma classe de vítimas que, em sendo falante, pôs-se a falar incessantemente do assunto. Assim é que, retoricamente, o regime militar foi convertido em marco divisório a separar absolutamente a história do Brasil: antes, um país rumo a um futuro alvissareiro; depois, uma era de trevas, fonte de todos os males presentes.

Mas, como bem observa Olavo de Carvalho, não foi a violência física da repressão o que mais doeu na alma dos intelectuais de esquerda, mas sim a sua experiência de isolamento:

---

[68] "O que de novo ocorre a partir de 1964, sobretudo depois de dezembro de 1968 com o AI-5, é que o delegado Fleury é convocado para aplicar sua expertise em presos políticos e a tortura passa a atingir segmentos da população antes protegidos por imunidades sociais: estudantes, jornalistas, advogados etc. Não era a primeira vez que tais métodos saíam do seu habitat — as cadeias comuns — e eram empregados com um desígnio político. A crônica dos atentados aos direitos humanos no Brasil do século XX está repleta de acontecimentos desse gênero. Assim a imprensa operária das primeiras décadas do século fala de violências e maus-tratos aplicados aos militantes do nascente movimento operário. Da mesma forma, durante a ditadura de Vargas fenômeno semelhante já havia ocorrido, porém de forma minoritária, pois a maioria dos perseguidos era de comunistas das classes populares: operários, pequenos comerciantes, funcionários subalternos etc. Durante o regime militar, a proporção se inverte: mais da metade dos presos a partir de 1968 é estudante universitário ou detentor de um diploma de nível superior. Segundo dados do *Brasil Nunca Mais* sobre a ocupação dos condenados pela justiça militar: quase 56% pertencia àquele perfil." Cf. OLIVEIRA, Luciano. "Ditadura Militar, tortura e história: A 'vitória simbólica' dos vencidos." In: *Revista Brasileira de Ciências Sociais*, vol. 26, nº 75, 2011. p. 11.

Se na década anterior os intelectuais — pela primeira vez neste país — haviam podido, graças ao populismo janguista, sentir o gostinho de uma participação na História, o advento da ditadura sobretudo do AI-5 os devolveu à insignificância de suas vidas pessoais, de onde, sentindo-se ali espremidos e sufocados, uns saíram para a guerrilha a morte, outros para as drogas e o sexo desenfreado, outros para o desespero e a loucura, outros para o exílio, outros ainda para uma confortável adaptação à nova ordem, que oferecia amplas oportunidades aos jovens de muito talento e pouca memória. A epidemia de mutações de personalidade então se observou nos círculos cultos mostra que, para aquelas pessoas, a extinção — ou mesmo simples adiamento — de suas esperanças políticas imediatas soou como uma perda completa do sentido da vida [...] Comparativamente, a reação da nossa classe letrada ao impacto da ditadura foi desproporcional e patológica.

Quando Lula e o PT chegaram ao poder, os intelectuais brasileiros de esquerda sentiram, pela segunda vez, e de maneira ainda mais intensa, aquele gostinho de participação na história. Da habitual sensação de isolamento e insignificância, passaram a vivenciar o sonho da *união mística* com o povo. Daí que, diante do impeachment e do desmoronamento do sonho, aqueles intelectuais reagissem com redobrada desproporcionalidade e patologia. De modo tipicamente histérico, *sentiram* estar revivendo a antiga queda e se horrorizaram ante a iminência de um novo período de isolamento e distância do poder. O que até agora não compreendem ou fingem não compreender é que, seguindo o padrão histórico, o povo brasileiro já os abandonou faz tempo. As eleições municipais de 2016 foram a prova cabal.[69]

---

[69] Muito significativa quanto a isso foi a derrota do candidato socialista a prefeito do Rio de Janeiro, Marcelo Freixo, do PSol, uma espécie de novo PT. Preferido apenas pela elite universitária e a classe média alta da zona sul da cidade (um tipo de eleitorado parecido com aquele de que o PT dispunha em seu início), Freixo foi fragorosamente derrotado pelo candidato evangélico Marcelo Crivella, muito mais popular e próximo à população mais pobre. Uma reportagem da *Folha* sobre as eleições traz no título, de maneira algo escandalosa: "Segundo turno confirma guinada à direita e conservadora." *Folha de S.Paulo*, 30 de outubro de 2016. <http://www1.folha.uol.com.br/poder/eleicoes-2016/2016/10/1827871--segundo-turno-confirma-guinada-a-direita-e-conservadora.shtml?cmpid=facefolha>. Acesso em 17 abr. 2017.

Mas, ainda no calor das manifestações favoráveis e contrárias ao impeachment, a jornalista Eliane Cantanhêde escreveu duas colunas apontando o que lhe parecia ser uma curiosa inversão das forças políticas no Brasil: o chamado "andar de cima" estaria apoiando o PT, enquanto o povo pedia a sua saída. "Nesta encrenca política tão grande e tão desafiadora, inverteu-se o jogo" — observou a jornalista, para então concluir: "Diante da crise política e econômica, com a Lava Jato chegando ao Congresso, é a elite quem toma a dianteira para apoiar o claudicante governo Dilma Rousseff, enquanto as grandes massas que vão às ruas rejeitam o PT."

Se, todavia, Cantanhêde acertava no diagnóstico geral, ela errava ao superestimar o ineditismo do fenômeno, ignorando que a proximidade entre o PT e as massas populares — e, de forma mais geral, entre a esquerda e o povo brasileiro — não passou de uma construção *mitopoiética* por parte da *intelligentsia*, tendo sido demasiado efêmera em sua aparente concretização histórica.

O Partido dos Trabalhadores surgiu como partido de elite intelectual, do qual o movimento sindicalista foi menos base que expressão simbólica. Durante anos, para justificar sua pouca penetração nas classes mais baixas da população, o PT gabou-se de que sua plataforma partidária fosse mais bem aceita e compreendida por brasileiros "instruídos" (intelectuais, artistas e acadêmicos). Os mais pobres, Lula vivia dizendo, votavam com a barriga, quedando reféns dos coronelismos os mais reacionários. De início, não eram os pobres o eleitorado, por assim dizer, *natural* do PT. A cúpula petista tinha ciência de que, para tanto, eles teriam antes de ser *conscientizados* pelos intelectuais orgânicos do partido.[70]

---

[70] "Sabemos que não basta chegar ao governo para mudar a sociedade. É necessário também *mudar a sociedade para chegar ao governo*." Eis um dos textos veiculados no vídeo-propaganda do 3º Congresso Nacional do PT, onde o gramscianismo do partido resta evidenciado. Hoje, diante do colapso, muitos petistas e filopetistas admitem abertamente que o maior erro do partido no governo foi não ter conscientizado suficientemente a população mais pobre, em tese beneficiária das políticas assistencialistas do partido. O ex-ministro petista da Educação Renato Janine Ribeiro, por exemplo, reclamou abertamente da ingratidão dos pobres para com o PT. Em 3 de março de 2015, escreveu o professor de ética da USP em seu Facebook: "[O PT] há muito que desistiu de disputar a hegemonia. Fez um trabalho ótimo de inclusão social, mas, como ela se deu pelo consumo, não 'conscientizou' a massa, que *acredita ter comprado geladeira porque deu duro e Deus ajudou*" [grifos meus]. Pobre massa! Não compreendeu que a geladeira comprada deveu-se única e exclusivamente à miraculosa benevolência de *padim* Lula.

Em verdade, o período de identificação lulopetista com os mais pobres, fruto da expansão e universalização de antigas práticas assistencialistas, é que caracteriza um momento excepcional na biografia do partido. O que testemunhamos nos estertores do governo Dilma foi, de fato, menos uma inversão que uma *restauração* de padrões políticos apenas acidental e temporariamente suspensos. Depois de uma década sui generis de idílio esquerdista, em que a propaganda oficial desempenhou papel significativo, o PT retornava à condição inicial de partido da *intelligentsia*. Eis a real dimensão deste que foi sempre um partido gramsciano por excelência.

Intelectuais, artistas e jornalistas, cuja sensibilidade política forjou-se na fragmentação da esquerda nos anos 1960, formam hoje, como formaram no início, a renitente base política do partido deposto. A angústia dessa base é a de quem desperta de um sonho bom, no qual a tão almejada identificação com "as coisas frágeis e pobres" pareceu tão possível e tão real. Autoiludidos com o próprio projeto de país, e divinizando o povo que, enfim, parecia tê-los acolhido junto ao seio, nossos bem-pensantes esqueceram-se do que ensinou Gustave Le Bon acerca da "inconstância" das massas, lição que Jesus de Nazaré em pessoa experimentou dramaticamente em questão de cinco dias (do Domingo de Ramos à Sexta-Feira da Paixão), e que foi sempre a ruína de todos os monarcas e líderes políticos que pisaram sobre a Terra. Lula, acreditando ter sofrido mais que o próprio Cristo, julgou também estar imune àquela. E, como num enredo de tragédia grega, acabou traído pela húbris. No segundo turno das eleições municipais de 2016, o PT perdeu em absolutamente todas as capitais em disputa, inclusive em seu berço de origem, o ABC paulista. Lula viveu para ver o povo brasileiro abandonando-o.

"Por que gritamos golpe?", pergunta a intelectualidade esquerdista numa das obras recém-lançadas sobre o impeachment.[71] A intenção original talvez fosse explicar os motivos de tanta gritaria, mas, em face da presença imponente da preposição seguida do pronome interrogativo, e porque o bom uso da gramática há muito desapareceu do rol de interesses

---

[71] Ver: CLETO, Murilo DORIA, Kin, e JINKINGS, Ivana (orgs.). *Por que gritamos Golpe? Para entender o impeachment e a crise política no Brasil*, Rio de Janeiro: Boitempo Editorial, 2016.

e atributos dos bem-pensantes brasileiros, os editores não pensaram duas vezes: tascaram o ponto de interrogação, convertendo o título, portanto, numa pergunta.

E, se são eles próprios quem perguntam, seria pouco gentil privá-los da resposta. Por que gritam golpe? Uns, ora, porque são cínicos. Outros, por não ter a coragem de divergir da opinião hegemônica entre os pares. Outros ainda, porque colocam o bem do partido e defesa da ideologia acima de quaisquer parâmetros e valores. Há quem seja pago para mentir. E há quem, tendo feito da própria vida uma mentira estrutural, minta sem saber. Estes, como Carolina, não viram o tempo passar na janela.

Seja como for, a questão de fundo é uma só: todos mentem por uma completa e atávica irresponsabilidade moral, talvez a grande característica da *intelligentsia* brasileira nas últimas décadas. Não foi, afinal, um de seus próceres quem manifestou o supremo desejo de "viver sem culpa", tendo encontrado na ética de Spinoza — ou numa versão materialista e hedonista desta — o meio de satisfazê-lo?[72] Pois viver sem culpa parece mesmo ser o destino dos intelectuais de esquerda no Brasil. Daí que não possam parar de acusar — quase sempre aos gritos — os males do mundo, para preencher com palavrório político o espaço vazio onde deveria haver uma consciência individual madura.[73]

Gritam golpe porque, presos a uma mentalidade revolucionária, acreditam estar acima do estado de direito de origem liberal-burguesa, ao qual só a contragosto, e por questões estratégicas, simulam submeter-se. Não aceitam que a sua presidente seja julgada por um congresso "reacionário", eleito por um povo "conservador", mesmo sendo ele o juiz

---

[72] "Mea philosophia: Marilena Chauí e Bento Prado Jr. dialogam sobre a filosofia de Espinosa." *Folha de S.Paulo*, 13 de março de 1999. Disponível em: <http://www1.folha.uol.com.br/fsp/resenha/rs13039901.htm>. Acesso em 17 abr. 2017.

[73] Outro que se manifestou acerca das delícias de viver sem culpa foi o linguista e professor da UnB Marcos Bagno, autor da esdrúxula e demagógica tese do "preconceito linguístico", segundo a qual seria preconceito ensinar aos pobres a norma culta da língua portuguesa. Em 25 de agosto de 2016, num post no Facebook em que manifesta o seu desejo — "sonhos eróticos", segundo suas próprias palavras — de retalhar uma suástica na testa de todo e qualquer brasileiro favorável ao impeachment de Dilma Rousseff (uma referência a um procedimento retratado no filme *Bastardos Inglórios*, de Quentin Tarantino), Bagno conclui: "Ah, que delícia! E como é bom não ser cristão: culpa zero!"

natural do processo de impeachment. Sem o mínimo pudor de usurpar essa competência constitucionalmente estabelecida, nossos intelectuais de esquerda querem eles mesmos julgar seus camaradas, como nos jogos de cartas marcadas dos julgamentos de Moscou, só que dessa vez para absolvê-los. Não houve crime de responsabilidade fiscal — sentenciam arrogantes os juízes do tribunal revolucionário, muitos deles saudosos do tempo em que "justiçavam" os inimigos da revolução.[74] E, tendo então absolvido os seus, o intelectual coletivo encarrega-se de subverter o conceito de "golpe" mediante uma falsa ciência política criada só para isso, a fim de condenar todos os brasileiros não alinhados como "golpistas".

Autoimunizados contra os efeitos causados pela corrupção praticada pelo seu partido durante o tempo em que controlou o poder de Estado, aqueles justiceiros sociais já se aplicam na montagem de uma nova e mais nociva grande estrutura corruptora. É assim que, gramscianamente posicionados nas redações de jornais, nas universidades, no mercado editorial, na indústria cinematográfica, nas artes e, sobretudo, nas salas de aula, batalhões de corruptos intelectuais já se empenham na missão de reescrever a história conforme os desejos do Novo Príncipe. De acordo com a nova narrativa, eles terão sido, mais uma vez, os imaculados heróis da democracia, os amigos das "coisas frágeis e pobres" em luta perpétua contra os poderes deste mundo. Agora, resta que alguns brasileiros estamos a postos para impedir que a farsa prospere...

---

[74] "A revolução é a fonte de todo direito", dizia Fidel Castro, guru e mártir de petistas e filopetistas.

Conclusão

O homem que arrastava tijolos com o pênis, a mulher-cachorro e outras histórias fabulosas da universidade brasileira

"Lasciate ogni speranza, voi ch'entrate."

Dante Alighieri[1]

Brasil. Rio Grande do Norte. Novembro de 2013. Estamos em Lagoa Nova, bairro nobre de Natal, capital do estado. Mais precisamente, na avenida Senador Salgado Filho sem número, onde fica a Faculdade de Artes da Universidade Federal do Rio Grande do Norte (UFRN). Apesar do sol, a temperatura está surpreendentemente amena para a época do ano. Do leste, uma brisa oceânica vem soprar as folhas nas árvores do campus. Morador do vizinho Parque das Dunas, um sabiá-barranco inspeciona e gorjeia. É um dia comum, como o da véspera e, espera-se, o seguinte.

Dentro do prédio da faculdade, uma figura desce as escadas, apoiando-se, ora no corrimão, ora nas paredes, pichadas e encardidas. Tem o rosto coberto por um pano preto, talvez uma camisa. Está nu, ao menos da canela para cima, onde os seus coturnos já não alcançam. Uma das nádegas é pintada de dourado, assim como a palma das mãos. Pertence ao sexo masculino, já se consegue ver, pois a criatura... bem, não há outro modo de dizê-lo... a criatura arrasta um tijolo com o pênis.

Naturalmente curvado, vence degrau por degrau, e, a cada uma dessas angustiantes vitórias, o som do tijolo arrastado ecoa pausadamente: *Tlác! Tlác! Tlác!* Na maior parte do tempo, segue à frente esse estranho supliciado, com o fardo atrás, pesando e quicando pelo caminho. Há vezes, porém, em que segura a corda com as mãos, para aliviar o peso.

---

[1] "Deixai toda esperança, ó vós que entrai" (*A divina comédia*, Canto III).

Atrai alguns olhares, mas ninguém parece realmente muito surpreso ao vê-lo descer o último lance de escadas, onde perde uma lasca de tão pitoresca âncora.

Dali, segue para a área externa, cruzando o estacionamento até chegar a uma espécie de anfiteatro, onde finalmente senta, ao som ensurdecedor de um funk. A câmera, que até então o enquadrara de costas, gira em 180 graus e dá um close no rosto semivelado. O que se vislumbra através do tecido é uma careta grotesca, uma espécie de rugido mudo, lento e prolongado... Sim, é só mais um dia comum no campus.

Brasil. Rio Grande do Norte. Novembro de 2014. Um ano se passou. Em mais um dia comum, uma jovem vai seminua ao mesmíssimo campus universitário. O sabiá-barranco nosso conhecido, bichinho esperto, já havia muito batera as asas dali, e não a viu chegar, apenas de calcinha, trazendo o corpo pintado com frases como "ódio contido" e "politicamente incapaz". Tarjas pretas em forma de xis tapam-lhe os mamilos. No rosto, a moça usa uma focinheira para cães, que a deixa parecida com o psicopata Hannibal Lecter, famoso personagem vivido por Anthony Hopkins no filme *O Silêncio dos Inocentes*. Dirige-se aos outros latindo e rosnando. Come ração. Urina num poste.

Brasil. Pernambuco. Novembro de 2015. Lá se vai mais um ano. Um jovem estudante caminha pela avenida Professor Moraes Rego em direção ao número 1.235, que abriga o Centro de Artes e Comunicação (CAC) da Universidade Federal de Pernambuco (UFPE). Ao pisar no gramado que margeia o prédio, põe-se a gritar, salivar e estremecer violentamente, apoiado num poste. A cena arranca loas, assobios e aplausos entusiasmados dos colegas, que se imaginam diante de uma performance artística.

Não era o caso. O jovem acabara de ser atingido por forte descarga elétrica, que por pouco não o mata. Teve as mãos grudadas ao poste, enquanto convulsões faziam-no perder os sentidos. "Muita gente aplaudiu pensando que era uma performance artística, porque dentro de um centro de artes acontece [sic]", explicou a vítima depois do incidente, queixando-se de dores no nariz e no antebraço direito. Acontece...

Tudo na vida acontece. E no universo acadêmico brasileiro, em especial, tem mesmo *acontecido*. No campus de Rio das Ostras da Universidade Federal Fluminense (UFF), por exemplo, aconteceu em maio de 2014 a festa *Xereca Satânik*. Bancada com dinheiro público, a festa em estilo sadomasoquista, regada a drogas e álcool, encerrava o evento *Corpo e resistência — 2º seminário de investigação & criação do grupo de pesquisas CNPq cultura e cidade contemporânea*. E o que o Conselho Nacional de Pesquisa e Desenvolvimento Científico e Tecnológico estava financiando eram performances (como sempre!) de artistas e grupos de teatro autoproclamados transgressores.[2]

Entre outras excentricidades, o espetáculo incluía pessoas se cortando com estiletes e, *crème de la crème*, uma militante feminista tendo a vagina costurada depois de lhe inserirem uma bandeira do Brasil adentro. A vagina, aliás, provou ser mesmo o principal meio de protesto da moça, que já a havia feito "abocanhar" uma estatueta de Nossa Senhora, numa manifestação contra a visita do papa Francisco ao Rio de Janeiro, na Jornada Mundial da Juventude de 2013.

Em setembro de 2015, aconteceu na Universidade Federal da Bahia (UFBA) a segunda edição do Seminário Internacional Desfazendo Gênero. O evento — dedicado a "desconstruir" identidades fixas e opressoras — contou com uma das principais ideólogas da teoria do gênero, a filósofa americana Judith Butler, que, segundo relatos, "entrou de costas no palco, fazendo a dancinha da *Polka do cu*".[3] Butler repetia o gesto de dançarinos nus que, minutos antes, haviam subido ao palco em apresentação dedicada ao ilustríssimo órgão excretor, ele sim — e não ela — a grande estrela do evento. Um painel foi-lhe exclusivamente dedicado: "Cu é Lindo", em referência a uma pichação urbana que, depois, converteu-se no que o autor descreve como "projeto multiartístico em tecnicolor". E o seu significado geral para a cultura foi explicada por um acadêmico nos seguintes termos:

> Tudo indica que o cu está reconquistando seu espaço. Encontrar, nos muros da cidade, o verso "cu é lindo" ou ir ao cinema e ser lembrado de que temos cu parecem ser passos importantes na redescoberta

---

[2] É por essas e outras que um amigo sugeriu que se mudasse a sigla do referido órgão de fomento à pesquisa de CNPq para CNPQP!

[3] A música aparece numa das cenas do filme LGBT *Tatuagem*, do cineasta Hilton Lacerda.

deste *importante canal de comunicação com o mundo*. A utopia do cu, anunciada no fim do número musical de *Tatuagem*, reinaugura um modo menos hierárquico, mais debochado, de coabitar o espaço partilhado. Contra os reemergentes autoritarismos e fundamentalismos, nada como a redescoberta do cu![4]

No mês seguinte, aconteceu na Universidade Federal de Pelotas (UFPel) manifestação similar, em que cerca de vinte alunas feministas resolveram desnudar-se em protesto pelo fim da violência contra as mulheres. Lê-se numa reportagem sobre o evento: "Durante a tarde, algumas jovens tiraram os sutiãs e uma delas ficou completamente nua e passou a se masturbar." Uma testemunha ocular relatou ter visto "algumas delas urinando em baldes e jogando nas paredes do prédio do instituto [de ciências humanas]". Como tem sido hábito nas universidades ao redor do país, o pequeno grupo de ativistas, todos eles imbuídos daquele fanatismo justiceiro típico de nossa época,[5] impediu o acesso de outros estudantes e professores ao prédio.

Para espíritos sadios — coisa cada vez mais rara no interior da academia —, os eventos antes descritos podem parecer aberrantes ou abusivos, caso em que seriam também passíveis de correção, no âmbito de uma boa reforma universitária. Mas a situação chegou a um ponto que já não seria apropriado pensar nesses casos como meros *abusos*. Conforme escreveu Ortega y Gasset em seu famoso ensaio sobre os problemas da universidade na Espanha:

> A reforma universitária não pode reduzir-se nem fundamentar-se, em primeiro lugar, na correção de abusos. Reformar é sempre criar novos usos. Os abusos têm pouca importância, porque, ou são abusos no sentido mais natural da palavra, casos isolados e pouco frequentes de transgressão de boas práticas, ou são tão frequentes, habituais, constantes e tolerados que nem sequer podem ser chamados de abusos. No primeiro caso, serão corrigidos automaticamente. No

---

[4] "A utopia do cu." *O Cluster*, 3 de novembro de 2014. Disponível em: <http://www.ocluster.com.br/a-utopia-do-cu/>. Acesso em 13 abr. 2017.

[5] "A sociedade é um inferno de salvadores", escreveu certa vez o escritor romeno Emil Cioran.

segundo, seria inútil tentar corrigi-los, uma vez que sua frequência e sua espontaneidade indicam que não são anômalos, mas o resultado inevitável de maus usos, contra os quais, sim, devemos lutar, e não contra os abusos.

Perfeito. Se, no caso da universidade brasileira, aqueles episódios bizarros não param de acontecer, é por haver por trás deles uma grave deformação estrutural erigida em sistema. Não são mesmo abusos, mas usos consagrados, tanto mais consagrados quanto mais destrutivos. Ademais, o problema vai muito além dessas exibições, que viemos tratando até aqui, de revolta ao estilo marcusiano, cujo objetivo parece ser o retorno a um estado de polimorfismo em que *Eros* triunfa sobre o *Logos*. Não, há casos bem mais graves do que essas efusões excremento-sexuais. Há crime, há violência, há ódios políticos e apoio explícito ao totalitarismo.

A Faculdade de Filosofia e Ciências Humanas da UFMG (Universidade Federal de Minas Gerais), por exemplo, converteu-se em boca de fumo. Ali, a venda de maconha, cocaína, LSD e outras drogas ocorre livremente, sem repressão. O diretório acadêmico lembra o interior de um presídio. Como, infelizmente, ocorre em quase toda universidade federal no Brasil de hoje, vê-se nas paredes pichações que alternam entre apologia ao uso de drogas, pornografia, ofensas à polícia, exaltação de ícones "revolucionários" (entre os quais, não raro, criminosos e terroristas célebres como Pablo Escobar, Fernandinho Beira-Mar e Osama bin Laden) e propaganda de movimentos sociais e partidos de extrema esquerda. Além do comércio de drogas, arrombamentos, assaltos, furtos e tentativas de estupro integram a rotina do campus.

Na USP, onde grande parte de professores e alunos — sobretudo das ciências humanas — adota uma virulenta retórica anti-PM e repudia a sua presença nos campi, descobriu-se em novembro de 2012 um túnel subterrâneo ligando a cidade universitária à favela São Remo, na zona oeste de São Paulo. Com 15 metros de extensão, o túnel era usado por traficantes para vender drogas aos alunos. Assaltos violentos têm sido frequentes, vitimando uma comunidade acadêmica que, no entanto, parece demonstrar maior ojeriza ideológica às forças de segurança pública do que medo dos criminosos.

A violência e a criminalidade são rotina em muitos campi ao redor do país. E, para piorar a situação, a fronteira entre o exterior e interior da universidade é demasiado porosa nesse terreno. Graças a décadas de culto ao potencial revolucionário do lumpesinato e ao crime como forma de contestação ao sistema, muitos universitários portam-se como verdadeiros criminosos, não apenas emulando uma estética da delinquência — rostos encapuzados, gestos obscenos, postura corporal desafiadora, gírias da periferia etc. — como, não raro, suas ações.

Entra ano, sai ano e os brasileiros assistimos estarrecidos aos eventos chamados de "ocupação", nos quais bandos de universitários, sempre ligados a partidos e movimentos sociais de extrema esquerda, e agindo segundo suas conveniências políticas, *invadem* (porque "ocupam" já é um lamentável eufemismo naturalizado pela imprensa) a reitoria e demais prédios dos campi. Exatamente como em regiões dominadas pelo crime organizado, ali eles impõem a sua própria lei, restringindo o livre acesso de professores, funcionários e demais estudantes, destruindo o patrimônio público, furtando objetos e agredindo pessoas.

Algumas dessas últimas "ocupações" foram bastante repercutidas, como a que ocorreu na USP em outubro de 2011, motivada pela detenção de três indivíduos portando maconha na Faculdade de Filosofia, Letras e Ciências Humanas — a célebre "Fefeleche". Acreditando que o conceito de "autonomia universitária" inclui a violação do código penal brasileiro, um grupo de estudantes cercou as viaturas da polícia na tentativa de impedir que os detidos fossem levados à delegacia. Houve confronto e o caldo entornou.

O incidente foi o estopim para que muitos alunos e professores questionassem o convênio firmado entre a reitoria e a PM meses antes, depois que um aluno fora assassinado por um assaltante no estacionamento da Faculdade de Economia. Nos dias seguintes, dezenas de alunos mascarados invadiram e depredaram o prédio da administração central da Fefeleche e, posteriormente, a reitoria. Jornalistas que cobriam o evento chegaram a ser agredidos pelos invasores com socos, chutes e pedradas. Tudo ali era expressão de fanatismo ideológico — mesmo quando expresso em linguagem pseudoerudita de catedráticos cúmplices —, jamais de preocupação com o interesse da comunidade acadêmica. Os termos com que, nas paredes pichadas e nos cartazes, os invasores referiam-se à polícia — "porcos fardados", "braço da direita", "assassinos", entre outros — traíam ódio puro e simples, sem qualquer sinal de uma crítica construtiva e socialmente responsável.

Em 2013, a reitoria da USP foi novamente invadida pelos mesmos fanáticos políticos, dessa vez com o pretexto — sempre há um — da realização de eleição direta para reitor. O saldo de 42 dias de "ocupação" (sempre com o apoio, tácito ou explícito, de parte considerável do corpo docente e de juristas progressistas) foi um cenário desolador e um prejuízo de R$ 2,4 milhões em danos ao patrimônio público. Câmeras de monitoramento, equipamentos de informática, videoconferência e telefonia, móveis, vidraças, matérias de escritório, portas e paredes... tudo foi destruído ou furtado.

Em maio de 2015, foi a vez da reitoria da Universidade Estadual do Rio de Janeiro (Uerj) sofrer uma tentativa de invasão. Cerca de duzentos indivíduos armados com barras de ferro, pedaços de madeira, pedras e bombas caseiras destruíram a portaria central da universidade. O pretexto da vez variava entre a exigência de melhores condições de limpeza à manifestação de solidariedade a moradores de uma favela vizinha. Houve confronto com a polícia e o reitor Ricardo Vieiralves denunciou a presença de facções radicais dentro do campus. "Não há diálogo com a barbárie", declarou em nota oficial.

Eu poderia citar um sem-número de outros casos similares, mas eles não bastariam para dar a real dimensão do todo, cuja dramaticidade talvez só pudesse ser apreendida numa obra de arte total, uma ópera que reunisse o libreto de Dante, o cenário pintado por Bosch e a música de Wagner. Seria incorreto atribuir a responsabilidade dessa situação crônica apenas a esses grupos fanatizados de militantes disfarçados de alunos. Não se chega a esse estado de coisas sem um grande esforço combinado entre diversos atores que, por ação ou omissão, contribuem para o conjunto da obra. A culpa é generalizada e repartida entre estudantes, professores, funcionários, diretores e reitores, que, há décadas, parecem inteiramente dedicados a extirpar da consciência nacional a própria ideia de universidade. O que se vê hoje nos campi é resultado da perda total do senso de medida e de hierarquia, de um perigoso estado de indiferenciação onde ninguém sabe mais o seu lugar e os seus limites institucionais. Trata-se da conhecida incapacidade brasileira de distinguir entre público e privado, que usualmente atribuímos aos políticos, mas que entre os nossos acadêmicos se manifesta de maneira ainda mais obscena.

Aquele esfacelamento da hierarquia e da ordem necessárias ao bom funcionamento de uma universidade é o produto mais nocivo da corrupção intelectual da geração de 1968. A origem do problema — que, sintomaticamente, o autor vê como uma espécie de conquista cultural — foi bem descrita por Zuenir Ventura no livro que dedicou àquela época inglória. Relatando uma assembleia estudantil ocorrida em 21 de junho do "ano que não terminou" na Faculdade de Economia da UFRJ, que depois seria brutalmente reprimida pela polícia, o jornalista deixa-nos entrever o espírito que então animava boa parte da esquerda brasileira, tendente a encarar toda hierarquia como forma de *opressão*:

> Quando se pergunta a Vladimir Palmeira qual o acontecimento mais importante de que ele participou em 68, a resposta, de certa maneira, surpreende. Não é a morte de Edson Luís — embora o enterro fosse, como ele disse, o espetáculo 'mais impressionante' —, não é a Passeata dos Cem Mil, nem o congresso de Ibiúna, mas a assembleia no Teatro de Arena da Faculdade de Economia, na Praia Vermelha [...] "Nessa manifestação", explicou Vladimir, "nós *quebramos o laço dominante* entre o professor que manda e o aluno que aprende." A assembleia, para ele, significou a *quebra do autoritarismo* e o rompimento do domínio absoluto que os professores detinham na universidade até os anos 60. Na verdade, significou mais. Foi a *subversão total da hierarquia* dentro da universidade. "Era uma velharia com postos vitalícios", constataria Vladimir. "Ela não estava adaptada talvez nem ao século, quanto mais à década. Queríamos *quebrar a dominação* dos catedráticos e *arejar a universidade*" [grifos meus].

"Naquela tarde", conclui Ventura, como que celebrando o sucesso da missão pedagógica de sua geração, "os estudantes iriam inverter os papéis, rebaixando os professores à condição de alunos." Esse rebaixamento foi apenas o primeiro de uma série, e o que temos hoje são acadêmicos rebaixados à condição de militantes políticos, muitos deles analfabetos funcionais. Destituída do poder de Estado, a extrema esquerda refluiu para seu reduto original, e a universidade brasileira mergulhou de cabeça no radicalismo político. "A universidade, antes um lugar de gente inteligente", escreve com razão o filósofo Luiz Felipe Pondé, "se transformou num projeto contra o pensamento."[6]

Ora, *arejar a universidade, quebrar a hierarquia*, e *descartar a velharia* são as palavras de ordem que, mais ou menos refraseadas, ainda hoje animam os invasores de reitoria, que reencenam periodicamente, como num rito primitivo de uma tribo congelada no tempo, aquele espírito subversivo que lhes legaram os ancestrais. Rito sacrificial em que a inteligência é a vítima supliciada, de cujo sangue se fartam os orixás da imbecilidade.

Se a história se repete, a primeira vez como tragédia, a segunda, como farsa, da terceira em diante ela é pura tragicomédia.[7] Os intelectuais da geração 1960 conseguiram produzir réplicas pioradas de si mesmos, cada vez mais autômatos e distantes da realidade geradora dos símbolos que hoje repetem feito papagaios. O resultado é o manicômio em que se transformou a universidade brasileira contemporânea. Pois, parodiando o célebre dito do poeta Heinrich Heine, segundo o qual "onde queimam livros, acabam queimando pessoas", eu diria que, onde quebram a hierarquia, acabam quebrando vidraças. E daí para ossos e crânios é um pulo.

Cronos, o deus do tempo, é mesmo implacável. Como não podia deixar de ser, os rebeldes dos anos 1960 converteram-se eles próprios na *velharia* de hoje. Nessa condição, passam a ser vítimas de sua própria húbris revolucionária. Abriram tanto suas mentes, diria Chesterton, que seus cérebros caíram. E, numa perfeita inversão do mito grego, são agora devorados por seus filhos e netos. Foi o que ocorreu, por exemplo, com o reitor da UERJ antes referido.

---

[6] PONDÉ, Luiz Felipe. *Contra um mundo melhor: ensaios do afeto.* São Paulo: Leya, 2010.

[7] Recomendo, a propósito, o livro *A tragicomédia acadêmica: contos imediatos do terceiro grau*, reunião de contos nos quais o escritor Yuri Vieira, com humor fino e rara sensibilidade, descreve a pitoresca rotina da universidade brasileira contemporânea. Ver: VIEIRA, Yuri. *A tragicomédia acadêmica: contos imediatos do terceiro grau.* São Paulo: Vide Editorial, 1998.

Meses após acusar a "barbárie" de seus pupilos, lá estava o reitor, todo pimpão, vociferando contra a "ameaça de golpe de Estado" (ou seja, o impeachment de Dilma Rousseff) num comunicado oficial enviado ao Conselho Superior de Ensino, Pesquisa, Graduação e Extensão.[8] Ora, chamar o impeachment de golpe de Estado é um embuste de marketing, só compreensível (mas não menos reprovável) por razões de militância político-partidária. E o fato é que, não apenas o da Uerj, mas dezenas de outros reitores de universidades públicas não se vexaram em convertê-las em palanque político pró-PT.

O cidadão Ricardo Vieiralves, é claro, tinha todo o direito de militar pelo seu partido de coração, mas *não na condição de reitor*, muito menos *num documento oficial* da reitoria. O Estado é laico, afinal de contas. Mas se, no Brasil, um reitor de universidade não sabe quais são seus limites institucionais, como exigir que os estudantes saibam? O magnífico reitor tinha razão: os indivíduos que destruíram a portaria da Uerj eram mesmo bárbaros. Mas ele, reitor, era o bárbaro-pai, o Hagar da universidade estadual.

E temos notícia de exemplos mais graves da completa anomia reinante nas nossas universidades públicas, daquilo que, referindo-se ao universo acadêmico norte-americano, Roger Kimball chamou de "sovietização da vida intelectual". No caso brasileiro, chega mesmo a haver algo muito próximo à formação de *soviets* (chamados de "coletivos"), reunindo sindicalistas, pseudoestudantes e pseudoprofessores ligados aos partidos de extrema esquerda de sempre (PT, PSol, PCdoB, PSTU, PCO etc.), que sequestram a universidade em benefício de suas agendas, sempre alegando, é claro, como faz todo ideólogo, falar em nome do bem comum.

Num relato impressionante, o jurista e professor Lenio Luiz Streck comenta sobre um episódio ocorrido numa universidade federal do Rio de Janeiro:

> Em reunião do Conselho Universitário da importante Universidade Federal do RJ, o tumulto já começou quando um professor anunciou o reitor: "Anuncio a presença do magnífico reitor"... Ao que

---

[8] Ver: "Comunicado do Reitor encaminhado ao CSEPE." *Uerj*, 14 de dezembro de 2015. <http://www.uerj.br/lendo_noticia.php?id=912>. Acesso em 17 abr. 2017.

foi vaiado, com palavras do tipo "magnífico é o c..." Lindo, não? E a população paga universidade, concede cotas, comida, café... para que façam isso? Isso é praticamente improbidade administrativa (de quem está concedendo tudo isso a quem não faz jus). Cenas: uma aluna — que faz parte de um dos diversos "coletivos" — interrompe o reitor, colocando-lhe a mão no rosto e diz, "Cala, fulano, cala, fulano". Quando o reitor disse que tinha de ir ao banheiro, pedindo desculpas por ter de sair, uma aluna veio atropelando, subindo nas cadeiras e mesas, gritando: "Você não vai sair sozinho, Fulano, eu vou ao banheiro com você, você não vai fugir." E foi!

Sim. No Brasil de nossos dias, quando um membro dos *soviets* universitários ordena que o reitor se cale, ele se cala. Mas, como já dissemos, que ninguém fique com pena dos reitores. Muitos submetem-se a isso de bom grado. Afinal, a hierarquia que aí importa não é a hierarquia do mérito, da antiguidade, do conhecimento, mas a hierarquia revolucionária, onde cada um deve agir para incrementar o poder do partido-Príncipe e sua rede. Portanto, regra geral, os reitores estão metidos até o pescoço no processo de *sovietização* da academia.

Quando, por exemplo, Mauro Iasi, o professor da UFRJ ao qual já nos referimos neste livro, fez uma apologia explícita aos métodos stalinistas de lidar com opositores, recomendando, mediante a citação de Bertolt Brecht, que se garantisse aos direitistas e conservadores uma *boa bala* e uma *boa cova*, o que fez o magnífico reitor, sr. Roberto Lehrer, militante do PSol? Assinando nota em nome do conselho universitário, ele manifestou seu desagravo ao professor do PCdoB, a quem foram prestados "apoio" e "solidariedade" em face do "assédio *criminoso* e covarde que (sic) vem sendo alvo".[9]

Releve-se aqui o mau português do reitor. A língua bem falada e escrita é uma daquelas "velharias" acadêmicas de que a turma de 1968 queria

---

[9] Ver: "Consuni publica nota de desagravo ao professor Mauro Iasi." UFRJ, 23 de outubro de 2015. <https://www.ufrj.br/noticia/2015/10/23/consuni-publica-nota-de-desagravo-ao--professor-mauro-iasi>. Acesso em 17 abr. 2017.

se ver livre, supondo-a expressão de elitismo de classe.[10] Importa notar que o desagravo manifesta aquele estranho padrão ético abordado no capítulo 1 desta parte II em referência a Sartre e Hobsbawm, segundo o qual a apologia ao assassinato de opositores políticos é menos grave que a sua condenação. Na ótica dos radicais que ora comandam a outrora respeitável Universidade do Brasil, as vítimas potenciais do (apenas metafórico, sabemos) paredão de fuzilamento do camarada Iasi não têm sequer o direito de reclamar um pouco. Quem sabe não devessem mesmo agradecer a seus libertadores?

O fato é que, com a conivência da comunidade acadêmica, e autoimbuídos de uma autoridade que ninguém sabe de onde veio, esses "coletivos" agem livremente, invadindo aulas, impedindo o direito de ir e vir, dilapidando o patrimônio público, debochando de professores não alinhados e, sempre, usando a autovitimização como forma de impor sua vontade. Na Universidade Federal Fluminense (UFF), uma dessas facções — um tal de "movimento negro" — chegou a montar uma espécie de tribunal informal para julgar uma professora, acusada de racismo por uma aluna incapaz de distinguir entre uma aula sobre o racialismo "científico" do século XIX e uma atitude racista.

Segundo uma matéria sobre o caso, a aluna "recusou-se a fazer a prova e *acionou* o Movimento Negro para estudar medidas contra a professora".[11] A naturalidade com que a reportagem fala em "acionar" o tal "coletivo", reconhecendo-o como órgão fiscalizador, já dá uma medida de nosso estado de confusão cultural. Mas perturbador mesmo foi o envolvimento da Comissão de Igualdade Racial da OAB-RJ, que tomou partido da estudante. Para piorar, a professora aceitou submeter-se a esse ritual de humilhação, colocando-se voluntariamente em posição de *se explicar* para aquele bando de justiceiros.

---

[10] "Um trabalhador pede a palavra: 'Excelentíssimo povo brasileiro, precisamos de homens que vestem.' A linguagem primária do orador e os tropeços gramaticais levam as pessoas ao delírio. Aplaudir aqueles erros era uma forma de comunhão de classes." Ver: VENTURA, Zuenir. *1968: O ano que não terminou*. Rio de Janeiro: Nova Fronteira, 1988. p. 160.

[11] "Aluna da UFF acusa professora de discriminação por aplicar prova com texto sobre racismo." *O Globo*, 9 de setembro de 2013. Disponível em: <http://oglobo.globo.com/sociedade/educacao/aluna-da-uff-acusa-professora-de-discriminacao-por-aplicar-prova--com-texto-sobre-racismo-9882452>. Acesso em 17 abr. 2017.

Esse é o clima reinante nas universidades, um ambiente policialesco e totalitário, muito diferente daquele ideal de "abertura" e "arejamento" propalado aos quatro ventos pela esquerda. E, ainda que a maioria dos membros da comunidade acadêmica se ressinta desse ambiente, o fato é que ela se mantém silenciosa e passiva diante de uma ruidosa minoria de fanáticos. Essa, aliás, é uma dinâmica bem típica de processos revolucionários, como explica Crane Brinton num clássico sobre o tema:

> As massas não fazem revoluções. Elas podem ser recrutadas para mobilizações ostentatórias uma vez que a minoria ativa já tenha vencido a revolução. As revoluções do século XX, de direita como de esquerda, conseguiram aparentes milagres de participação da massa. Mas as impressionantes demonstrações registradas na Alemanha, Itália, Rússia e China não devem iludir o pesquisador cuidadoso da política. As vitórias comunista, nazista e fascista sobre os moderados não foram obtidas com a participação da maioria; todas foram obtidas por facções pequenas, disciplinadas, dogmáticas e fanáticas.[12]

A universidade brasileira passa nitidamente por um processo revolucionário, embora talvez fosse preciso recorrer ao conceito trotskista de "revolução permanente", pois que já vem de décadas. Uma vez ou outra, algum membro mais corajoso da comunidade acadêmica resolve se manifestar, mas logo é neutralizado por um duplo esquema de forças: de um lado, a reação histérica dos "coletivos"; de outro, os próprios pares, que, ostentando seu progressismo, simulam uma discordância ponderada, expressa em termos de afetada cortesia, apenas para, no fundo, dar respaldo à ação daqueles.

Foi o caso do professor Francisco Carlos Palomanes Martinho, do departamento de história da USP, que escreveu o importante artigo "A universidade não é uma ágora", no qual se lê:

> Chego às 13h30 e encontro um animado grupo de percussionistas. Malgrado a péssima qualidade do som, o evento parece aceito naturalmente em um local de trabalho inadequado para semelhante

---

[12] BRINTON, Crane. *The Anatomy of Revolution (Revised and Expanded Edition)*. New York: Vintage Books, 1965 [1938]. pp. 154-155.

"manifestação cultural". Que, aliás, repete-se em quase todos os dias. Às vezes em nome de alguma causa. Outras, sabe-se lá o motivo [...] O clima de banalização do espaço universitário vai além. Basta uma greve, por exemplo, para que cadeiras sejam retiradas das salas de aula e se transformem em barricadas a fim de impedir o livre acesso de docentes, alunos e funcionários. Mobilização fácil essa que, diga-se, resulta apenas no impedimento ao diálogo entre as partes conflitantes. Além da vedação à troca de ideias, muitas cadeiras, pagas pelos impostos da população, acabam, como é de se esperar, danificadas, resultando em prejuízo para o Estado e para o contribuinte. Prejuízo, aliás, que virou rotina de forma inacreditável. Só no ano passado, seis projetores foram roubados do prédio da História e Geografia. Ninguém foi responsabilizado. A solução óbvia seria a instalação de câmeras de segurança. Mas na USP contamos com a oposição dos que acham que as mesmas resultarão em "controle". Em nome de um discurso ideologizado, impede-se a defesa do patrimônio público. É como se um gestor tivesse que pedir licença para repor um vidro quebrado. Ou um diretor de uma repartição pública tivesse que pedir autorização para colocar as câmeras de segurança no metrô, na Secretaria de Fazenda ou no Hospital dos Servidores. Acanhados diante da obrigação de fazer valer a lei, *como se tal atitude nos fizesse reacionários*, ficamos calados. Esse é o caminho que, lentamente, a universidade trilha no sentido de seu definhamento. Não tenho dúvida de que o poder público também é responsável pela crise vivida nas universidades públicas. A novidade é que não são apenas os governantes os agentes da crise. Há inimigos internos, que desprezam o saber e a hierarquia acadêmica. Em nome de verdades absolutas, conduzidas por vanguardas autoritárias, não têm dúvidas sobre suas ações. São minorias que, ignoradas no mundo real, se escoram nessa bolha que tem se tornado a universidade [grifo meu].[13]

Medo de parecer reacionário: eis uma das principais razões, por infame que seja, da situação dantesca de nossas universidades. Como que para

---

[13] Ver: MARTINHO, Francisco Carlos P. "A universidade não é uma ágora." *Folha de S.Paulo*, 29 de maio de 2015. Disponível em: <http://www1.folha.uol.com.br/fsp/opiniao/220801-a--universidade-nao-e-uma-agora.shtml>. Acesso em 17 abr. 2017.

prová-lo, logo surgiram em resposta ao artigo postagens acusando o autor de reacionarismo e elitismo. Um colega de Palomanes Martinho reagiu com a demagogia costumeira, alegando preferir uma universidade que produza saberes de alto padrão "sem renunciar a seu lugar no mundo social". E concluiu, exibindo seu espírito aberto e tolerante: "Ágora é qualquer lugar onde se pensa sobre cidadania. Excluir a ágora é abrir mão da democracia." O sujeito só não explicou como é possível *pensar* sobre cidadania ou qualquer outro assunto ao som de latidos humanos, tijolos pen(i)osamente arrastados, palavras de ordem ("E o Cunha? E o Cunha?") e percussão mal tocada.

O nosso grande problema é que, justamente, a universidade brasileira já *não produz saberes de alto padrão*.[14] E não os produz *porque* tem empenhado toda a sua energia em não "renunciar a seu lugar no mundo social", ou, traduzindo do academiquês para o português, em organizar batucadas, bailes funk, manifestações contra o "golpe", desagravos a Luiz Inácio Lula da Silva, manifestos de apoio aos black blocs e aos palestinos, "ocupações" da reitoria, eventos de solidariedade a Fidel Castro e Nicolás Maduro, "beijaços", "saiaços" e "vomitaços" contra o machismo, cultos ao deus-ânus etc.

"Você acha que a sua aula é mais importante que a questão racial?", pergunta a militante do movimento negro a uma perplexa professora.

---

[14] Um banco de dados organizado pelo professor de bioquímica Marcelo Hermes Lima mostra que, nos últimos 15 anos, houve um aumento do número de trabalhos científicos publicados no Brasil e, ao mesmo tempo, uma piora considerável no nível desses trabalhos e uma queda de sua relevância em termos mundiais. Hermes Lima baseou-se no índice de *citações por paper* (CpP), mostrando que, em todas as áreas do saber, inclusive nas melhores, o Brasil despencou no ranking mundial. Nas palavras do pesquisador: "Fizemos uma análise do ranking mundial de citações por paper (CpP) em cada área do saber, ano a ano (entre 1996 e 2008)... Mostramos que o Brasil afunda, em especial de 2003-2005 para cá, neste ranking CpP em TODAS as principais áreas do saber. Por exemplo, em bioquímica e genética, estávamos em 19º lugar em 1996, e perdemos uma posição em 2000. Em 2003 passamos para o 21º lugar e em 2008 para uma vergonhosa 29ª posição. Isso é causado pelo aumento exagerado de publicações de brasileiros, sem um aumento paralelo de citações. Ora, e o que isso significa? Que o Brasil está, em média, produzindo cada vez mais papers com cada vez menos impacto internacional." E estamos falando aí das *hard sciences*, que é onde o Brasil ainda se sai razoavelmente bem. No domínio das ciências humanas, então, a performance brasileira é abaixo da crítica. Disponível em: <https://www.ufrgs.br/blogdabc/o-ocaso-da-ciencia-brasileira/>. Acesso em 17 abr. 2017.

Voilá! Essa pergunta diz tudo o que precisamos saber sobre o estado atual da universidade brasileira, local onde, de fato, qualquer coisa parece ser mais importante que uma aula, e o desejo de mandar triunfa sobre o de aprender.

Quando um pobre aluno comum, desses que não pertencem a nenhuma das castas superiores (movimento negro, movimento LGBT, movimento feminista, movimento sindical etc.), ousou interromper o discurso daquela militante para solicitar a retomada daquela atividade tão vilipendiada, teve de ouvir em resposta: "Quando o oprimido fala, o opressor se cala!" É assim que, diante do silêncio sepulcral da maioria paralisada, os alunos "opressores" são colocados no devido e subalterno lugar daqueles que — *fascistas não passarão!* — vão à universidade apenas para assistir às aulas, e não para fazer um mundo melhor.

Ora, basta examiná-lo com um mínimo de sobriedade, sem nos deixar guiar por sentimentalismo, para notar que o fetiche progressista de inserir a universidade em seu "mundo social" (para empregarmos o vocabulário cafona do crítico antes citado), ou "democratizar" a universidade (como também se costuma dizer em *novilíngua* revolucionária), não pode ser boa coisa. Em primeiro lugar, a simples sugestão de que uma universidade deva limitar-se a responder às exigências mais imediatas de seu contexto sócio-histórico traduz um brutal estreitamento da ideia original e antiutilitarista de universidade, tal como definida, por exemplo, pelo cardeal John Henry Newman no século XIX: "*A place of teaching universal knowledge*" ("Um lugar onde se ensina um conhecimento universal").[15] Qualidades tais como universalidade e supratemporalidade parecem haver se tornado inimagináveis para os adeptos da *universidade-inserida--em-seu-contexto.*

Quando, no trecho já mencionado do livro de Zuenir Ventura, Vladimir Palmeira critica a universidade de sua época por não estar "adaptada talvez nem ao século, quanto mais à década", temos aí a expressão mais perfeita do que qualificamos como o *provincianismo* ou a

---

[15] Ver: NEWMAN, John H. *The Idea of University.* Notre Dame (Indiana): University of Notre Dame Press, 1982.

caipirice temporal daquela geração.[16] Nada mais arrogante e mesquinho que querer restringir a universidade à função de caixa de ressonância de um momento político particular. Manifesta-se claramente aí um espírito que imagina não ter nada a aprender numa universidade, tomando-a, ao contrário, por mero instrumento das lições que pretende ministrar ao mundo. Não contente em "adaptá-la" — ou seja, *aprisioná-la* — ao século, um dos patriarcas da "abertura" da universidade queria adaptá-la à década. E desconfio, como já escrevi antes, que o objetivo final fosse mesmo adaptá-la — e assim aprisionar-nos — ao maldito ano de 1968.

Em segundo lugar, a proposta de abertura da universidade ao seu exterior é especialmente ridícula no Brasil, onde há décadas ela já não é propriamente "fechada" (se é que já foi um dia), não ao menos no sentido de um ambiente tradicional, de excelência, reunindo uma verdadeira elite de *scholars*. Estes — para continuarmos com a proposta antiutilitarista de uma educação liberal, tal qual avançada pelo cardeal Newman — seriam sujeitos dotados, mais que de saberes específicos, de uma *cultura* intelectual, espécie de *hábito* mental supra ou metacientífico, "cujos atributos são a liberdade, a equidade, a calma, a moderação e a sabedoria".[17]

Ora, se é que um dia houve esse tipo de *scholar* no Brasil, o fato é que hoje ele desapareceu até mesmo da lembrança. Quando se fala em "democratização" da universidade, raciocina-se sobre um estereótipo inaplicável à realidade contemporânea: a universidade como um espaço intocado, aristocrático, altamente elitista e palaciano, povoado por sábios e eruditos com ampla formação humanista, olimpicamente distantes da cultura popular graças à aquisição de um saber praticamente esotérico. Um espaço onde reinariam a calma, a moderação e a sabedoria newmanianas. Raciocina-se, enfim, como se nossas universidades fossem equivalentes a uma Cambridge ou uma Oxford do período vitoriano, caso em que, aí sim, as ideias de "abertura" e "arejamento" talvez fizessem algum sentido.

---

[16] Ver capítulo 6, Parte I.

[17] NEWMAN, op. cit. Discurso V.

Ao ingressar na universidade, lembro-me bem de ter experimentado algo próximo àquilo que descreveu o nosso grande Otto Maria Carpeaux:

> Jamais esquecerei o dia em que entrei pela primeira vez, com toda a ingenuidade dos meus 18 anos, no solene recinto da universidade da minha cidade natal. Um pórtico silencioso. Nas paredes viam-se os bustos dos professores que ali estudaram e ensinaram; no busto de um helenista lia-se a inscrição: "Ele acendeu e transmitiu a flâmula sagrada"; e no busto de um astrônomo: "O princípio que traz o seu nome ilumina-nos os espaços celestes." No meio do pátio, num pequeno jardim, sob o ameno sol de outono, erguia-se uma estátua de mulher nua, com olhos enigmáticos: a deusa da sabedoria. Silêncio. Não esquecerei nunca.
>
> A decepção foi muito grande. Via a biblioteca coberta de poeira, os auditórios barulhentos, estupidez e cinismo em cima e em baixo das cadeiras dos professores, exames fáceis e fraudulentos, brutalidades de bandos que gritavam os imbecis slogans políticos do dia, e que se chamavam "acadêmicos".

Sublinho, antes de tudo, a diferença de contexto. Carpeaux está falando do ambiente universitário e intelectual da Viena do início do século XX. Era a Viena de Freud, de Von Hofmannsthal, Mahler, Klimt, Rilke, Kelsen, Böhm-Bawerk, Mises, Wittgenstein, Gödel, Popper, Quine etc. Tratava-se, simplesmente, de um dos momentos culturalmente mais ricos de toda a história humana. Se, portanto, a universidade vienense de então o decepcionou, mal consigo imaginar a reação do pobre homem ao ingressar, como eu, numa universidade federal no Rio de Janeiro dos anos 2000.

É claro, portanto, que as minhas expectativas eram menores que as do sábio austro-brasileiro. Não havia pórtico silencioso, nem eu esperava que houvesse. Nas paredes, onde talvez devessem ficar os bustos dos antepassados que ali estudaram e ensinaram, o que havia eram frases pichadas — "*Free* Fernandinho Beira-Mar!", "Viva o Hezbollah!", "Queimando tudo até a última ponta!" e "Sexo anal contra o capital!". No meio do pátio, em lugar de uma estátua da deusa da sabedoria, sindicalistas e militantes políticos colavam adesivos de convocação para a próxima greve. "Fora, FMI!" e "Bandejão já!" eram alguns dos dizeres.

No mesmo local, índios guarani e hippies argentinos vendiam seu artesanato, enquanto funcionários da manutenção martelavam alguma coisa e gritavam uns com os outros. Silêncio? Ah, mestre Carpeaux, o senhor reclamava de barriga cheia.

Mesmo diante de tudo aquilo, ainda assim esperava ingressar num ambiente de algum modo distanciado do mundo ordinário, ao menos o suficiente para o aprendizado de coisas novas, que já não estivessem presentes na vida fora da academia, e que não pudessem ser apreendidas de outra forma. Ora, se fosse para encontrar tudo o que eu já encontrava ao redor, para que ingressar numa universidade, afinal de contas?

O fato é que nem aquela distância mínima eu encontrei. O que encontrei foi a palavra de ordem já nossa conhecida, inscrita numa parede e atribuída a Che Guevara: "A universidade deve se pintar de negro, de índio, de operário e de camponês. Ou então ficar sem portas; para que o povo possa ocupá-la e pintá-la com as cores que quiser." Abertura. Arejamento. Democratização.

Num primeiro momento, é claro, a mensagem cativou-me. Ah, quanto sentimentalismo escorrido em tinta guache! Sentia estar entrando num ambiente que valorizava o pluralismo, a tolerância o contato com "o povo", essa entidade mística tão cara aos progressistas. "Agora faço parte disso", pensava. E corria para comprar uma pulseira indígena. "Agora também sou mente aberta", exibia-me em frente ao espelho. E partia com tudo para cima do FMI.

Com o tempo, porém, já habituado ao contexto, descobri duas coisas. A primeira é que Che Guevara, o suposto autor da comovente frase, era racista, tendo os negros em baixíssima conta. Mas isso não importa tanto. O que de realmente significativo notei foi que a universidade já há muito não tinha portas. E que já estava toda pintada (rabiscada, seria a palavra certa), não sobrando muito espaço para as tintas do povo ou de quem quer que fosse. Os traficantes da favela São Remo, por exemplo, já haviam pintado um campus da USP com as cores que queriam: convertendo-o em boca de fumo. Pensei então com os meus botões: "Ora, será mesmo que o povo vai encontrar alguma coisa interessante e extraordinária aqui dentro? Será que não estamos todos superestimando as qualidades deste excelso ambiente?"

Porque, confesso a vocês, o que me habituei a ver dentro da universidade não me parecia muito diferente do que havia fora dela. Em lugar daquela sensação solene que se poderia esperar de quem adentra um local sagrado ou apartado do mundo (uma catedral, por exemplo), entrar numa universidade brasileira é hoje algo tão banal, e sobretudo ruidoso, quanto esperar um ônibus na Central do Brasil ou pegar o metrô no Largo da Carioca às 18 horas. Há ali tudo o que Che Guevara imaginou e mais um pouco: índios, sindicalistas, camponeses (militantes do MST, ao menos), ativistas, artistas de rua, sambistas, rappers, funkeiros, mendigos, políticos, ambulantes, crackudos, traficantes etc. O primado da inclusão parece mesmo ter triunfado. Mas, uma vez que, para a glória do progresso social, borraram-se os limites entre o interior e o exterior da universidade, já não se sabe muito bem *no que*, afinal de contas, os incluídos foram incluídos.

De fato, hoje o que de mais inusitado poderia ocorrer no ambiente acadêmico seria a presença ali de um autêntico *scholar*, um erudito versado em latim, grego e literatura clássica. Em mais de década dentro de uma universidade federal, somando-se graduação e pós-graduação, tive a chance de conhecer alguns campi ao redor do país. Hoje, depois de cinco anos longe dela, e tendo visto de tudo, só uma coisa geraria em mim verdadeira perplexidade: vê-la "pintada" de Homero, Platão, Aristóteles, Cícero, Santo Agostinho, Dante, Goethe... com as cores da alta cultura, enfim.

A universidade brasileira contemporânea goza, portanto, de um prestígio imerecido, iludindo aqueles que nela nunca pisaram ou os que, em já o tendo, fizeram-no há mais de meio século. No imaginário comum, a palavra "universidade" guarda ainda um sentido nobre e elevado, sendo uma espécie de índice de ascensão social. Ao depararmo-nos com ela, o que de imediato nos vem à mente não é a *realidade* desagradável daqueles ambientes insalubres e degradados que vamos retratando nesta conclusão, mas uma *ideia* pura de universidade.

Intuitivamente, o termo "universidade" não nos remete à mulher-cachorro, ao homem que arrasta tijolos com o pênis, aos invasores mascarados da reitoria ou ao reitor semialfabetizado do PSol. Pensamos, antes, em coisas como os tradicionais *colleges* britânicos e americanos, suas belas e imponentes bibliotecas, o charme da Sorbonne, a elegância de Coimbra. Encantados, pois, com a perenidade do significante, não notamos a transformação radical de significado.

Num artigo magistral sobre a origem e os diversos sentidos da universidade ao longo do tempo, Olavo de Carvalho explica:

> O problema está em que, enquanto a instituição vai mudando de natureza, não muda, em substância, a alta avaliação que a classe acadêmica faz de si mesma, como se os méritos de uma atividade extinta se conservassem, por mágica, após a mutação que a substituiu por algo de radicalmente novo e diverso. Ontem fazíamos dialéticos e contempladores? Hoje, com o mesmo ar de dignidade, fabricaremos retóricos, homens práticos e governantes; amanhã, sem nada perder do nosso *aplomb*, despejaremos nas ruas milhões de empregadinhos sem retórica nem dialética, mas carregados dos conhecimentos úteis e práticos necessários aos que obedecem sem pensar; e, finalmente, quando já não pudermos fazer nem isso, infundiremos nessa massa de ignorantes o orgulho da paixão, que fará o mundo tremer. Passaremos de filósofos a ministros, de ministros a gerentes, escriturários e caixas de banco, de gerentes e escriturários a agitadores de rua e consumidores preferenciais do mercado de drogas — sempre conservando intocado, acima de toda contingência histórica, o prestígio dos valores eternos que apadrinharam nossa primeira hora: o superior desinteresse do conhecimento, a intangibilidade da consciência intelectual, a autonomia da casta pensante, o ar beatificamente blasé do sábio envolto numa atmosfera que já não é deste mundo.

No Brasil, assim como fizemos a contracultura antes da cultura, "abrimos" a universidade sem que ela jamais fora realmente "fechada", ou seja, propiciadora daquela cultura intelectual universalista de que falava Newman. E o que temos hoje são instituições que, ano após ano, despejam na sociedade basicamente duas categorias de graduados: nos melhores casos, técnicos competentes (de hábito provenientes das áreas de exatas e biomédicas), mas ignorantes de tudo quanto escape à sua restritíssima especialidade;[18] nos piores, jovens protoburocratas (usualmente da área de humanas) desde já à espera da aposentadoria, e hordas de militantes políticos.[19]

Percebe-se então que toda a retórica referente à abertura da universidade é fraudulenta de cima a baixo. No fundo, ela não passa de autoexibicionismo moral por parte de seus entusiastas, cujo propósito é justo o inverso do alegado: mascarar um verdadeiro *fechamento* intelectual, este sim nocivo, porque não deriva do exercício natural das práticas de conhecimento, mas de um artifício pensado para fins de *distinção*.[20] A tolerância da esquerda acadêmica não passa de farisaísmo. Ela cessa nos limites do consenso político-ideológico.

Quem o confessa com rara autoironia (inimaginável na esquerda brasileira) é um campeão do esquerdismo norte-americano, o jornalista Nicholas Kristof, do *New York Times*: "Aceitamos muito bem as pessoas *que não se parecem* conosco, com a condição de que *pensem como nós*."[21] Pintar a universidade de índio, de negro e de camponês, tudo bem, conquanto esse índio, esse negro ou esse camponês aceitem incondicionalmente a agenda da esquerda.

---

[18] São os "novos bárbaros" referidos por Ortega y Gasset — médicos que nunca leram um livro além de *O pequeno príncipe* (se tanto); engenheiros incapazes de citar uma data histórica importante; biólogos analfabetos funcionais. Levam uma vida mecânica, de morto-vivo, e, mesmo quando financeiramente bem recompensada, quase sempre frustrante. Durante a semana, entediados, vão da casa para o trabalho e deste para a casa, apenas para, aos finais de semana, entregarem-se a explosões compensatórias de hedonismo, sempre descuidando da vida do espírito. Em seu favor, diga-se apenas que vivem do suor do próprio trabalho e não costumam perturbar ninguém.

[19] Esses conformam a *Nova Classe* de que fala Meira Penna: "As palavras representam para a Nova Classe o que é a moeda para os capitalistas, o trabalho para o proletariado, a força armada para os militares e o poder legítimo para os políticos. Fundamentalmente, os membros da Nova Classe são todos aqueles que detêm a informação — a informação abstrata, teórica e geral, se são intelectuais; a informação concreta, específica e prática, se são burocratas." Ver: MEIRA PENNA, José Osvaldo. *O dinossauro: Uma pesquisa sobre o Estado, o patrimonialismo selvagem e a nova classe de intelectuais e burocratas.* São Paulo: T. A. Queiroz, 1988. p. 271.

[20] Ver: BOURDIEU, Pierre. *A distinção: crítica social do julgamento.* São Paulo e Porto Alegre: Edusp/Zouk, 2007.

[21] KRISTEN, Nicholas. "A Confession of Liberal Intolerance." *New York Times*, 7 de maio de 2016. Disponível em: <http://www.nytimes.com/2016/05/08/opinion/sunday/a-confession-of-liberal-intolerance.html>. Acesso em 17 abr. 2017.

O truque é o seguinte: ao exibir-se como defensor da democratização ou popularização da universidade, o acadêmico progressista reafirma, por contraste, o estereótipo da universidade como domínio privilegiado ("fechado") de uma elite intelectual da qual ele, acadêmico progressista, faria parte. Mostrando-se, portanto, condescendente com o que está fora da academia, o acadêmico faz-se também de *superior*, pois só quem está em posição superior pode condescender com os que estão por baixo.[22] É mediante essa condescendência que se transmite a impressão de que a redução da discrepância cultural entre o acadêmico e o não acadêmico decorre de um ato de boa vontade daquele, quando ela é fruto, na verdade, da decadência da formação universitária contemporânea.

Recordo mais uma vez o *insight* de Daniel Pécault sobre os intelectuais brasileiros: "A ideologia lhes permite [...] ser elite quando necessário, ou povo quando conveniente." A arenga da popularização (ou deselitização) da universidade serve precisamente para que indivíduos intelectualmente medíocres sintam-se membros de uma elite intelectual no instante mesmo em que fingem renegá-la. Simulando descer de seu pedestal imaginário e estender suas mãos magnânimas ao povo, tudo o que os apóstolos da abertura fazem é reivindicar um título, um distintivo, um status que, em termos puramente meritocráticos, eles não teriam como obter.

No Brasil, nossa vetusta sensibilidade bacharelesca fez com que a universidade jamais fosse vista como meio de edificação do espírito, senão de ostentação de capital intelectual. Nas ciências humanas isso é particularmente nítido. Hoje, no Brasil, mesmo nas universidades federais mais (imerecidamente, já vimos) badaladas, um sujeito consegue formar-se historiador, cientista social ou filósofo sem ter lido uma única obra inteira dos clássicos da disciplina, apenas fragmentos dispersos de meia dúzia de autores, resumos de internet e trechos da Wikipédia. Das poucas páginas xerocadas que leu e manchou com a indefectível caneta marca-texto amarela, talvez não tenha chegado a absorver sequer 10%

---

[22] "Um dos erros mais nefastos da *intelligentsia* brasileira foi acreditar que ela própria, a elite intelectual do país, se situava em planos espirituais mais ou menos próximos daqueles em que se situam as elites das nações possuidoras de uma grande e antiga cultura." VIEIRA DE MELLO, Mário. *Desenvolvimento e cultura: o problema do estetismo no Brasil.* 3ª edição. Brasília: Fundação Alexandre de Gusmão, 2009. p. 76.

do conteúdo. Sai da faculdade sem saber redigir um texto em português decente, mas com o diploma em mãos. Como num passe de mágica, isso faz dele um intelectual.

Em termos de cultura geral, portanto, há pouca diferença hoje entre um universitário e um não universitário. A bem da verdade, é mais provável que, em média, um não universitário, por haver preservado sua inteligência natural contra o assédio da estupidificação ideológica ora reinante na academia, seja intelectualmente mais capaz que um universitário-padrão. E é precisamente aí que entra a condescendência do acadêmico mente aberta, para *restabelecer artificial e farsescamente aquela diferença inexistente na prática*. Se ele clama pela abertura das portas da universidade é por pretender posar de porteiro. Fala em arejá-la para fingir ser ela um clube fechado de sábios, clube do qual, docemente constrangido, ele faria parte. Assim, o finório ganha em todas as mesas: mantém seu status de membro de uma instituição (supostamente) de elite e, ao mesmo tempo, ostenta sua tolerância e rebeldia em relação aos pares, que, por sua vez, fazem a mesmíssima coisa, cada qual se sentindo a ovelha mais negra num rebanho todo feito de ovelhas negras.

Convém observar que, embora radicada na universidade, aquela postura demagógica transbordou para a vida cultural do país. Um exemplo esclarecedor disso que podemos chamar de condescendência marota ou autocompensatória por parte de intelectuais progressistas se deu por ocasião da publicação de uma versão "simplificada" do conto *O alienista*, de Machado de Assis, um caso que gerou muita controvérsia em 2014.

Naquele ano, uma escritora e empresária de nome Patrícia Secco foi autorizada pelo Ministério da Cultura, via Lei Rouanet, a captar R$ 1,45 milhão para "popularizar" a leitura de quatro clássicos da literatura brasileira, entre os quais *O alienista*. À época, a justificativa da moça foi a seguinte: "Entendo por que os jovens não gostam de Machado de Assis. Os livros dele têm cinco ou seis palavras que não entendem por frase. As construções são muito longas. Eu simplifico isso."

Como era de esperar, o resultado da "simplificação" operada por Secco e uma equipe formada "por um monte de gente" (segundo a própria) foi uma grotesca mutilação da límpida e certeira prosa machadiana, incorrendo não apenas em violações de estilo, mas também em distorções de sentido.

Claro que a intenção alegada era belíssima, como sói serem belas as intenções dos justiceiros sociais: ampliar o acesso ao universo literário do bruxo do Cosme Velho. Mas tal como se passa com a dita democratização da academia, pela qual muita gente foi incluída em algo que só se pode continuar chamando de *universidade* graças a uma espécie de nostalgia terminológica, aqui também os "incluídos" compram gato por lebre, pois o que se lhes está oferecendo pode ser qualquer outra coisa, mas já não é Machado de Assis.

Em face das críticas recebidas, a emenda da reescritora saiu pior que o soneto:

> Estou horrorizada. É muito triste pensar que algumas pessoas acham que Machado de Assis, o mestre da literatura brasileira, não pode ser lido pelo sr. José, eletricista do bairro do Espinheiro, que, apesar de gostar de ler, não cursou mais que o primário, ou pelo Cristiano, faxineiro de uma farmácia de Boa Viagem, que não sabe nem mesmo o significado da palavra boticário.

Ora, lendo a fala acima, nota-se claramente que é a própria Secco, e mais ninguém, quem acha que o seu José, eletricista, e o Cristiano, faxineiro, *não podem ler Machado de Assis*. Ela sim pressupõe que o Cristiano, por ser faxineiro de uma farmácia de Boa Viagem, desconheça o significado da palavra boticário, e que, mesmo em sendo este o caso, não seja capaz de, por si próprio, procurar um dicionário ou perguntar para alguém. Se Secco está mesmo tão preocupada com o destino de seu José e Cristiano, seria bom antes de tudo não os ter em tão baixa conta, e incentivá-los a desfrutar de uma literatura de alto nível, não de uma réplica vagabunda *made in China*. Mas o amor dos esquerdistas pelos mais pobres é mesmo um estranho, estranho amor.

De minha parte, estou disposto a apostar que seu José e Cristiano compreenderiam perfeitamente bem Machado de Assis. No mínimo, compreenderiam melhor que Patrícia Secco e sua equipe de reescritores. Não digo isso por demagogia. Ao contrário dos intelectuais de esquerda, não nutro nenhuma reverência mística pelos pobres. Tampouco acredito que as ditas "classes sociais" definam o destino de alguém. Fosse assim, o próprio Machado, menino pobre e mulato que vendia doces com o pai no centro do Rio para sobreviver, não teria descido o Livramento a pés descalços para se transformar num dos maiores escritores da América Latina. O que faz das pessoas boas ou más, inteligentes ou burras, cultas ou incultas, esforçadas ou preguiçosas, não tem nada a ver com classe social, e só mesmo um infeliz reducionismo submarxista pôde levar o Brasil a crer nessa besteira.

Portanto, repito, o que me faz apostar que José e Cristiano compreenderiam o texto machadiano melhor que Patrícia Secco não é a crença — da qual não comungo — num saber esotérico supostamente intrínseco às classes populares. Ao contrário. Se confio mais na leitura do faxineiro e do eletricista é apenas por conhecer a péssima formação cultural e intelectual dos membros da assim chamada "elite" brasileira, especialmente depois de se haverem sentado nos bancos universitários e absorvido doses maciças de desconstrucionismo, relativismo, pragmatismo e demais redutores da cognição terminados (ou não) em *ismo*. Secco e sua equipe de simplificadores profissionais imaginam ser culturalmente superiores a José e Francisco. Supõem estar em condições de mastigar para eles a obra de Machado. Ledo autoengano.

Depois de examinar minuciosamente as barbaridades cometidas pela simplificadora — como, por exemplo, a substituição do original "Uma volúpia científica alumiou os olhos de Simão Bacamarte" por "Uma *curiosidade* científica *iluminou* os olhos de Simão Bacamarte" —, o jornalista goiano José Maria e Silva matou a charada e pôs sob a luz de holofotes essa condescendência autocompensatória de que vamos tratando:

> Por que Patrícia Secco e sua equipe cometem essa profusão de erros de extrema gravidade ao adaptar o conto de Machado de Assis? Sem dúvida, porque não estão à altura da tarefa. No fundo, a escritora e seus amigos jornalistas, a cada vez que buscam um sinônimo para um termo ou expressão do conto, estão traduzindo a obra para eles próprios e não para o eletricista, o faxineiro, o motorista de táxi, que precisam menos do que eles dessa facilitação. Para se ter uma ideia do quanto é absurda essa adaptação, Machado empregou o termo "transeuntes" e a adaptadora achou por bem substituí-lo pela expressão

"os que por ali passavam". Imagino Patrícia Secco ouvindo uma rádio AM do interior na década de 1970, quando o Brasil era muito menos escolarizado do que hoje. Ela ficaria pasmada (ou "espantada" conforme sua tradução de Machado) ao se dar conta de que um dos grandes sucessos de Tonico e Tinoco, dedicado por peões de fazenda às suas respectivas namoradas, era a canção "O gondoleiro do amor", um poema de Castro Alves, cantado pela dupla caipira ao som de violinos. Saudosos tempos em que uma dupla de lavradores elevava o povo até Castro Alves; hoje, gente como Patrícia Secco faz é rebaixar o povo quando dá a ele um Machado de Assis no nível de si mesma.[23]

De volta à universidade, e seguindo a mesma lógica, um fenômeno tem sido celebrado como expressão de uma academia mais plural e democrática: o surgimento dos assim chamados "intelectuais periféricos", figuras que, não obstante oriundas da cultura popular e carentes de educação formal, seriam portadoras de um saber (ou "saberes", no plural, que soa ainda mais politicamente correto) valioso e inacessível a bacharéis, mestres e doutores.

Um dos primeiros a usar o termo foi um sociólogo da Unicamp, cuja tese de doutorado, defendida em 2012, analisa a "trajetória intelectual" do rapper Mano Brown, líder dos *Racionais MC's*. Sem grande inovação, tudo o que o autor faz é aplicar o conceito gramsciano de intelectual para demonstrar como Brown tem sido um dos mais destacados "organizadores da cultura" da periferia de São Paulo. Brown é também, como se sabe, um agitador político pró-PT, portanto totalmente inserido no grande esquema de poder montado pelo partido-Príncipe antes, durante e depois de sua presença no comando do Estado. Não por acaso, o rapper foi chamado de "rebelde chapa-branca" por um desafeto, o cantor Lobão.

Em matéria na *Carta Capital*, um jornalista de extrema esquerda mostrou-se deslumbrado com a história: "Mano Brown é um intelectual. Repetindo: o líder dos Racionais MC's é um intelectual! Quem afirma isso é o sociólogo" fulano de tal. E se o sociólogo (ou seja, o intelectual tradicional, não periférico) chancela, está batido o martelo. Repete-se mais

---

[23] Ver: MARIA E SILVA, José. "Discípula de Paulo Freire assassina Machado de Assis." *Jornal Opção*, ed. 2028, maio de 2014.

uma vez a imagem estereotipada da academia como espaço originalmente aristocrático, que só muito a contragosto, e vagarosamente, começara a abrir suas portas a saberes informais de origem popular. O pressuposto do eufórico jornalista de mente aberta é que, desde tempos imemoriais, *intelectual* vem sendo tratado como sinônimo de *acadêmico*, mas que agora, felizmente, tudo estaria mudando, com o salutar aparecimento dos intelectuais não acadêmicos, ou "periféricos".

Tudo muito bonito e comovente não fosse a premissa inteiramente falsa. Nunca houve, ao longo da história, essa associação necessária entre ser intelectual e frequentar a academia. Em diversos momentos — como, aliás, este que vivemos —, as duas coisas chegaram a ser quase antagônicas. Boa parte dos grandes intelectuais da história (e isso vale para o Brasil) desenvolveu seu pensamento fora ou, no mínimo, à margem da academia. Em contrapartida, há décadas que praticamente não se encontra dentro da academia brasileira um intelectual genuíno, com ampla cultura geral, boa formação humanista e autonomia para buscar um conhecimento verdadeiro da realidade.

Mais uma vez, a distância cultural entre Mano Brown e o sociólogo que carimba o seu título de "intelectual periférico" é bem menor do que se imagina. Como dissemos, há hoje mais rappers, sambistas e funkeiros dentro da universidade brasileira do que *scholars*. Quem, nesse ambiente, costuma se revelar intelectualmente mais capacitado o faz quase sempre *a despeito da academia*, e não graças a ela. Logo, não é por não pertencer à academia que Mano Brown (progressistas, tapem os olhos para o que vou escrever!) *não é um intelectual*. Ora, a maior parte dos que pertencem também não é. A obtenção de um diploma universitário, a obediência a determinados protocolos burocráticos e regras de etiqueta acadêmica, o domínio mais ou menos competente das ideias de meia dúzia de autores não fazem de ninguém (e em muitos casos desfazem) um intelectual. Ostentar uma cara de mau, criar rimas pobres contra a polícia e defender um partido político tampouco.

Intelectuais periféricos, à margem da academia, já os tivemos e temos. Periféricos foram Mário Ferreira dos Santos, Vilém Flusser, Miguel Reale. Periférico é Olavo de Carvalho, o maior intelectual brasileiro vivo. Em dado momento da vida, até mesmo Gilberto Freyre foi empurrado para a periferia da academia brasileira, quando Florestan Fernandes e seus rebentos uspianos, em nome do pseudorrigor acadêmico, tentaram lançá-lo ao ostracismo. Sem sucesso, é claro, pois intelectual não é aquele que, depois de redigir em academiquês uma tese logo esquecida pelo tempo, obtém o direito de ostentar títulos e galgar posições dentro da academia, mas aquele cuja obra e ensinamentos são um legado para a posteridade.

Longe de mim querer negar a qualidade periférica de Mano Brown. Sim, ele é inegavelmente periférico. Ele só não é um *intelectual* periférico, exceto, mais uma vez, naquele sentido utilitarista elaborado por Gramsci. Mas aí já não estamos falando de estudo, conhecimento, erudição e busca pela verdade, mas de poder, ocupação de espaços, propaganda ideológica, hegemonia. Este, aliás, o objetivo da "promoção" de Mano Brown à condição de intelectual: para que ele pudesse, com maior autoridade, entrar na guerra cultural então movida pelo PT contra o Brasil. E, com efeito, no sentido gramsciano da coisa, Mano Brown é tão intelectual quanto Marilena Chauí. Cada qual no seu estilo, ambos promovem o pensamento único do intelectual coletivo, reconhecendo-se pelas onomatopeias características do bando: "E o Cunha?" (por vezes substituída por "E o Aécio?"), "Primeiramente, fora Temer!" ou "Nunca antes na história deste país".

Diferente do que sugere a vulgata midiática, portanto, a diferença significativa não é entre *periféricos* (não acadêmicos) e *acadêmicos*. A diferença significativa é entre *intelectuais* (espécime cada vez mais raro no país da "caetanização da vida intelectual")[24] e *não intelectuais*. Nesta última categoria, incluem-se tanto o Mano Brown quanto o autor da tese sobre ele. Diga-se novamente: ao condescender com o rapper (como outros fazem com sambistas, funkeiros e duplas sertanejas), o acadêmico não faz mais que simular uma superioridade intelectual sobre ele. Superioridade falsa, não porque o rapper seja algo mais que aparenta,

---

[24] Ver: FERREIRA, Gabriel. "A 'caetanização', ou a essência da intelectualidade brasileira." *Gazeta do Povo*, 3 de novembro de 2013. Disponível em <http://www.gazetadopovo.com. br/opiniao/artigos/a-caetanizacao-ou-a-essencia-da-intelectualidade-brasileira-3y4ro-63wiu2b3j12i8m88lnpq>. Acesso em 17 abr. 2017.

mas, ao contrário, porque o acadêmico é algo menos. No Brasil, deu-se uma nivelação por baixo: não foram os artistas populares que *se elevaram* (se é que se possa falar em "elevação" aí) à condição de intelectuais. Os intelectuais é que passaram a fazer e dizer as mesmas coisas que os artistas populares.

Temos que se Mano Brown é um intelectual, a funkeira Valesca Popozuda é uma "grande pensadora contemporânea". Foi o que afirmou no enunciado de uma prova um professor de filosofia que dá aulas para uma turma do ensino médio em Brasília. Na explicação do professor, o objetivo era provocar a imprensa e suscitar um debate sobre o preconceito contra a mulher. Na minha explicação, o homem queria aparecer e ostentar seu progressismo em público.

Fato é que o objetivo foi alcançado, e a curiosa proposição, é claro, fez a alegria dos jornalistas, sempre ávidos por "polêmicas" do tipo. Houve críticas, discussão e disse me disse. Mas, no fim das contas, quase todo mundo (incluindo a própria Valesca Popozuda, demonstrando nisso maior discernimento que o professor) tratou a coisa por aquilo que só poderia ser: uma grande brincadeira. Fora do ambiente acadêmico e da pequena província dos intelectuais progressistas, o assunto morreu. E o grosso da opinião pública não percebeu que ele era menos engraçado que parecia, ao menos para alguns.

Em entrevista à *Folha de S. Paulo*, o professor demonstrou estar falando a sério, e fez questão de corrigir o senso comum de quem viu no enunciado algo de absurdo ou simplesmente humorístico. Para comprovar que, sim, Valesca Popozuda pode ser considerada uma grande pensadora contemporânea, o professor decidiu dar uma "carteirada" acadêmica na cara da sociedade:

> De acordo com os filósofos contemporâneos franceses, todo aquele que consegue construir conceitos é um filósofo, é um pensador. Se a Valesca constrói conceitos com a sua música, não tem porque ela não ser uma pensadora.

Eis o resultado de décadas de massacrante imposição da verborragia *soixante-huitardista* sobre espíritos carentes de preparo filosófico. Sem citá-los nominalmente, talvez por desconhecer a origem precisa das próprias palavras, o professor referia-se a Gilles Deleuze e Félix Guattari, que, numa de suas obras coautorais, definem a filosofia como "a arte de formar, de inventar, de fabricar conceitos".[25] Concorde-se ou não com a definição de filosofia proposta pelos autores,[26] ela depende de uma longa e prévia discussão sobre *o que é um conceito* — sendo este, aliás, o título do primeiro capítulo do livro da dupla de filósofos. Dizer que "Valesca *constrói conceitos* com a sua música" é empregar um vocabulário pseudo-técnico para afirmar uma banalidade, conferindo-lhe aparência de coisa profunda: que Valesca se expressa por meio de sua música.[27]

Mas o pobre do professor não é, nem de longe, o maior culpado por esse estado de coisas. Ele já foi formado num ambiente de confusão e ausência de parâmetros, em que a linguagem já não serve para referir a realidade, senão apenas para manifestar intenções subjetivas e induzir respostas emocionais. Prova disso é a maneira com que um outro professor, esse da UNB, reagiu à polêmica:

> Não vejo nenhum problema em usar trechos de músicas ou poemas em provas. Por outro lado, *eu faria algumas restrições* ao chamar a funkeira de grande pensadora, já que esse tipo de título deve ser dado a pessoas que tenham dado alguma contribuição significativa à produção seja musical, teatral ou no campo acadêmico. Chamá-la de grande pensadora parece um *exagero* [grifos meus].

Selecionei de propósito um acadêmico contrário a que se considere Valesca Popozuda uma grande pensadora contemporânea. Mas garanto que muitos são favoráveis. Hoje, a lista de figuras que, a sério, são consideradas "intelectuais" ou "grandes pensadores" dentro de uma faculdade brasileira de humanas faria o leitor cair de costas. O nome da Popozuda

---

[25] Ver: DELEUZE, Gilles e GUATTARI, Félix. *O que é a filosofia?* São Paulo: Editora 34, 1992. p. 10.

[26] Eu, por exemplo, acho que um de seus grandes defeitos é permitir essa associação irresponsável entre filosofia e *criatividade* ou *expressividade*.

[27] Seria, ademais, um exercício curioso imaginar que conceitos têm sido criados pela música de Popozuda em trechos como "Aumenta a sua bunda pra você ficar feliz" ou "Pega no meu grelo e mama".

talvez não seja um dos mais inapropriados. Mas voltemos ao autor do comentário anteriormente.

Notem que o homem se vê na obrigação de argumentar racionalmente sobre por que não devemos considerar Valesca Popozuda como uma "grande pensadora contemporânea". Se, fora da universidade, o tema foi inequivocamente tido por piada, dentro dela é preciso medir as palavras, agir com muita cautela e pisar em ovos. O cauteloso professor não afirma ser um absurdo, um descalabro, um troço ridículo tratar a Popozuda como pensadora. Não, ele apenas faz — ou pior, *faria* — "algumas restrições" quanto a isso. Não se trata de loucura, escárnio ou gozação. Trata-se apenas, diz ele, de "um exagero".

O professor tem razões para agir assim. Caso negasse peremptoriamente o estatuto de grande pensadora à Valesca Popozuda, poderia ferir mil e uma suscetibilidades, sendo, ato contínuo, acusado de preconceituoso, machista e racista. "Você despreza o funk por ser música de preto e favelado?", questionaria um *coletivo*. "Você está dizendo que mulheres não podem ser grandes pensadoras?", perguntaria outro. E assim, depois de formado o redemoinho acusatório, não é impossível que o pobre acabasse alvo de um processo administrativo.

Enfim, só o fato de que se precise explicar com tanta reticência por que a referida funkeira *não é uma grande pensadora* sugere que essa possibilidade mesma — a de que ela seja — já entrou no horizonte mental dos nossos acadêmicos. E, se aí já está, é porque logo, logo será convertido em senso comum entre os jornalistas. Hoje, no Brasil profundo da academia, já não é imediatamente óbvio que Valesca Popozuda não seja uma grande pensadora. De agora em diante, quem quer que ouse ver nisso algo de estranho terá de se explicar.

Portanto, por mais que ainda soe estranho aos ouvidos de muitos, afirmo sem pestanejar: Valesca Popozuda é, hoje, o que há de mais *establishment* dentro da academia. O leitor talvez se lembre que, antes mesmo de ser citada como "grande pensadora contemporânea" pelo professor de filosofia em Brasília, a moça já havia sido escolhida patronesse de uma turma de formandos da Universidade Federal Fluminense e tema de um projeto de pós-graduação intitulado "My *pussy* é poder — A representação feminina através do funk no Rio de Janeiro: Identidade, feminismo e indústria cultural", que permitiu à autora ser aprovada em 2º lugar no concurso para o mestrado daquela instituição.

Muito embora o funk, o hip hop, o samba, o jongo e outras expressões da cultura popular já há muito tenham lugar cativo dentro das universidades brasileiras, nossa imprensa continua raciocinando com base num estereótipo de universidade que, como vimos, jamais correspondeu à realidade nacional, muito menos a dos últimos trinta anos. Foi assim que, em reportagens sobre as popozudices acadêmicas antes mencionadas, escreveram-se coisas como:

> Os formandos do curso de Estudos de Mídia da Universidade Federal Fluminense resolveram *quebrar a tradição da faculdade* e elegeram como patronesse a funkeira Valesca Popozuda.[28]

Ora, como tenho mostrado nesta conclusão, "quebrar a tradição da faculdade" é uma tradição inquebrantável nas faculdades brasileiras desde os anos 1960. Onde está a novidade? Depois de mil vezes repetida, a subversão só pode causar tédio. Menos, é claro, para um jovem jornalista brasileiro, a quem a ignorância histórica propicia um renovado estoque de deslumbramentos:

> A aprovação da aluna em segundo lugar no curso com o tema e escolha de Valesca Popozuda para patronesse de uma turma de Estudos de Mídia indicam *uma abertura na Universidade Federal Fluminense* para um assunto que nem sempre foi acolhido pelo mundo acadêmico [grifos meus].[29]

A essa altura, o leitor já deve estar se perguntando: "Mas só há abertura? Sempre abertura? Nunca se fecha nada?" Sim, às vezes fecham. Quando é do seu interesse, o acadêmico mente aberta sabe apelar aos pormenores

---

[28] Ver: "Valesca Popozuda é escolhida como patronesse em formatura da UFF." *G1*, 10 de abril de 2013. <http://g1.globo.com/educacao/noticia/2013/04/valesca-popozuda-e-escolhida-como-patronesse-em-formatura-da-uff.html>. Acesso em 17 abr. 2017.

[29] Ver: "Aluna passa em 2º lugar em mestrado com projeto sobre Valesca Popozuda." *G1*, 18 de abril de 2013. <http://g1.globo.com/rio-de-janeiro/noticia/2013/04/aluna-passa-em-1-lugar-em-mestrado-com-projeto-sobre-valesca-popozuda.html>. Acesso em 17 abr. 2017.

mais irrelevantes do costume universitário para bater a porta na cara do forasteiro indesejado. É quando entram em jogo todos os símbolos de distinção bacharelesca, e a fronteira entre o interior e o exterior da universidade passa a ser guarnecida com muros de aço.

Foi o que aconteceu, por exemplo, com a jornalista Rachel Sheherazade, que à época fez críticas à aprovação do projeto de pesquisa sobre a Popozuda, alegando, com razão, que a verba pública destinada às universidades federais deveria ser gasta em pesquisas relevantes, não para satisfazer gostos pessoais e bancar entretenimento privado mascarado de pesquisa.[30] Além disso, a jornalista teceu apreciações estéticas sobre o funk, sugerindo ser ele um estilo de mau gosto, e lamentando a sua celebração como alto patrimônio cultural por parte da *intelligentsia*.

Pronto! Era o que bastava para entornar o caldo. Porque os intelectuais progressistas podem suportar qualquer coisa, até mesmo que se lhes xinguem a mãe, menos que se blasfeme contra o funk (e o Paulo Freire!). Tendo as críticas partido de uma jornalista ademais reconhecida por suas posições conservadoras, elas foram recebidas com particular ferocidade.

---

[30] A prática tem sido recorrente no universo acadêmico contemporâneo, e inclui até mesmo o financiamento público de fantasias sexuais. Na Faculdade de Filosofia e Ciências Sociais da UFBA (Universidade Federal da Bahia), por exemplo, foi defendida uma dissertação intitulada "Fazer *banheirão*: As dinâmicas das interações homoeróticas nos sanitários públicos da Estação da Lapa e adjacências". O autor, que durante 17 meses recebeu uma bolsa da Capes (Coordenação de Aperfeiçoamento de Pessoal de Nível Superior) para sua pesquisa, a descreve nos seguintes termos: "Diante dessa conjuntura, achei necessária a escrita de um texto *autoetnográfico*, em que a posição do pesquisador diante do objeto fosse explicitada. Esta dissertação foi construída por mim, homem negro, morador do Subúrbio Ferroviário de Salvador, assumidamente homossexual e *adepto da deriva urbana e da 'pegação' em banheiros públicos*. Logo, esse relato não é apenas sobre a vida sexual de 'outros' homens que buscam interações sexuais em banheiros, e, sim, *sobre uma reunião de relatos autobiográficos, observações participantes* e depoimentos de homens que partilham da mesma prática" [grifos meus]. Fenômenos como esse são frequentes hoje porque, além da completa falta de parâmetros observada em nossas faculdades de humanas, qualquer ressalva aí seria condenada como discurso de ódio homofóbico e racista, dado que o autor é gay e negro. O vale-tudo nas ciências humanas nacionais chegou a tal ponto que, no Facebook, surgiu uma página de humor intitulada *Lattes: Greatest Hits*, que reúne amostras das mais excêntricas teses e dissertações produzidas atualmente.

Reagindo de imediato às opiniões de Sheherazade, a autora do projeto redigiu uma carta-resposta em seu blog, uma espécie de *"J'Accuse"* em que se lê:

> Gostaria de agradecer à visibilidade que estão dando ao projeto sobre funk e feminismo. Quero agradecer também por serem claros ao exibirem todo o conservadorismo de Rachel e o oportunismo de vocês [...] Em primeiro lugar, Rachel, logo na apresentação da matéria, um pequeno erro demonstra seu "vasto" conhecimento sobre a área acadêmica: no mestrado não se faz tese, e, sim, dissertação. A tese só chega com o doutorado. Mas tudo bem, este é um erro bastante comum para quem está afastado do ambiente acadêmico e, *mesmo assim*, pretende julgá-lo ferozmente.[31]

Slam! — porta fechada e exigência de credenciais. A moça mal acabara de ingressar no mestrado e já tinha incorporado o espírito de fiscal de fronteira, esfregando sua "carteira" acadêmica no nariz da estrangeira: "Eu sei a diferença entre dissertação e tese, você não! Fora!" Inclusão, abertura, tolerância? Ficam para depois, destinando-se apenas aos forasteiros que possam ser tomados como *objeto* de um discurso ideológico pronto, não àqueles que, como Rachel Sheherazade, ousam bancar o *sujeito* de uma crítica externa à universidade. Quem é você para nos julgar, estrangeira? — é a pergunta que a popozudóloga lança desafiadoramente à jornalista.

No entanto, comentando sobre a escolha de Popozuda como patronesse da turma de formandos, a recém-mestranda nos havia explicado:

> Aquela turma ter escolhido a Valesca foi uma atitude ideológica. Estamos aqui para dizer que *não existe baixa cultura*. A minha turma escolheu o Saramago. Colocaram os dois em pé de igualdade, talvez para mostrar que *a hierarquização da cultura só é prejudicial* para a discussão [grifos meus].[32]

---

[31] Ver: "Carta-resposta a Rachel Sheherazade", 21 de abril de 2013. A autora assina "Mariana (popozuda) Gomes". https://marivedder.wordpress.com/2013/04/21/carta-resposta-a-rachel--sheherazade/>. Acesso em 17 abr. 2017.

[32] Ver: "Aluna passa em 2º lugar em mestrado com projeto sobre Valesca Popozuda." *G1*, 18 de abril de 2013. Disponível em: <http://g1.globo.com/rio-de-janeiro/noticia/2013/04/aluna-passa--em-1-lugar-em-mestrado-com-projeto-sobre-valesca-popozuda.html>. Acesso em 17 abr. 2017.

A coisa é mesmo ambígua. A hierarquização da cultura é prejudicial, com exceção talvez daquela que opõe quem sabe e quem não sabe reconhecer a diferença entre tese e dissertação. Mas a mestranda linha-dura continua:

> Como eu disse ao G1 e digo diariamente, *hierarquizar a cultura só prejudica*. Essa hierarquia construída ao longo de séculos e baseada em um gosto de classe muito bem definido, no qual apenas o que elites definem o que é cultura e o que não é — ou, nas suas palavras, o que é "luxo" e o que é "lixo" — precisa ser COMBATIDA [sic]. Creio que a academia é SIM [sic] uma das trincheiras na luta pela *desconstrução desse pensamento elitista*, preconceituoso e, para não ser maldosa, desonesto [...] Para concluir, gostaria de te perguntar quais critérios te levaram a questionar a profundidade do meu projeto. Não gostaria de personalizar o problema, mas nesse caso, não tenho outra alternativa. Você sabia que meu projeto obteve nota 8,5 entre vários projetos avaliados? Pois é. Você leu o meu projeto? Pois é. Você sabia que, para ingressar no mestrado, uma prova é aplicada e, nela, precisamos estudar *no mínimo quatro livros*? Disponibilizo aqui a bibliografia cobrada para tal prova e aproveito para perguntar — *não que isso faça diferença, mas* quem começou com argumentos sobre profundidade foi você — quais deles você já leu ao longo da vida. No meu projeto também consta parte da bibliografia utilizada por mim. Também questiono: dali, quais livros você já leu, conhece ou ouviu falar? [grifos meus].[33]

É desnorteante a rapidez com que, de frase em frase, quase de palavra em palavra, passa-se aí de um libelo anti-hierárquico e antielitista aos mais ostensivos argumentos de autoridade e exibições de distinção. O leitor tem a impressão de que a autora há de ser uma criatura bicéfala, cujas cabeças se digladiam ferozmente para definir qual delas comandará a digitação do próximo trecho: a cabeça número um, da moça tolerante, ansiosa por dissolver fronteiras e desconstruir um pensamento elitista; ou a número dois, da acadêmica autoritária, ciosa de seu status superior,

---

[33] Ver "Carta-resposta a Rachel Sheherazade", 21 de abril de 2013. Disponível em: <https://marivedder.wordpress.com/2013/04/21/carta-resposta-a-rachel-sheherazade/>. Acesso em 17 abr. 2017.

de quem tirou nota 8,5 no projeto e teve de ler no mínimo quatro — eu disse *quatro!* — livros para ingressar no mestrado.

"Não existe baixa cultura" — afirma categoricamente a nossa universitária, numa ilustração cristalina da condescendência autocompensatória. Tal opinião faria todo sentido, evidentemente, se oriunda da boca de um erudito, um legítimo portador de *alta cultura*, que conhecesse bem os clássicos do teatro grego, da literatura, das artes plásticas e da música ocidental, além de um tanto de história da arte, de história da religião e outro tanto de filosofia, podendo comparar tudo isso, portanto, com o que se produz na indústria cultural de massas. Se um sujeito desse quilate — digamos, um John Ruskin, um Harold Bloom ou o nosso Ariano Suassuna — garantisse-nos não existir baixa cultura, seria prudente concordar, confiando que a afirmação estivesse amparada por sólidos parâmetros comparativos.

Mas a afirmação soa cômica na boca de um jovem acadêmico brasileiro, que em geral só tem acesso à baixa cultura, para ele, portanto, a única cultura existente. Daí que ele se declare avesso ao estabelecimento de diferenças de profundidade (hierarquização cultural), aceitando apenas as de superfície (relativismo cultural). Quando um universitário no Brasil enche a boca para rejeitar qualquer hierarquia cultural ou artística — entre o Louvre e a cracolândia de Fernando Haddad, ou entre Valesca Popozuda e Mozart, por exemplo —, ele age como aquele caipira astuto que, sem jamais ter saído de seu sitiozinho em Bom Jesus da Penha, passasse a compará-lo com Nova York, para então concluir: "É tudo iguarzinho, sô!" Se ele nada mais disser, e nada mais lhe for perguntado, talvez jamais se descubra que o coitado nunca foi a Nova York (e que o nosso universitário jamais ouviu Mozart).

Manifesta individual e paradigmaticamente no caso da popozudóloga da UFF, aquela *forma mentis* esquizoide é um mal coletivo que aflige toda a vida acadêmica nacional. O que vemos na casta universitária contemporânea é sempre essa mistura ambígua entre a profissão de fé na tolerância e o desejo de autoafirmação, que se traduz numa arrogância brutal, voltada contra "corpos estranhos" que não possam ser imediatamente assimilados e convertidos em matéria sua. Quanto mais se fala em democratização, abertura e pluralismo, mais fechado, homogêneo e intolerante se torna o ambiente acadêmico, em que as vozes destoantes do cânon ultraesquerdista são abafadas de maneira implacável e altamente elitista.

Quão irônico, por exemplo, é pensar no imperativo guevarista segundo o qual "a universidade deve se pintar de negro" quando lembramos a maneira com que o cubano Carlos Moore, um historiador negro, foi tratado por guevaristas da Uerj ao ser convidado para falar de seu livro *Marxismo e a questão racial: Karl Marx e Friedrich Engels frente ao racismo e à escravidão*, no qual aponta as diversas manifestações de racismo na obra dos fundadores do comunismo.

Doutor em ciências humanas pela Université Paris Diderot, e exilado no Brasil há mais de 15 anos, Moore é hoje um crítico ao regime que, junto com Fidel e Che, ajudou a implantar em 1959. Passado o entusiasmo inicial com a vitória da revolução, ele não tardou a decepcionar-se ao ver que os jovens burgueses e de descendência hispânica que a comandaram mantinham os negros cubanos em posição subalterna, sobretudo os praticantes de religiões de matriz africana, que passaram a ser perseguidos pela ditadura fidelista.

Ao queixar-se com a elite revolucionária sobre o problema, Moore acabou preso num campo de concentração, de onde conseguiu fugir antes de ser executado. Depois de viajar o mundo e travar contato com as principais lideranças do movimento negro mundial — Malcolm X, Cheikh Anta Diop, Aimé Césaire, Stokely Carmichael, Lelia Gonzalez, Walterio Carbonell, Abdias Nascimento, entre outros —, ele abraçou a ideologia pan-africanista, tornando-se um importante estudioso do racismo.

Pois bem. O que fez um bando de marxistas e entusiastas de Fidel Castro ao receber na Uerj um homem com aquela história de vida? Comandada por aquele mesmo professor comunista já nosso velho conhecido (sim, aquele que desejou uma "boa bala" e uma "boa cova" aos conservadores), a turba de fanáticos tumultuou o evento, agredindo verbalmente o palestrante com os estigmas stalinistas habituais ("agente da CIA", "lacaio do imperialismo" etc.), e por pouco não o atacando fisicamente. Eis o tipo de gente que alega querer pintar a universidade de negro, conquanto sejam os negros "certos", ou seja, submissos e ideologicamente afins.

Em fevereiro de 2013, houvera já um espetáculo igualmente vergonhoso, quando membros de um tal "Fórum de Entidades de Solidariedade a Cuba" — entidade ligada ao PT, ao PCdoB, à CUT e ao movimento estudantil — recepcionaram com hostilidade a dissidente cubana Yoani Sánchez em sua visita inédita ao Brasil.

A primeira parada de Yoani foi no aeroporto de Guararapes, no Recife, o mesmo em que, no dia 25 de julho de 1966, um grupo terrorista de extrema esquerda realizara um atentado a bomba, matando duas pessoas e ferindo outras catorze. Naquele mesmo saguão, e 47 anos depois, os herdeiros ideológicos dos terroristas xingavam a blogueira de "mercenária" e "agente da CIA", enquanto erguiam cartazes enaltecendo a ditadura de Fidel Castro. Um integrante do grupo chegou a tentar esfregar notas falsas de dólar no rosto da cubana.

Já em Feira de Santana (BA), onde Yoani fora convidada para palestrar na exibição de um documentário sobre a falta de liberdade em Cuba, outro grupo de lacaios do PT e da ditadura cubana cercou o auditório onde se daria a sessão e, sempre na base das ofensas e agressões, conseguiu impedir a exibição do filme. O mais grave, no entanto, ainda estava por se revelar.

Durante a sua estada no Brasil, Yoani Sánchez foi o tempo todo vigiada por um grupo de agentes designados pelo governo cubano. Um outro grupo de agentes, comandado pelo próprio embaixador de Cuba no Brasil, tinha a missão de difamá-la a partir da distribuição de um dossiê para a militância comunista local, um *modus operandi* idêntico aos adotados por Stalin nos tempos de sua implacável perseguição a Trotski. Como se a história já não fosse feia demais, a imprensa descobriu que todo o plano fora elaborado *em parceria com o governo brasileiro*, na figura de um assessor direto de Gilberto Carvalho, então secretário-geral da presidente Dilma Rousseff. Note-se que infâmias dessa sorte, que envolvem grave violação da soberania nacional e submissão direta a uma ditadura estrangeira, foram coisas recorrentes enquanto o Brasil viveu sob o regime lulopetista!

Essa, enfim, é a "tolerância" imperante na universidade brasileira dominada pela esquerda, aquela *tolerância libertária* de Herbert Marcuse, devotada única e exclusivamente aos clones ideológicos. É assim que milhares e milhares de jovens ingressam num ciclo vicioso em que tanto mais se propaga a ampliação dos horizontes quanto mais se adentra um solipsismo infernal. E quanto mais afastados estão esses jovens de uma formação cultural e intelectual sólida, menos falta sentem dela, imaginando poder conceder aos outros aquilo de que carecem acima de tudo. Estão convencidos de que irão salvar o mundo, sem notar que, num pacto faustiano com o poder, perderam completamente a própria alma.

Já não vão à universidade — que, ademais, já não lhes pode oferecer — em busca daquele hábito mental e daquele espírito humanista da velha *Universitas Litterarum* medieval, caracterizada pelo desejo de conhecimento. Vão em busca de objetivos utilitários. Uns, como dissemos, querem virar técnicos; outros, militantes políticos. Aqueles ainda esperam compreender algo do mundo, posto que um algo bem pequeno e circunscrito; estes, que dele tudo ignoram, só pensam em transformá-lo. Seja como for, de um ou de outro tipo, esses universitários já não podem formar aquela elite de verdadeiros intelectuais — ou *clercs* — de que depende a edificação espiritual de uma nação.[34] Ao que assistimos em toda parte, e com especial gravidade no Brasil, é "o regredir de uma elite à condição de massa ornada de títulos acadêmicos", como escreve Otto Maria Carpeaux.

E, na verdade, ninguém antecipou tão bem a descrição dessa nova classe de bárbaros diplomados quanto o grande crítico austro-brasileiro. No ensaio "A ideia de universidade e as ideias das classes médias", publicado originalmente como capítulo de *A cinza do purgatório*, Carpeaux recorre a Ortega y Gasset para mostrar como os regimes totalitários — ele tinha

---

[34] "A história das universidades é a história espiritual das nações. A França medieval é a Sorbonne, cujo enfraquecimento coincide com a fundação renascentista do Collège de France, e cujo prolongamento moderno é a École Normale Supérieure. A Inglaterra, mais conservadora, é sempre Oxford e Cambridge. A Alemanha luterana é Wittenberg e Iena; a Alemanha moderna é Bonn e Berlim. As velhas universidades são de utilidade muito reduzida. Elas não fornecem homens práticos; formam o tipo ideal da nação: o *lettré*, o *gentleman*, o *Gebildeter*. Elas formam os homens que substituem, nos tempos modernos, o clero das universidades medievais. Elas formam os *clercs*." Ver: CARPEAUX, Otto Maria. "A ideia de universidade e as ideias das classes médias." In: Olavo de Carvalho (org.). *Otto Maria Carpeaux: Ensaios reunidos, 1942-1978, vol. I*. Rio de Janeiro: Topbooks/UniverCidade, 1999. pp. 212-213.

em mente o fascismo e o bolchevismo — sempre se valeram das massas de estudantes universitários para impor sua violência revolucionária.

> Por toda parte onde há aqueles regimes os estudantes estão nas vanguardas da violência. Não é um acaso [...] O fato central da nossa época é a violência generalizada a todos os setores da vida pública, a violência que pretende substituir o espírito no seu papel guiador das massas. Dessas massas que os pensadores políticos muitas vezes confundem com o proletariado econômico. Sim, mas o espírito proletário, o espírito da reação violenta contra certas condições econômicas e sociais, não está exclusivamente ligado às massas obreiras; participam dele todas as "massas", como fenômenos sociológicos, e a massa dos intelectuais também. É o fato central da nossa época: as classes médias, mesmo antes de serem proletarizadas, mesmo justamente para evitar a ameaça da proletarização, transformam-se em massas proletárias. E esta proletarização interior é um fenômeno da educação [...] o fascismo e o bolchevismo têm o lado comum de serem expressões das novas classes médias. E a ideologia que permite explicar o espírito das novas classes médias é a ideologia pequeno-burguesa, violentamente revolucionária e anti-intelectualista [...] Privada dos privilégios da Inteligência, a classe média quebra furiosamente o instrumento, como uma criança quebra o brinquedo insubmisso. É uma criança essa nova classe média; mas uma criança perigosa, cheia dos ressentimentos dos *déclassés*, furiosa contra os livros que já não sabe ler e cujas lições já não garantem a ascensão social. Está madura para a violência.[35]

No Brasil, a demagogia anti-intelectualista atingiu o seu ápice no regime lulopetista, período em que, justamente, o ensino universitário expandiu-se e "massificou-se" como nunca, transformando-se em essência. A própria ideia de uma *elite* intelectual desapareceu do horizonte, vilipendiada como mera expressão de elitismo classista, como se renda e formação intelectual fossem necessariamente relacionados, e como se primeiro houvéramos que distribuir melhor aquela para só então

---

[35] CARPEAUX, op. cit. pp. 213-216.

cuidarmos desta. E assim a universidade converteu-se retoricamente em instrumento de "justiça social".

Sobre o processo histórico de estatização das universidades, Kenneth Minogue observa:

> Se o controle estatal aumentar, as universidades terão sido forçadas à submissão e deixarão de ser, na verdade, o que eram anteriormente. A consequência disto pareceria ser a de que a garantia do direito universal de ingressar no mundo acadêmico implicaria extinção desse mesmo direito, uma vez que a educação (universitária) prometida *terá modificado a sua natureza.*[36]

Com o PT no poder, a estatização do ensino universitário degradou-se em partidarização escancarada. De cima a baixo, a academia encheu-se dos *déclassés* ressentidos de que fala Carpeaux — aquela "gente furiosa contra os livros que já não sabe ler" —, que a invadiram com o mesmo espírito *nouveau riche* de vingança com o qual os petistas tomaram de assalto o Estado. "Agora chegou a nossa vez!", pareciam jactar-se os novos bárbaros. Os resultados são bastante conhecidos, ainda que o debate público sobre o tema nunca ultrapasse o nível da perplexidade, como se tamanha devastação não fora mais que o infeliz produto de um desastre natural.

Lamentavelmente, a dramaticidade do que se passa nas universidades brasileiras ainda não foi devidamente apreendida e representada na cultura. Faltam romances, contos, peças de teatro, análises jornalísticas sobre o tema, que a essa altura deveria estar mobilizando as nossas melhores inteligências, se estas já não fossem tão poucas ou não tivessem seus rabos ideológica e corporativamente tão presos. Quando, em face da situação calamitosa, mais de cinquenta reitores de universidades federais decidem protestar contra o pretenso "golpe" em Dilma Rousseff, cujo governo terminou de afundar o ensino universitário e a educação no país, é sinal de que não nutrem outro sentimento pela academia que não uma avidez imoral de usá-la como meio de autoafirmação político-ideológica.

---

[36] MINOGUE, Kenneth. *O conceito de Universidade*. Brasília: Editora Universidade de Brasília, 1981. p. 145.

Na ausência da devida representação cultural e artística sobre o drama da universidade brasileira, coube a uma despretensiosa página numa rede social — espaço ainda de relativa liberdade para a busca e a manifestação da verdade — a missão de chamar atenção para o problema. A página "Antes e depois da Federal"[37] foi criada com o objetivo satírico de retratar, mediante a comparação entre fotos antigas e atuais, as drásticas transformações em comportamento e aparência experimentadas por jovens e adolescentes depois de haverem ingressado numa universidade pública brasileira.

Mas, talvez sem saber, o que os autores da página faziam não era sátira, mas tragédia. Subjazem àquelas imagens um sem-número de tragédias pessoais e familiares, cuja invisibilidade cultural o registro fotográfico não teria como contemplar, senão apenas sugerir. Logo, as fotos impressionam sim pelo que mostram, mas especialmente pelo que se nos dão à imaginação complementar. Vemos garotos assumindo a aparência de mulher, enquanto meninas se masculinizam; uns raspam cabelos e sobrancelhas; outros, ao contrário, deixam crescer todos os pelos do corpo, que tingem de azul e rosa; uns se pintam, usam cílios postiços e roupas exuberantes; outros se exibem desnudos, com piercings pelo rosto e a língua para fora, em sinal de deboche e revolta contra o mundo... Todos agora são ativistas e militantes de alguma causa, e a radicalidade da transformação física exprime uma revolta interior mal formulada, transposta precoce e equivocadamente para o terreno da luta política. Jamais se viu uma politização da existência — e dos próprios corpos — tão rápida e tão brusca quanto a que se passa na vida desses universitários.

Encontra-se tudo isso também fora da universidade, é claro, mas a impressão transmitida por aquele conjunto de fotografias é a de estarmos diante, não de uma mudança de identidade voluntária e natural à idade, mas da adequação semiconsciente a um contexto que a exige e fomenta. Enganam-se profundamente esses jovens se acreditam terem se individualizado e libertado ao passar de um estado ao outro. Dá-se com eles precisamente o contrário, e é o seu olhar quem revela: se, antes, entrevia-se nos olhos de cada um o brilho de uma personalidade singular pronta a se desenvolver, as novas fotos revelam invariavelmente a presença de

---

[37] Disponível em: <http://www.twitter.com/antesdepoisdafe>. Acesso em 30 abr. 2017.

um mesmo olhar esmaecido, o olhar bovino de quem se livrou de uma autoridade familiar e benfazeja apenas para render-se ao arbítrio de uma força coletiva de homogeneização das consciências.

Os pais, que outrora lamentavam perder os filhos para as drogas e as más companhias, agora os perdem para a universidade. Mais dia, menos dia, e a menina dos olhos da família, outrora tão carinhosa e prestativa, entra porta adentro transformada na mulher-cachorro, mais uma vítima dessas gigantescas máquinas de despersonalização em que se converteram as faculdades brasileiras, ao mesmo tempo origem e produto de toda a corrupção da inteligência. E aqueles ingênuos, que sofreram com os rebentos a ansiedade do concurso, que suas lágrimas às deles misturaram por ora do júbilo da conquista, e que por fim os conduziram orgulhosos ao ingresso no mundo dos bacharéis... Aqueles, enfim, seria melhor houvessem espiado o pandemônio pela fresta e, notando ali almas penadas e errantes por futuro, alertado aos seus, tal qual Virgílio a Dante:

> No mundo o nome seu não deixou traça;
> A Clemência, a Justiça os desdenharam.
> Mais deles não falemos: olha e passa.[38]

---

[38] *A Divina Comédia*, Canto III.

Agradecimentos

Sou imensamente grato a todos os amigos que, antigos ou recentes, com aprovação ou nem tanto, têm acompanhado a minha trajetória intelectual. Dispenso-me de citar nomes por medo de cometer alguma injustiça. De resto, os que importam sabem que falo deles.

Alexandre Borges, Flavio Morgenstern e Martim Vasques da Cunha, meus colegas de editora, têm sido ótimos interlocutores e parceiros queridos. Martim chegou a ler alguns capítulos do livro e suas críticas francas e perspicazes ajudaram-me a pôr as ideias em ordem.

Não consigo estimar a minha dívida intelectual para com o professor Olavo de Carvalho. Para além do conteúdo de seus ensinamentos, e do leque de referências bibliográficas e culturais que me abriu, com ele aprendi a ter algo que, na ausência de melhor termo, gosto de chamar de *altivez intelectual*, sem o que toda atividade da inteligência fica comprometida.

Agradeço também aos professores e amigos Rodrigo Gurgel, Sergio de Carvalho Pachá e Sidney Silveira, com quem venho redescobrindo as riquezas e sutilezas do nosso idioma e da nossa herança cultural lusa. Ao Rodrigo, devo ainda a generosa apresentação deste livro.

Não fosse a coragem e ousadia do meu editor Carlos Andreazza, *A corrupção da inteligência* talvez nunca tivesse passado de uma ideia. Mediante o incentivo a novos autores, bem como diretamente com seus comentários n'*O Globo* e na Jovem Pan, Carlos vem fazendo um trabalho verdadeiramente heroico de ampliação e diversificação do debate político e cultural no país. Ser seu autor é, para mim, uma grande honra e uma imensa responsabilidade. Estendo os agradecimentos a toda a equipe da Record.

Não há palavras que bastem para agradecer a toda a minha família, em especial aos meus pais. Meu trabalho é resultado direto do seu cuidado, suporte e incentivo irrestritos. Amo vocês.

Por fim, agradeço à minha mulher, Fernanda. Sem o seu carinho, apoio e paciência, eu jamais teria concluído este livro — que dedico a ela.

Este livro foi composto na tipografia Minion Pro
Regular, em corpo 11,5/15, e impresso em papel
off-white no Sistema Digital Instant Duplex da
Divisão Gráfica da Distribuidora Record.